「このままでいい」なんていわないで！

ダウン症をはじめとする発達遅滞者の認知能力強化に向けて

ルーヴェン・フォイヤーシュタイン
ヤーコヴ・ランド

◆

ロイド・B・グレアム　訳

DON'T ACCEPT ME AS I AM

Helping Retarded Performers Excel

関西学院大学出版会

Don't Accept Me As I Am

Helping Retarded Performers Excel

by

Reuven Feuerstein

and

Yaacov Rand

Originally Published

by

SkyLight Training and Publishing Inc. in Arlington Heights. IL.

ISBN:1-57517-025-6 (revised ed.)

LCCN: 97-70678 (revised ed.)

Japanese edition : Translated by Lloyd B. Graham

愛情と信頼と英知とによって、インスピレーションと励ましを与えてくれた
私たちの妻
ベルタ・フォイヤーシュタインと
ビルハー・ランドに

日本の読者の皆様へ

本書、『「このままでいい」なんていわないで！（*Don't Accept Me As I Am*）』を日本の読者に公表するにあたり、私たちは、発達上のリスクを背負った青少年や成人に対してより質の高い生活を保証する方法を提供することで、日本を含む世界中いたるところに存在する両親、教師、そして心理学者諸氏の真の需要に応えるものであると実感しております。

このような企てが可能となるためには、人間の運命というものが当人の現在の状況によって根本的に且つ避けがたく規定されるのものではなく、強力な学習過程を通じて個人の変容に向けてのレディネス（訳注：学習に必要とされる一定段階の発達上の条件）を向上させ、変容を誘導させることができ、そしてそれによって人生に必要な様々な事柄に対応しえるようになるのだという信念を持つことが条件なのです。

本書で紹介する「認知構造変容理論（ＳＣＭ＝Structural Cognitive Modifiability）」においては、人

間の構造的変容の阻害要因として考えられる次のような三つの障壁にかかわらず、そういった変容は可能であると信じています。

一つめの障壁は、内的、外的要因（ある状態をもたらした原因）です。事実、我々は当人の状態が染色体のような遺伝学的要因によってもたらされたものであったとしても、やはりその人の変容可能性を射程に入れて考えます。

二つめの障壁は「臨界期」で、これは人間の生体組織の柔軟性（plasticity）に限界を設定する考え方です。私たちはこのような柔軟性は年齢を重ねたとしても、かぎりなく引き延ばすことができると信じており、したがって介入（intervention）を開始する時点での当人の年齢にかかわらず、変容可能性をいつでもひきだせると考えます。

最後に、障害の重さというのも、必ずしも乗り越えることのできない障壁とはみなしません。事例や研究データが示しているのは、たとえ複数の機能不全を同時に持っていたとしても、生活の質を意義深く向上させることは可能であり、また、そのような向上はたとえ高齢であっても変容を誘導することによってもたらし得るということです。

「潜在的学習向性評価法（ＬＰＡＤ＝Learning Potential Assessment Device）」、「認知能力強化教材（ＩＥ＝Feuerstein Instrumental Enrichment Program）」そして「変容促進のための環境づくり（ＳＭＥ＝Shaping of Modifying Environment）」といった、三つの応用システムを生んだこの理論を、日本の読者の皆様―発育上のリスクを背負った青少年の両親、教師、人間行動に関する各分野の研究者―に対して公にすることは私たちにとって大変な名誉であると考えます。

両親や教育者の期待の水準を高めた本理論が、まったくいかなる反論をも引き起こさなかったというわけではありません。なぜならば私たちのこの理論は、人間の知力、性格、病理といったものを遺伝学的要因に帰せしめるという科学的見地とは相反するアプローチを提供し、そのような人間の属性は固定的であるという信念とは相反するからです。

「認知構造変容理論」では、人間行動の遺伝学的影響の重要性を否定することなく、人間をその個体発生において生物学的なものと社会―文化的なものとの二側面から捉えています。そして結果としての人間存在というものを、個体発生におけるこれらの二つの側面の間の緊張の産物であると考えるのです。人間存在の構成要素のうち、生物学的なものが社会―文化的なものから受ける影響が、逆にそれが生物学的な要素から受ける影響よりも大きいというわけではないのです。

私たちの理論を応用したシステムは、理論そのものと同様多くの研究者、科学者、両親、また他ならぬ子供たち自身、そして教育者によって認められるようになりました。なかんずく我々の研究を幅広く拡充させるのに貢献し、またこの理論をもとに何十冊という書籍や研究レポート、博士論文を含む二、五〇〇もの文献に結実された魅力的な研究活動を行った多くの教育学と心理学の専門家たちによってそれは評価されているのです。

私たちの理論に基づく応用アプローチに対して、発育上のリスクを背負った日本の子供たちのご両親が開かれた心で耳を傾けて下さり、この本に込められた希望のメッセージを汲み取っていただけることを切に希望いたします。そしてそのことが、われわれのメッセージを必要とする何百万人という子供たちのためになり、彼らが「人と成る」のに貢献することをのぞんで止みません。まさしく「人をつくる」という精神こそが、日本人の心にもっとも近い考え方であると、私たちは信じるものであります から。

ルーヴェン・フォイヤーシュタイン

ヤーコヴ・ランド

序文（原著改訂版）

受け入れなさい。
彼を、受け入れなさい。
家へ連れて帰り、
そのままの彼を愛しなさい。
そして、受け入れなさい。

ダウン症児の我が子ジェイソンが生まれてから数ヶ月のあいだ、夫のチャールズと私は、ずっとそのことばかり聞かされ続けていたように思えます。私たちが、今後の人生を障害児の両親として生きていくという現実に適応するためには、ただ、この《特殊な》息子と、それを私たちに授けた運命とを素直に受け入れることだけが、唯一の道であるように思われたのでした。

そのせいもあって、『「このままでいい」なんていわないで！（原題『私をあるがままに受け入れないで』＝Don't Accept Me As I Am）』という本書のタイトルを初めて目にした時、私は正直言って驚きました。このままの彼を受け入れてはいけない？　タイトルの語調は、理不尽で、無慈悲で、突き放すようで…　それに不誠実に思えました。

不幸にして、息子が生まれた直後の私たちの彼に対する見方、彼の潜在能力と将来全体に対する私たちの態度は、手元にあった極めて少ない情報に限られていました。当時の専門家たちは、息子に関して私たちに非現実的な期待を持たないよう、高すぎる目標を設定しないよう、そしてそれほどに成果が挙がるなどとは考えないようにと、繰り返し忠告しました。

私たちは、ダウン症児の両親を対象とした早期介入プログラムに参加し、息子とともに全力を尽くして取り組んだ結果、短期間で目覚ましく感銘深い成果を挙げることができました。しかしながら、彼が得た成果は、しょせん特定の枠内、つまり事前に承知されている限界あるいは分かり切った範囲内、そして不変の境界線内においてしか得られないであろうとも推定されていました。つまり、恐ろしいけれども絶対避けることのできない、いわゆる「高原＝停滞期（プラトー）」が待ち受けていたのです。

しかし、ルーヴェン・フォイヤーシュタイン教授と出会って治療を受けた時期から、私たちの人生は実質的に変わりました。

フォイヤーシュタイン教授には、以前にアメリカを訪れた時に息子のジェイソンと数回、短い時間ですが会ったことがあります。ある日彼は私たちに、イスラエルに渡って一ヵ月間集中して毎日の治療計画を受けるように提案しました。私自身日々の仕事に追われていましたが、この千載一遇の機会は何としてでも逃すべきではないと思い、夢中で次のように答えました。「もちろん、すぐに参ります。」どのような結果が得られるかは全く未知数でしたが、思いきって自分の仕事を打ち切り、息子と一緒に一ヵ月間のイスラエルへの旅に出かけたのです。

エルサレムに滞在する間、ほとんど毎日のように雨が降りました。十二月の、うす暗く湿っぽく寒い日々でした。ジェイソンと私は、設備が少なく、小さな台所と好き勝手な階に停止する気紛れなエレベーターと陰気で中途半端な給水下水設備しかないアパートを借りて住みました。みすぼらしい場所でしたが、毎日を研究所の学校で過ごすので、こんなアパートでも私たちには充分でした。

私たちは毎日雨の中でバスを待ち、ハダッサー・ウイッゾ・カナダ研究所まで行き、あちらこちらの教室で日々を過ごしました。来る日も来る日も、私はジェイソンがフォイヤーシュタイン教授や他の先生方のもとで繰り返し、果てしなく授業を受けるのを見守りました。

はじめのうち私は、教授たちが息子とともに何を成し遂げようとしているのかがよく理解できず、ただ座ってながめているだけでした。しかし、それはすぐに私の人生において最も驚異的かつ爽快な経験のひとつとなったのです。息子は学習の過程と、頭脳の新しい使い方を発見することに対してますます刺激され、心を奪われていきました。情報を評価する技能、質問したり確かめたり実証したりといった情報処理の方法を用いた実際の論理思考を行っていました。このようにして彼は、いかにしてものを考えるかを私の目の前で学んでいきました。そして、研究所で学んだ技能がだんだんと息子の日常生活に応用されるまでになっていたのです！

エルサレムの旧市街にある、歴史的な「嘆きの壁」の前に息子と二人で立った私は、敬虔な気持ちになり彼に囁きました。「ここは私たちの歴史のなかですごく特別な所なのよ。どう思う？」すると息子は、小さな声で「きれいだね。壁はみんな平行線でできているよ！」と答えました。またある日、靴下が見つからないとき、息子は言いました。「ママ、心配ないよ。僕が見つけるから。ちょっと、フォイヤーシュタイン先生の〈システマチック・サーチ〉をやってみるよ！」

数年前に息子が研究所で習った特定の推理の技法は、今日まで堅固に彼の財産として残っており、その後もずっと役に立っています。その上、その過程を継続させ、彼の気持ちを活気づけて発達を促進させるために、両親である私たち自身もジェイソンと相互作用を行う技法を身につけました。出来合いの情報や易しい答えを彼に提供する代わりに、息子の知力を働かせるため、質問の上に質問を重ねていくという方法を学びました。ひとつの結論を引き出すためには、彼自身が段取りを組んでいく必要がありました。これらの技法は、それぞれの知的問題に対する彼のアプローチを変え、しかも成果を挙げているのです。

しかし、特定の技法よりも重大かつ決定的だったのは、我々が「変容の可能性（modifiability）」に関して受けたレッスンでした。すなわち、可能性に限界はなく、何ごとも試してみる価値があり、そしてどんな子供であっても、先天的なものとされる限界や、彼に貼られたレッテルや、診断の結果などによって定義づけられるものではないということでした。

この根本的態度は、事実上ジェイソンに対する私たちの教育方針、職業の選択や独立に向けての訓練、そして彼の将来全体に関して行った私たちの判断のすべてについて、決定的な道標となりました。すべてが可能なのです。もちろんそれは保証されているという意味ではありません。しかしながら、全力を尽くしてできる限りのことをすれば、望んだことが達成されるのです。

私たちにとっての支配的な考え方は、いつも期待値を高くして、息子が探険し、実験し、そして成長するためのすべての機会を彼に与え続けることでした。もちろんこのやり方は、当然ある程度のリスクを含み、すべての両親にとって、この上なく難しく恐ろしいことでもあります。ダウン症を持った我々の子供たちは純真で感受性が強く、したがって傷付きやすいのです。しかしながら、他の障害のない子供たち同様、我らがダウン症児たちには彼らの目指す最大の可能性と最高レベルの独自性に達する権利があり、その実現のためにはある程度のリスクが伴うのは当然なのです。

ダウン症候群の専門家といわれる人々が不可能だと考えた数多くの成果を、ジェイソンは既に達成しています。彼は、長くて複雑なセリフを暗記して、演出者からの厳しく細かい指示を受けながらテレビに出演したこともあります。また、広範囲に講演を行い、その率直な発言で発達障害をもつ他の青年たちの代表となり、ダウン症の青年の可能性に関する、世間一般の態度を肯定的なものに変えていくために世論に影響を及ぼしています。

高校卒業に際して、ジェイソンは正規の証書を得るため、ニューヨーク州立大学評議員主催の、それぞれ三時間もかかる六つの難しい試験（科学、数学、作文、読書、米国史、世界史）に合格したのです。障害を持った彼の経験と感情を記した成長記『僕たちを仲間に入れて―ダウン症と共に育って―』をも共著で出版しています［ジェイソン・キングスリー、ミッチェル・レヴィツ共著（Jason KINGSLEY, Mitchell LEVITZ. 1994. *Count us in: Growing up with Down Syndrome.* New York: Harcourt Brace & Co.)］。

現在、彼は地域のなかで独立した生活を送るための準備教育過程として、高校卒業後の教育プログラムに参加しています。もし私たちが、「彼をこのまま受け入れてあげなさい」という元々のアドバイスに従っていたならば、つまり、あらゆる機会を捉えて彼を前進させ、挑戦させなければ、上記の成果は得られなかったでしょう。

それは決して簡単なものではなく、両親は絶えず気を配って自滅的な罠に陥らないようにする必要があります。私たちすべてにとって分かり易い例をあげますと、たとえば、あなたはいつもの様にどこかへ出かけるために家を出ようとしています。時間がギリギリで、ひょっとすると間に合わないかも知れない。そんなとき、障害を持った四才になるあなたの子供が上着のボタンを掛けるのに手間取っていたとすれば… 誰しも思い当たる節があるはずです。「ほら、時間に遅れちゃうじゃないの。私がボタンを掛けてあげるわ！」と言うのは非常に簡単なことです。子供を捕まえて、ボタンを急いで掛けてあげて玄関から飛び出せば、なるほど時間通りに目的地へ着くことができるでしょう。しかし子供の方では何も学習しないで終ってしまうのです。

絶対とはいえないまでも、少なくとも肯定的な、また積極的な内容の学習はなされていないでしょう。そこには、子供に対して暗黙のうちに彼が無能で、全く依存した立場にあり、ボタンの掛け方を教え、その依存度を減少させるための些細な時間を投入する程度の価値さえないのだというメッセージが含まれているのです。

このような経験は誰にでもあてはまるのではないでしょうか。もちろんこれは一つの例に過ぎません。しかし、日々の生活の中で似たような出来事がいかに頻繁に発生し、その都度私たちはいかに安易に解決できる方法に飛びついていることか。より簡単であるから、より能率的だから、あるいは急いでいるからとかいった理由で。また、同時にそれは考える過程にはあまりにも努力が要ること、自分たちの子供が習わなければならない事があまりに多すぎるという過酷な現実に直面する苦悩が今もって大きいゆえの選択でもあるのです。現実に直面することを引き延ばし、目をそらしてしまうのは安易なやりかたです。しかし、これらの挑戦すべき多くの事はいずれも障害を持った私たちの子供たちにとって学習過程を勝ち取っていくチャンスであり、また、更に新たな技能を身につけると同時にまたひとつ自尊心に点数を加えていくのだということを認めることのほうがどれほど生産的でしょうか。

それに、子供にしてみれば、何かあると大人が飛んできて自分たちの代わりに作業をやってしまうという傾向に慣れてしまい、度々その通りになるようにじっとしたまま事態を傍観するようになってしまうと思います。言うまでもなくそのような状態からは誰しも成長できないし、利益を得ることはできないのです。

この序文を書くにあたって私は、始めの頃にイスラエルでフォイヤーシュタイン教授がジェイソンとともに行った作業を記録したビデオを、いくつか取り出して見直しました。ジェイソンに向かって頭を働かせるため、結論を考え出させるため、自分の仮説を立証させる、つまり論理的に思考するように奮い起こさせるために、教授が骨を折りながら、熱考され秩序立った正確で統一的な方法を用いて作業をすすめる様子を、私はつらい思いで見たものでした。

しかしそのビデオの中では、それぞれの小さな成功に対してフォイヤーシュタイン教授が元気に「ブラヴォ！」と叫ぶ声が響き、ジェイソンは誇りをもって晴れやかに微笑んでいました。ある時には、教授はビデオカメラに向かってこう言いました「この子に関する考査報告を読み直してほしいね。抽象的思考が無だって？　とんでもない！」

ルーヴェン・フォイヤーシュタイン教授から習った多くのことのおかげで、ジェイソンの二十二年間は私たちにとって、天啓であり、驚きであり、目を見張る発見の連続でありました。彼は毎日、興奮と感激をもって新しい挑戦に向います。彼がこの世界で生き、働き、直面する問題を解決し、分別のある判断をし、最高に生産的で幸福な人生を送ることができるということを私たちは確信を持って言えます。私たちは未だに「高原（プラトー）＝停滞期」にぶつかっていませんし、これからも決してそのようなことがあるとは思いません。

ルーヴェン・フォイヤーシュタイン教授が子供たちの変容の可能性に対して示す決意は、相手に伝わると同時にインスピレーションを与えるのです。発達が困難すぎる子供、挑戦ができない変容不可能な子供など一人もいません。二回のイスラエル訪問で、世界中から水が流れ込むように研究所の廊下にやって来る子供たちを見て私は驚きました。その子供たちのそれぞれが、この素晴らしい人にとっての新たな冒険となり、早晩傑作が描かれるべき新たなキャンバスとなるのです。

もし世界中が、この非凡な才能と暖かい心をもった献身的でカリスマ性のある賢者の声に十分な時間を割いて耳を傾けさえすれば、世界中の子供たちに機会が訪れ、この世はもっと素晴らしいものになるだろう、そう考えながら私はイスラエルから帰国しました。

フォイヤーシュタイン教授が私たちを見出だし、次のように教えてくれたことについて量り知れない感謝を覚えます。すなわち彼が「このままでいい」なんていわないでと。

一九九六年六月

エミリー・パール・キングスリー*（Emily Perl Kingsley）

*訳注　キングスリー女史は「米ダウン症児の全国大会」の前理事長を務めた人物である。

序文（原著初版、改訂版）

ノーベル賞受賞者である、ピーター・メダワー卿は、かつて、自然科学者を幾つかの種類に分類した。すなわち、採集家、分類家、几帳面な整頓家、探偵と探検家、芸術家と職人、詩人肌の科学者と哲学肌の科学者、それに神秘論的科学者といった具合にである。残念ながら行動科学に携わる者については、彼等がどのような人であるのかを分類し、その専門家としての判断や責務が彼らの持つ社会的価値感によってどう特徴づけられているのかといった考察を行うなどの類似した試みはされていない。

貴重な、読みごたえのある本書において、フォイヤーシュタイン、ランド、そしてラインダーズ（ラインダーズ教授は当改訂増版の著者とは成り得なかった）は上述の空白を満たすための大切な一歩を踏み出している。三人は、学習困難な人々に対処する上で、受容的現状維持アプローチを支持する人々と、それとは全く違ったやり方、すなわち積極的変容誘導アプローチを支持する人々とを明確に区別している。受容的現状維持アプローチの支持者は、機能水準の低い子供たちを、そのままの形で愛情をもって受け入れる。一方、積極的変容誘導アプローチを支持する人々は、機能水準の低い子供の可能性を自己実現に向かわしめるよう、変容に導くことで愛情を表現するのである。受容的現状維持アプローチは、根本的に宿命論的で、保護的である。このアプローチを主張する人々は、他人の学習能力を評価する主体としての自らの能力に自信を持ち、機能水準の低い子供たちが持つと推測されている、能力の限界の範囲内でできる限りの援助をすることに主眼を置いている。そして彼らは、その子供たちが、他人の弱点につけいってくるような世の中の犠牲にならないよう、彼らを保護することに専心している。一方、積極的変容誘導アプローチは、従来の方法で測定して得た結果が示すことよりも、子供の可能性の方をはるかに肯定的に捉えて、表面的に発育が止まって見える知力を未知の限界にまで拡大することに尽大な努力を惜しまないのである。

本書の執筆者たちは、この対照的な二つの信念体系を明確に区別するとともに、双方の相違がいかに教育方針や実践の場に影響を及ぼしているかを、多くの例を引いて述べている。さらに一歩進んで、この著者たちは積極的変容誘導アプローチにも様々な段階があり、それぞれ際立った相違が存在することを示唆している。ある人々は、教師としての自己の信念と献身的態度を子供に植えつけることによって、学習を可能にするのに適した雰囲気を作り、その中で教師と子供とが共に最善を尽くすことに重点を置く。このような場合、肝心なのは教育における技術ではなく熱意であって、なかには思いやりがあれば努力は必ず報われると信じている人々もいる。また、逆に、暖かい思いやりの代わりに、冷たい技術を選択し、本書に主張されている評価方法と、教育方法として用いられる特別な方法こそが、大きな変化を生み出すのであると期待する人々もいる。後者は、信念と科学とは相反するがゆえに、自分たちの科学を純粋なものとして保とうとする立場をとる。

しかし、本書の著者たちが様々な面から広く明らかにしているように、信念と科学とは共存すべきなのである。さもなくば我々は、ある種の不安定な信仰療法か、あるいは信念なき治療法という痛しい表現しかしようのないもののどちらかを選択せざるを得ない状況に置かれるであろう。そして、いずれかを選択するということは、前者においてたとえ信念が誠実なものであっても、また後者においていかに科学、技術が正確であっても、その導くところは中途半端で凡庸な妥協でしかないということになる。いずれにしろ、機能水準の低い子供たちは、自信にも、学習へのはっきりとした道筋にも事欠いており、彼らの欲求に答えるための唯一の方法は、この二つの内のいずれが失敗の最大の原因となるのかということに固執することではなく――このような考察は、拍手をするときに、左手と右手のどちらが大きな音を立てるかということを議論するのと同様に無意味なものである――同時に両方の欠点を正面から見つめることにある。本書が、指導／学習の過程に劣らず、動機づけの重要さを強く主張しているのも不思議なことではない。媒介を用いる学習体験の根本的理論を理解し、それを巧みに応用することは、機能水準の低い子供たちがこれまで以上によくできるように援助するのに必然的な条件であっても、それを成功させるためには決して十分な条件ではないことを著者は繰り返し述べている。また、同時に、子供に自己の能力を変容させる可能性が実際にあることを納得し、子供にもその事を確信させる義務が教師にはあるのである。

子供の学習体験の媒介方法について、もし著者たち自身が実際に示したような明らかな成功が遂げられていなければ、フォイヤーシュタイン、ランド、およびラインダーズが人間の能力に関して示した肯定的な見方は、初めて本書を読む者にとって、単なる非現実的な楽観論としか映らなかったであろう。読者に楽観的な印象を与えるべく、彼らはそのような治療によって成果や利益を得た子供についての、特にダウン症児を中心に心を打つような事例を挙げている。しかし、彼らの真のメッセージは、すぐに叶うおまじないのような簡単なものではなく、時間、労力、技能、忍耐、献身、そして太古から変わらない、子供への無償の愛によってのみ進められていくのである。

以上のような試みに価値を与えるのは、子供の過去の実績から将来の可能性を解明するときに著者たちが採る、非因習的な方法である。

伝統的な能力測定技術においては、一定のベースライン、すなわち媒介を受けなくても子供が繰り返し遂行できる水準を見い出し、それを以てその子供が最終的に達し得る、あるいは達するであろう機能水準を量るものとする。換言すれば、数回続いた成功のみが未来の遂行水準を予測するものとなるのに対して、一回きりの、またはまばらな習得例については、継続する見込みのない現象としてきれいに忘れ去られてしまうのである。フォイヤーシュタイン、ランド、ラインダーズは、今日、子供がある種の問題を繰り返して解くことができれば、それはその子供が将来に解くことのできる問題の種類を最も良く予測するものであると認めている。しかし、著者たちにとって問題なのは、そのような予測が立てられる状況というのは、現在そして将来の学習環境が媒介を受けていないか、あるいは不完全な形でしか媒介されていない場合にのみ適応されるため、当然実現してしまうこと（self-fulfilling）である。媒介的測定においては、評価者は遂行の基準値に特に関心を持たない。その代わり、評価者は「可能性の原理」、つまり、一回でも成功できるように子供を動機づけ、教育することで、必ずしもその成功を頻繁に繰り返さなくても、たった一度の成功が将来的に無理のない期待の水準になるという原理に従うのである。しかし、そのような期待の水準でさえ固定的なものではない。というのは、ここでは評価者は客観的なモニター役ではなく、考査以前には考えられなかった新たな遂行水準に子供を到達させようと、絶えず、子供に学習の手掛かりと励ましを与え続ける「参加する観察者」であるからだ。

たとえ彼／彼女の能力について、現状においてそれが十分に発揮されていないとしても、その人の最善の努力に応じてその能力が判断されるという「可能性の理念」は、天才を含めた人間の能力の全水準に当てはまる。生涯に一度きりの偉業として相対性理論を唱えたアインシュタインがいるとすれば、その実績こそが彼の知性の尺度となるのであって、彼の日常問題を解決する能力がその尺度になるわけではない。原理は一つの循環を描く。この原理が生み出す第一の印象は、精神の柔軟性と、人類には他の人々に劇的な変容をもたらす力があるという信念に根ざした楽観性である。この信念によってこそ、機能水準の低いダウン症児の可能性をさらに開いていくという深い決意が芽生えるのである。しかし、結局は、確信と希望は理性によって強化される。なぜならば、「可能性の原理」は媒介学習体験理論に合理性を加える一方で、本書が報告しているいくつかの例が、それを支持する重要な根拠を提示するからである。

アブラハム・J・タネンバウム（Abraham J. Tannenbaum）
ニューヨーク、コロンビア大学教育学部

謝辞（原著改訂版）

本書の増補改訂作業は、多くの友人たち、研究所のスタッフと同僚の支持や助言がなければ完成し得なかったであろう。まずはじめに、我々の家族に、特に我々の妻、ベルター・フォイヤーシュタイン（Berta FEUERSTEIN）とビルハー・ランド（Bilha RAND）に感謝したい。彼女たちのたゆみない支援なくしては、本書が成ることはなかったのである！

そして、理論的内容だけでなく、実用的方面に関する新しい資料を提供してくれた人々に感謝の意を表したい。

● 複雑な身体上の事情により視聴力に障害を持ち、著しい筋緊張低下が動作能力と社会的機能を減じていた愛娘ピーッチェ（Peetjie）の発達に関するすばらしい記録を提供して下さったオランダのネッティ・エンゲルス（Nettie ENGELS）女史。夫妻がピーッチェに投入した多大な努力を通して、ピーッチェは正規高校の二年生として優等な成績を収めるに至ったのである。ピーッチェの住んでいる国で、ダウン症者がオートバイの運転免許を初めて取得したのも彼女であった。

●息子のエルハナン（Elchanan）との共同作業の過程を綴ったラフイ・フォイヤーシュタイン（Rafi FEUERSTEIN）氏。彼の投稿は、ダウン症児における認知の発達を促進させる学習過程にアクセスするための手段を、読者に提供したのである。

●息子のジェイソン（Jason）との経験を描写したエミリー・パール・キングスリー（Emily Perl KINGSLEY）女史。ジェイソンの発達の可能性に対するエミリーの絶えまない確信は本書の中心的メッセージを縮図的に象徴している。

また、アセスメントとインターベンションのために我々のもとへ通った、数百人という子供たちにも本書を捧げる。その内の何人かは本書に登場している。彼らは皆、我々のインスピレーションと学習の偉大な源泉となった人々である。ある賢人は次のように云っている。「私たちを教えてくれた全ての人々によって私たちは教え導かれる。だが、私たちが教えた人々からは、さらに多くを教えられる」

イスラエルのエルサレム市にある、ハダッサー・ウィッゾ・カナダ研究所（Hadassah-WIZO-Canada Research Institute=HWCRI）、ダウン症者のためのハスブロー・パラダイマティック・クリニック（Hasbro Paradigmatic Clinic for Down Syndrome）、潜在的学習能力向上国際センター

（International Center for the Enhancement of Learning Potential: ICELP）の多くの友人と職員と当該児童のご両親、また、本書への尊い支援と並々ならぬ努力を注いでくださった、全てのご両親に感謝したい。

●本書の原稿に対する批評および編集に関するアドバイスや洞察を与えてくれた故マールカ・ホッフマン（Malka HOFFMAN）教授。「潜在的学習向性評価法（Learning Propensity Assessment Device=LPAD）」その他の心理学的考査手段の骨子の作成と改良に積極的に貢献し、HWCRI の先駆者の一人である故レヴィア・キラム（Levia KIRAM）。その短い人生の間に、子供の生活状況にいかに影響を及ぼし得るかを示した故フランシーン・ホックリー（Francine HOCHLI）。彼女たちの名が我らの心に永遠に刻み込まれんことを。

●最も献身的な友人の中でも、特に米国ポツダム大学のジュディ・ミアリッグ（Judy MEARIG）教授と、リスル・ザウスメル（Lisl ZAUSMER）女史。かつて我々の研究が、未だ広範囲の支持を得ていなかったときに、支援と多大な激励とを与えてくれた多数の友人たち。支援をして下さったカール・ヘイウッド（Carl HAYWOOD）教授、故ニコラス・ホッブス（Nicholas HOBBS）教授、マイキ・ベガブ（Mike BEGAB）博士、マーティン・ハンバーガ（Martin HAMBURGER）教授、マーティンとシンシア・ドイッチ（Martin and Cynthia DEUTSCH）両教授、ミルトン・シュエーベル（Milton SCHWEBEL）教授及びアブラハム・

タンネンバウム（Abraham TANNENBAUM）教授。そして最後になるが、上記すべての人々と同様に我が研究所との関係を持ち、我々の研究にとって大いなる恩恵の根源となった故ハリー・パッサウー（Harry PASSOW）教授にも、感謝の意を表したい。

●撮影の領域への貢献と補給業務ですぐれた能率を示したアミ・シートリト（Ami SHITRIT）氏。ICELPの副総務部長としてセンターの卒業生百人以上の就職と兵役への移行を開始し円滑にしたグラフィック係のエイタン・ウイッグ（Eitan WIG）氏。

●研究所の職員に感謝する。アダ・オズ（Ada OZ）、ハダッサ・サッソン（Hadassah SASSON）、ヤエッル・ショーンバーグ（Yaelle SCHOMBERG）女史。彼女たちのすべてが本書の作成に貢献した。

●研究所のテスト、および諮問サービスのコーディネーターとして、治療を必要とする子供たち、特にダウン症児たちに集中的に働きかけ、形成外科手術を受けた人々の追跡研究を行ったヤエル・ミンツガー（Yael MINTZKER, M.A.）女史。

●高齢者と心身障害者の介護見習いのためのコースの運営に携わったハーヴェイ・ナロール（Harvey NARROL）教授とデビ・ズイバック（Debby ZWIBACK）女史。当プログラムの発展の継続にあたっているヨッシ・ミラー（Yossi MILLER）博士とシュリ・アーヴィヴ（Shuli AVIV）女史にも感謝する。

●ICELPセンターの教習サービス部長として高齢者の介護見習い教習に携わっている、ハイム・ソロモン（Haim SOLOMON）氏。

●ダウン症者及び発達障害のある青年と若い成人を志願兵として陸軍に編入させるという極めて重要なプロジェクトを長年我々と協力して行い、助力してくれたイスラエル防衛隊（陸軍）とその司令官。

●ダウン症の若者にとっても、彼らの介護を受ける高齢者にとっても、そのプロジェクトがいかに重要であるかを感じ取って、ケーン（KANE）教授はイニシアティヴを取り、ハーツオッグ高齢者精神科病院（HERZOG Psychogeriatric Hospital）で我々の研修生のために介護コースを設立した。我がセンターと我々の研修生に対する信頼を示した彼とそのスタッフ、そしてコースを成功させるにちがいない教授の貢献に対して感謝する次第である。

研究所の重要なプロジェクトの一つは、ダウン症者の外見を改善する目的を持つ形成外科手術を開始することにある。我が国民に礼を尽くす目的で、医療スタッフ講習のためイスラエルを訪問された、フランクフルト・アム・マインにある聖アンナ病院（St Anna Hospital）のゴットフリード・レンパール（Gottfried LEMPERLE）医学博士。そして当プロジェクトを成功させることによって多数の両親の希望を満たしたハダッサ病院（Hadassah Hospital）形成外科部長のメナーヘム・ウエクスラー（Menachem WEXLER）医学博士の貢献に対して御礼を申し上げる。

ロンドンのシドニーとエリザベス・コロップ（Sidney and Elisabeth COROB）夫妻。また、メイールとジョーイス・ディチャー（Meir and Joyce DIECHER）夫妻の指導の下にICELPが設立されたのは、我々の事業にとって並々ならぬ励みとなった。この試みに多くの人々が貢献をされたが、彼ら全員に深く感謝している。以下に主な賛助のみを列記する。

●ラシ（RASHI）財団はICELPの設立とセンターで実行された、最も緊急で極めて重要なプロジェクトの幾つかに多いなる貢献をされている。ICELPの事業が今日運営されている建物を取得できたのは、ラシ財団とコロップ氏、及びジェニー・アンド・ジョージ・ブロック財団（Jenny and Georges BLOCH Foundation）の支援の結果である。センターでアセスメントを必要とする子供たちの多さに対してプレッシャーを感じていた我々のため、ラシ財団は力動的評価法（ダイナミック・アセスメント）の評価者の養成と、センターの事業の強化に意義ある貢献をされた。両財団の永続的貢献は本書に列記されているすべての事業に浸透している。

●ICELPの中にあるベネッテン力動的評価法（ダイナミック・アセスメント）研究所（BENETEN Institute for Dynamic Assessment）の設立者である、故ベルナード・ブルムフィールド（Bernard BLUMFIELD）氏の夫人のネリー・ブルムフィールド（Neri BLUMFIELD）女史及びモントリオール市に住む令息のハリーと令嬢のアヴリーン（Harry and Aveline BLUMFIELD）。

●ICELPを概念化した人々の一人であったボルチモア市のジャック・ホッフバーガー（Jack HOFFBERGER）氏。

●最初の段階からずっと援助してくれたニューヨークのミチェルとナンシー・ライック（Michel and Nancy REICH）夫妻。

●ICELPの中にあるヨスポヴィッチ研究所（YOSUPOVICS Institute）において、両親に対する講習活動の推進に全力と支援を捧げたシュラミット・ヨスポヴィッチ（Shulamit YOSUPOVICS）女史。

●政界にあった期間を通じて、HWCRIとICELPに支援と激励と貢献をされたエルサレム市の前市長、テッディー・コレック（Teddy KOLLEK）氏。

障害に挑戦する子供やその両親を含めた『媒介による学習体験理論』を展開したバー・イラン大学（Bar-Ilan University）教育学部のプニーナ・クライン（Pnina KLEIN）助教授に特に感謝する。また、長年我々の事業に対して支援と信頼を寄せてくださった下記の団体や財団に感謝の意を表する。

●本書出版に際し、四十年間の長期にわたって我々の事業への貢献と協力をいただいたハダッサー・ウィッゾ・カナダ財団の現会長、パット・アルパート（Pat ALPERT）女史と歴任の会長に謝意を表したい。

●ハスブロー財団（HASBRO Foundation）のシルヴィ・ハセンフェルド会長（Mrs. Sylvie HASENFELD）と特別プロジェクト部門の責任者であるニューヨークのエヴィー・ワイス（Mrs. Evi WEISS）女史。

●第一版の出版社であったプレナム出版社、特に編集長のリンダ・グリーンスパン＝レーガン（Linda GREENSPAN-REAGAN）女史に感謝をする。彼女は本書の作成と出版の企画に中心的な役割を果たした。より多くの読者に本書を提供できるように、ペーパーバック改訂版の出版に対して快諾してくれたことを彼女及びプレナム（Plenum）社に感謝する。

● ハダッサー・ウイッゾ・カナダ研究所（Hadassah-WIZO of Canada）とともに、メヴァセレ・シオン（Mevasere Zion）での職業教育部門の設立に協力してくれたモーセとフィリス・ディッチャー（Moses and Philys DEITSCHER）夫妻、及びカナダ・モントリオール市のデーヴィッド・アズリエル（David AZRIEL）氏。

● オットー・ブラウ記念治癒的動作及び発育研究所（OTTO BLAU Institute for Curative Movement and Physical Development）の設立を支援してくれたレハール財団（LEHAR Foundation）、及びグロッケンブェルラグ・トンライッヒ（Glockenverlag Tonreich）氏。当研究所は危険にさらされている子供たちの発育にとって大変有意義な施設と見なすべきである。

● ウィリアム・コーエン（Dr. William COHEN）博士と故フリーダ・コーエン（the late Mrs. William [Frieda] COHEN）女史が率いるカナダ・モントリオール市のベルター・アンド・アルター・J・ベッスナー財団（Berta and Alter J. BESSNER Foundation）。

● スイス、チューリッヒのベチーナー・ガースバーガー（Dr. Bettina GIRSBERGER）博士が率いるジェニー・アンド・ジョージ・ブロック財団（Jenny and Georges BLOCH Foundation）。

● 潜在的学習能力向上国際センター（International Center for the Enhancement of Learning

Potential: ICELP）に対し友好関係と協力を保ったマリアニ財団（Mariani Foundation）。

以上全ての関係者に心から感謝の意を表する。

本当に長い間、激励と友情と知恵と個人的な支援によって勇気づけてくれた、ハダッサ・ウィッゾ・カナダ研究所の共同所長であり、エルサレムのタルビェー・精神科病院（Talbieh Mental Hospital）の前院長でもあるデーヴィッド・クラシロウスキー（David KRASILOWSKI）教授、そしてユース・アリヤー（Youth Aliyah）の前総裁であるシモン・トゥックマン（Shimon TUCHMAN）氏及び法律顧問のヨッシー・アモン（Yossi AMON）氏とイーライ・ヤッフイ（Elie JAFFE, CPA）公認会計士に心からお礼申し上げる。

最後に、本書の出版に携わった株式会社スカイライト教習出版社（Skylight Training and Publishing, Inc.）のジェームズ・ベランカー（Jim BELLANCA）氏と同社の献身的なスタッフに感謝の意を表したい。

本書を以下の三財団に捧ぐ。

発達上のリスクを背負った子供たちが我々に期待し得ること、
また、我々が彼らに対してなし得るすべてのことが、
左記財団の真心のこもった支援と貢献によって
加速され、目覚ましい変化を遂げたのである。

カナダのハダッサー・ウイッゾ・オーガニゼーション（Hadassah-WIZO Organization of Canada）
ハスブロー財団（The Hasbro Foundation）
ジェニー・アンド・ジョージ・ブロック財団（The Jenny and George Bloch Foundation）

上記財団の事業が、今後も継続して、
特殊なニーズを持った人々への積極的変容誘導アプローチへの
支援の源であり、福音であり続けることを願うものである。

「このままでいい」なんていわないで！◇目次

序論

十年前に第一版を発行して以降、機能水準の低い人々の社会的地位、教育水準及び就職状況に対して、いくつもの有意義な変化が起こった。これらの変化は本書に新しく加えられた章に反映されている。

当改訂版に描写された事例の大多数がダウン症児であるが、本書の根本的な理論の適応はダウン症候群を示す人々のみに限定されるものではない。「認知構造変容理論（Theory of structural cognitive modifiability＝ＳＣＭ）」では、病因、年齢、症状の重さにかかわりなく、人格と認知と行動とを含む人間のすべての性格を変容可能な「状況」と見なしている。

本書でＳＣＭ理論の論説をダウン症児に集中させる理由は下記の通りである。トリソミヤ21（trisomia 21）、フラジャイルＸ（fragile X）、ウイリアムス症候群（Williams syndrome）、ディ・ソート症候群（DeSoto syndrome）、その他の有機的かつ内分泌学的状態のような例に明白に見られる染色体と結びついた内的要因を、一般に行動心理学者たちは、障害者の背負っている状況を変えようとする場合の最大の障壁と見なしがちである。この消極的な見方自体が我々に特別な挑戦の機会を提供したのである。

何世代にもわたって、ダウン症者は何もできない人々と見なされてきたこと自体が、彼らを単に「訓練可能（トレーナブル）」な人々として分類するという結果を生み出した。多くの人々が教育不可能と見なされ、そのため特殊学校からさえも除外された。そのような消極的な見方がこれらの人々の自己知覚と生活の質、彼らの両親と周囲の環境に重大な影響をおよぼしたのである。彼らの内わずかな人々は意思の疎通を学び、更に少数の人々は読み書き、算数、思考、判断と自己決定を学んだ。病院で見捨てられた乳児の多くが死に、あるいは保護施設に預けられた。養子となったのは数少なかった。

しばしば善意から出た医師のアドバイスに反して、両親が生まれた赤ちゃんを自宅で養育する決心をしても、地域社会の支えなしではその子の発育と、生活の質を豊かにする方法はほとんどなかった。これらの両親の中の多くは、遅かれ早かれ子供を施設に任せなければならないという事実を認識してあきらめたのである。

このようなことが予期されたが故に、ダウン症として生まれた幼児の両親が、その出生を嘆いたのは無理もなかった。他の発育上問題がある赤ちゃんが生まれた場合、出産後、その実態に順応するまでの間に子供と両親の間に絆ができる余裕が与えられるのと違って、ダウン症児の実態は出産直後に明白になる。

他の症候群と違って、専門家の診断がなくても、ダウン症児特有の外見ゆえに、「典型的な精神遅滞」者として見られ、標準的な社会環境から拒絶される結果になった。施設に預けられた多くの子供たちは生みの親に会ったこともなかった。施設で子供たちを養育する役割を担った人たちが、生みの親を捜そうとしなかった多くの理由は、その子が二度も拒絶されることを恐れたからであった。

但し、積極的変容誘導アプローチに従うことで、ダウン症者の地位に重要な変化が起こっている。形成外科手術は、他の症候群に悩む人々と同様、ダウン症者の外見を変えた。これらの変化はダウン症者の場合特に意義深いものである。

以前からたてられていた仮説と違って、ダウン症者は必ずしも機能的に遅れていないし、機能の面である程度の遅れがあっても変容は可能であるという、我々のみならず別のグループからも得た根本的仮説からすべては始まったのである。従来からの説では、本人に圧力をかけず、敵対的、屈辱的な状況からできるだけ守るという受容的かつ現状維持的な環境が作りあげられてきた。

積極的変容を誘導するアプローチへ切り替えた結果、子供は両親と一緒に公の場に姿を見せるようになった。両親は家に客を招いたり、子供を家族の行事に参加させたりするようになった。これらの両親は子供に拡大家族と地域社会全体を認識させようとした。しかし、それでも外観で簡単に見分けのつくダウン症その他の染色体異常のある子供は負っている否定的な条件が同じクラスの生徒にまで広がる恐れから、普通教育に受け入れられなかった。しかしながら、ダウン症児の精神的、社会的両面における機能の変化、コミュニケーションおよび言語表現能力の変化、読み書きと算数の学習成績を挙げることを通して得られた変化は、その子供を標準的な（mainstreamed）環境に参加する資格のある人間に創り変えたのである。教師、生徒および地域社会の人々は、ダウン症児に知的能力があり、学び、変容する能力があること、そして高度の成果を挙げる可能性をもっていることを認めつつある。ダウン症の子供や大人の中には、芸術家、画家、詩人、映画や演劇の俳優、作家になって、社会が長年持ちつづけてきた否定的な固定観念を取り払うことに貢献している人たちもいる。

これらの例外的な属性を持った人々が変容可能であるとの、世間一般の認識の切り替えに大きく寄与したものに、高齢者や心身障害の人たちの介護人として若い人たちを訓練することに成功した我々のプログラムも一部関わっている。彼らは病院やコミュニティ・センターや老人ホームで働き手として受け入れられてきている。これらの人々の成功は両親たちに新しい理解を広めた。彼らに、教育や介入（intervention）によって子供たちの人生を変えることが可能であり、想像以上によりよい将来が約束できるという新しい希望の道を開いた。

志願兵として陸軍に入隊することも、彼らの自己概念の向上に加わったもう一つの要因である。兵役は労働と運動とスケジュールへの順応を要求する。またコミュニケーションの作法に順応することと、社会に貢献する一員として公の場に出る能力とを要求している。自分の欲求を満たしてもらう依存的存在としてではなく、仲間たちの社会での順応と統合を通じて、自分がいかに向上したかを認識することにもなる。

そのような統合が、以前には手が届かなかった可能性を切り開いたのである。普通の行動モデルとの接触は、これら例外的な属性を持った子供たちの日常行為、学習者としての自己概念、ボディランゲージ、彼らの願望や、自立をめざして自己の向上を主張し貫こうとする意思に大きな影響を与えた。受動的な態度はもはや、ダウン症児固有の性格と見なされなくなった。個人としての願望を持ち、自立を求めて己の人生の方向性を決定する一個の人間として、一般の人々はそれらの子供と付き合うようになり始めた。兵役中何人かのダウン症者が抜きん出て優秀であることが、メディアの注意を引いた。メディアは、一般市民や両親、医療関係者そして教育関係者の期待を遥かに越えて成し遂げられたこの偉業を広く知らしめるため、このことを繰り返し強調し、大きく取り上げた。我々のセンターの、高齢者介護人教習コースの卒業生が、陸軍だけでなく予備志願兵としても受け入れられたことが、ダウン症の人々のみならず、障害を持った人々一般に対する世間の理解と接し方を変えたのである。地域社会がそのような人々に対してより高い期待を持ち始めたことによって、例外的属性を背負った人々の業績の向上がさらに円滑化された。

ユダヤ教の祭日の三枚の記念切手をデザインしたのはサハール・ピック（Sahar PICK）氏で、センターの四年制プログラムを終了後、イスラエル防衛隊の優秀な兵士として服務した人である。ジェイソン・キングスリー（Jason KINGSLEY）氏が、彼の友人と共に書き下ろした著書『僕たちを仲間に入れて（*Count Us In*）』。ダウン症の女性、デビーの結婚の成功。普通学校の優等生で、母国オランダでオートバイの運転免許をダウン症者として初めて取得した少女ピーッチェ。これらの人々の業績をはじめ、さらに多くの人々とグループが挙げた数多くの業績は、障害のある子供に対する一般の認識を変えたのである。今日では、もはや彼らが、症候群や外見や遂行行動に基づいて判断されることもなくなっている。逆に、以前に考えられていた以上に、彼らが潜在能力を持っているという確信に従って判断されるようになったのである。

その結果、両親の方にも変化がおこった。自分たちの子供の前に業績と展望が開かれたこと、また達成されたそれらの業績が、積極的な働きかけ（investment）や教育、媒介の量と直接的に関係しているということなど、それらのすべてが要因となって、両親たちを、子供たちの正常な環境に統合する権利を主張する活動家に変えたのだ。しかし、そのような自立生活に到達するための子供の権利を主張することは同時に、自立に必要な手段を身につけなければならないことをも意味している。

読み書き、思考、判断、決定、感性の進歩に伴う明瞭な発音、および言語コミュニケーション能力の向上は、仲間と本人の間の一貫したつながりを円滑にし、そして規範的な枠組みの中で適切に行動し、活動するための動機を増大させるのである。その他の、生活の質を向上させていく自立のための手段としては、貢献的な就労習慣、問題解決を可能にする職場と日常生活における能率化、他人と付き合おうという意欲と努力、各種の人間関係を作り、自分の家庭を築いてそれを拡大家族と地域社会と国とに統合すること、そして新しい手段を開拓する能力を身につけること、等々があげられる。

上記すべての目標の達成は、子供の日常生活に関係する父母、家族そして医師、小児科医、心理学者、言語治療法士、職業治療士、幼稚園の保母、教育関係者およびコミュニティ・ワーカーを含む多くの人たちによる早期介入（インターベンション）によって得ることができる。これらすべての人々の協力を得るには、両親をはじめ、両親の苦労を支える有志のグループの積極的な援助が必要である。数年間にわたる成功により、このアプローチに確信を持つ人たちが増えている。

人間の変容の可能性と支持的な環境の必要性という、我々の信念体系に生じた変化によって、障害のある赤ちゃんを持った両親の展望が大きく変り、新たな希望をもって我々のセンターを訪れるようになった。さらに、病院の看護婦や医者もまた、今や「新しいタイプ」のダウン症の子供を目のあたりにしていると主張するほどにその認識を改めたのである。今では、ダウン症児が話題になったときには、看護婦や医者たちは彼らのことを自閉症児か、または最近「ＰＤＤ」という名で呼ばれている、出生時もしくはその後のコミュニケーション障害にかかった児童について話すのと同様に話している。イスラエルで設立された親たちの組織「ＹＡＴＥＤ」と、それと同種の世界各地の団体は、社会、教育、医療そして政治の分野において両親の要求を支援しようと活躍している。各個人ができる限り制限を設けられることなく、標準的な環境で教育を受ける権利を勝ち取るための長い闘いは、現行の教育システムに対して、過去数年間に起こった変化を受け入れ、よりよい教育のための新しく統合されたフレームワークを作るべく圧力をかけた。そして家庭、地域社会のサークル、例外的属性を持つ子供たちのための豊富化（エンリッチメント）の各プログラムなど、教室以外の場でも補助的な特別教育サービスを可能にしてほしいという、両親や教育者たちの要求が社会において認められるようになったのである。

以上の変化の意義は例外的属性のある子供に限定されるものではない。これらの変化は、認知の構造的変容の可能性の仮説を確証し、すべての人々にその変容の可能性が開かれるための条件を示している。変化は可能なのである。本書で描写されている全体論的なアプローチは不可欠であり、過去におけるそのアプローチの不在こそが、従来の教育において見られたような失敗の理由を示しているのである。本書が、教育の成功例を増やし、社会を向上させ、例外的属性の有無にかかわらず、全ての人々の人生の質（クオリティ・オブ・ライフ）を高めるために必要な力を結集するための一助とならんことを希望する次第である。

ルーヴェン・フォイヤーシュタイン（Reuven FEUERSTEIN）

ヤーコヴ・ランド（Yaacov RAND）

第1章　人間であるならば、変容は可能だ

――人間の認知構造変容の可能性に対する確信――

私たちの研究所*には、助言と協力を求めて多くの手紙が送られてくる。そのなかに一通の、かなり異例な要望をしたためたものがあった。それは、死を目前にした母親の、一人息子ジョエルに関しての願いをかなえて欲しいという内容のものだった。**その母親は自分の息子が保護という目的だけで、機能水準の極端に低い人々（訳註1）や行動に問題のある人たちのための大施設に一生閉じこめられることのないようにと切望していた。

その息子は既に何度も保護施設を出たり入ったりしていた。母親の元に戻されては家庭で問題を起こし、再び施設に戻されるといったことを繰り返していた。それでもなお、息子の幸せを切に願っていた母親は、ジョエルには発達の見込みがないという周囲の意見にもかかわらず、彼を一生保護収容

* イスラエルのエルサレム市にあるハダッサー・ウイッゾ・カナダ研究所［Hadassah-WIZO-Canada Research Institute］を指す

** 本書に登場する全ての人物の名前と特徴はプライバシー保護のため変えている

させる必要はないのだという事を本能的に感じていたのである。

十六歳のジョエルは、自立させようとする外部の努力を受け付けることのできない、つまり「矯正不能な」者とされていた。意志表現、或いは理解能力が弱いだけでなく、言語障害もあった。そのうえ、記憶力は短期、長期両方ともごく限られていて、自分自身の行動を抑制する能力は無に等しかった。切手を盗んで埋めたり、食べ物を盗んで捨ててしまうような無分別な彼の行動によって、事態は更に複雑なものとなっていた。加えて、ジョエルが激怒すると傍に居られない程危険だったため、その常軌を逸した行動の前では彼の知的障害（訳註2）の深刻さは二次的なものにみえた。

しかし、時にはジョエルは同じ少年とは思えないほど素直で従順になることもあり、質問が終わるか終わらないうちに「はい」という返事を口にすることがあるほどであった。また、興味深い能力の表出が見られた。例えば、図面の描き写しをさせると、トレーシングペーパーに素早く正確に写すことができた。一ヶ所写したかと思うと別の部分を写したりと支離滅裂な仕事ぶりながら、結果としてすばらしい出来上がりだった。けれども人間の顔や体、あるいは花など、ごく簡単な形を白紙に描かせようとすると、彼はもうなにもできなかった。同じことは、私たちがジョエルの限られた言語能力に対処しようとしたときにも見られた。彼は言葉を反復することさえも困難で、十回以上も繰り返し聞かせても、発音できない言葉が沢山あった。

ジョエルの隣人たちが書いてよこしてきた母親の願いを伝えるその手紙の文面からは、誰しもジョエルの人生の行く末を変える方法があるなどとは信じていないということが強く伝わってきた。それでも手紙の送り主たちは母親の願いを切実なものと感じ、藁をもつかむ思いで当研究所の助けを求めてきたのだった。だが、手紙には、ジョエルを養育家庭や少年村に受け入れさせる手続きをした際に、彼らが直面した多くの困難について詳細に書かれており、それだけに、結局、「ジョエルには研究所で治療を受けるチャンスはありません」という返事しか期待できないことを、皆、覚悟しているというような印象を受けた。

ジョエルが不利な条件を抱えていることを承知の上で、私たちは彼の変容の可能性（modifiability）を調べることにした。ジョエルの隣人たちは彼を助ける可能性については疑心暗鬼であったものの、自分たちの面目を施そうと、すぐに彼を私たちのところに連れてきた。ジョエルの状態評価を始めるや否や、私たちは彼らの抱いていた不信感の理由が飲み込めた。

出産時の記録だけでも、彼に変化を与えようとするどのような試みをも諦めさせるのに十分だった。ジョエルは体重が非常に軽い未熟児として生まれた。そのため、出生直後から約三ヶ月間保育器に入れられたままで過ごした。胎児期外傷、早産、また、長期間保育器に入っていたことが複合的に彼の視力、肺臓ならびに脳の重い傷害の原因となっていた。退院後、ジョエルは母や家族から離れ、様々な施設で生活をした。やさしい祖母と暮らした時期を除いて、それまでの人生の大半を施設に収容されていた。

ジョエルの状態評価を始めると、非常に多くの障害を持っていることが明らかになった。感覚、運動、その他の機能にも障害があり、恵まれない環境のせいで今やその障害は重度のものとなっていた。

ジョエルに接して分かったことは、注意力を持続する期間が短いだけでなく、注意していると思われても反応が非常に鈍いということである。一つの作業を理解して仕上げるのに、何十回も同じ指示を彼に繰り返す必要があった。また、最も簡単な言葉や語句を理解させ、暗記させるのにも大変な努力を必要とした。何か行動を起こそうとする能力も、ほんの僅かしかなかった。著者と数人の研究員による彼の状態評価は二〇日間かかった。それが終わる頃、ジョエルにごく僅かであるが変化のきざしが見られた。ジョエルが多くの問題を抱えていたにもかかわらず、この状態評価をやり通せたのは、私たちが変容の可能性を確信していたからである。その確信がなければ私たちは、この作業を放棄してしまっていたかもしれない。

介入プログラムの一環として、ジョエルは養育家庭に入ることになった。そしてそこで、彼は多岐にわたる膨大な量の媒介、即ち、感受性に富み、明確な視点を持ち、躍動感溢れ、相互作用を強化する養育を受けた。養父母は刺激的な学習環境を作り出せるあらゆる機会を利用してジョエルと深く関わることになった。ジョエルが一度覚えたのに忘れてしまったものを彼等は言葉を繰り返しながら示唆してやるのだった。以前に見られなかった反応が養父母の努力によって導き出された。ジョエルに曜日や月名そして時計の読み方を覚えさせるのに何ヶ月も費やされた。

ジョエルが一から二〇まで間違えずに数えるようになった時の私たちの喜びは、我が子の高校卒業証書の授与式に参列する親の気持ちと同じだった。彼が音節の多い言葉を真似たり、自分で発するようになったとき、私たちはほとんど成功したも同然だと感じた。退行が全然なかったとは言えない。

むしろ頻繁だった。そして時によって退行は激しいものだった。例えば、一度は怒りを爆発させて、自分の部屋の家具をいくつか素手で壊したことがあった。そういうときには、それが自分自身を傷つけて損しているのだということを理解させたうえで、破壊的傾向を抑制させるのに大変な粘り強さが必要だった。

ある程度記憶力が発達して、話し言葉が流暢になってきた時、以前習ったことについての記憶（souvenirs）が豊富に現れた。その中で最も驚いたことの一つは、ジョエルが幼い頃耳にした外国語を口にし始めたことだった。また、読書はジョエルにとって大変苦手なものだったが、それもようやく小学校三年生の水準に達した。

ジョエルは長期にわたる養育家庭でのグループ治療プログラムを受け、そこでもっと高い水準にいる子供ともうちとけるようになった。そしてその後、ハイファ市に移り、大工の見習いになった。

このようにして、非常に重要な目標が達せられたのである。

つまりジョエルは普通の環境でその役割を果たし、仕事と社会活動の両方でかなりの自活能力があることを立証したのだ。しかし、年に一度や二度は彼の昂った感受性に触れる出来事や、恵まれた環境を以てしても拭い去ることのできない無力感や、疎外感に起因する突然のわけの分からぬ行動に走ることもあった。そういうことがあると、彼は逃げてゴミ箱によじ登り、見つかるとこう言うのだった。「僕はゴミだ。ここが僕の居場所なんだ」。いかに彼が過去の経験に振り回され、悩まされていたことか、それは見るも痛ましかった。

養育家庭での養護に続いて、父方の親類がいる養鶏所へ移り、そこでジョエルは他の二人と雑用をこなすようになった。ジョエルは責任感のある有能な作業員となった。現在、彼は小さな木工工場に勤めながら、青年のための隣保集団生活ホームで生活している。報告によると、彼は寮生たちのなかでも最もよく適応しているということである。

ジョエルの話は、後に説明する認知構造変容理論（Structural Cognitive Modifiability Theory）を十分に例証するものである。ジョエルの教育には多大な努力が注がれたが、基本的にそのきっかけとなったのは、ジョエルをそのまま放っておきたくない、息子を変容させるために何かができるはずだと信じた母親の意志であった。その意志がなければ、親族や何らかの団体がジョエルの認知の機能水準を変容させようと行動を起こす可能性はまず無かったであろう。中国の古い諺にあるように「千里の道も一歩から」である。母親の意志はその最初の「一歩」であり、最終的に息子にとっての将来の人生の価値を決定づけたのだった。

私たちの中で直接ジョエルの母親の思いに接する機会に恵まれた者はいなかった。息子に対する彼女の希望と計画について私たちが話し合ったことすらなかった。母親がどのような人であったかを知る詳しい情報も全くない。しかし、長年の息子との極めて辛く厳しい経験にもかかわらず、息子の深刻な問題を必ずやよくする方法があると固く信じていたことだけは理解できた。

このジョエルの母親の「変容の可能性」に対する信念は、行動を生み出し開始させる決定的要因として「信念」がいかに重要であるかということを如実に示している。実際、信念によって強く心を動かされた人だけが行動を起こし、やり通せるのである。なぜか。それは「信念」は欲求に根ざしているからである。方針や行動に関する知識のみでは必ずしも行動を起こす引き金にはならない。なぜならそれは個人の持つ欲求とは密接な繋がりがないからである。

人間の変容の可能性に対する「信念」は同様に教育者が専門家としての役割を十分に果たすためにも必要である。ジョエルの母親の意志に託された精神に添って、本書全般を占める理論と方法の根本となる、相互に関係し合う五つの信条を提言しよう。ある意味において、これらの信条は機能水準の低い人々を教育すべく訓練を受けた人が、その役割を十分に果たすに足りる人物かどうかを見極める基本的な「リトマス試験紙」となり得るだろう。

「人間は変容可能である」

この信条は人類の本質を指摘するものである。全ての人間は周囲からの介入（訳註３）を受けて意義ある変容を遂げる可能性を持つオープン・システムと見なされるべきである。そのような見方は、極端に言えば個人が最終的に到達しうる機能水準は、その人の遺伝的資質のみによって決定されるとする、一般的遺伝学における能力達成の考え方と非常に対照的である。それでは変容の可能性はほとんど見込まれないからである。

現在、重度機能障害者を含めて、様々な人々の機能に有意義な変化をもたらす多大な可能性を示す、実に多くの感銘深い実証例がある。例えば、著者が臨床、実験の場で集めた情報資料は、様々な重度の障害を持つ人々の変容が可能である（to modify）ことを示している（1・2）。

「私が指導している相手は変容可能である」

人間の変容の可能性に関する一般的な信念が、ある教育者が現に扱っている特定の子供または成人に対して抱いている信念と必ずしも一致するとは限らない。個人の性格、機能水準、周囲からの様々な介入に対する反発、あるいは攻撃的または破壊的行動の水準が、人間の変容の可能性に対する一般的な信念と相容れないと思われる場合が時にしてある。その個人の介入に対する反応の仕方によって、教育者が指導中の特定の子供には変容の可能性という概念は「適用できない」と結論づけることもあり得る。このような否定的な考えは、変容を成功させるために本当に必要な活動を阻害することになるだろう。途中で失敗を経験しようとも長期的な介入を促進し成し遂げるためには、教育者が人間の変容の可能性への強い信念を持ち、かつそれを特定の子供に適用することが必要不可欠なのである。

「私はこの人に変容をもたらすことができる」

この、三番目に考慮すべき問題は、今指導を受けている学習者の変容の可能性を引き出すための積極的で効果的な手腕たり得る適性や能力を、教育者自身が持っているという自覚に関するものである。人間の変容の可能性を一般的に信じ、また特定の子供の変容の可能性を確信しているとしても、教育者によってはその子供の変容過程の個々の目標を達成することは到底自分の能力の及ぶところではないという結論を出さざるを得ないことがある。このように自分の非力を悟ることが、その教育者自身の持っている人間の変容の可能性への信念のあり方そのものを変えてしまうことがある。例えば、教育上の進展が見られないのは指導者にではなく、学習者自身に「原因」があるとしてしまう。逆説的に言えば、自分が無力だと感じている指導者はむしろ、自分の力のなさを知られたくないあまり、助けになると考えられる他の指導者にその子供を委ねることを避ける可能性がある。時にはどの指導者でも他の専門家の助けを必要としたり、他の指導者に委ねたりする必要のある子供に出会うものである。しかし、もしもこのようなことが頻繁に、特に補足的な訓練を受けた後に頻繁に起こるようなら、その指導者は真剣に転職を考えるべきである。

「私自身が変容可能であり、かつ変容されなければならない」

教育者は、自分自身の変容に長期的な努力研鑽を重ねることによってのみ、真の専門家としての熟達が得られる。専門職の一人よがりな自己満足は教育的な介入の過程においては邪魔になる。というのは、子供の個性、一人一人の能力や条件のみならず、効果的な教育に関連深いその他の社会文化的要素までをもそれは塗りつぶしてしまうからである。教育者が自己の変容の可能性に対して確信を欠く場合、往々にして適応することを子供に過度に要求したり、その子供の欲求に自分自身が適応するという自分の役割の認識に欠けるという結果を招くことがある。

「社会や世論もまた変容可能であり、かつ変容されなければならない」

おそらく教育に対する考えと実践の発達に社会が与える影響についていまさら論ずる必要はないだろう。しかし、教育者が自分の教育活動の正当な目標として社会を常に見ているとは必ずしも言えない。社会は介入の目的というよりも、むしろ決定要素として考慮されるべき一つの条件と考えられることが多い。ここで私たちが指摘したい点は、個人の変容の可能性は社会的条件という「フィルター」を経験しなければならないということである。世論全体だけでなく、文化に基づく態度や社会の慣例や規範などの変容を可能にするには、常に長いプロセスを要する。けれども、教育者一人一人が社会を自分の介入活動の主たる目標の一つとして見るべきである。

以上、これら五つの信条は「認知構造変容（ＳＣＭ）理論」の根本的概念の価値を知り、理解を深めるための基本的背景として心に留めておく必要がある。次に、この理論にとって、それぞれ「視点」、

「活力」、そして「影響力」を意味している、理論の名称中の三つのキーワードについて簡単に述べる。

変容の可能性（*Modifiability*）

変容の可能性はＳＣＭ理論の中心的概念である。この専門用語をさらに理解するためには「変容の可能性（modifiability）」と「変化（change）」の区別を明確にする必要がある。「変容の可能性」は個人自身、すなわちその気質、思考能力そして彼*の全般的な能力水準などに起こる様々な変化に本質的に関連している。「変化」は範囲がかなり限定され、より個別的かつ局部的であるし、また、多くの場合、時間の経過に対して持続性が低く、環境からの影響に対しての抵抗力も弱い。「変化」を度々経験しても、それらの変化が個人の人格や認知構造的資質と一体化しないために、その人の高次機能に影響を残すとしてもそれは微々たるものである。

これに対して「変容の可能性」は旧来の手法で測られた個人の機能水準を前提とする発達予想の既定路線を離れ、意義深く本質的でかつ持久力ある新たな路線へ再出発することでもある。機能水準の低い（retarded performance）（訳註４）人々が自力で本質的な変容の可能性を生み出し、維持することは

＊　性別を問わず、本書においては便宜上文法上の理由で「彼」という形式に従う場合がある

極めて稀で、通常そのような変容の可能性は集中的で組織的な介入が必要である。

初期にジョエルが示した極端な機能水準の低さ、すなわち言語その他のコミュニケーション手段のほぼ完全な欠如、自発能力の無さ、その他様々な障害の特質を考慮すると、当時はそれ以上能力の向上は望めないだろうという発達傾向しか予想されなかった。これら全ての障害にもかかわらずジョエルに有意義な変容を見ることができた理由として、当時の常識からみれば彼には高いと思われる目標が設定され、その目標実現のため強力な対策が実行に移されたことが強調されなければならない。この長期の介入の過程を経て生まれた独立心と能力を身につけた人物は、介入を始めた時の不活発で他人に頼りがちだった人物とは全くの別人だった！

SCM（認知構造変容）理論は、たとえ本人またはその生活環境に極めて重度の障害が認められようと、人には変容の可能性があるということを前提としている。実際にジョエルの場合は、個人の機能水準に有意義な変容をもたらす上で根深く、不変で、絶望的な阻害要因であると多くの人に考えられてきた三つの障壁を克服することができたことを示している。その三つの障壁とは、①本人の年齢、②損傷の原因、そして③損傷の重さである。

一部の専門家は、本人の年齢は周囲からの介入を成功させるための、強い決定要素だと考える。この観点に立つならば、介入の成功率を高めるためには介入の時期は早ければ早い程よいということになる。この考え方は大部分の心理学者に受け入れられている。しかし、中には「臨界期（クリティカル・ピリオド）」と称される、ある一定の年齢時期を過ぎると、介入によって有意義な変容を得ることはほとんどなくなるという考え方もある。

早期介入の重要性に関しては私たちも疑問を差し挟むつもりは全くない。しかしSCM理論は「臨界期」という概念に異議を唱えるものである。介入の方法と実践の内容を選ぶ時、確かに年齢は重要な決定要因ではあるが、高齢だということを乗り越えられない障壁と見なす必要はない。事実、本人の意識的な動機づけが自身の変容を実現することに役立つなら、時には年齢が高い場合の方が介入時期をより捉えやすくするということもあるだろう。

第二の障壁、損傷の原因は広義において二つに分類することができる。①遺伝学的、遺伝的、または先天的問題と、②環境的要因である。第一の分類はダウン症候群のような染色体に関連する問題を含んでいる。第二の分類である環境的要因は、貧困、親による虐待、あるいは鉛中毒などを含む。場合によって、二つの分類が重なることがあるので、両者を区別するのは容易ではない。例えば、精神病は遺伝的要因に結びつけられることもあれば、環境的要因と結びつけられることもある。さらに、生後二、三歳までの間に生じる環境に関連する損傷は生まれつきのものと見なすべきで、変化の対象になり得ないと考える説もある。

SCM理論はこれらの立場に対峙し、損傷の性質に関わりなく介入は可能であると主張する。当然、変容に必要な力の注ぎ方の度合い、介入方法、必要な介入技術は損傷の性質によって異なる。しかし損傷の性質自体が介入そのものを不可能にするという場合はごく稀である(3)。

第三の要因、すなわち損傷の重さは介入にとって大きな障壁だとある人たちは考えている。しかしながら、SCM理論によると、重度の障害者でも変容は可能である。疑いもなく、本人が介入を受ける際に損傷の重さによって困難を生じることがあるかもしれないが、それが全体として変容を阻むと考えられるような状況を作り出すようなことはない。

ジョエルの場合はこの点を十分に例証している。ジョエルよりも不利な障害を持つ例は滅多に見当たらない。彼の場合、有意義な介入は思春期中期にかけてようやく開始され（彼は最も初歩的な行動機能の面で極めて低い水準にあった）、その損傷の原因は複合的で遺伝的要素、幼児期に必要な経験の不足、そして発育の観点からジョエルを極めて危険な状態にした様々な家庭環境といった要素が含まれていた。その上、私たちの研究所に来るまでは周囲からの介入は皆無に等しかった。それは――彼の母親以外は――皆がジョエルを、変容不可能で永久に施設で保護を受けるしかない、極端に機能水準の低い人間だと思い込んでいたからだった。

ジョエルの母親の強い信念は介入を実現させた。母親がイニシアティブを取ったことにより、息子に対する強力な詳細調査が実施され、その結果ジョエルの持つ本来の才能のいくつかが見出されるに至った。変容が可能であることが分かっただけでなく、長い年月にわたる介入を経た後、ジョエルを自己の確立した順応力のある有能な一人の人間に変容させたのである。ジョエルの初期の機能水準に基づいて予測された発達傾向の期待値を大きく上回る結果へと導いた彼の変容の可能性は、まさに重要な意味を持った再出発そのものだったと言える。

構造（*Structure*）

心理学でいう「構造」とは相互に関連し、影響し合う様々な要素から成る組織と定義することができる。さらに、心理学における構造は個人の人格に関わる他のシステムと結びついている。

本質的に静止状態にある物質的構造と異なり、心理学でいう構造は次のいくつかの特質を通じて示される動的な構成要素から成る。第一に構造はその全体、つまり構造自体とその構成要素との強い結合力によって特徴づけられる。従って、一つないし複数の構成要素に関わる経験は、それらと直接に関係する構成要素のみならず、他の全構成要素に影響を及ぼすのである。主な認知構造の一つである記憶は、その代表的な例である。記憶は、知覚的要素（例：焦点を合わせる）、知的要素（例：内容を理解する）、動機的要素（例：記憶すべき内容に興味を示す）その他、多数の要素を含む。これらの要素は全て相互に関連し合い、影響し合っている。さらに、これらの構成要素のうちの一つによってもたらされた変化、例えば記憶すべき内容に対する興味の水準の向上などは、他の構成要素全てに相当な影響を及ぼし得る。やがて注意力が高まり、理解力も増すという具合である。

第二の特質は変化性（transformism）である。変化性は構造の機能様式の変化の傾向を示す。例をあげると、それらの変化は一つの行動に伴うリズムに反映されることがある。あらかじめかなり長い時間を必要とする作業の場合、指導することによってより敏速にやり遂げることがある。また、子供は作業を行う時にかなり高い水準の集中力と柔軟性を示すこともある。これらの変化は最終的に構造の機能に影響を及ぼす。

第三の構造の特質は、たぶん個人の適応能力の発達において最も大切なものであろう。心理学的構造はその構成要素が力強いものであるだけに自己制御（self-regulating）的に、また自己存続（self-perpetuating）的に作用する傾向がある。このことは個人所与の問題を解決する、あるいは与えられた状況に対処する上でそれが役立つと考えられる時はいつでも一つの同じ構造が繰り返し活性化されることでも明らかである。たとえば、「正確性」というのは認知構造の一つである。

正確性を自己の心理組織の中に統合した者ならば、あらゆる活動において正確かつ厳密な方法を用いて行動をする傾向を示すだろう。彼は関係資料を的確な方法で収集するだろうし、それらの資料を組織的かつ体系的に（書類なり口頭で）記録するだろう。そして非常に精度の高い形で、集積した情報を他人に伝えることもできるだろう。

機能水準の低い人々にとって、存在しないも同然だった構造が、十分に配慮された繰り返しを通じて次第に強化される場合が度々あるのを私たちは見てきた。そのような体系的な繰り返しの後では、それらの構造はより自律的になる。つまり、構造を活性化するのに指導者がいちいち合図する必要がなくなるのである。

適応障害を克服するために悪戦苦闘しているときに、ある構造をうまく利用し成功することは、構造そのものを強化するのみならず、本人にも同様の結果をもたらし、両者が熟達度においてより高い水準に達することになる。

心理的構造の自己制御の面は、主にその構造を活性化するために必要なエネルギーの量と関係がある。

正確性に関する例をそのまま使えば、学習者は作業を完遂するための関連資料を収集するのに多大なエネルギーを費やさねばならない。しかし、何度も成功を繰り返し、正確性が目標達成のためにいかに役立つかという洞察を得た後では、正確に行動することがより容易になり、ついには、高い正確性とより少ないエネルギー消費という意味での熟達の水準に達することになる。

認知（*Cognition*）

認知は、知覚、記憶、学習、そして思考というようないくつかの個人の基礎的な機能を指す。SCM理論はいくつかの理由から認知を重要視する。第一に、認知は人間活動のほぼ全体において、そして個人の適応過程にとって最も重要な位置を占めるものであり、認知と関連を持たない人間の営みはまず見当たらない。第二に、近代の社会生活、特に高度技術社会においては、個人の認知機能に対する要求が非常に高くなっている。教育的、職業的、そして社会経済的な個人の地位はその人の認知の成果と密接に関わっている。それ故に認知は適応性を決定づける最も有力な要因の一つとなっている。第三に、認知は周囲からの介入が容易にたどることのできる道筋を提供する。しかし、構造の変容そのものは認知の分野に限らず、人格を形成する他の下部組織にも影響を与えることを目的にしている。周囲からの介入にとって認知はその柔軟性の故に非常に役立つ存在である。過去何世紀にもわたって、教育の分野で開発された教科課程のほとんど全てが認知的傾向を持つものである。この数十年間、情緒的下部組織の変容は益々着目されるようになってきているが、介入自体はその性格として主に認知的な内容のものである。事実、個人の認知下部組織（cognitive subsystem）は適応にとって最も重要なだけでなく、変容を他の全ての心理的下部組織に効率的に及ぼすことのできる「王道」でもあると考えられる。

ジョエルの場合は認知構造変容の可能性が現実のものであることを立証している。ジョエルは周囲からの有意義な介入の恩恵を受けた多くの人々だけでなく、そのような恩恵に浴することのできない他の人々の代表でもある。ジョエルと共に勝ち得た成功は、認知構造変容の機会を与えられぬまま他人に頼り続け、人並み以下の水準の生活を続けざるを得ない状況にある人々のために大きな課題を私たちに課すことになった。たとえ最悪の状況に直面していても、何ができるか、何をせねばならぬかをジョエルは私たちに教えてくれた。そして、機能水準の低い人から適切な介入の機会が奪われたらどのような結果が待っているかをジョエル自身が私たちに警告しているのである。人間の変容の可能性は単なる信念だけでなく、挑戦と責任をも意味するのである。

【原注】

〈1〉Feuerstein, R., Y. Rand and M. Hoffman. 1979. *The dynamic assessment of retarded performers: The learning potential assessment device - theory, instruments and techniques.* Baltimore, Md.: University Park Press.

〈2〉Feuerstein, R., and others. 1980. *Instrumental enrichment : An intervention program for cognitive modifiability.* Baltimore, Md.: University Park Press.

〈3〉Frankenstein, C. 1968. *Psychodynamics of externalization : Life from without.* Baltimore, Md.: Williams and Wilkins.

【訳注】

（1）元来使用されていた用語と態度から脱皮して、現時点で十分に機能を発揮していなくても、向上する可能性があることを示唆するつもりで「機能水準の低い」または「発達遅滞」（retarded performance）」等という言葉を当てている。横浜市立大学の伊藤隆二教授の発案である「啓発」と「啓発者」も考えられる。

（2）一九九九年一月二三日付けの朝日新聞［二七頁］（「知的障害」の代わりに「知力救援」の利用が報道された）

（3）「周囲からの様々な介入」というのは、学習者のそれまでの環境と異なり、認知的機能をより効果的に発揮させる環境の提供を意味する。例えば、介護中心の施設から、『認知能力強化教材』を用いるプログラム（IE＝本書第一四章参照）の適用に経験ある里親家庭に学習者を転移させるような「周囲を調整する介入」。

（4）　健常者が示す機能水準（performance）より遅滞している（retarded）場合、人の変容の可能性を信念として持つ著者はその見方を反映する用語を用いる。

第2章　変容の可能性について

――それは、ひとりでに起こるわけではない――

本書のタイトル『「このままでいい」なんていわないで!』（原題 *Don't Accept Me As I Am*）は、絶望に追い込まれている人々の声なき叫びを象徴している。それは、「やむを得ず受け身的に順応」する環境の中で比較的質の低い生活をすることを運命づけられた、何千という機能水準の低い人々の絶望の象徴である。愛情のあまり両親はわが子の幸せを守ろうと、その子にあらゆる快適環境や娯楽を与えようとする。その子のおだやかな環境を乱す可能性のある一切のものを排除しようとする。親にとって一番大切なのはその子の安楽、完全なる心の平和、無条件に受け入れられているという気持ち、そして自分が他の子供たちとは違うことを知らずにいることであり、子供の能力を実質的に発達させる可能性にはほとんど注意は払われないのである。

積極的変容誘導アプローチ（Active-Modificational［AM］approach）は、受容的現状維持アプローチ（Passive-Acceptant［PA］approach）と異なり、次の様な本質を明らかにする。それは親、介護者、教師、雇用主の多くがその人の身体、精神、教養あるいは行動面にみられる障害をそのまま受け入れることを認めないという点である。

認知構造変容（SCM）の可能性に関する理論は、積極的変容誘導（AM）アプローチに深く根ざしている。なぜならAMアプローチは環境に存在するあらゆる資源を継続的に投入して、本人の潜在能力のみならずその変容能力を促進することを重視するからである。

教育者、ソーシャル・ワーカー、両親その他多くの人々は、それぞれ人間の変容能力に対して異なった確信を持っている。この多様性は、右極にPAを配し、左極にAMを配する二極を結ぶ線上でのそれぞれの考え方の位置付けに依っている。事実、これらのアプローチの違いは、二つのうちどちらの極に接近しているかというポジショニングの状態として描写することができる。

この二つの観点は、教育的介入の量的側面を指しているのではない。むしろその介入の質的側面、すなわち介入のエネルギーや社会的資源が、その性質、目標、方向性においてどちらを指向しているかを表しているのである。

その二極（PA／AM）線上における自分の位置付けを判断するには、互いに関連しあう以下の二点について問う必要がある。ひとつは本人の示している機能水準または損傷を、どの程度まで固定的なものとみなし、結果として既成事実化しているのか。もうひとつは個人の変容を有意義に誘導するためにどの程度社会的資源と介入の各過程そして教育的実践とが連動しているか、また同時に変容を増進させるための環境整備がなされているか、ということである。

これらに対する答えは、個人の変容の可能性や適応能力を増進することを目的に教育活動が行われているとき、それらの活動は常にAMアプローチの範疇にあると考えられる。逆にもし介入の主な目的が個人の変容でないならば、PAアプローチが反映されているといえる。PA的活動が本来臨機応変で多様であっても、やはりそれは受動的だと思われる。なぜならばその目的が個人の生活を質的に向上させ難局に対処する行為を高めることよりも、個人が現在示している機能水準に環境を順応させることにあるからである。

しかしながら状況によっては、例えば車椅子に乗る人々のために入口に特別のスロープを造る場合、受容的現状維持アプローチは称賛に値するだけでなく必要なことでもある。さらにこの状況で、もしその人自身が誰の手も借りずにある場所から他のところへ移動することができたら、それは重要なことである。

受容（acceptance）とは、障害のある人に対して我々の内にある、あるいはその人に対して生じる感情的態度を示すのではない。むしろそれは、その障害（disability）自体に対して我々が持つ態度をいう。「受容的現状維持」というのは損傷（impairment）を、そのまま不変なものとして耐えることを意味する。その機能水準の低さと「共存する」ことは本人の変容ではなく、彼の環境を変えることを目的に努力をすることを意味する。それは、本人の機能水準に変化を求めないような周囲の条件を作り出すのである。このように低水準または不適切な機能が補強され、永存させられるのである。

AM―PAアプローチの歴史的根源

AM―PA論争は人間の歴史が始まるはるか昔に溯ることができる。古代史の記録にのみならず、何世代にもわたる文化の伝承にもその表現は多々見られる。更に、どちらのアプローチに執着するか、その度合いによってその文化伝統の特異性が現れるのである。ここでは歴史を徹底的に概観することが我々の目的ではない。しかし、AM―PAそれぞれのアプローチがどのようにして教育の実践に反映されてきたか、いくつかの例に絞って述べていきたい。

リチャード・シーレンバーガー（Richard SCHEERENBERGER）は、精神障害の歴史に関する研究の中で、有史以来、社会は知的障害者に対して恐怖心から利他主義に至る両極の評価、またある時は「邪悪な」者として、またある時は「善良な」天の力というふうにその属性を分類するほど、実に様々な考え方を生み出してきたことを指摘している(1)。古代ギリシャでは、知力と体力を重視していたが、どちらかというと後者を尊敬したアテナイの市民は都市（ポリス）の社会的活動や軍事的活動に参加しなければならず、体力的成果が高く称賛され、推賞された。ギリシャでの知的成果に対する推賞の度合いはそれより低かったが、それでもギリシャでは広範囲にわたって多くの哲学の学派や科学的成果が生まれた。しかし、我々の知る限りでは、特殊な寛容さのうちに―すなわち受容的現状維持の状態に―甘んじていたであろう「知的障害者」そしてその他の機能水準の低い人々に対する特別な配慮はおそらくなされなかったであろうと思われる。

スパルタの市民は身体の完全性を極限まで求め､その証拠に彼らは公然と選択的幼児殺しを行った。虚弱児と「低能児」は社会にとって重荷と考えられ、社会が彼らを捨てたり殺したりするのを認めることは義務であり、権利であった。スパルタの慣習は積極的拒絶の態度を反映している。

中世ヨーロッパは精神障害の人々にとってまさに暗黒の時代であり、積極的拒絶の激しい時代だったといえよう。精神障害または精神病を持つと思われる者を隔離し、制するために、非人道的な手段が用いられた。生活にうまく適応できるような手助けは何一つなされなかった。それどころか、障害者たちは完全な暗闇の中に閉じこめられたり、身動きができないように鎖で縛られるなど、それぞれ極めて苛酷な運命の下で生涯を送るよう定められた。

一七〇〇年代にはフランスの有名な哲学者ジャン・ジャック・ルソー（Jean-Jacques ROUSSEAU, 1712-1798）が「自然教育」を理念に教育哲学の新時代を開拓した。ルソーは、人間は本質的に有徳であって「悪」は社会における否定的要因から生まれると説いた。従って、ルソーは「自然へかえれ」と主張した。これは、子供たちを善良で美しく自然な環境におけば花開くだろう、すなわち個々が持つ潜在能力を完全に具現化し､自然に善良な人間になるだろうと言っているのである。残念ながらこの理想的で人の心に訴えかけるような考えは結局非常に非現実的なものに終わった。

十九世紀初期になってから、ようやく治療にかかわる知的障害者のための教育が根本的な方針の下に始まった。敵慨心に満ちた状況での一生の拘置は廃止となった。フランスのフィリップ・ピネル

（Philippe PINEL, 1745-1826）はおそらく初めて精神病者の鎖（実際の鎖）を解き、かれらの人生に人間にふさわしい敬意と尊厳が伴う思想を導入した。当時の治療とは受動的受容と積極的拒絶が混在した異常な形態に強く色彩られており、迷信的慣習と無知蒙昧の状態を反映していた。ある者にとって、精神異常は両親や社会全体が犯した罪に対して神から下った罰として考えられた。従って、この「呪われた」人々に苦難を与えることは「神の意志」に従うことにほかならなかった。

積極的変容誘導アプローチへの先駆的事例としてフランス人の医師、ジャン・マーク・イタール（Jean-Marc ITARD, 1774-1838）の業績が上げられる（2）。史上初めて、感覚運動学習からなる集中的な教育的介入が行われた。南フランスの森で狼と生活をしていたといわれ、通称アヴェロンの野性児として知られる少年ヴィクターが裸で発見された。彼は最も初歩的な社会的適応行動さえ見られない者といわれた。イタール博士はヴィクターを「文明人」に作り替えるという歴史的な作業を引き受けた。ヴィクターが最終的に達した発達の状態はイタール博士にとって不満足なもの（博士は完全に社会に適合させることを希望していた）だったとしても、イタール博士が直面した困難を考慮するならば、その進歩はヴィクターの以前の行動と比較して相当なものだった。

イタール博士は幸いに優れた弟子に恵まれた。エドワード・セガン（Edouard SEGUIN, 1812-1880）は十九世紀にフランスで初めて機能水準の低い（retarded performance）人々のための学校を設立した（3）。当時、知能の発育遅滞者のための学校という考え方は革命的だった。また、セガンが示したその学校の目標も革新的なものだった。思考能力を啓発し、抽象的能力を増し、社会的道徳的行動を教えること等がその教育目標に含まれた。それらを実現するための技法はイタール博士の手法を模倣していた。つまり、感覚能力と行動力の教育を重視したものである。セガンその他の教育者の業績は個人の変容を誘導する貴重な手段としての特別教育の出現に門戸を開き、その理念はついには全世界に広まった。

アメリカにおける最初の特別教育学校は、一八〇〇年代にボストン市でサミュエル・ハウー（Samuel HOWE, 1801-1876）によって開設された。精神病と機能水準の低さに悩む人々に対する長い虐待の歴史の末、社会はその人々に治療（care）と教育を行うことは社会の義務であり、特別教育などの様々な手段によって能力が啓発されるべき人々として位置付けるように変わり始めていた。しかし教育制度は二〇世紀初期になるまで機能水準の低い子供にも教育を受ける「権利」があることを認めなかった。従って、これらの権利は大概特殊学校やその中の特殊学級を通じて与えられた(4)。「優生学騒ぎ」が起こったのはその頃である。かねてから冷たい社会から機能水準の低い者を保護する立場を主張してきた専門家たちが、「障害者」から社会を「守る」という思想に転換した。例えば一九一二年に、ある専門家は機能水準の低い人々について「彼らは社会全体にとって脅威であって、危険の原因となる」と書いた(5)。知能の発育が遅いことの遺伝要因論を中心としたカリカク（KALLIKAK）家系に関するゴダード（Henry GODDARD, 1866-1957）の報告を始めとする受容的現状維持（PA）アプローチを支持する多くの研究が報告された(6)。ゴダード自身の言葉を借りるなら「精神薄弱は遺伝性であり、他の全ての特徴と同じく確実に遺伝する」(7)。これらの学説には多くの不備な点があったが、当時の教育思想や実践に強く影響を及ぼした。機能水準の低い者を遠く離れた地域にある大規模な収容施設に隔離する方法が広く普及した。

そのあと、少しずつ新しい意見が聞かれるようになった。次第に、機能水準の低い人々を施設で隔離保護することが唯一の方法であるとはみなされなくなった。ゴダードでさえ考えを変え、一九二〇年代後半には自身の著書に「古くから重んじられてきた概念を改める時期がきた。まず第一に、精神障害は治療不可能ではない。第二に、一般的に精神障害者を施設に隔離する必要はない」(8)。

これらの状況と方法の変化がただちに日々の実践の場に現れたわけではない。ほとんどの大きな施設は元来のやり方を継承した。だが、その後、一九四二年にハロルド・スキールズ（Harold SKEELS）の、二つの異なった環境におかれた施設に収容されている子供たちの発達に関する研究が発表された。彼の研究は機能水準の低い人々の発育に積極的変容が及ぼし得る影響を解明する糸口となった。スキールズは、良い環境は知能指数を高め、知的発達を促進する反面、不利な環境は知能指数を下げる結果を生み出すことを示した。この研究は教育に大きな影響を及ぼし、機能水準の低さの変容を誘導する可能性に関するより楽観的な見方に、経験に基づいた裏づけを添えたのである(9)。こうして本質的な変化の種が撒かれた。しかしながら、機能水準の低い人たちの教育は、知能指数を中心に築き上げられた慣習的類型に基づく分類システム（例えば「教育可能（エデュカブル）」、「訓練可能（トレーナブル）」など）に深く根ざしたまま続けられた。訓練可能との認定がなされた知能の発育が遅い子供たちに特別教育が提供されるようになったのは、わずかここ数十年のことである。

一九七〇年代になり、機能水準の低い人は、社会を脅かす危険な「よそ者」として見られることはなくなった。事実、機能水準の低い人々のうち、ある者は社会に貢献する者としてみなされるようになった。一九七〇年代に成立した法律は早期教育、可能ならば差別のない状態で統一された学校での教育、しかるべき援護下での作業、集団生活方式を制定することによって、社会があらゆる年齢の機能水準の低い人々に対してより充実した関わり合いをもつことを立証した。

ＰＡ―ＡＭの教育的関連―評価、委託、措置

ＰＡアプローチ及び、それに基づく「知能、認知作用は不変である」という信念に導かれた心理鑑定（状態評価）は通常「一度限り」の評価にとどまる。変化の見込まれない再度の状態評価は不必要なのである。一方、積極的変容誘導（ＡＭ）アプローチに基づく評価は、環境への介入によって起きた変化を評価するために何度も再評価を必要とし実行する。

ＰＡアプローチは具体的な結果を重んじている。その時に個人が示す成果は、鑑定時のみならず将来的な能力をも反映していると考える。それとは異なり、ＡＭ的評価は個人が体験する学習過程を重視するものであり、その目的は効果的な教育を可能にすべく、直面する困難や特別な能力など個人特有の機能をよりよく把握しようとする点にある。

ＰＡ―ＡＭ、それぞれの違いは教育の現場にもみられる。私たちはまず次のように問うことからは

じめる。すなわち「学内で直面する生徒の心理面、教育面での個人差のレベルと性質に対して、普通学級の先生はそれらをどの程度まで自分の対処能力の範囲内にあると認識しているか?」ということである。PAアプローチを支持する教育者たちは一般に、他の子と違っていたり、他の子より劣っている子、特に多くの問題を抱える子供は良くなることはないと考えるため、その子たちをきちんと扱おうという意志をみせることはまれである。更にPA法が定着している普通学級で、ある子が学習上や適応上の失敗を繰り返すと、まずその子供に非難がむけられる。

大変不思議なことに、PA主義の支持者は人間の変容の可能性を信じないにもかかわらずもし一般の教室に障害を持つ子供が入った場合、そのクラスの正常な子供に対して悪い意味で「変容が行われる」可能性があると主張することがある。「腐ったりんごを一個中に入れたら、樽に入っているりんごを全部腐らせる可能性がある。」という諺は、以上の一方通行的な態度を反映している。つまり、環境が個人に影響を与えることは事実である。だが、その影響は否定的なものでしかない、と。

他の子供と異なる生徒を扱う方法を未来の教師に教えないような養成プログラムは、PAアプローチを反映しており、「他の子と異なる子供」と普通の子供とを、時に恣意的に、時に不必要に差別する明らかな「断絶」を永続させている。このような区別は、例外的な属性を持った子供を差別的な教育プログラムの中に置くという結果をもたらす。差別というものを事実に則して定義するならば、それは現状を容認すること、すなわち受容的アプローチに他ならない。

政策という側面に立って見ると、PA—AM問題は特別教育の対象となる子供が普通学級に再編入する上での様々な可能性を示す。ＰＡアプローチに従う人々は一般に、一方的な組織状態、または教育的状態を作り出す。問題のある子供はただちに特別教育学級に入れられ、そこで受け入れられるが、後に普通教育の場に再転入という形で戻される可能性はごく僅かである。一度特別教育の中に入れられたら最後、永久に特別教育（！）なのである。逆に、ＡＭアプローチの特質を説く教育現場においては、特別教育を単なる一時的な措置として捉えている。究極の教育目的は、困難を背負う子供を普通学級に戻し、その教室への完全な参加を保証することにある。

ＰＡ―ＡＭ問題を考える上で念頭に置くべきことは、学校生活に適応できず極めて「問題児」であるといわれた子供でも、成人して社会に出てみれば学生時代からは想像もつかないほどの成功を遂げている者が多くいるという事実である。十分な状況の下ならば、機能水準の低い子供は、教育制度に起因する障壁と彼らの変容能力に対する不信とを乗り越え、自らの困難を克服することができるのである。

ＰＡ対ＡＭの問題は教育背景の選択に反映される

ＰＡアプローチに基づくカリキュラムと指導方法は大抵目新しさや革新性に欠け、子供は現状の範囲内、あるいは子供にとって努力を必要としない範囲内にとどまるにすぎない。学校のカリキュラムや毎日の単調な授業の繰り返しは、生徒が自分の自尊心を支えるため、成功を――成功だけを――体験するのに必要だという考え方によって「正当化」されることがある。そして、これらの非挑戦的な成功体験では望むべき目的に到達しないばかりか、実生活で要求される事柄に直面することによってその体験が次々と色あせてしまうため、時に非生産的なものに終始してしまうことについては殆ど留意されていない。

ＡＭアプローチを基盤とする学校制度は、個人の機能の水準を高めるため、目新しい体験や革新が必要だと判断する。明らかに、新しくて要求度の高い状況の下で成功を体験するには、教育者と生徒双方に多大な努力とより集中的な作業を必要とする。だが、適切な介入が取り入れられればこの目的は手に入れることができる。このように「苦労」して勝ち得た成功は、自己有効感や自尊心の発達に大変重要である。それらの体験こそ真のものであり、お仕着せのものとは違うのである。

新しい対象、概念そして理念を説明するために、教育者は度々具体的な教材を利用する。このような手段は、理解を促進するのに非常に効果的であるといえる。例えば、医学生は脳や心臓など人体のあらゆる器官の模型を診察に用いる。自動車修理の見習いは、エンジンの仕組みを理解するために模型を分解する。小学生は小型の立体模型を利用して昼と夜の経過を学び、地球と月と太陽の関係を習うのである。特殊教育に携わる者はこのような手段を広範囲に利用する傾向がある。実際、特殊学級の生徒は、完全に具体的教育向けであると考えられることもある。つまり、彼らは問題を解決したり、環境に順応するのに高度な心理過程を利用する能力をもたないと認識されているのである。時には特殊学校全体の雰囲気が「具体的」になることもある。その場合、生徒にとって人生に対するより抽象的な取り組み方を教えるためのプログラムが欠けていることは明らかである。

具体化された教育方法は、生徒に持続的な挑戦や失敗やフラストレーションを経験させることなく適応し、活躍できる世界を与えられるという理由で正当化されることがある。しかしながらこの場合、子供を具体的な世界にのみ縛りつけたり、たとえ効果的でも、具体的学習機会の限られた範囲の中で行動するよう訓練することに問題がある。そのようにすれば個人の対応能力を高めることができず、本質的にその能力を衰退させてしまうのである。人生における現実は常に具体的とは限らない。逆に、適応というのは抽象的思考の継続的活用を必要とする。従って、具体的学習に頼り続けることは生徒を実社会の場において無能にし、絶え間なく変化する環境に対処する能力を失わしめることがある。

ＡＭアプローチも、その教育と指導法に具体性を利用するが、その利用価値は一時的なものにすぎない。指導法の最終目標は生徒が楽に適応できる「にせものの世界」を作るかわりに、具体的世界を超越し、より豊かで効果的な水準の抽象的思考を教えることにある。次に述べる伝説は、二つのアプローチの具体的、抽象的教材の利用を対照的に描写している。

アブラムの父であるテラは、カルデアの首都ウル市で偶像を売る店の主人をしていた。ある日、テラは出かけることになって、息子のアブラムに店番を頼んだ。父親が出ていくとアブラムは金槌を持ち、店にあった偶像を全部壊してしまった。一番大きい偶像を一つだけそのまま「生かし」、その手に金槌を持たせ、残りの偶像を細かくつぶしてしまった。テラは戻って荒らされた店を見て、「息子よ、何が起こったのか」ときいた。アブラムは「女性が偶像に供え物を持って来ました。偶像たちは皆大変お腹が空いていたので、食べ物を争ってお互いを押し合いました。すると一番大きいのが他の者に対して腹を立て、金槌を手に取ってそれらをつぶしたのです。それから、彼は自分で食べ物を全部食べたのです。」と答えた。そこでテラは息子に次のように言った。「何だって？偶像たちに食べることができるのか。お腹を空かせることができるのか。そいつらが動けるとでもいうのか。」するとアブラムが答えた。「ご自分が言っていることをよく聞いて下さい。もし、彼らが何もすることができず、動くことさえもできないならば、どうしてそれらを神とし、崇拝するのですか。」（訳註1）

テラと息子のアブラムはそれぞれの主張を立て、自分の考えを伝達するために具体化を利用したのである。しかしここでテラが言った具体的世界というのは、常にそこに在って、目に見えている現実世界、つまり、実存しなければ自分を位置づけることができない世界のことである。一方、アブラムは偶像の「価値」に対する自分の考え方を納得させるために具体化を利用した。そしてアブラムは自分の考えを示すと直ぐに抽象的分野に転換してこう言った。「ご自分が言っていることをよく聞いて下さい云々。」そう言った後、手段としての具体化はすでに不要のものになったのである。

ＡＭ―ＰＡのもう一つの重要な相違点は教室の運営に現れており、特殊教育の対象児がいる普通学級にも、独立の特殊教育学級にも当てはまる。ＰＡアプローチを採用する教師は、機能水準の高い生徒を基準に指導し、問題を持つ生徒の欲求を無視する。「溺れたくなければ泳げ」というのが、問題を持った子供たちへのメッセージである。ＡＭアプローチを取り入れる教師は生徒にあわせた指導をする傾向があり、各個人の能力と変容への欲求に応じて指導法を調整している。

職業訓練におけるＰＡ対ＡＭ

社会的介入、特に適応困難な人を対象とする介入が最も大切とされる領域の一つは職業訓練である。職業訓練の主な目的は、社会における将来の市民に対し、積極的で独立した生活を用意し、自己の幸福や社会への貢献を円滑にし、社会の重荷にならないようにすることにある。

ＰＡアプローチは機能水準の低い者に対する期待が薄いため、ＡＭアプローチと比べてみると職業訓練の領域にも比較的低い成果しか見込んでいない。例えば、ＰＡアプローチの支持者は、現在の機能水準がその人の将来の能力を十分反映していると信じて、しばしば職業訓練の早期採用を主張する。従って、学業に労力と時間を費やすのは無駄だと信じているのである。その上、機能水準の低い人は初歩的な職業技能を身に付けるのに普通よりも長い期間を要するので、ＰＡ支持者はこのように言うのである「（職業訓練を）始める時期が早ければ早いほど、生徒には有利である」。しかしこのような見方には非常に好ましくない結果が伴う。なぜならば、訓練に先立つ数年間の学業的投入が最も機能水準の低い状態に合わせて行われるだけでなく、職業訓練自体も仕事に要する最低限度の技術に制限されるからである。結局、ＰＡの原理が受け入れられれば、高いレベルの雇用適性に必要な条件を満たしていないとみなされることになるのである。

ＡＭアプローチは職業訓練を採用する時期をできるだけ延期すること、そして、機能水準の低い人々に対して機能の全般的水準や学業的能力を向上させるために十分な機会を提供するよう特に努力をすることを主張している。集中的な学業的教育を通じて認知の機能水準を高めることによって、その人の職業選択の自由をかなり増すことができるだろう。また、学業／学問的領域に継続的に時間をさき、職業訓練を始める時期を遅らせること、あるいはすくなくとも注意深く割り当てることによって、本人にとって適性な就労レベルを高めることの手助けになるだろう（読解力を要する職業とそれを必要としない職業とを比較すれば以上の点は裏づけられよう）。より高い能力が要求される職業を得ることが個人の自尊心に与える影響を考慮すれば、本人の選択肢を拡大するために時間をかけて集中的に学業的な方向へ投入することは労力に見合うものである。

職業訓練のもう一つの興味深い側面は、個人の目標が成人としての職業生活において設定されていることと関連する。ＰＡアプローチは、職場での欲求不満や失敗から個人を過度に保護する傾向がある。従って、本人が確実に受容され、確保された勤め先を競争せずに保持できるような守られた職場環境を作る方向にむけて訓練が行われるのである。ＡＭアプローチは他人と競争し、責任をもって複雑な仕事を為し遂げられるような職場環境に適応できるよう生徒を指導することを職業訓練の主眼としている。機能の認知領域により長く、より集中的に投入を重ねることは、さらに厳しい職場環境に適応し、より有意義な仕事に取り組めるための助けにもなる。同時に、勿論個人の職場での適応力を高め、社交を円滑にするために役立つ社会的行動と仕事上の習慣を身につけるために相当な努力が注がれる。

非保護的な職場環境で、機能水準の極端に低い人が複雑かつ社会的に望ましい職業技術の習熟をめざして準備することは多くの研究によって支持されている(10―12)。このような訓練の効果は適切な目標の設定だけでなく、標準的な職場で必要な職業的技能(または習慣)と、学業的(または認知的)技能とを、私たちが結び付けることができるか否かにかかっている。

PAアプローチに基づく職業訓練が目標とするのは、知識や判断力そして社交性をあまり必要としない低レベルの仕事である。全ての場合において、機能水準の低い人たち一人ひとりの職業訓練と活動のレベルを高めるために真剣な努力がなされるべきである。どのような場合であっても成功につながる正当なチャンスを得ずに推測的にあきらめてはならないのである。

AMアプローチは自律的行動と、判断力をより必要とする職業的技能を教えることに力を入れる。このような複雑な性質の仕事は大きな満足感をもたらし、高い水準の自尊心を生み出す。しかし、それを得るには積極的かつ変容誘導的な環境での認知機能の促進を含め、実に様々な種類の訓練を要する。

PAアプローチとAMアプローチの違いは、それぞれの職業訓練の場での報酬と統制のシステムをどのように利用するのかを見ることでもよくわかる。通常PAアプローチは即時的満足を基本とするシステムであり、この即時性は個人の一般的機能方法に適合するというPAの哲学とも一致する。「今、ここで」という概念を越えられないために、自己制御システムにまかせるということはほとんどないのである。

受容的現状維持型　ＰＡ	積極的変容誘導型　ＡＭ
Ａ．幼児期	
母親「この子は、少し眠りすぎてるみたいだけれど、あえて起こさないようにしよう」	母親「この子はまだ眠り足りないようだけれど、あえて起こすことにしよう。そうすれば、もっと多くの時間を一緒に過ごすことができる。ともに楽しく過ごす時間があれば、子供はそれによって多くのことを学ぶことができるから」
父親は、部屋のあちこちに、おもちゃを置いてやるが、それに関心を示すかどうか、またどのようにして遊ぶかは、子供まかせにする	父親は、おもちゃのトラックを子供の手に届くところに置いてやり、エンジン音を真似て、子供が自分でそれを動かすように手を貸してやる
自分たちの子供が、三歳になっても全く言葉を話せないことに気づいた両親は、その子を、同じように言葉の話せない子供たちがいる幼稚園に入園させ、それによって我が子に「フラストレーション」を感じないようにさせる	自分たちの子供が、三歳になっても全く言葉を話せないことに気づいた両親は、その子を、正常に話ができる子供たちのいる幼稚園に入園させて、我が子が、他の話せる園児たちの真似をすることで言葉を覚えられるようにしむける
「この子の話すことが、親である私たちに理解できれば、それで十分です」	「この子の話すことが、誰にでも理解できる必要があります。親の私たちだけにしか理解できないようではいけないのです」
Ｂ.小学校期	
両親は、子供をハンディキャップを背負った子供たちの学校に入れることによって、ハンディを持たない他の児童からのいじめに対して我が子を防御できると考える	両親は、子供の入学先として、特殊学級を併せ持った普通の小学校を見つけてきて、そのことによって、我が子が統合プログラムに参加できる可能性を持たせる。ハンディを持たない子供たちは、機能水準の低い子供たちと、どのように仲良くし、お互いに協力し合うかなどについて学び、それによって、彼らがハンディを持つ子供たちに対する不当な行動を起こす可能性を最小限にとどめる その後で、障害を持った子供たちが普通学級の活動にできるだけ参加できるよう、努力を行う（次頁に続く）

表２・１ 受容的現状維持（PA）アプローチと積極的変容誘導（AM）アプローチとの比較

受容的現状維持型　ＰＡ	積極的変容誘導型　ＡＭ
B.小学校期（前頁からの続き）	
教師は「具体的」な学習作業にのみ重点を置く	教師は「具体的」な学習作業と併用して、抽象思考を教える
教師は、画一的にゆっくりしたペースで授業を進める	教師は随時、教えるペースを早め、それによって機能水準の低い生徒が、自分の行動水準を越えて追いつこうとするように「背伸び」させる
教師は、機能水準の低い生徒がフラストレーションを感じないようにという配慮から、学業的な指導を避ける	教師は、生徒がフラストレーションを感じることを最小限に押さえつつ、学業的な指導を取り入れるような方法を模索する。また、それだけではなく、機能水準の低い子供が読み書き能力を習得するようにも努める
C.中学・高校期	
教師は、機能水準の低い生徒が十六歳になると、全ての学業的な教育から離れさせて、職業訓練の初期過程に移行すべきだと主張する。そして、この年齢期が「知的障害者にとって、職業訓練を開始するのに適切な時期である」ことを断言する	教師は、機能水準の低い生徒が、勉強に興味を持ち、学業において進歩を示している限り、生徒を学業的教育過程から離れさせることをしない。しかしながら、ときには学業を、職業訓練の初期過程と関連づけて指導する
体育の指導教官は、機能水準の低い生徒を、隔離されたレクリエーション活動—例えば特別オリンピックの準備のような—に限って参加させる	体育の指導教官は、機能水準の低い生徒と普通の生徒たちとが、協力的な雰囲気の中で競技に参加できるような統合されたレクリエーション・グループをつくる
D.職業訓練期	
機械を扱うような作業はさせない（たとえ生徒がそれに興味を示していようとも）、なぜなら、あまりにも危険である（動作をコントロールする能力が不安定である）から	設備が改善され、機械の危険区域内へ立ち入ることについての警戒反応ができるよう訓練されているならば、機械を扱う作業をさせてもよい
E.独立生活期	
お釣りを数えることができないので、バス通勤は不可能である	計算や、読み書き、交通機関の利用の仕方など、自立に必要な実用的行動が訓練される
二四時間介護の施設に収容される	自分の慣れ親しんだ地域内にある、管理されたアパートに住み、そこで可能な限り独立して生活することを学ぶ

AMでは、内在化された心理学的自己統制と報酬のシステム（internalized psychological control and reward system）を用いる傾向がある。観察レベルにおける個人の機能水準はおそらく実際の能力を反映しているのではないという考えから、また、介入活動は個人の潜在的能力に照準を据えたものであるという理由から、AMでは即時的報酬の採用を制限するのである。

この点に関して、AMアプローチは学問的な支持を得ている。例えば、機能水準の低い人を対象にした一連の研究では、個人のうちに内発的に現れた報奨システムの方が外部に定められた報奨システムより効果的だという結果に達している(13)。また他の研究によれば、行動の統制システムが自己内部でコントロールされたときには高度で永続的な学習結果が得られたことが報告されている(14)。

表2・1は人間が生涯に連続して経験することがらをもとに、PAアプローチとAMアプローチの実践例を比較したものである。

伝導的（コンダクティヴ）教育――AMを強調した例

機能水準の低い人々のための様々な積極的変容誘導（AM）アプローチについて述べるにあたって、私たちはこれまで専ら、脳性麻痺や脳に障害を負ったために起こる極度の運動機能障害などの身体的条件よりも、認知の領域においてこそ変容を最も容易に得ることができるという事を指摘してきた。

事実、一九七〇年に発表された著者の論文は特定の運動機能または身体の障害の重さやその状態によって、介入の可能性とその効果が著しく制限されることがあるとし、身体障害の治療にあたってはPAアプローチの原理を守る必要性を認めている(15)。障害の程度を軽減する限りにおいて、外科的あるいは物理療法的介入手段を取るのが賢明なのは明らかである。しかし、これらの介入によって望むような変化が得られなければ、車椅子の人のためにスロープを作るなどの受容的現状維持的アプローチは好ましく、また望ましいものとして考えられる(たとえ個人の障害の受け入れられ方が受容的であっても)。世界全体を見ても、実際に障害者のために行われてきたことの多くは受容的現状維持的論理を反映している。

次に登場するツァヒは、全てにおいてPAアプローチが適切と思える特徴を示していた。

ツァヒ(Zahi)は一歳のとき、小児麻痺のために不随になり、何年もの間人工呼吸器で生きていた。ほぼ全身が麻痺状態だった。物理療法、外科手術、あらゆる治療にもかかわらず、体の状態は実質的には変わらなかった。しかし体を支える特別な装置を用いれば、どうにか車椅子に座ることができるようになった。彼は両親にとても愛され、守られて、その認知能力は奇跡的な発展を見せ、自宅で見事に高校の教育課程を修了した。車椅子に座ることができなくなると、寝たきりの状態で大学の勉強を続けた。既に体が不自由だった子供のころから、彼は物の動きを観察し、それを鋭い洞察力を持って記憶に留めることを覚えた。鳥、人間、魚、風にそよぐ木々の枝の動きを観察し、それを生き生きと表現した。ペンまたは鉛筆を上下逆さに持ち、約一五度から二〇度のごく限られた範囲で手を水平に動かすのが彼の唯一の制作方法だった。七歳のときには、絵画における大胆さと表現力は、十二歳

図2・1　ツァヒの描いた絵

の普通の、否、かなり才能ある子が示す能力をはるかに越えていた。時間が経つにつれて、自分を表現したいという欲求、特に視覚による方法を除いて自分にはできない動作を捕らえることがツァヒの情熱となっていった。そしてその情熱は多彩な作品手法となって現れた（図2・1参照）。

ツァヒと直接に関わった著者の一人は、この美術的成果をツァヒにとっての最高水準の業績であると判断し、ツァヒの障害をそのまま認める必要があると考えたのであった。言い換えれば、完全に受容的態度でそれを受け入れる必要があるという意見を持っていたのである。

我々の、このような受身的な態度は、変容不可能と考えられていたこのケースこそが、重度身体障害者の機能を発展させるための方法を直接切り開く突破口になるということに気付くまで変わらなかった。この積極的変容を誘導する論理はブダペストの故ペト博士（Dr. Andras PETÖ, 1893-1967）が主張し、実際に応用していたものである。現在は博士の後任のマリア・ハリ博士（Dr.Maria HARI）が中心となってブダペストにある伝導的（コンダクティヴ）教育のための研究所（Institute for Conductive Education）でこのやりがいのある事業を行っている(16)。伝導的教育は、個々の身体的条件が機能回復の妨げとなり、決して乗りこえることのできない壁であるという考えを否定するという点で、我々が提唱する積極的認知変容誘導アプローチと似ている(17)。障害の根本的原因に中枢神経筋の問題があるとしても、ペト・システムから考えて、必ずしも変容の可能性が自動的に阻止されるものではない。特定の神経筋の反射が不在、あるいはその機能が減じていることは不変の状態とは認められない。子供自身の協力を得るのに必要な意思疎通、認知、そして感情などの能力が本人にあれば、変容の可能性はあるだろう。このアプローチの最も大切な部分は、まず教育の全体的利用、そして子供の教育に特別な関わりかたをするがゆえに「コンダクター」と呼ばれる教師の献身的な指導と助言を総括的に重視することにある。それと関連して、伝導的教育者の介入は、伝導的教育が行われているグループによって拡大され、子供一人一人が、身体的状況が許す以上の作業を最大限に努力してできるようにしている。

ベルタ・ボバート（Berta BOBATH）やフランスの精神・運動再教育者など(18)が採用した方法は、主に体の中の、障害をもつ部分を重視するというものだった。それに対してペト博士は障害の部分に対しては、ほとんど興味を示していない。だがその代わりに、個人の全体的機能が興味の対象となる。また、これらの療法のもう一つの相違点は、受容的療法によって、非機能的な行動形態を抑制することに関するものである。ペト療法はまず、外部的手段によって全ての感覚を動員し、全体的な運動機能をつくり、それからその方法を継続して定着させることによって子供に積極的行動をおこさせようとするものである。ボバート療法では、個別的な治療が理想的と考えられるが、ペト療法はグループ活動での個人の関わり合いを通じて行われる治療を重視している。ボバート療法において治療者は医学、整形、物理療法の指導者としての役割を果たし、教育者はせいぜいコンサルタントとしての役割しか持たない。一方ペト療法では、教育者は伝導的教育者であり、医学関係者と相談を行い、指導的立場に位置する。

ガー（Gur）の父親によれば、ペト療法で得た結果は注目に値するものである。ブダペストで治療を受けるまで、ガーは自分の体のコントロールが全くできず、座るのにも頭と上半身をベルトで吊らなければならなかった。ブダペストでの治療が始まってから一ヶ月以内に、ガーは以前自分の意思ではできなかった動作、例えば自分で座ったり、頭を上げたり、食卓まで手を伸ばしたり、自分の手で食事をしたりすることができるようになったのである。新しく身に着けた行動は、ガーの未来に限りない可能性があることを示している。ガーが自分でこれらの作業をできるようになったことは、それ以後の自立行動を大きく展開させるための「種」となったのである。他の子供たちも、以前には絶対に必要としていた松葉杖や他の補助器具を手離すまでに運動能力の機能水準が回復した。

ペト療法は三〇年近くの間、ハンガリー以外の国では認知されなかった。イギリス人によって「発見」された時、重度の運動障害を負う子供を扱うための折衷的方法として認識されたのである。ペト博士のアプローチを再現する努力は期待に反する結果に終わった。このことについては、その後バーミングハム大学の若き心理学者、アンドリュー・サットン（Andrew SUTTON）教授が再現は正しく行われなかったと結論を下し、その理由としてペト療法の主要な哲学的、教育的方針が全く理解されていなかったことを挙げた(19)。再現を試みた人々は、伝導的教育がより保守的な方法から離れ、新しい展開の出発点となることを理解せず、当時既に応用されていた療法と同化させてしまったのである。実際は、伝導教育者になるには実習生として集中的な訓練を受け、それから「伝導的教育者」と名乗るために必要な技術水準に達さなければならない。

この章を終えるに当たって、機能水準の低い人たちの成長――現在と未来両方の展望――にとって積極的変容誘導アプローチは極めて重要であることを改めて強調したい。各個人が自発的変容のために費す労力の価値ははかり知れず、介入に傾けるあらゆる努力において重視すべきである。

私たちは、本書のタイトルになった『「このままでいい」なんていわないで！（原題「私をあるがままに受け入れないで」*Don't Accept Me As I Am*）』というメッセージに心から共感する全ての人々に対して、同時に次の提案にも同意していただきたいと願うのである。

「変容の可能性についてのこの活動では、私をパートナーとして扱って下さい。私を通じて、私と共に行って下さい。私のため゛にしてくれるのではなくて。」

【原注】

(1) Scheerenberger, R.C. 1982. Treatment from ancient times to the present. In *Mental retardation - from categories to people*, eds. P.T. Cegelka and H.J. Prehm. Toronto: Charles E. Merrill.

(2) Itard, J.M. 1806. *The wild boy of Aveyron* (G. and M. Humphrey, trans.). New York: Appleton-Century-Crofts.

(3) Seguin, E. 1866. *Idiocy and its treatment by the physiological method.* New York: William Wood.

(4) Farell, E. 1908. Special classes in the New York City schools. *Journal of Psycho-Asthenics* 13:91-6.

(5) Fernald, W. 1912. The burden of feeblemindedness. *Journal of Psycho-Asthenics* 17:87-111.

(6) Goddard, H.H. 1912. *The Kallikak family: A study in the heredity of feeblemindedness*. New York: Macmillan.

(7) Ibid., 117.

(8) Goddard, H.H. 1928. *Feeblemindedness: A question of definition. Journal of Psycho-Asthenics* 33:219-27.

(9) Skeels, H. 1942. A study of the effects of differential stimulation of mentally retarded children: A follow-up report. *American Journal of Mental Deficiency* 46:340-50.

(10) Gold, M. 1973. Factors affecting production by the retarded: Base rate. *Mental Retardation* 11:41-45.

(11) Bellamy, T., and K.L. Buttars. 1975. Teaching trainable level students to count money: Toward personal independence through academic instruction. *Education and Training of the Mentally Retarded* 10:18-26.

(12) Bellamy, G.T., and others. 1980. A strategy for programming vocational skills for severely handicapped youth. *Exceptional Education Quarterly* 1(2):85-97.

(13) Wehman, P., and J.W. Hill. 1980. *Instructional programming for severely handicapped youth: A community integration approach.* Richmond: Virginia Commonwealth University.

(14) Rusch, F., J. Chadney Rusch, and T. Lagomarcino. 1987. Preparing students for employment. In *Systematic instruction of persons with severe handicaps*, 3d ed., ed. M. Snell, 471-90. Columbus, Ohio: Charles E. Merrill.

(15) Feuerstein, R. 1970. A dynamic approach to the causation, prevention and alleviation of retarded performance. In *Socio-cultural aspects of mental retardation*, ed. H.C. Haywood 341-77. New York: Appleton-Century-Crofts.

(16) Hari, M. 1968. Address given at Conductive Education Conference on the Petö Method, Castle Prevy College, Wallingford, Oxford.

(17) Cottam, P., and A. Sutton. 1986. *Conductive education: A system for overcoming motor disorder.* London: Croom Helm.

(18) Picq, L., and P. Vayer. 1976. *Education, psycho-motrice et arrièration mentale.* Paris: DOIN.

(19) Sutton, A. 1984. Conductive education in the Midlands, Summer 1982: Progress and problems in the importation of an educational method. *Educational Studies* 10(2):121-30.

【訳注】

(1) ヘブライ民族と聖約（covenanting）する唯一神（One God）への熱烈な信仰を持っていたアブラム（Abram）が、民族の信仰に背いて偶像を崇拝する父の行為を諌めたという伝説。

テラとその一族が、偶像崇拝が行われていた古代メソポタミアの王国、バビロニアのウル市に住んでいたこと、またその後カナン（Canaan：ヨルダン川と地中海の間の地方）へと移住したことは旧約聖書が伝えるところであるが（『創世記』XI章27節、31節）、本事件の詳細についてはユダヤ教の聖典である『トーラー』中の『創世記』、その他モーセが編集したと思われる五つの書（『創世記』、『出エジプト記』、『レビ記』、『民数記』、および『申命記』）に関する論評集であるミドラッシュ（*Midrash*）を見る必要がある。当論評集は聖書と同等に信頼されており、同書の記述によると、テラが単に偶像を崇拝していただけでなく、これを製造、販売していたことが指摘されている（*Midrash* Genesis Rabbah XXXVIII）。軍人でもあったテラは、バビロニア南部の王国、カルデアのニムロッド君主の軍隊を指揮する将軍の内でももっとも信頼がおかれていた。その任務を果たすために、彼は頻繁に家を留守にしていたという（1876. ed. Leghorn, Sefer ha-Yashar, p.146 et. seq）。ある出陣が終わって帰宅したテラが、留守番を頼んでいた息子のアブラムによる偶像壊しを発見し、その事件を君主ニムロッドに訴えた結果、アブラムに対して火刑に処する旨の判決が下された（*Midrash* Genesis Rabbah XXXVII:12）。しかし、唯一神との聖約により、将来ヘブライ民族の国土となるべきカナンへの移住を決意していたアブラムには、父に偶像崇拝を思いとどまらせる十分な理由があった。結局、父テラは偶像崇拝を悔い改めて、息子とともにカナンへの移住を行うことになる。アブラムとテラに関連する伝説は、イスラム教の文献にも含まれているとユダヤ百科事典は伝えている（*Encyclopaedia Judaica.* Jerusalem: Macmillan, 1971）。

偶像の無能さ（アブラムの価値観）を父に学ばせるためにアブラムはやむなくまず具体的な指導法（ぶち壊し）を応用した。しかし偶像の無能さを認める父の反応（出来事に対する父の発言「メタコミュニケーション」）が始まった直後、アブラムは短期の効果に留まる具体化から脱皮した。具体的な指導法で得られる理解力を超越し、長期的に役立つ抽象的な思考を誘導する指導法が、より効果的であることを示す目的でもって、著者はこの伝説を取り入れたと思われる。

第3章　認知構造における変容の可能性
――呆れた作り話？　それとも、観察された真実？――

二人の母親は多くの点で違っていた。

ピーター（Peter）の母親の場合、自分の息子を一目見ただけで誰も彼もが匙を投げてしまい、関わりを持とうとしなくなるという事を身に染みて知っていた。援助を求める手紙を前もって何通か送ってきたうえで、彼女は我々に会いに来た。彼女が抱えて来た分厚い書類の束にざっと目を通すことによって、この母親が数多くの診療所や小児科医、そして心理学者の間を渡り歩いてきたことがわかった。その診察記録のいずれもが、希薄な望みを表現する極めて短い言葉と、取るべき行動を助言するさらに短い言葉で結ばれていた。このような思いをしてきた母親が、家族や友人、著名人そして有名な官僚の署名の入った（しかも「助けてあげたほうがいいですよ、さもなくば…！」といった警告じみた響きを含んだ）嘆願書を用意していたとしても不思議ではない。

一方、アンヌ（Anne）の養母の場合には紹介状が要らなかった。その理由は二つある。先ず第一の理由は、彼女が、知らない人はないほど有名な高官の妻であったこと。第二は、彼女は援助を求めたのではなく、自分の子供を入れるべき介護収容施設を捜すために助言を求めていたということである。助言を求めてきたとき、彼女はなんの書類も持ってこなかった。娘のアンヌが訓練の可能なレベルにはなく、まず望みがないほど極端な機能遅滞児（severely retarded child）であると自分で結論を出し、保護収容が必要であることをはっきり認めていたからである。娘を家族の手から切り離そうと決めたのは、認知的欠陥（cognitive deficiency）に起因するアンヌの様々な問題行動に対処しきれなくなった家族が最後に下した決断だった。

二人の懇請の最大の相違点はここにあると考えられるのだが、ピーターの母親は我が子の発達を促進するために最善を尽くすことを誓い、息子を自宅で育てたいと切望していた。一方アンヌの母親はアンヌと家族が別れて暮らすための最善の方法を求めていた。

二人の母親はいずれも、この上もなく我が子を気にかけていたが、しかしその気持ちの現れ様は全く異なっていた。

アンヌの部屋に入ってみれば、養母の愛情の深さを知ることができた。そこではアンヌが楽しく過ごせるようにということだけが配慮されていた。部屋の壁という壁は棚で埋め尽くされ、様々な美しい玩具がところ狭しと並んでいた。かたやピーターの母親は別な方法を選び、息子に鍋やフライパンといった日用品を玩具として与えた。アンヌの母はほとんどの時間、娘を玩具と遊ばせて放っておいたが、ピーターの母は大部分の時間を息子と一緒に過ごしていた。

二人の母親の行動の違いは、それぞれの家庭環境や、それぞれの子供の性質と関連しているのであろうか？この疑問に対する答えはない。アンヌとピーターという当事者たちだけを見れば、正反対の親子関係が現れた可能性も充分考えられる。アンヌの母がピーターの母のように行動したかも知れないし、その逆もまた同様である。

アンヌは外観的にはかなり正常に見えた。やや体重が重く神経の鈍い印象を与え、口をぽかんと開けてはいたが、実際にさほど機能水準が低いことを示す要素は表には現れていなかった。アンヌは早産児で、体重が少なく呼吸困難にあったため、長い期間保育器の中で治療をしなければならなかった。話し方は割合にはっきりとして分かりやすいが、語彙、文法、さらに内容に乏しく、決まり文句の反復が目立った。どこにいても、彼女の主な活動といえば、押せば鳴き声をあげる小さな犬のおもちゃを押して果てしなく音をたてさせることだった。犬は部屋に美しく揃えた玩具の中から選んだもので、他の玩具には見向きもしなかった。アンヌの大人に対する関係は、彼女に何かをさせようとすると幾分険悪化した。紙の上に線を引いたり、自分の名を言ったり、最も簡単な指示に従わせようとしても、何回も説得しなければならなかった。

一方ピーターの外観は、彼と人間関係を築くことの難しさと同様比較のできない程に悲観的なものだった。鼻が大きく曲がっており、目は斜視で大きくとびだしていて、あごの上の口は小さく、まるで鳥のようだった。手は大きくて、指が細長く伸びていた。何時間もの我々の観察期間中、我々が唯一見かけた自発的動作は、右手の指を絶えず絡ませるように動かすことだけだった。体の他の部分はほとんど動かなかった。時々、刺激を感じるとピーターは立ち上がり、壁か窓の方に行き、そこで絶え間なく指を絡ませ捻り合わせるような動作をする以外はじっと立っているだけだった。

また、ピーターは全く話すことができなかった。長い沈黙の間に発する唯一の音は、抑揚のほとんど無い叫び声だけだった。他人と視線を合わせることは無に等しく、物理的接触を受け入れ、それに反応する余地も極めて少なかったのである。母親が視線を合わせようとしてピーターの頭を両手で押さえてその目をじっと見つめても、視線を合わせることはなかなかできなかった。しかし、ピーターと接する上で何にも増して困難だったことは、彼があまりにも受動的で相互作用を生み出すことはほとんど不可能なことであった。どんな動作を起こさせるのにも外部から強制的な「きっかけ」をつくる必要があった。手振りが伴ってきても、言葉による指示だけでは足りなかった。さらにそのきっかけによって一度導き出された行動を維持するためには絶えず刺激を与え続ける必要があった。

ピーターの症状は中枢神経組織の損傷や緊張症をもつ患者によく見られるアブリア（自分の意志によって行動を起こす能力の喪失）に酷似していた。これらの症状は、ピーターの状態評価を行っていた著者の一人を絶望的な気持ちにさせたほどだった。何らかの反応を引き出そうとするどのような試みも、受動性と不動性という壁を全く突き破ることができなかったのである。

アンヌとの最初の面接はこれとは全く変わっていた。最初の数時間、彼女は動物の鳴き声のような歌を歌いながら床に座り、縫いぐるみの動物を前後に動かしていた。我々と彼女との間に信頼関係ができると、アンヌはいくつかのごく初歩的な認知的作用の確立ともいえる媒介的介入（mediational intervention）に反応を示すようになった。二つの小さな点を結ぶ線を引く事さえ、アンヌには行動という名の未知の国への冒険にとびこむのに等しかった。正方形を作ることは車輪の発見に似ていた。最も初歩的な空間概念、例えば「上」、「下」、「遠い」、「近い」、「大きい」、「小さい」がなかなか理解できなかったのも、アンヌの言語力が乏しく、我々の働きかけに反応する難しさのためであった。しかし媒介的な相互作用を通じてこれらの概念を確立すると、アンヌの行動に単純ではあるが非常に重要なこれらの構成要素を繰り返し固定させることができた。数日間にわたる延べ二〇時間もの作業の後に起きた出来事はまるで奇跡のようだった。アンヌは多くの障害を乗り越えて、まず一つの課題に集中する能力とレディネス（訳註：学習に必要とされる一定段階の発達上の条件）を身につけ、それから様々な形のなかから釣り合ったものを見つけたり異なったものを区別する能力を習得した。アンヌの衝動性は過活動（以前にアンヌの限界を説明するために多くの人々によって主張されていたことの一つ）に原因があるのではなく、むしろそれは、二つの点を結ぶという単純な問題を解くための彼女の知識の限界の現れだったのである。しかし、一度これらのとても単純な基本的技能を習得すると、さらに複雑なことを解くことが順調に行くようになりだした。とはいってもやはり過剰学習に至るまで指導を進める形で、継続的な媒介を行う必要があった。

この経過はアンヌの能力を育成するために、今まで以上の時間と労力を費やす必要があるという覚悟を評価者にもたらしたのである。ピーターの場合、事は同じようにいかなかった。評価者は、何時間もかけてピーターを指示した方向に向かせたり、まず彼の左手をとって手本を示し、粘土のかけらを丸めさせたりなど、できるだけ簡単な指示を出してピーターに行動させようとした。しかしこの試みは失敗におわり、評価者はあらゆる種類の方策を使い果たしてしまった。その結果、評価者はピーターに対する媒介による学習の試みについての自分の絶望感と無力感を、彼の母親に告げざるを得なかった。

一方アンヌの養母は、娘には比較的高い変容の可能性があるという知らせに対して、やや不満を示したのである。彼女はアンヌに将来認知的変容の望みがあることを期待していなかっただけでなく、その変容が望ましいことなのかどうか複雑な思いをもっていたようだ。アンヌの養父母は娘を家庭の外に置くことを決意したあと、長期旅行を計画しており、我々のアンヌについてのこの報告は彼等の旅行計画と相反したかのようだった。

小児科医や心理学者が、アンヌは発達の可能性が乏しい子供だとの悲観的な評価をしたために、アンヌの養父母にとっては、はじめから親としての役割を認識することが難しかった。自分の子供を産む可能性がほとんどなかったこととアンヌに対する純粋な同情心から、アンヌが発育上のさまざまな困難に直面する度に養父母は一緒になって苦しんでいた。このことは互いに過剰に依存しあう関係を生み出した。養母はアンヌの状態は変りようがないと思われたため、アンヌをあるがままに受け入れていることをあらゆる面で示そうとしたのである。従って、養母は受容的現状維持アプローチを選び、あらゆる緊張や競争の圧力から娘を保護し、彼女の生活を不自由のない楽しいものとなるように一切を計画したのである。このような過保護的環境を作り出すのに大変な工夫がなされた。例えば、過保護的な環境の外でこそ得られるべき学習から「隔離」するかのように、養母は不自然なほど簡単な英語を使っていたのである。

心理学者と教育者の見解を総合すると、アンヌが抱えている問題の原因は中枢神経系組織にあり、これ以上の変化の望みはほとんどないと断定された。長年にわたるアンヌの各方面における発育の遅れが、養父母の受容的現状維持アプローチに拍車をかけることになった。それでも養父母は、アンヌが彼らや、また彼女自身を好きになれるように最善を尽くそうとした。養父母は娘からほとんど何も要求せず、養女が要求したことにはほとんどいやとは言えなかったのである。アンヌは数少ない縫いぐるみと遊びつづけた。アンヌはそれらが自分のアイデンティティの唯一のしるしであるかのようにしがみついていたのである。

次いで、二〇～二五時間かけて行われた力動的評価（ダイナミック・アセスメント）は、「潜在的学習向性評価法」（Learning Propensity Assessment Device — LPAD）（力動的、相互作用的な評価—媒介—再評価アプローチ、第13章で詳述する）を用いて行われた。その後、評価を担当した者が、アンヌは教育を受けることによって自主的な生活を送れるようになる可能性があり、またそうなるべきだという強い信念を表明したとき、両親は少なからずショックを受け、混乱したとしても無理はなかった。母親は泣いていいのやら笑っていいのやら、あるいは怒るべきなのかも判らなくなったのである。母親は再び保護措置をすすめた小児科医と心理学者のレポートを持ちだした。

著者が微妙に、しかしそれと分かるよう絶望をほのめかした時のピーターの母親の反応は、アンヌの母親の反応の仕方とは全く異なっていた。彼女は自分の失望をはっきりと表した。「もしも、誰よりも楽観的な人と言われているあなたが息子のためにできることはないと信じていらっしゃるのならば、いったい誰に頼ればいいのですか！」実際、ピーターの母親が抱いていた希望は、彼女を除くあらゆる人々にとって全く根拠がないと思われていた。母親はやるべきことはきっとたくさんあるはずです、という確信を繰り返し訴え続け、ピーターの機能、生活の質、独立への見通しを大幅に変容させ誘導していくつもりだとの固い決意を何度も口にした。母親がピーターについて話すのを聞いていると、息子が正常に、もしくはそれ以上になり、結婚をして父親になれることを望んでいたのは明らかだった。ピーターの母親は考えたあげくにこのような希望を抱くに至ったのだが、息子の評価に関わったソーシャル・ワーカーや心理学者、そして教師たちには全く非現実的と思われたことを彼女は執念をもって追い求めていたのである。彼女の主張には一貫性があった。ピーターは何度も学校を変わった。その主な理由は、母親が息子を重度あるいは超重度の発達障害児（実は何回もこのように分類されてきたのだが）と見られたり扱われることを承知しなかったからである。息子を発達障害児として扱う教師が現れると、その都度、母親はピーターを退学させるのだった。当研究所に紹介されたときには、母親は息子を退学させ、また、訓練可能（トレーナブル）な水準以下の子供のための特別学校にピーターを入れるようにと推薦を受けたがこれをも拒んでいたために、ピーターは二年もの間自宅にいた。

著者がピーターを反応させようとして苦闘したあげく失敗に終わったのを見て、母親が自分の感情をコントロールすることができなくなったのも充分理解できる。彼女は立ち上がって決然と言った。「あなたが私に教えてくれれば、私がそれを実行します！　私がやってみせます！　ピーターは勉強して、読んだり書いたりするようになります。私は息子を白痴にはしません!」当時、口もきけず、自閉症で動作の鈍い、扱いにくいピーターを見た人々には、完全看護の施設に収容することが筋道の通った選択であり、母親の努力は全く非現実的で極端なものと映ったにちがいない。

さて、アンヌとピーターの二人は著者と両親が夢みた以上の精神的、社会的成長を遂げた。現在、アンヌは非公認の看護婦で、過去十五年間その地位を維持している。そして健常者と結婚し、すぐれた子供二人に恵まれ、自分の養父母ともすばらしい関係を築いている。アンヌよりずっと年下のピーターは、コンピューターを利用して読み書きを学んだ。彼は依然として話ができず、啓発すべき点が多いため道のりはまだ遠い。しかし、今日二二歳になったピーターに対する認知的変容の可能性についての周囲の不信感はなくなり、彼と接する人々の間に楽観的な見方と、彼の指導にさらに力を尽くそうという余裕が生じた。

劇的な変容を遂げた二人の運命についてのこの短い記述は、個人の変容の可能性に関する知られざる物語であり、その有力な証拠でもある。なんという大きな変容!アンヌとピーターにもたらされた認知構造の変容は、二人の発達水準をさらに向上させ得るような機能や行動に関しての新しい展望を開くものとして記録されるべきである。ピーターに明るい未来が開けたのも、意思疎通ということに全く無縁だった彼が自分を表現し、他人と関わり、さらに生活を楽しめるようになった点に絶対的な理由がある。そして、アンヌの能力の広がりはその人生をより豊かで、より多様性のあるものにしたのである。

著者は、ある悲しい出来事の中で、アンヌにおこった大きな変容を目の当たりにする機会をもった。著者のひとりがヨム・キプーア戦争で戦死した甥の葬儀に参列したとき、当時陸軍に属していたアンヌは花束を持った付き添い兵士に混じって、悲しむ家族に弔意を表す役割を果たしたのである。彼女が近付いてきたとき、著者にはそれがアンヌであるということが信じられず、反応にとまどったものだ。しかしアンヌはさらに著者に近付き、深い同情に満ちた表情で励ましの言葉をかけてくれたのである。今までの支えられ慰められる側から、今度は彼女の方が人を支え慰める側へとその役割が変わったことに、アンヌも著者もともに深く感動していた。アンヌは、葬儀という悲しい出来事ではあったが、公の職務をまっとうすることによる誇らしさを感じていた。それは、長年彼女自身が社会から与え続けられてきたものに対する恩返しでもあった。

関連する今ひとつのケースとして、ダウン症候群（染色体異常に関連する症状で、ときに「蒙古病」といわれるが、適切な呼称ではない）のルース（Ruth）の例がある。ルースは長年にわたって唯一の「現実」との接点であるテレビの前で無為に過ごしていた。彼女は読み書きが全然できず、極端な機能遅滞と診断されていた。ルースには機能的な理解力は皆無と思われた。実際、ルースは長い間自分の機能の一側面を変容させるためのあらゆる努力に対して抵抗してきた。外出するときは母親の付添いを強く要求した。読み書きの学習をすることにも強く反発を示したのである。新しい作業を始めるときには、その度ごとに彼女を説得する努力が要った。繰り返し媒介を用いる働きかけを行うことによってささやかであるが成功をつかむと、彼女のうちに能力のある一個の人間としての自覚が芽生え、よい方向に気持ちが変化したようだった。

研究所で三年間介入を受けた後、ルースの人生は全ての面で変わった。読み書きを習い、一人で旅をし(好きなように自分で切符や日用品を買い)、さらに母親のために土産を選ぶことを学んだのである。本もすらすらと読めるようになり、理解力も向上したため彼女は読書に熱中するようになった。テレビの前でウトウトするよりも、編み物や料理を習ったり家事をすることを好むようになった。やがてルースは保育園で助手として働き始めた。彼女は自分が読んだ沢山の本を用いて童話を読んで聞かせることが上手だったため、園児たちの心をとらえていった。仕事が終わると、毎晩授業に出席した。父親の死後、当時十八歳だったルースは母親の心の支えとなり慰めとなった。実際、ある面では母親よりヘブライ語が上手になり、母親に教えるようにもなっている。そのため彼女の独立を促進させるためにルースを数人の同級生とアパートに同居させる計画も中止と決まった。そのかわりルースは今や認知的に機能する個人となり、母親の大切な情緒的支えとなっている。

ルースは成熟した大人となり、自分が読んだ数多くの書物を引合いに出して、文学や芸術などについて話すこともできるようになった。以前の彼女ならば手に負えないと思われたことをするのにもためらいを見せなくなった。彼女は様々な学習機会に対して自分を開放し、それらを活発に追求したのである。

機能遅滞の人々のための既存のプログラムの多くが効果も少なく機能面から見ても価値が限定されているからといって、認知の啓発自体を無用であるなどと結論すべきではない。これらのプログラムの多くは主にコミュニケーションや読み書きの指導を全く無視し、自己に対してよい印象を与えることを目的に作られている。プログラムによっては、認知の機能の促進を犠牲にして、特に音楽、ダンス、またはその他の芸術的活動をそのカリキュラムの本筋としているものもある。このように、機能遅滞の子供たちの多くが何年もの間お金をかけて、ほんの少しピアノを弾いたり絵を描くことを習う。しかしそういった子供たちの精神的機能は、積極的変容誘導の対象としては適切だとは思われない。我々は機能遅滞児のために芸術的活動を取り入れることに反対しているのではない。だが、それよりも認知的能力を重視し、その能力の変容を促すプログラムにより多くの力を投入することを希望しているのである。認知機能の不全の多くは矯正可能なもので、個人の生活の質というものを著しく変化させることができるのである。

このような変化の可能性は十分裏付けられている。しかしながら、ここで描かれている数少ないケースが他と違うのは彼らの障害の重さである。アンヌとピーターとルースは、委託された当初極端に低い水準の機能しか持っていなかった。特にピーターはある時期、「極度の低機能水準」というレッテルを貼られていた。

ここで言いたいのは、すなわち、これらの例が示しているのは障害をもつ人々は専門家や他の人々が信じている以上に変容が可能であるということである。それにもかかわらず、ここで先に挙げたような変容に直面すると、人間の変容の可能性を信じていない人たちは必ずといっていいほど、もともとその障害が思っていたより重くなかったのだと決めてかかるのである。変容の可能性を信じていない人たちは、精神科医や心理学者が誤診をしたのだとよくいうのである。「アンヌとピーターはそれほど重症でなかったし、ルースは恐らく唯の『遅咲きの』ダウン症者の一人に過ぎなかった」というのがその主張である。この発言は著者の一人が「トリートメント・グループ・テクニック」と称される認知変容プログラムの成果について、専門家を対象に説明していたときになされたもので(1―3)、著者の発表が終わるやいなや、参加者のリーダーが立上がってこう言ったのである。「その子供たちの症状は、あなたが言っているほど悪くなかったのではないか。それに、現在の状態もあなたが思っているほど良くなっていないのではないか。」この意見は人類の変容の可能性に対する抵抗であり、明確で説得力のある証拠でさえも十分否定するほどの信念を反映しているのである。

アンヌやピーター、そしてルースの体験を理解することによって、我々はこの三人よりも症状の軽い子供の変容に有効な方法を正しく評価することができる。子供のとき学校システムの中で水増し教育を受けさせられ、「遅滞者」というレッテルを貼られたのにもかかわらず、それを乗り越えることができた数多くの機能遅滞の人々のことを考えれば、ユニークな人類的現象である認知変容の可能性の普遍性は明白である。成人すると知的障害者の「名簿」から消えてしまう者も多い。実際、大人になるとケースによって或る人々は考えていた以上の水準で機能し、大多数が満足のいく水準で機能している。しかし一部には制限された教育によって受けた傷に打ち勝つことができずに終わる人々もいる。

我々はこう問いたい。もしもこの人々に、制限付きの未来だけを与えるのではなく、さらに高い人生の目標設定とその達成に向けての教育者の協力が与えられたならば、「既にやり遂げた」とみなされてしまった人々はどれ程まで高い水準に到達することができたであろうか。

　イスラエルへの移民を目的に青年団（ユース・アリヤー：Youth Aliyah）に紹介されたとき、ミカエルは十二歳で、インドの孤児院で生活していた。彼は両親の死後、その十二年にわたる人生のほとんどを収容施設で過ごしていた。彼を知る身内の者はひとりもなかった。孤独で、情緒の欠乏したミカエルの生活状況は悲惨なものだった。小さな色黒の顔には悲しそうな瞳が目立ち、全体に発育不全で、読み書きができず、学校に上る力もなく、時空間の認識も混乱状態にあった。その上、思考過程や語彙が貧しいため、本人自身自分の実態を把握することができなかったのである。状態評価のときミカエルは正常な五～六歳児の標準的な知的水準を示した。本人が協力的であったにもかかわらず、簡単な作業と質問を具体的な形で示されても、それらに反応することができなかった。例えば、繋がっている二つの輪があって、一方の輪のくぼみともう一方の輪の隙間をぴったり合わせて二つの輪を引き離すという作業に大変な苦労をした。彼は、一方の輪の細い隙間からもう一つの輪を引っ張り出そうと根気強い努力を際限なく続けていたが、きわめて分かりやすい二つの情報源、つまり片方の輪にあるくぼみともう片方の輪の隙間の幅とを関係付けて考えることができなかったのである（この実用的な知能の評価方法は著者の一人がアンドレ・レイ（André REY）教授との共同研究で採用したテストである）（4—5）。

　我々の研究員が、ミカエルに様々な物体（オブジェクト）の特徴の見極め方、目の前の物体の呼び方、他の物体との比較の方法を示し始めると、先の状態評価で見られた欠陥の多くは矯正可能だということが判明した。結局、我々の状態評価で観察したミカエルの変容の可能性を実現させるためには明らかに膨大な教育的投資が必要だったが、次第に学習能力の向上が見られたため、イスラエルへの移民に推薦した。残念ながら肺結核にかかっていることが分かり、予防的治療が必要になった。その結果、移民は一年程遅れ、イスラエルに入国したときには十三歳になっており、学校教育の最も基本的な学力からも大変遅れをとっていた。それでも著者はミカエルを普通の青年村付属の学校に置き、早く進歩できるよう集中的で内容の豊富なプログラムを計画した。

ミカエルは社会でうまく相互作用できるようになった。情緒障害の子供にはめったに見られない性格をもっていて、友達をすぐに作ることができ、その関係を長期的なものにさせる方法を知っていたのである。読書能力は大変低い水準に留まったが（十五歳になっても、最も基本的な読書能力をわずかに習得しただけだった）、職業訓練前の教育ではかなり進歩を遂げることができた。十七歳になると規則で青年村の学校を出なければならないため、ミカエルは職業高校に通学することになった。しかし彼の学力がまだ不足していたため、同じ状況にある多くの若者に通常するようにミカエルを適当なプログラムに参加させることは大変難しかったのである。ミカエルのような子供たちは皆、その発達と福祉に関心をもつ心理学者の観察の対象となった。ミカエルが著者を養父として考えるようになっていたこともあり、著者はミカエルに特別な興味を持っていた。ミカエルが仕事を得て自立できるようになるためにも、著者は園芸の専門学校にミカエルを入学させ、職業訓練高校の卒業証書を取得するのに必要な援助をするよう校長を説得した。編入の二日後、ミカエルは著者に言った。「ねえ先生、僕には先生とユース・アリヤー（青年団）以外に頼る所はないんです。今の学校で僕はうまくやれるでしょうか？　もしうまくやれたら、その仕事で僕は自立できるでしょうか？」これが、この見たところ無力で普段おどおどしている青年が著者に対して真直ぐに質問するのを初めて耳にした瞬間だった。著者はミカエルが今までに遂げた大きな進歩を指摘し、これからも援助し続けることを約束して彼をあらためて安心させたのである。

ミカエルは根気よくがんばったが、自分がそれまで学習したことをしっかり身につけるために一年の再履修をすることになった。それ以後、情緒的にも知能的にも発達し続けている。ミカエルは二年間の園芸学のコースを終えてから、まず裕福な家庭の庭師となったが、その後彼は多くの人々と触れ合う仕事が望ましいと判断した。自分の園芸に関する知識を子供に教えたいと熱望してもいた。自分が長期間にわたり特別指導を受けたことを認識し、その恩に報いるためにもミカエルは自分のように特別な扱いを要する子供を助けたいと思っていたのである。

ミカエルの願望は夢のようなものに見えたが、彼の実際の生活は充実し、人生の大部分を自分でコントロールしていることを示していた。ミカエルは実際に母校の教師となった。以前は読み書きができず、できのよくなかったミカエルが、自分の園芸に関する知識を他人に伝えられるほど責任感のある大人になったことはパラドクスのように思える。植物の繁殖の分野においてイスラエルで最もよく知られた専門家となり、同業者の間でも花の栽培の功績によって一目置かれる存在となったミカエルは、彼を知るすべての人々の驚嘆の的となったのだ。結婚後（著者夫婦が媒酌人を勤めた）もミカエルは勉強を続け、造園技師の資格を取得した。落ち着いてから、自分の家族（妻と子供三人）のための家の建築に参加し、地域社会においても指導的役割を果たしたのである。

もしも初期のミカエルの知的機能水準の低さを不変のものとして諦めていたらどのような結果になっていたであろうか。初期のころのミカエルの遅鈍や無気力な状態は正視するに耐えられぬものであった。当初ミカエルが著者の家庭を訪問した際、彼が目の前にある多くの物や書物、そして出来事にいかに無関心であるかを著者の妻は度々指摘していた。一言も質問せず、何も感想をも言わず、ただ何か質問されたときに鈍い答えを返すだけだった。

ミカエルはどれ程変わったことか。数年前、彼が我が家を訪れた時には、著者がついていけないほど芸術、科学、書物などに関する広く新しい知識を持っていた。時事に明るく、快く他人を援助をすることができ、楽しい会話の相手となる教養豊かな個人となったのである。

ミカエルのような子供で、我々が一九五〇年代の初期に状態評価を行った何百という人々の追跡調査の結果を見れば、ミカエルは、機能水準がかなり低いと診断されつつもその後の人生において比較的高いレベルに達した多くの子供たちの代表であるといえよう。そういった人たちの中には、学校の教師、その他、人の役に立つ職業に携わる者は相当な数に登る。そのうちの多くはミカエルと同様にほんの少ししか、あるいは全く教育を受けていなかったり、文化的剥奪を受けていたり、社会経済上不利な立場にいたり、抑圧された少数集団に属していたためにあまり将来の展望を見込まれなかった人々である。

中程度の発達遅滞児の機能を持ち、十五歳に達したミカエルの年齢、それが一部の心理学者や行動科学者に「絶望的」と考えられていた年齢にあたることは非常に興味深い事実である。学者によっては、知能やその他の人格形成の大部分は人生の最初の数年で決まるものだから、そのような年齢での効果的な介入は不可能であると確信するものがいる。その結果、機能遅滞の青少年たちは共通して学業的に発達の機会がほとんど与えられないという不利な状況にある。そして常に変化する人生の様々な状況に適応するための能力の発達をなおざりにして、かわりにつまらない反復作業の訓練を受けさせられるのである。限られた訓練で一時的に機能していても、最初に直面する障壁のために挫折してしまう。度重なる「波」が彼らを押し流してしまうのである。

人生の遅い時期に介入を行うことに対する悲観的な見方はしばしば「臨界期」説と言われる。この仮説への信仰は、発達上の臨界期を越える年齢に達したと思われる人々に対して「遅すぎる」という判断を下す根拠となり、教育者が行うべき多くの青少年への評価の妨げとなった。ユース・アリヤーと我々の研究所の記録保管所にある何千もの記録と、これらの子供たちが最初に状態評価を受けたときから三〇年以上を経て現在に至るまでの適応状況に関する資料は、人間の変容はあらゆる年齢において可能であることを証明している。従って、年長の発達遅滞者が得た肯定的な結果こそが「科学的信念の虜」になっている人々に対する究極の反駁になるのである。だがその人々の多くが、確たる証拠を提示されても本書に挙げたケースをただの例外とし、変容の可能性の論点とは無関係であることを執拗に主張し続けるのである。そしてただ単に前章で述べた受容的現状維持アプローチの根底にある、知能の不変性の「原則」を肯定しようとしているのである。

変容可能といわれる症状の範囲の広さは、アンヌ、ピーター、ルースそしてミカエルのような人々に生じた、特徴的でたび重なる様々な変化の一つを指してみればわかる。事実、この四人は介入が終わった後、皆の期待をはるかに超えて、他人が見た場合かろうじて同一人物だと分かるところまで発達を見せた。そして媒介者による介入を通じて、初期に予測されたのとは随分異なった方向に発達を続けたのである。事実ルースの機能水準は年齢が進むにつれ、相当低下するものと思われていた。（機能水準の低い人々のうちの多くは、ＩＱ［知能指数］が年々低下することがある。おそらくこれは低下の［必然性］をそのまま受け入れる受容的現状維持アプローチの結果であろう）。発達遅滞に対する生物学的観点では、この低下を機能水準の低い人々が持つ中枢神経系の神経化学的特質の、直接的かつ必然的結果として考えている。我々を含めてこのような立場をとらない者は、本人の精神的機能のクオリティに及ぼす影響として本人の環境との相互関係、特に学習の媒介者となる大人との相互作用の重要性を主張している。本書で示したケースはこのことを裏づけていることを強調したい。教科書や症例記録に書かれた様々な規定に基づく予測に反して、ミカエルたちは退行しなかっただけでなく、その能力が介入を終える前とは随分異なる様々な分野に多様化されて、これからも成長し、新たな認知構造の発達を続けていくのである。

ミカエルに自分はどこまで発達するだろうと聞かれ、著者にもそれが分からなかったときは、本当にうれしかった。彼がどこまで発達するのか著者には予測がつかない。なぜならば、我々はミカエルが新しいいくつかの型の思考を展開させ、以前に比べて全く異なった様々な方向に進む能力を持っていることを確信しているからである。

さて、ジェームス（James）の例を挙げよう。ジェームスは見た目にもチャーミングで、社会的にも情緒的にも問題はなく、世間的には愛嬌のある知的障害者（mentally retarded individual）というレッテルを貼られてそのように扱われていたが、日常生活に最も必要とされる基本的な関係性の理解の欠落を意味する機能遅滞を示していた。まず彼には時間の概念がなかった。そのため日常生活を計画的に行うことが難しかった。不規則な時間に食事をしたり、たとえ短期的なものでも前途を考えるための計画性を養う試みはジェームスには全く理解されなかったのである。直接目の前にあること以外は彼の理解の範疇にはなかった。従って、絶えず笑ってはいるが全く機能していない少年というのが普段の姿であった。だがその後、著者の一人が今までにないすばらしい体験をしたのである。それはジェームスが具体的思考を、その思考の代用である象徴へ推移させることの意味を真に理解したことだった。それまでジェームスは読み書きの学習に大変苦労していた。二年間かけて彼に教えたことはすっかり無駄になったほどだった。一番困難だったのは、読むために必要となる、対象とそれを象徴する記号とを一致させて考えることだった。数ある言葉の中で彼が最初に直面した言葉の一つが「机」であった。我々はその言葉を数回繰り返した。すると突然、ジェームスは繰返すのをやめて我々が腰掛けていた場所の近くにあった机を指した。そして「机」という言葉と本物の机を交互に指しながら、興奮して、驚いた表情でこう言った。「何でそんな小さな言葉にそんな大きい机が入っているの？」

我々にとってこの興奮は、書き言葉が現実の物に代って用いられること、つまり形、象徴、そして記号の一部である「話し言葉と書き言葉」を発見したことの表れなのである。学校に参加できる程度の水準までにジェームスの読書力を引上げるのにさらに一年かかった。

このように低い水準で機能していたことが背景にあるとしても、ジェームスが車体修理工場で熟練した労働者になったことは大変意義のある成果だと考えられる。ジェームスは陸軍での兵役が終ると結婚し、子供を持ち、大変充実した生活を送った。我々はジェームスが彼自身の最高の水準に達したと思っていた。数年が経ち、彼との接触はほとんどなかった。ところが最近になって著者の一人にジェームスが電話をかけてきたのである。彼は車の中からかけていると言い、すぐに電話の有効区域から出てしまうのを心配していた。著者は驚いた。彼が自分の車に電話を付けているだって？あのジェームスが！（当時のイスラエルでは、自動車電話はごく限られたエリートか金持ちしかもてない贅沢品だったのである）ジェームスは著者に会うなり自分に起こった奇跡的な変化や出来事を説明してくれた。そのとき彼は、食料品の生産、商品包装、配送専門の大きな輸出会社の専務になっていた。連続する三つの簡単な指示を実行するための計画すらたてられなかったジェームスが、大規模製造業の大変優秀な専務になっているのだ。事実、彼が新設に関わった工場の生産工程に関する一覧表を著者に見せてくれたとき、彼はまるで外国語のようにしか聞こえない専門用語を使っていた。

著者は普段から何に対しても前向きなのだが、このときジェームスが語った業績については、さすがに疑ってかかっているように思われたかも知れない。しかし、ジェームスは動かしがたい証拠で自分が言っていることを裏付けた。著者は、ジェームスが「縁故採用」かなにかの方策で出世したのではないかと疑っていた。だが事実はそうではなかった。トラックの運転手に始まり、ある管理職のおかかえ運転手になるまでの経過をジェームスは話してくれた。その勤務を通じて、彼は事業について勉強する機会を得た。注意深く聞き、観察し、質問し、要点をつかむことによって、ジェームスは自分の将来に必要な準備をしたのである。これらの段階を経て、彼はいくつか管理職の勤め口を引継ぐことになり、それで成功を収めると、会社の重役への道が開かれたのであった。

計画性、組織的指導力、自己主張能力など、以前には手の届かない所にあったものが思いがけない変容によって個人にもたらされ得るということを示しているという意味においてだけでもジェームスの出世物語は重要である。しかしながら、ジェームスが突然に訪問をしてきた理由こそ、著者を何よりも驚かせた変化であった。ジェームス自身の言葉によると、「実存的危機」と呼ばれることで彼は相談に来たのだという。「不可能なことをやり遂げたと感じています。経済的に、職業的に、社会的にも大きな成功を遂げて自分の地位を築き上げました。裕福にもなりました。仕事と趣味の両方で海外旅行も度々しました。すてきな家族と美しい子供がいて、彼らも成功してます。でも、私が一番やりたいと思ったことをほとんどやってこなかったと感じるのです。それは、自分を啓発し、今まで習ったことのないことを学び、自分が望むような者になりたいのです」

ジェームスの言葉は、「所有すること」よりも「実存すること」を、「受け入れる」のではなく「自ら変わる」ことを願い、価値ある存在の形を追い求めていることを表していた。このような深遠な目標を抱いているジェームスが、かつては、目立たず、ほとんど明瞭に話すこともできない少年だったことを思うと、著者にとってこれは感慨無量の体験となった。人の潜在能力を予見することは難しいことなのである。

ジェームスはどこまで成功できるのだろう。人間の精神の行方をだれが知り得るだろう。その発達の広がりをだれが予知できるだろう。ジェームスの来歴は、変容が構造的性質を持つものであることを何よりも表している。青年時代に始まって、それ以後の人生においても続いたジェームスの変容の可能性は、子供のときの彼を観察していた人々の期待をはるかに上まわる成果をもたらしたのである。あらゆる点において、ジェームスにとって人生の基本条件と真の実存の本質は異なった形態に成り代わったのだ。彼は論理的思考力をもち、将来の目標に対して計画をたてたり決めたりできるところまで自分の能力を向上させたのである。愚鈍で、追従的で、おとなしかった子が、有能で創造的な、自分の意思を主張する大人へと成長したのだ。

人間の変容の可能性の構造的性質は、ある領域に起こった一つの変化が個人の機能の別の領域に及ぼす重要な影響を一般化することによって最も明確に説明できる。変容の可能性はまた、変容そのものの周期や振幅も大きく変化することからも認められるのである。つまり、初期段階には一つの変化を得るにも大変な努力と長期にわたる介入を必要としたものが、やがて速くなり、内容を伴い、楽になり、最終段階には「複合的」な変化をもたらすようになるのである。子供が最初にいくつかの童謡を一度マスターしてしまうと、後は複雑なものでもたちまち覚えてしまい、それがどんどん速くなることを考えてみるとよい。この子供の学習速度と技能の変化とその学習内容の質は、個人の変容が構造的なものであることを示している。我々が誘導しようとしている認知の構造的変容の形態は、一定の割合で漸進的に向上していく正確さによって説明できるような変化ではなく、「常軌を逸する」ように見える変化、つまり徹底的な変形（transformation）、または思考における創造的かつ生産的な相乗効果からなる変形をいうのである。従って、ジェームスに見られた変容の可能性は、介入が本来の目標をはるかに越えてもたらされた成果なのである。

学習困難な人々に対する教育的実践の多くは、過剰学習の過程でほどほどの結果を得るのに必要な情報を与える活動に限られている。学習の仕方を学習する能力の発達のための教育的投入は余りにも少ない。この点に関していえば、学習困難に直面する子供と相互作用する時、問題解決に必要な情報を収集する方法を指導するのにどれだけの時間が費やされているだろう。単に情報を反復するのではなく、新たな情報を考案できるようにするために自分の環境を創造的に組織し、そしてその環境を手際よく変化させることができるようにするための情報の組織化の方法についてどれだけの指導がなされているのだろうか。不幸にして、機能遅滞の人々がこれらの機能を活性化できるような努力はほとんどなされていないのである。このことの影響はすぐに現れないにしても、個人が適応を必要とする状況に置かれた時にその影響は一目瞭然となる。ある個人が構造的に変容することを可能にする媒介学習体験（Mediated Learning Experience：第5章参照）の教育的投入が欠けていれば、人生におけるすべての機会から利益を得る見込みは危ぶまれるだろう。場合によっていくら魅力的で人道的に見えても、受容的現状維持アプローチは発達という点で「行き詰まって」しまう。なぜなら本人自身の変化を目標とするのではなく、彼らがより楽になるように環境を変えることしか求めていないからである。多くの例が、今は楽でも将来においては決して楽ではないことを示している。発達を犠牲にしてまで安楽を与えられた子供にとって、その代償は量りしれないのである。

このことは、すでに読者の胸中にあるであろうきわめて難しい質問を提起する。それは、ここで描写された変容がいかにして導き出されたのか。専門家である著者ができなかったことに、どうしてピーターの母親は成功したのか。教師や専門家が始終無理だと否定していたことを、ピーターの母親はどうして成功させたのか。そして、様々な治療や改善を受けたアンヌが、突然、自分の限られた発達の道を離れて一人前になろうという意志を持つまでに彼女をつき動かしたのは何か。これらと同様、以下の問いもまた意味深い。人間を適応性のある者にしているのは何か。それをどう説明するのか。機能水準の低い人たちが、予期された運命と正反対の運命に到達するような劇的な変化を可能にするものは、遺伝子や人間の境遇や人と人との関わりにおいて見た場合、一体何なのだろうか。

変容の可能性に関する発言が度々直面する多くの懐疑は、これらの問いが筋道の通ったものであるということを明白に示している(6・7)。次章からは、これらの問いに対する答えを探り、同時に我々の認知の構造的変容の可能性に対する確信を立証する証拠を示しながら、この懐疑を取り上げて論じる。

【注】

(1) Feuerstein, R., and D. Krasilowsky. 1967. The treatment groups technique. *Israel Annals of Psychiatry and Related Disciplines*, 5(1): 61-90.

(2) Arieli, M., and R. Feuerstein. 1987. The two-fold care organization: On the combining of group and foster care. *Child and Youth Quarterly*, 16 (3).

(3) Feuerstein, R., D. Krasilowsky, and Y. Rand. 1974. Innovative educational strategies for the integration of high-risk adolescents in Israel. *Phi Delta Kappan*, 55(8):1-6.

(4) Rey, A. 1968. *Épreuves mnemoniques d'apprentisage*. La Chaux-de-Fonds, Switzerland: Delachaux & Niestle .

(5) Feuerstein, R., M. Richelle, and A. Rey. 1963. *Children of the Melah. Socio-cultural deprivation and its educational significance. The North-African Jewish child.* Jereusalem: Szold Foundation for Child and Youth Welfare (Hebrew)

(6) Spitz, H.H. 1986. *The raising of intelligence.* Hillsdale, N.J.: Erlbaum.

(7) Reynold, C.R. 1987. Raising intelligence: Clever Hans, Candidec and the miracle in Milwaukee. *Journal of School Psychology*, 23: 309-12.

第4章　媒介を用いる学習の影響

科学博物館の広い展示場の中をアダム（Adam）は動き回っている。展示物から展示物へと走り回り、手を触れたり、引っぱったり、眺めたりして、また次の展示物へと走っていく。母親はとっくの昔に後を追うことをあきらめてしまった。大声で歓声をあげながら息子が目の前に展示されている豊かで美しい世界にせわしげに没頭しているのを見て喜んでいる。彼女はどうして鉄の輪が磁石の上でグルグル回るのかを一度か二度は説明しようとするが、アダムは物事がなぜ起こるのかを理解するよりも、目の前で何かが起こることに心を奪われている。目に見えること、体験することが彼にとっては刺激的なのである。彼が喜んでいるのだから、それで充分ではないだろうか？

その問いに対し、本書の著者の一人がこの情景を観察したうえで、「ノー」と断言するのに長い時間はかからなかった。外面的な相互作用の快い刺激を与える形や色彩や動き等に満ち溢れた環境に子供を置くだけでは決して充分とは言えない。著者はアダムに近寄って彼の活動ぶりを観察しながら、展示物から展示物へと彼の後を追い始めた。そしてアダムと展示物との相互作用の中心が全て身体的活動に限られ、思考活動が置き去りになってしまっていることを即座に把握したのである。

著者がアダムの「いたずらっ子」のような活動を見たとき、その行動が一見認知的に活発で、非常に刺激を受けているように見えて、実は展示物との接触からはほとんど何も学習していないことに気がついた。もっと綿密に観察すると、一つの展示物のボタンを押す間アダムが集中するのはほんの一瞬でしかないことが分かった。ボタンを見つめるのはほんの僅かの間で、それに手を延ばした途端に、もう別の展示物に目が移っていた。繋がった二つの容器に入った水の相互作用を見せる展示で、クランクを回すアダムを著者は観察してみた。アダムは自分がクランクを回すと一つの容器の水位が上がるが、もう一つの容器の水位はそうではないということに明らかに気付いていなかった。熱狂的に走り回って物に触っていながら、アダムには展示物との相互作用で何かを学ぶということはほとんどなかった。従って、そこにある動くものはすべて触ったり引っぱったり押したり叩いたりするためだけに存在するかのような行動を続けるので、彼が行動を起こす度ごとにそれは「初めて」の体験と何ら変わらなかった。

アダムの母は博物館での体験によって息子が影響を受けること、すなわち、様々な展示物との直接的な相互作用を通じて物事の因果関係の原理や、他の展示物の持つ内容を学んでくれることを望んでいた。しかし、これらのことを学ぶためには、ただ眺めたり回してみたり走ったりする以上のことが必要なのである。物事を理解するためにはクランクを回すこと、そしてその結果として水位が下がるというような連続して起こる二つの現象を比較する能力が必要なのである。もしアダムが目の前で起こりつつあることに注意を払わないとすると、(例えば「どっちのクランクを回したんだっけ?」というふうに省みる行為をしないとすると)、原因となる行為と結果となる現象との関係について学ぶことはない。その時に学ばなければ、たぶん永遠に学ぶことはないだろう。

アダムの見るからに楽しそうな様子を見て、動き回ることで彼が今得ている楽しみに介入すべきか、あるいは彼に単なる楽しみ以上のものを期待すべきかを、著者は自問してみた。アダムに理解すること、繰り返すこと、比較することを要求すべきなのだろうか。学習という人為的な状況を強要することで、のびのびとした彼の持ち前の魅力を失わせてしまうのではないだろうか。アダムと彼の目に映る刺激に満ちた世界との間に我々が介入して干渉することにより、発見するという体験を彼から奪い去ることになりはしないか。事実、一部の教育者はそのような押しつけは不必要であるばかりでなく望ましくない、むしろ子供の人格や独立心や自由な精神の形成に有害であるという見解を長年保ってきた。一九八五年に、児童養護の訓練および認定の専門家がある雑誌に寄せた記事の中で次のように述べている。「赤ん坊はその能力以上のことはなにもする必要はないのである。なぜなら、全て自然がうまくやってくれるからだ。……世話をする人は子供がどんな物で遊ぶべきか、またどのように座ったり立ったりすべきかを子供よりもよく知っているなどと考えてはいけない。むしろ、大人の介入を最小限にして、子供が自由に周囲を探検することができるようにするべきである(1)」

この、自然がうまくやってくれるのだから、大人が子供に何かを教え込もうとするのは子供を台無しにしかねないという考えにはルソー的思想が感じとられる。右のような意見やこれに類する他の考え方は、養護者が計画的に媒介する学習は必要ではなく、子供を直接様々な刺激にさらすことで発達と成長の産物としての適切な認知的行動が生まれると考えている。子供が知能を形づくる様々な行動様式を発達させる過程を考えたとき、この「手放し」無干渉主義的な考え方の論理的根拠には疑問がある。

さて、アダムの話に戻ろう。時々ひとりで探検することに疲れると、アダムは身体的な触れ合いを求めて母親の所に戻ってくる。母親はにこにこしながら彼を暖かく抱き締めて、彼が見たことややったことはどうだったかと訪ねる。アダムは大袈裟に答える。「大好きだよ。凄いよ」もう一度見たいかと聞かれると、「うん！」というのが彼の答えだ。しかし、母親と子供とのお互いの会話や関わりの中で、アダムが「何を」見たのかとか、「なぜ」興味を引かれたのかとか、どんな「法則」が一つの容器から他の容器への水の流れを決めるのかとかいった、より内容に踏み込んだ話を誘い出す試みは全くなされなかった。博物館をどう感じたかと聞かれてアダムは興奮気味に、彼が見た物のうちで驚異的だったものや目を引いたものの音や動きを口や手で真似ながら素晴らしいと答えた。特に蒸気機関のピストンの動きは彼を魅了した。そのピストンの動きを、彼は手を広げて押し出すような仕草で繰り返し表現したがそれは単に喜びの表現以上のものではなかった。彼は「何がピストンを動かしているの？」「どうしてそれが起こるの？」「何のためなの？」とは一切尋ねなかった。また、母親もこのような質問を息子にしなかった。彼女は息子の反応を、そのまま受け入れただけだった。最初のうちは、母親と息子を別々に観察していて、それぞれの行動はアダムの幼さに関係しているのだろうかと著者は考えた。アダムは九歳か十歳に見えた。彼は少なくともいつかの展示品の解説板を読むことはできるようだが、自分の持つ能力をほとんど活用していなかった。

アダムの極端に短い時間しか持続しない集中力と気紛れな行動は、あるいは何か軽い脳の損傷による過活動（hyperactivity）の現れだろうか。それとも、アダムの注意力を引き付けてやまない珍奇さと量的な豊富さという、展示物の性質のせいだろうか。彼の行動を見ていると、どの展示物に注意を払う価値があるのかを決められずにすべてのものに気を取られ、集中すべき一つの対象を選択し得ないまま何から何まで見ていってしまっているようであった。一人の子供に無数の対象物の中から一つのものに優先順位を与えさせ選択させるものは何なのだろうか。それに、なによりもそのような優先順位はどのような根拠で決められるのだろうか。

このような問いに答えるに当たって、同じような環境に恵まれた科学博物館で、著者が追跡し観察したもう一人の子供、ユーヴァル（Youval）の場合を考えてみよう。ユーヴァルはアダムよりいくつか年下で、妹のアダ（Ada）と十二ヶ月の赤ん坊を抱いた母親と一緒にやってきた。

この一行はアダムの母親の場合とは随分異なった様子で展示物を順次見て回った。まるで蝶々のように物から物へ、思いもかけぬ方向へと動き回るアダムに比べ、ユーヴァルとその家族は極めて筋道だった進み方をしていた。目的意識に満ちたコースをたどっていることはユーヴァルの指先とアダの合図が、どの方向に進み、どの展示物を詳細に調べるために選ぶかをはっきり示していることからも明らかであった。時間をかけて一旦観るべき場所を決めたら、彼等の展示物との接し方は一貫して相互協力的であり、体験を分かち合おうという気持ちに満ちたものだった。展示物の一つである液体石鹸の入った大きな鉢の上の説明板には、「巨大なシャボン玉を作って下さい」と書かれており、それが彼らの注意を引いた。ユーヴァルとアダは明らかに興奮していた。彼らはお互いに協力し合い、一人が液体石鹸の層を引き上げると、もう一人がその層に息を吹き込んだ。母親は子供たちそれぞれに、どこを吹くかとか息の流れをどう調節するかとかを教えながら側に立っていた。彼女は、子供たちを前にして唇の形を作って息の調節の仕方をして見せたり、お兄さんのユーヴァルよりアダの方をそれとなく助けたりしながら、二人がうまくできるように最善を尽くしてみせた。そして、それぞれがうまくできたのはそれだけ能力があるからだし、またお互いに協力したからだと説明してやり、競争しないで分かち合うことが大切だと強調した。

互に繋がった容器を使った展示物（図4・1参照）（これはアダムの興味を引き付けたのと同じものである）の所までいくと、母親は身を低くしてしゃがんだ。アダは母親に導かれて装置の左の方へ、ユーヴァルは右の方へ行った。次いで起こったことは見事に調和のとれたものだった。まずそれぞれの容器に入っている色のついた水の水位に母親は二人の注意を向けた。次いでアダが左側のクランクを回すと右側の容器の水位が下がった。そしてユーヴァルが右側のクランクを回して左側の容器の水位を下げた。母親はそれぞれの容器で起こった変化を指摘した上で、手を離してクランクを自由にするように、そしてクランクが元の位置に戻った時に何が起こるかを考えるように言った。この母親が、

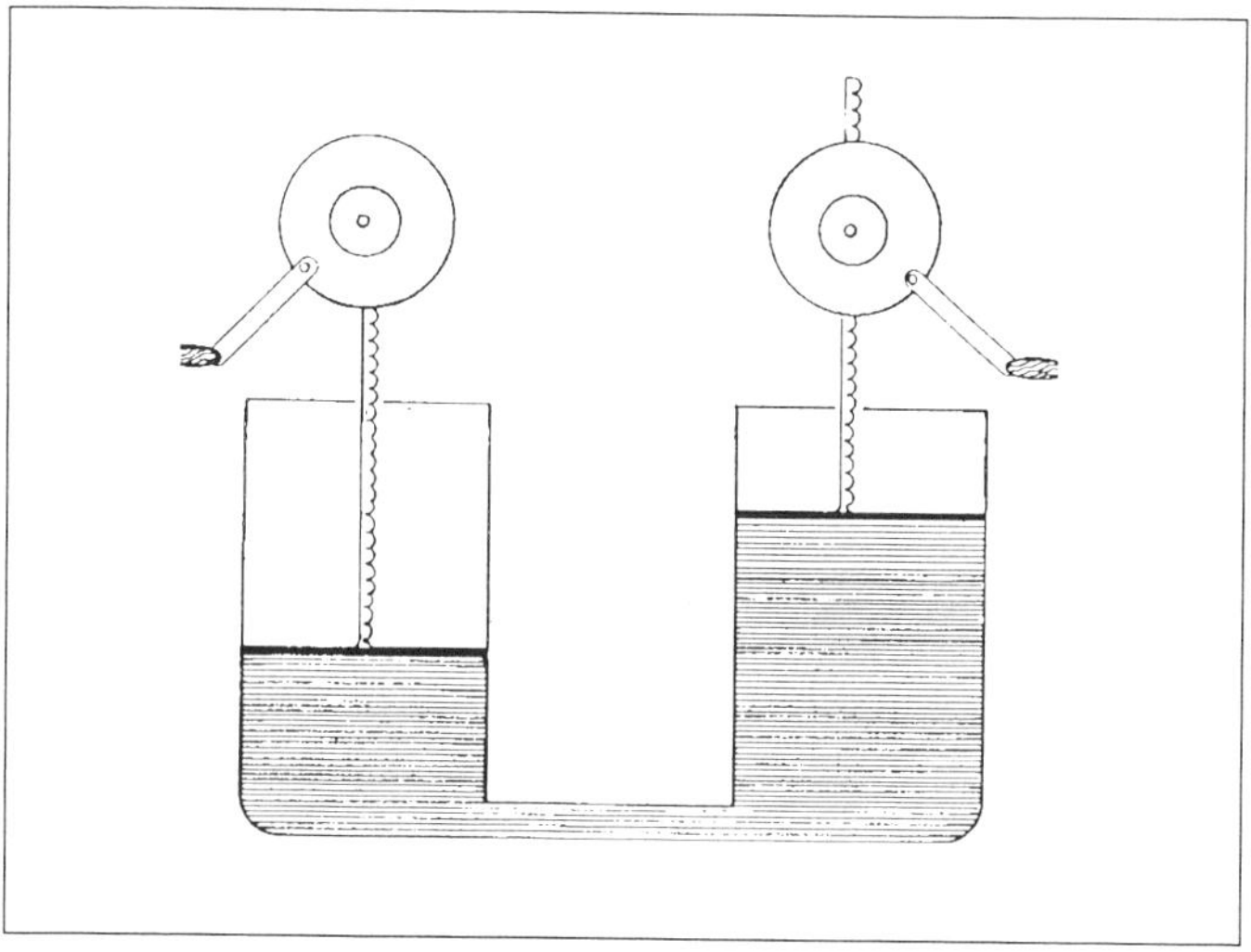

図4・1　繋がった容器の展示

子供たちに対して心の中で結果を予期するという作業の仕方（期待性心的作用）を媒介していることは明らかだった。子供たちは二人とも多少困惑し、すぐには答えなかった。母親はしばらく待っていたが、次いで、「考えてごらんなさい」とつけ足した。ユーヴァルは、理由は見抜けないまでも水は彼の方に流れるだろうと考えた。（アダは何かが起こるのを見ようと両方の容器を眺め続けていた）すると母親が聞いた。「クランクを回し始める前の水の高さを覚えている？」そのとき、二人とも問題の答えが分かったのだった。つまり、クランクがどちらも回されていなかった時点の水位に戻るのである。母親の背中越しに赤ん坊までが見下ろして、兄や姉たちが指し示す指先を目で追っていた。

母親が子供たちに対して行った相互作用の意味するところは何だったのか。彼女の行った介入はどのような意図のもとに行われたのか。それは単なる偶然だったのか。もちろんこの母親の意中を伺い知ることはできないが、彼女が子供たちと相互に交わした行為の様子を観察することによって、著者は彼女の行動が意図的なものであると結論した。彼女は子供たちに連通管の作用を見付けさせようと思ったが、同時に、そうさせるためは知覚的、認知的状況を整える必要があることも理解していた。彼女はクランク、容器の性質、それぞれの容器の中の水位に子供の注意を促し、全体を組織的に説明してやることによって展示の仕組みを子供たちが理解するための手立てそのものになってやったのである。アダがクランクを回すことで状況に一つの変化を起こし、続いてユーヴァルが変化を起こした。そこで、母親は二人が相次いで起こした変化に子供たちの注意を向けさせた。クランクを回す前の水位を子供たちに思い出させ、それらを見越しての反応を求めたのであった。「クランクの動きが止まったら、どうなるのかしら?」子供が答えるのをためらった時、彼女は他の親たちがやりがちな出来合いの答えを持ち込んで子供の考えの中に割り込むようなことはせず、むしろ子供たちに考える時間を与えたのだ。助けが要ると感じたときに、現在の水位と最初の水位とを比較することを二人の子供に提案した。そのことにより、彼等が目にしていたことの背後にある概念に気付くために必要な二つの情報源を考え合わせせられるようにしてやったのである。

アダムとユーヴァルーこの二つのケースにおける、子供たちと環境との相互作用の質はどのように違っていたのだろうか。ユーヴァルはアダムより理解力があったのだろうか。まったく感覚的なことで言えば、おそらくそういうことはなかっただろう。アダムは処理能力において劣っていたのだろうか。決してそうではなく、アダムはユーヴァルよりも活動的であったし、同じ時間でより広い面積を動き回っていた。しかしながら誰もアダムを引っ張ってやる者がいなかったために、そこにある展示物の魅力と、新しいことを体験したいという欲求に負けてしまい、彼の体験は表層的なものにとどまってしまった。彼の押したり引いたりする行為は展示物に何が起こっているかを確かめる時間も努力も必要としなかったので、自分がやったことと、そこで起こったこととの関連が分からなかったのだ。アダムが展示物との相互作用を通じて得たものは、彼の行動に直結した即時的な満足感に限られていた。対照的にユーヴァルの場合は、事実を単に覚え込むだけでなく、これらの事実の原因の究明へとつながる観察の仕方、観察対象の選び方、そして資料収集の方法を学習したのであった。性質の違う新しい作業に直面しても、ユーヴァルは恐らく注意深く観察を続け、比較し、理論付けて、意味を探し続け、それだけ多くの事を学習し、自分の体験によって更に深い影響を得ることになるだろう。うわべだけの体験に終わったアダムは、将来教育の機会を与えられても、それらの機会からわずかな知的利益しか得られないという危険を冒すことになる。彼のこれからの人生に深い意味を持つ生き甲斐と喜びをよりよく理解するための準備学習にはほとんど役立っていない。

同じ種類の刺激に対して、二人の子供がこれほど対照的な反応をする結果となったのはどういうわけだろうか。その違いは、彼等の体験の性質にあると我々は強調したい。すなわち、ユーヴァルの、媒介された学習体験と、アダムの直接表層的で媒介されないものに止まる体験にその違いがある。

アダムに刺激（S =stimulus）が与えられる。その刺激に応じた、というよりもむしろその刺激が引き起こす形でアダムは反応（R =response）をする。学習関係の専門家の中には刺激が子供たちに与えられ、その結果として反応することが多くの分野での子供たちの認知的発達に充分な条件であると考えている人々がいる。このように、一部の科学者は、刺激的な出来事と、それに対する反応の諸連鎖が学習の源であると考えている。特に子供たちの行動が特定の結果を伴う場合にはそうである。自分の行動の結果を考えながら子供は刺激と反応との関係を定着させ、そしてそのことが更に強化された行動を生むことになる。この作用は二つの方向で起こり得る。結果が望ましくない場合には行動の反復を避けるという方向と、結果が望ましい場合は行動を繰り返すという方向である。この学習モデルによれば複数の特別な行動が結果的に個人の行動様式全体（レパートリー）の一部を構成していくということになる。しかし、問題は本当にそんな具合にことが進むのかという点にある。アダムは展示物と何度も接触して操作したにもかかわらず、装置の水をあちらに動かしたりこちらに動かしたりするクランクを指摘できなかったし、装置を動かしたり止めたりするクランクすら指し示すことができなかった。これらのことができなかったのは彼がクランクを回した時の、そのクランクの位置とも う一つのクランクの位置との比較であるとか、片方のクランクを回した時にもう一方の、手を触れていないクランクはどうなったかということを見ていなかったからである。「思考」や「理解」のない反復操作は学習体験にはならなかったのである。装置に近付く度に、いつもアダムはどのクランクがどんな結果をもたらすかを何度も何度も試行錯誤しながら新たに見付ける必要があった。イソップ物語の狐のように、アダムは入った時と同様に手ぶらで葡萄畑から出てくるのだった。

　機能水準の低い子供や大人たちが成果もなく飛び回り、動き回る様子を我々はいつも目にしてきたのではないだろうか。用意された学習過程に編入されながらもそこから何ら影響を受けることのできない子供たちの存在に困り果てている教師の何と多いことだろうか。機能水準の低い子供たちの中には、因果関係を理解させる状況を何度与えても、同じ間違いを繰り返し、そのつど学習能力の無さを同じように示す者がいる。アダムの場合が示唆するように、一つの体験を学習の源泉とするために必要な要素は、人が現在の体験を個別にラベリングし、比較し、纏め、分類して、過去の自分の経験と照らしながら意味付けを行うことである。この積極的な社会体験は第二の形の相互作用によって産み出されるものであり、我々が言うところの媒介学習体験（ＭＬＥ）である（図４・２参照）。

　媒介学習体験（ＭＬＥ）では、刺激（Ｓ）に直接さらされた人間（Ｏ＝oraganism）は、成人の媒介者（Ｈ＝human mediator）によってその刺激の特徴についての選択がなされ、媒介者によって枠組み（フレーミング）が形作られ、注意すべき範囲を定められ、修正が施された後で初めて完全に、かつ充分にそれらの刺激（Ｓ）を受入れ、そして反応（Ｒ）することになる。ＭＬＥでは、学習事項は成人の媒介者の課す順序にしたがって提示され、その媒介者は、学習者が必ずある一定の関連する複数の刺激を、一定の形で体験できるようにさせる。提示の順序、与える刺激の強度、これらの全てに起こる変化は媒介者の意図的行動を通して子供たちによって把握される。子供たちが観察する変化の原因、理由が媒介者にとっての検討の対象であり、媒介者は変化を起こした重要な出来事と、その決定的な側面を指摘す

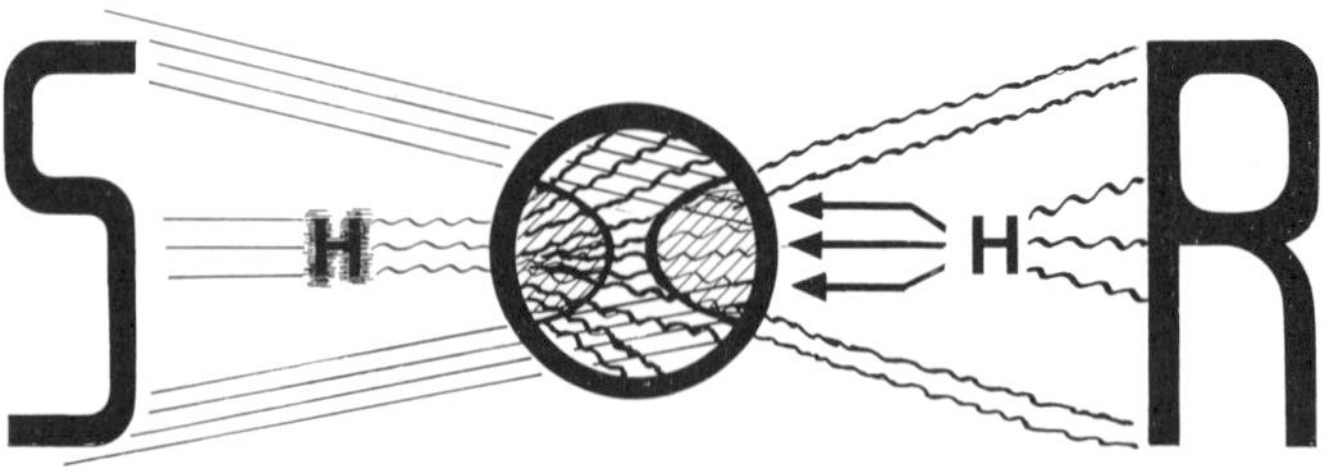

図４・２　媒介学習体験モデル

ることになる。

同じように、人間（O）と、Oが現実に対しておこなう反応との間に、媒介者（H）は介在して、それらの反応が認知的、かつ社会的な意義を持つように導き、また適切な意志の疎通に欠ける反応、あるいは刺激の特徴に向けられた不適合の反応を排除するのである。

アダムは刺激のもとになった事物と彼との間に介在すべき成人の媒介者を欠いたため、これらの学習の前提要件をほとんど発展させることができなかった。したがって、アダムの体験は大変豊富なものであったにもかかわらず、彼に何の影響も残さなかったのである。彼はＭＬＥを全く経験していないか、或いは非常に限れられた経験しか持たない子供たちにみられる認知的機能不全の一連の複合的な状態を示していた。不適切な指導（事実上無指導に等しい）は社会的な体験の仕方を、受け身的な方向へと導き、現在の一つ一つの体験を過去の体験と関連づけることもなく、まして将来得られるであろう体験とは無関係に孤立化させ挿話的なものにしてしまう。

文化水準が高く慈善事業にも少なからず貢献している名家の娘であるエベリン（Evelyn）は、――おそらく、成長を阻害すると考えられていた遺伝的欠陥が表面的には分からないというのが理由だろうが――MLEの機会を与えられていなかった。そして両親は、媒介することなく彼女の周囲を心を奪うような多くの刺激で充たしていた。我々が初めて会った時彼女は子供じみた社会的態度を見せ、驚くほど情報不足の状態であった。そして更に著しい思考活動の欠如を示していた。

エベリンは『認知能力強化教材（インストゥルメンタル・エンリッチメント）（IE）』を用いたプログラム（第14章を参照）を含む、集中的かつ広範囲にわたる媒介学習体験を受けた結果、中学三年生並みの成績と知能に達するまでに発達を遂げた。今や彼女は、自分がどうして長い間機能水準の低い精神状態のまま過ごしてきたのかを反省する迄に至っている。テレビ、音響機器、パソコンなどの玩具を豊富に与えられながら、媒介されることなく一人きりで成長期を過ごしていたことをエベリンはよく話している。人生はまるで単なる画像の連続のように心に残るだけで、彼女を周囲の環境と有意義な形で関連づける人（媒介者）は誰も居なかった。展示物を体験するユーヴァルのやり方はアダムのそれとは実質的に違っていた。刺激を繰返し体験することによりユーヴァルは装置を操作して、前と同じ結果を再現することができるようになっただけでなく、彼がクランクの回し方を変えることに応じて起こる結果を予測することすらできた。彼の母親は媒介者として、ユーヴァルに彼が単に刺激と出会い、それをただ操作しただけでは決して得られなかった成果をあげさせた。それは、色々な出来事を構成する部分としての諸事物の連続、順序、成立の条件、因果関係その他の要因に特徴付けられる関係性についての知識であり、またこれらをより深く学ぼうとする気持ちである。母の媒介的な介在がユーヴァルと妹のアダに、単にクランクと容器を認識するに止どまらず、それらの働きやその働きと類似する他の働きとの関係、そして自分たち個々との関係までも理解させたのだ。媒介者の介入による相互作用の効果がユーヴァルの思考能力を向上させ、その結果彼は行った作業の一つ一つからより多くの経験を積み、より好奇心を深め、より能力を高めていった。更に母親は媒介者としてユーヴァルと彼の反応との間に介在し、一つの反応を受け入れてから別の反応を加えるように要求をすることで、息子の反応の仕方に一定のスタイルを形づくらせた。例えばユーヴァルがクランクの回転と水位の変化の関係を身振りを使って表そうとした時、彼女は言葉で答えるよう優しく励ましたのだった。それとは対照的に、アダムの母親は我が子と刺激との間に自分を介在させず、言葉で表現することや、より詳しく説明するように励ますこともなかった。アダムにとって刺激に身をさらすことは興奮に満ちた体験で、一般的な意味では彼の動機づけに影響を与えたが（彼はもう一度博物館に行きたがった）、アダムの様々な作業に取り組む能力に変化が表れなかったことからも分かるように、認知の啓発の点においても動機づけの点においてもほとんど、あるいは全く得るものがなかった。

媒介を用いる学習体験を行えば行うほど、子供が学習の機会から直接利益を得る可能性は増えるだろう。一方、媒介学習体験が欠如すると、学習作業での直接体験から得るものは無に等しいだろう。加えて子供の変容の可能性は大きく損なわれ、不慣れで複雑な状況に適応するのに必要な柔軟性を欠く結果となる。

我々の主張は、媒介学習体験（ＭＬＥ）は人間としての独特な学習条件だということであり、その重要性はいくら強調してもしきれるものではない。この点について、世界的に著名な発達心理学者であるジェローム・ブルーナー（Jerome BRUNER）は一九八〇年に次のように言っている。「ＭＬＥはただ単にハンディキャップのある人のためだけでなく、全人類のためのものである。なぜならば我々を人間として特徴づけるのはＭＬＥだからだ。」(2)

【注】

（1） Gerber, M. 1985. A less stressful way of caring for infants. *Kiddie Kare*, November/December, 9-12.

（2） Bruner, J. 1980. NIE Conference, Pittsburgh, Pennsylvania.

第5章　媒介学習体験（ＭＬＥ）
――その効力の源は？――

媒介学習体験理論（Theory of Mediated Learning Experience=MLE）を耳にした人々の中には、全ての相互作用、例えば大人と幼児、教師と学生の相互作用には媒介的価値がないのではないかと疑問を持つ人がいるかもしれない。このような人々が知りたいのは、ＭＬＥ理論のもつ目新しさとは何なのか、そして何故その理論がそれほど重視されるのか、ということである。

このような疑問は当然である。その疑問に答えるにあたって、すべての親たちが直面する状況について考えてみよう。

幼児が危険な物に触ろうとしている。心配のあまり親は大きな声で叫ぶ。「さわっちゃだめ！」。この相互作用はＭＬＥ（媒介学習体験）の一つといえるだろうか？この場合さしあたって、親（父親か母親）は、子供と危険の原因との間に介在したことになる。ならばこのことによって親は子供に危険の概念を媒介し、子供の行動に永久に影響を及ぼす様々な変化を生み出したといえるのではないだろうか？

確かに個人にとって相互作用がいかに大切であるといってみても、必ずしもそれら全てに媒介的価値が存在するとはいえない。危険の原因から手を遠ざけるという結果をもたらした親の「だめ！」という一言は瞬間的に親が望んだ反応をもたらしはするが、子供としては、どのような時にどういった状況で物に触ることが危険なのかを判断する役には立たず、結局その後もずっと「だめ！」と言われ続けることになるのである。

媒介学習体験は、危険に直面した時に、今子供が経験している危険と過去に経験した同類の出来事との間にある重大な関連性を考えさせ、将来似たような事件に直面した時に次に起こることを予測させるためのものである。

媒介学習体験では、相互作用として「何」が「どこ」で「いつ」行われたかといったことを問題にするのではない。MLEの特徴は、子供と我々との相互作用が「どのように」行われたかということにより重きを置くことである。我々は媒介によらなくても一定量の情報を子供に伝達することができる。指示をする、話を聞かせる、食物を与える、歌を歌う、あるいは空に浮かんでいる雲について話すといったことができる。そして、これらすべての動作が子供と大人との間の相互作用の範疇に入っているのである。これらの作用を媒介学習体験に変換させるためには、その作用にある特質、すなわち子供の認知体系に影響を与え、より高い水準の変容をもたらす可能性を作り出すために必要なものを付与する必要がある。

しかし、ある相互作用を媒介学習体験に変換させるための特定の方法について述べる前に、そういった変換にとってかならずしも必要とされない要件について述べてみるのも価値があるだろう。

媒介学習体験は相互作用に用いられる言語にも、また、媒介者と子供との相互作用の中身にも依存しない。英語、中国語、手振り、音声、言語、象徴、模倣、あらゆる伝達手段を用いて媒介することができるのである。重要なのは媒介者が子供の日常生活を計画し、予定を立て、特定の刺激を選びだす（たとえ子供に直接話しかけなくても）時に、子供が直面した出来事に一定の順位と組合せを作るというかたちで媒介することだ。このようにして媒介者は子供が経験する現実を意味を持つ方向へと媒介するのである。

実際、幼児期には言語以前の相互作用が行われ、幼児の環境と体験を組織化することが媒介の主要な方法となる。一連の出来事の選定、スケジュール化と組合せ、特定の刺激の強さの調整、特定の刺激の繰り返し、それらの提示と回数の制御、これら全ての行為は言語による相互作用に先立って起こる。しかしそれらは子供の認知体系の柔軟性を決定づける強力な要因である。

媒介学習体験は、優れた言語能力を身につけた人や情報伝達能力のレベルが高い有能な人だけに限られるものではない。言語による相互作用を行う能力にあまり恵まれない人々、または、直接情報を伝達するための十分な手段を持たない人々にも媒介学習体験の道は開かれている。ヘレン・ケラー（Helen KELLER）の教師が、触感という伝達手段だけでどのようにしてヘレンの感覚障害という壁を突き破り、全世界をヘレンの前に開いたかを思い出してほしい。この非言語的方法による伝達の力はヘレン・ケラーの知識的、知能的世界を啓発し、彼女の全人格に劇的な影響を及ぼした。媒介学習体験は対象としておよそ森羅万象を扱い得るので、ブッシュマンが息子に矢の作り方を媒介することの効果は、コンピューターの操作を専門家が媒介することのそれと異ならない。ブッシュマンも西洋の幾何学の教師も、結果が正確であることに関心を持つということにおいて変わりはないのである（図5・1参照）。

MLEと他の相互作用の類型を区別するものが主として言語または内容ではないとすると、それを区別するものの特徴は何か。次の十一の特質は、少なくとも現状においてMLEを特徴づける相互作用を表し得るものである。

1・（媒介に対する）志向性と相互性
2・超越性
3・意味の媒介
4・自己有効感の媒介

図5・1 正確さの欲求を媒介する。

5・行動の制御と統制の媒介
6・「分かち合う行動」の媒介
7・個性化と心理的分化の媒介
8・目標の追求、目標の設定、目標の計画、目標達成行動の媒介
9・挑戦（新奇さ、複雑さの探究）の媒介
10・人間（＝変化する存在）としての意識の媒介
11・楽観的な選択肢の媒介

まず初めの三項目である、「（媒介に対する）志向性と相互性」、「超越性」そして「意味」は、相互作用の「行われ方」がＭＬＥを特徴づけるということを確認する意味でも、相互作用のうちに必ず備わっていなければならないものである。これら三つの特質は、人間の条件の中でも普遍的であり、また、独自の性質を特徴として持つもの——すなわち変容の可能性と自己柔軟性（訳注：人が経験する内的、外的環境の変化やストレスに起因する非平行状態に対して自己変容を行う対処の仕方。Feuerstein, R. [et.al.], 1998. *Definitions of essential concepts and terms : a working glossary*, ICELP 参照）——を表している。その他の特質は、主に文化的、状況的な規定を受けるものであり、認知のスタイルに差異をもたらし、人間のあり方に多様性を与える原因の根源に関わる（媒介を用いる相互作用に関する基準と分類は付録Aを参照）。

（媒介に対する）志向性と相互性

媒介を用いる相互作用とそうでない相互作用との最も大きな違いは、ＭＬＥが、（例えば父親が）子供と刺激の源との間に自分を介在させるといったように、媒介者が志向性をもって（意図的に）自らの存在を活性化させるという特徴を持つという事実にみられる。

逆にいえば、媒介にならない作業というものは伝達内容を直接提示するだけで、それが理解されるかどうかについては「成り行きにまかせる」ものであると規定されよう。媒介にならない場合には、その提示が相手に有意義な影響を与えたかどうかをほとんど確かめることができない。いったい子供はその刺激を知覚したのだろうか。その意味を把握するのに十分な時間があったのだろうか。果たしてそれに注意していただろうか。その作業に最も関係の深い要素を理解しただろうか、それとも作業の大ざっぱな規模しか気がつかなかっただろうか。媒介者の志向性は相互作用に関わる三者に影響を及ぼすものである。三者とはすなわち受容されるべき特定の刺激、子供、そして媒介者である。それらは全て、媒介の意思＝志向によって変化する。

子供の場合、ＭＬＥは子供が明快かつ正確にものごとを知覚することを促進する。父親は、ある特定の物が完全に知覚されることを意図して、子供の目につきやすく、より注意を引くようにするために、刺激を適度に変形させて、その振幅（例えば音の大きさや明るさ）、回数、そして提示の持続期間を調整するのである。さらに刺激に対する子供の意識をより注意深く向けさせるための準備として、

子供の「状態」を調整する。それとは対照的に、このような媒介の志向がなければ、直接提示しても
その実態が確実に子供に知覚されることも子供の思考回路に通じることも保証されない。

子供がより機敏になり変化すると、媒介者である父親はこれらの目標を達成するため、何よりもまず自分自身の態度を変えるのである。例えば、父親は子供に何かを見せる前に、子供に及ぼし得る影響や重要と思われる理由に応じて当面の目的を超えるような対象を選ぶ。そして、子供が物事に取り組みたいと思ったときに示す兆候がどのようなものであるかを覚え、子供にとって距離的に最も見やすい位置に物を置く。子供に自分のことばや身振りなどを真似させようと試みたならば、父親は聞いてほしいことを確実に子供が聞き、見て欲しいものを確実に見るようにする。このようにして父親は、全力を尽くして子供の緊張状態を維持するのである。焦点のぼやけた、大ざっぱな知覚が何らかの形で見られたならば、直ちに次の方法でそれを修正する。対象の数や大きさ、距離、または見えやすさを調整したり物を指し示したり、作業の一部を隠したりまたはある部分に線を引いたりして一部を際立たせることにより子供のさまよう視線を「追いかけて捕らえる」のである（図5・2参照）。そのような努力が足りないと思えば、父親は真似させようとしている動作の特定の部分を強調し、繰り返し、作業の速度を緩めたり、ヒントになる言葉を一定のリズムで繰り返したり、しばらく間をあけてそれを再び喚起させようとしたり、またはある行動を誘導するために幼児ことばを使うこともあるだろう。以上の全ては、志向性と相互性を特徴とする相互作用において起こる。

媒介しようとする志向性は三角形を成す関係（父親、刺激の根源、子供）を変え、子供の内面に認

知的変容の可能性の必要条件を作り出す。志向性は、父親が志向した行為の内容に表れる父親自身の文化的価値基準や目的、そして習慣と一致する方向に子供の機能を適合させようとする願望をも反映する。例えば、父親が子供に提示する書物や写真、テレビ番組、予定表そして行事などの選択をする場合にあたっては、自己の延長である子供に対して文化的、宗教的、個人的、情緒的または認知的な価値を伝達したいという父親の思いが反映される。これらにおいては、子供の身体的、感覚的、精神的状態は刺激を選択する上で有力な決定要件となり、子供特有の欲求に応えようとする親の意気込みの反映として志向的相互作用を生み出すのである。

以上の行為は前章に掲げたケースやこれから述べるケースに見られるように、必ず起こるものとは限らない。あるダウン症児の場合、その子の言

図5・2 集中と目的を伴った知覚行動の媒介
「縁を見ないで、中央を見なさい」

語発達が遅れた原因はおそらく母親が自分の言語形態を我が子の言語に適合させなかったせいであろうと思われた。我々が彼女に示唆するまで、母親は自分の発音のリズムを修正しなかった。その後、母子間の伝達は互いに満足の得られるものとなった。ちなみに、最初面接した時この母親は、自分が子供の状態に適応しなければならないということに抵抗を示していた。

このことは、ものごとを直接提示することによる学習とは明らかに異なるＭＬＥの特徴を提起している。すなわち、伝達過程の発信者と受信者の双方を結ぶ強くはっきりとした輪環が存在すれば、媒介学習は成り立つ。事実、発信者が自分のメッセージを受信者にはっきりと伝えていなければ、媒介学習体験が成立するとは認められない。ある種の媒介を目的に相互作用が試みられただけでは、その媒介が実際に行われた事にはならない。多くの場合この格差は発信者の側に原因があり、その他の場合には受信者の行動または状態に原因がある。

超越性

ＭＬＥ的相互作用は、その作用を誘発した直接的な必要性に規定されるだけのものでは決してない。熱い物に触ろうとしている子供に向かって心配のあまりに母親が叫んだ「だめ！」という一言の意図は、目の前にある緊急の欲求を満たすこと、そして子供を危険から守ることにあった。しかしこのメッセージには子供を救うという即時的欲求を超越するものが含まれていないので、その叫びからは長期的に有意義な効果が生まれることはないだろう。この「だめ！」といわれた子供は、次に危険に遭遇した時、自分の手をどんな状況の時どのようなところに置くべきではないということが理解できるだろうか。叫びに反応した子供はそれによって何か変容しただろうか。この命令によって子供自身の将来において下す判断に必要な知識が蓄積されただろうか。彼のニーズの体系はそのことによって変容が行われ、拡大されただろうか。

ＭＬＥの場合だと、「だめ！」という指示は、その一言の背後にある 数多くの理由（それが子供の手をすぐに火傷から守るという必要性に直接の関連を持たないにしても）を説明することによって、ＭＬＥの目的の中でも極めて重大なもの、すなわち子供を構造的に変容する目的にかなったものとなり得る。それゆえ、媒介者的な母親ならば「だめ！」といって危険から子供を遠ざけた後、子供になぜ注意をしたかを説明する。母親は子供が手を近づけてはならない状況と注意を必要としない状況とを区別できるようにし、それを子供に意識させ、特定の事態を超越する情緒的、認知的状態をつくり出させるのである。

子供の思考に弾力性をもたらすのが相互作用の超越的性質である。それに加えて、媒介者が作り出す超越的要素は、媒介者自身が体現している文化によって規定される様々な目標に向かう。従って、母親にとって子供に食事を与えることは、その子の生命維持が第一の目標となるが、手を拭いたり、おむつを変えたり、風呂に入れたり、食卓をきれいに用意するなどの決まった準備行動の後で食事を与えることは、生命維持を超越した何かを伝達していることになる。単に生命を維持するためだけならば、子供はいつどこで食べてもいいはずである。文化的に必要な条件、優先された方針または様式に従って確立された超越性は、時間、空間、連続性、順位、文化その他、子供の認知構造の発達にとって大切な要素であり、媒介を伴う相互作用を内容豊富なものにする。

ＭＬＥの十一の要素の内、人間の最も本質的な部分を導き出す相互作用が「超越性」である。そしてこれは社会的、個人的な目標の一つとして、文化をより豊かにし、より広く伝達しようという努力が減退してゆくのに伴って、近年おそらく最も軽視されている要素でもある。経済的に恵まれず、ただ生き残るために全力を尽くさなければならない人々にとって、超越性を媒介することは特に難しい。これらの人々にとっては、「今、現在」生き残ることが最重要なのであり、その他のあまり緊急でないことに向けるエネルギーはほとんど残されていないのである。長期的な目標が設定はされているが、特に効果が期待できないと言われている機能水準の低い人々を教育している者にとっても同様のことがしばしば起こり得る。「教育可能（エデュカブル）」な発達障害児として分類された人々や、そしてなおのこと「訓練可能（トレーナブル）」な発達障害者というレッテルを貼られた人々を対象とする教育過程を少し分析しただけでも、超越的相互作用の形態を利用し、これらの人々がより高い思考水準に達するための認知的な方略を指導をしようとする努力がいかになされていないかが明らかである。

意味の媒介

「意味の媒介」とは、媒介を用いる相互作用に際して学習者側が示す抵抗を乗り越え、媒介された刺激が学習者に確実に経験されることを可能にするような、効果的でかつ感情や情緒を伴った力を表す。言語や身振りあるいは模倣によって媒介された意味は、物質的、事象的世界の構造を反映し、それによって子供は意味を通じて世界を理解するようになるだけでなく、世界と関わり、相互的な作用を持つことが確実となる。意味は多種多様な方法で媒介されるのである。母子間における初期の相互作用では、我々が見る限り、子供は意味の伝達を驚くべき速さで学習する。母親が表す喜び、興奮、(ときおり微妙に表れる) 悲しみを子供はすぐに理解し、それらは子供のその後の相互作用のパターンにおける重要な決定要素となる(図5・3参照)。それ以後の発達段階において、媒介者があらゆる物や事象や関連に個人的な意味を持たせるようにするにつれ、意味は文化によって規定された価値や義務そして愛着と関連づけられるようになる。このように、行為の根底にある理由を子供に提示す

図5・3　非言語的方法による否定的な意味の媒介

ることは、その相互作用によって誘発されたものごとを超えて、最終的には様々な出来事に明示された意味と意義を追求するための方向づけを子供のなかに生み出す。意味の媒介の提示を受けた子供からは「なぜ」「なにが」という質問がよく聞かれる。

意味の媒介過程においては、子供と媒介者との感情的なつながりがきわめて重要な要素である。ある発達心理学者に言わせれば、情緒的なつながりは子供の認知の啓発を促進するうえでの十分条件である。このことがしばしば、「母はただ我が子を愛すればそれでよい。愛しさえすれば、子供の啓発に伴う欲求が満たされる。」といった意見を生み出したのだが、このことばの真実性は、人々が望んだようには証明されなかった。機能水準の高い子供と低い子供の二つのグループにおける養育方式を対象にした、ある大規模な調査では、機能水準の低い乳児でも生後一年の間は正常で、むしろ同年の優秀なグループより有利に見えた。しかし幼稚園に入り学年が上がるにつれて認知機能の水準の低下は顕著になり、グループ間の差異は大きくなった(1)。その研究の結果を分析することは、MLE理論を補完することになる。なぜならば機能水準の低い子供のグループは、母子間に高度の肉体的な親密感やその他の愛情表現が目立つにもかかわらず、その親子間の相互作用はMLEの本質(意味、志向性、超越性)を欠いていたからである。ある著名な心理学者の「愛するだけでは十分でない」という発言に、あらためて同意せざるを得ない(2)。一方では、愛情のこもった相互作用は構造的変容に必然的な条件でなくても、ある発達段階においてその種の作用はMLEの存在理由となり、相互作用を有効にするために必要となることがある。両親とのつながりだけが動機づけとして存在する子供もいる。

後の発達段階において大人を媒介者として受け入れるためにも、感情的なつながりは極めて重大な役割を果たすのである。

　ではどのような人が媒介者として最も適しているのか。これは我々に与えられた大変重大な問題である。この問いへの明確な答えはない。なぜならば、誰にとっても、また、いつでもどこでも等しく役に立てる媒介者というものは存在しないからである。ある時期には媒介者として受け入れられても、子供の発達段階によってはその子供に受け入れられなくなることがある。しかし、ＭＬＥの成功のためにほぼ全般的に重要な存在となる有能な媒介者の特徴をいくつか挙げることはできる。

　第一の特徴は、媒介者としての役割を果たすうえでの様々な動機に関するものである。なぜ人間が――例えば親が――次世代、または同世代の人間に対して媒介を行うのかということを考えると、人々の内には生物的存在を超越して知的に、行動的に、さらには精神的に子孫の内に生き続けようとする、はっきりとは認められにくいが極めて根強い欲求があるのではないかという思いを我々は否定できない。媒介に対するこの「隠れた」動機に基づけば、媒介者として最適な人物像とは、媒介プロセスや文化伝承といったことが、自らの所属するコミュニティーに対する思い入れや、自己を未来に投映させたいという欲求を満たすものであると考えている人だということができる。この動機は、媒介者自身が過去に体験した事柄を子供が受け入れ、それらが子供たちの人生にとって重要な位置を占め、最終的には子孫への伝達の対象となるよう媒介者がそれらの事柄を巧みに扱おうとする原動力となる。従って自分の価値感、道徳、目標、生き方、伝統、そして世代間の責務を表す将来的な目標について明確な考えをもたない人を媒介者として推薦することは難しい。上に述べた事柄と関連して、両親をはじめとする特定の文化伝承の担い手は、彼ら特有の文化を子孫に媒介することを決して曖昧な第三者に委託すべきではない。

同じように、文化伝承に必要な条件を作らなければ、民族的文化的集団の存続を保証する欲求は満たされない。事実、このような伝承を目的とする文化的施設もしくは団体は、過去の伝承やかつてのそれと同一視できる条件を作り出すことによってのみその集団が確実に継続することを認識しつつ運営されているのであり、またそうあるべきである。

ナヴァホ族のラリー・W・エマーソン博士（Larry. W. EMERSON, Ph.D）は北米先住民とその社会全体が体験している文化の喪失感、すなわち自己同一性と自己概念の喪失感について数多くの例を挙げている(3)。博士はこの現象の原因の一部は、文化伝承のプロセスの断絶にあると説明している。北米先住民の指導者が民族的存続の秘訣として重視したものは教育であった。北米先住民のリーダたちが期待したことは、彼らが将来直面する多くの変化（技術、文化、言語、政治など）に対して自己の言語、文化、そして遺産を保存するために教育者が北米先住民の文化を本質的に望み、理解し、そしてその教育の中に北米先住民のやり方を採り入れつつ、新たなことを目ざしていくということだった。不幸にもその夢は失敗に終わった。

エマーソン博士は北米先住民の多くの子供に見られる認知不全の原因は、文化伝承が断続することで生じる文化の剥奪にあると言っている。このように、博士はその集団のアイデンティティだけでなく、子供、青少年そして大人の認知の変容の可能性に影響を与え、文化伝承の方法を回復させるための手段としてMLEを認めている。

以上の事柄とやや並行するが、核家族と大家族は双方とも、それらの属する集団（複数の場合もある）によって支えられている。文化の伝承は人対人の媒介の形態をとっており、個人とその人が属する集団双方の適応性を高めるための重要な手段となる。

異文化間における不慣れな環境に対する個人や集団の適応に関する研究は、一つの集団が文化的価値（言語の保存が多い）を保持すればするほど文化は高度の凝集性を維持することができると同時に、新しい環境の未知性と複雑性にうまく対処する能力ができることを示している(4)。上述の、文化伝承、媒介的相互作用そして未知の状態への適応の成功というこの三要素の関係については、過去三〇年の間にイスラエルに移住し、以前の環境とは極度に異なった西洋の二〇世紀文化に直面したユダヤ系エチオピア人の劇的な例がある。彼ら移民者の大半は読み書きができなかったにもかかわらず、文化や言語、また技術の面でイスラエルの社会とそれほど違いのない他の移民より速く読み書きや数学ができるようになった。この適応性は、悪条件かつ対立的状況の中でも文化の維持を可能にし得るような方法で文化の伝承を担うべく核家族の内外に存在した、社会の担い手たちから提供された質の高い豊富なMLEに起因するものと思われる。この集団の人々は自分たちが元々ユダヤ人であることを認識しつつ、二千年ものあいだ完全孤独な状態で生きることを余儀なくされてきたのである。民族として生き残るため、文化的同一性を子供たちに伝承するための創造的で有力な手段を用いる必要があった。他の手段がなかったため、家庭内や社会で広く用いられた媒介の手段は口伝だった。

我々がここまで意味の媒介について述べてきたのは、相互作用のパートナーがMLEを受け入れて利用できるようになるため、そして集団が新たな環境に適応しつつアイデンティティを保つためには、「意味の媒介」というMLEのこの要素が重要であることを強調するためである。ここにおいて我々は、子を持つ親の立場にある人たちが、自分たちには媒介者となる正当な権利があるということをより深く理解されるにいたったと信ずる。それは、子供たちを通じて自己存続を図ろうとする両親の無意識の欲求に起因するだけでなく、そうあることが弾力性と適応性と変容の可能性を持った存在としての人間が啓発されるためにも重要であるからだ。また、先にS—H—O—H—Rの図式（図4・2）のなかで我々が、記号M（mediator＝媒介者）によってH（human mediator＝人間）を代替させる可能性を受け入れられなかった理由も説明可能にする。なぜなら、そうすることによって誰かがMをC（コンピューター）に置き変えるのを許してしまうかもしれないからだ。人間である媒介者は、コンピューターを巧みに利用しても、コンピューターに取って替わられることは有り得ないのである。

自己有効感の媒介

能力を身につけるには様々な方法があり、その中には刺激を用いた直接的かつ行動的な指導も含まれる。第4章に登場したアダムは、科学博物館の様々な展示物を動かしたり止めたりする名人となった。おそらく彼は、機械を作動することによって自分の器用さを高めただろう。将来的に、あらゆる活動を直接体験することで、多分自動車の運転を習ったり、その他のいくつかの作業を処理するようになるだろう。場合によっては学習体験の媒介がなされなくても、直接に提示された活動を通じて能力を身につけることが有り得る。しかし、そのような成功は必ずしも自己有効感を伴わない。我々がしばしば驚かされるのは、いかに多くの非常に有能な人々が深い無力感に悩んでいるかということである。ある人たちは、自分は根本的に無力なのに周囲の人々すべてをごまかしていると感じている。自分たちを詐欺師のようだと感じているのだ。達成した業績のどんな証拠を見せても、この人たちの無力感は変わらない。成功を重ねる度に、自信を増す代わりにその成功は自らが「露呈」されるところへと自分たちを一歩一歩近づけているように解釈する。彼らは推理能力に長けているため（そういった能力によって現在成功しているわけだが）、自らの成功が自分の知性や能力に因るものではないことを説明しようとして数限りなく理由を挙げる。「全く運が良かったからできた」とか「請け負った作業は知性や能力を必要としなかったので成功した」等々。

この、能力と自己有効感との間の連想の欠如は、単に作業に直接取り組んだだけではそれが成功に終わろうが熟練しようが、必ずしも本当の達成感を生み出さないという我々の論点を強く裏付けている。達成感というものは、個人と作業の間に介在しつつ、その個人が為し得たことが真の能力によるものであることを理解させることによって当人の自己有効感を媒介する第三者の存在に大いに依存している。

この種の媒介は二つの段階から成り、その両方が幼児期に始まる。媒介の第一歩は、以前に子供が失敗した作業を、この次には成功させようと援助することである。子供が一生懸命取り組んでいる作業を「成功させる」ためには、親が慎重さを持って関与することである。母親は、靴ひもの結び方を覚えさせるために輪穴を形づくって置いてやったり、スープを上手に自分の口に入れられるようにスプーンの下側を指で支えたりするのである。また、母親は一定の作業の熟練に必要な様々な要素を寄せ集める。つまり第4章で描写したユーヴァルの例のように、容器の中の初めの水位を思い出させることによって将来彼がその展示物を見た時に作動の結果を予期できるようにするのである。しかし、媒介者の方で子供が成功に必要な援助を厳重に限定し、子供が媒介者に依存しすぎないように必要以上の援助を与えないことが大切である。覚えておかなければならないのは、ＭＬＥは認知の構造的変容（ＳＣＭ）を誘発するのに効果的と考えられているが、しかしそれは人間が周囲の世界と相互作用をする二つの形式の内の二番目にすぎず、また一般的で最も直接的に刺激を受ける形式であるということだ。子供が世界に直接触れるのを阻止し、ＭＬＥで「窒息」させるような媒介者は、本当の媒介をするのではなく、むしろあらかじめ作られた現実を与えるにすぎない。そのような「特大型（オーバーサイズド）」のＨから媒介を受けることは、直接刺激を体験しても習得をする能力に欠け、ＭＬＥに依存し続ける個人を作ってしまうという悲しい結果をもたらす。この場合、自分の能力を実感することができないのみならず、能力そのものも得ることができない。

これと関連して、ここでジョッシュ（Josh）のケースを挙げよう。ジョッシュはダウン症の男の子で、父親に育てられた。父親は自分が目覚めているあいだの全ての時間を息子に費やしたため、かえってジョッシュには自分で人生を体験する余裕が与えられなかった。この父親の、媒介者としての位置を図式で示したならば次のようになる。S—H—O—H—R。このような「特大型」の媒介者は学習の責任を子供にほとんど任せない。子供の経験は全て媒介者（このケースでは父親）によって事前に選択され、消化され、精緻化される。文字通り父親は、息子の食料を自分で先に噛みくだき、あとはジョッシュがそれを飲み下すだけだった。

父親は、教師がアルファベットのようなやさしすぎるものしか（教師はジョッシュがまだそれを身につけていないと言うが）教えていないことを理由に息子は何も学んでいないと主張し、幼いジョッシュを退学させた。ジョッシュは詩を流暢に読み、それを書き写すことだけでなく自分で詩を作ることさえもできると父親は主張したのである。ある時、本書の著者の一人がジョッシュに簡単な文章を読むように頼むと父親がすぐに割込み、息子は簡単な文章ではなく、もっと難しい文章が読めるからと言って特別に用意して持って来た文章をジョッシュに渡してほしいと許可を求めた。ジョッシュは父親の傍に腰かけ、父親は各単語を指しながらその最初の音節を自分で発音した。そしてそれに続いてジョッシュがその単語を全部発音していた。しばらくの間このようにしてから、ジョッシュ一人に言葉を読ませるように著者は父親に頼んだ。ジョッシュはできなかった。その時点でジョッシュと父親は二人とも泣き伏した。父親は落着きを取り戻すと、著者にジョッシュの治療教育を依頼することを決心した。様々な生活面（食べること、服を着ること、数えること、話すこと）で示されるジョッシュの依存性をなくすためには一年以上がかかった。自律的な努力が必要とされるあらゆることが文字通りジョッシュには思うようにできなかった。

治療を始めて一年後、多大な介入作業を通してジョッシュに対しもっと自発的に反応するように奨励した結果、彼は文字を読み始めるようになった。まさに最初からスタートし直さなければならなかったのだが、ジョッシュのうちに自らの能力への欲求が媒介された後で彼は自分で本を読みたいと思うようになったのである。最近になって我々は、以前のジョッシュには見られたことのない反抗性を目のあたりにした。ジョッシュのより高い機能水準の発達の現れである、この自発性と独立した行動の意味とその重要性をジョッシュの父親に理解して貰うために我々は努力した。

以上は、ある父親の判断の誤りの事例である。しかしながらこれは同時に、ひたすら援助しつづけることが望ましい訓練結果を得るための唯一の方法だとする、その他の親や教育者や介護者の主張に対する問題提起でもある。

この点に関連するが、半独立の生活環境に移る直前のダウン症の青年たちに与えられた作業に関するある調査で、ストーブにマッチで火をつける方法を教えられたことのある者は一人もいないという結果が出たことがある。親たちが挙げた理由は様々だった。危険だ、火をつけるべきタイミングを知らない（判断力の欠如）、火を吹き消すことができない（おそらく唇と舌の筋肉組織の運動能力が劣るため）、指に火傷をしないようなマッチの持ち方を知らないなど。これらの困難がいかにたやすく克服されるか（火をつける時炎を上向きに保ったり、消すのに手を振り動かすことを教える）を我々は親たちに示した。そして彼らは、自分たちの娘や息子がこの作業に熟練することで自己有効感を体験し、その経験が子供たちに与える喜びを目のあたりにしたのである。

媒介者は子供の能力を向上させる目的で、作業やそれを提示する方法を選ぶべきであり、媒介者が熟達することの意味を説明することによって子供の自己有効感をも高めるのである。マッチの火のつけ方の例に見られるように、当面の目的は作業能力の発達で、究極の目的はより自立した生活を促進する自己有効感の発達にある。

もうすでに比較的上手にできるようになった作業を復習する機会を個

図5・4　重量上げ

人に与えても、それは熟練感や自己有効感を啓発することにはならない。自己有効感を体験するには、最も適切な斬新さや複雑さ、そして挑戦が要求される。機能水準の低い子供に、なるべくリラックスした気持ちを持たせ、新しい物事に対処したり失敗の可能性に対する欲求不満に直面した際の緊張を最低限に押さえることを主な趣旨とするような場合に、その子供が努力すべきことがどれだけあるだろうか。以上のように、達成した業績の意味が媒介者から子供にもたらされなければ自己有効感は得られない。これは多くのことと関わりがある。第一に、機能水準の低い子供たちの中には、成功と失敗の違いが理解できなかったり、また、自分の業績の意味を過小評価したり過大評価したりすることがある。有能であることの証拠である業績の意味の解釈を含めて、媒介者によるフィードバックは子供の自己評価にとって決定的要素となり得る。ある場合には、業績の解釈に際して子供が不慣れな尺度に自分を適応させることが要求される。例えば、重量上げで二キログラムを持ち上げる子供が、父親が楽に二〇キログラムを持ち上げるのを見た時に、父がその子供に二キログラムを持ち上げたことは素晴らしいことだと納得させなければ、子供は劣等感や無力感を持つだろう（図5・4は、他人と自分の業績を比較した結果、自分の成功感に対して起こる変化を表している）。実際、達成されたことの意味を解釈し、伝えることが自己有効感を高める秘訣であり、その直接的な結果として新しい領域の学習に向けての、より高められた動機づけが生まれるのである。

知的または身体的ハンディキャップを背負っていると周囲から思われている個人は、環境的状況、特に身体的状態が自分の能力にとって乗り越えられない障壁だと感ずることが多い。この感覚は繰り返し何度もその個人にわき起こり、ついには挑戦することを避けるようになる。第3章に登場したルースは自分の失敗を回避する動機について語るようになった。ある日、著者が類推を必要とする問題をルースに示すと、彼女は突然大きな声で笑いだした。どうして笑うのかと聞くと、頭の近くで人差し指を輪を描くように動かしながら「先生は馬鹿だ」といった。どうしてそう思うのかと聞くと、笑いで震えながら、「先生は私にこれができると思っているの？」と答えたのだ。

行動の制御と統制の媒介

行動の制御は、与えられた状況に対して個人が反応するかしないか、また、反応するとすればいつどのようにしてそれを行うかということを決断するための、あらゆる情報源を利用する手段である。例えば、無定形の点群に隠されている幾何学模様を識別する作業に直面した時、生徒は次のようなことを自問しなければならない。すなわち「自分にはこれらの模様の形と呼び名、そしてそれらを描くための点の数を判別できるか？」「それらを逆にひっくり返した時の形がわかるか？」「すべての線の間の間隔についての情報を持っているか？」などである。行動の制御には二つの相反する様相が含まれる。すなわち衝動を制御することと行動を起こすことである。衝動性は自分の行動を制御できない子供に見られる。例えば、質問が全て終わらないうちに返答してしまう。また、不適切な答えを返すというのも適切な返答に必要な情報を収集する過程に起こる衝動に基づくものである。

図5・5　行動の統制を媒介する：「大事に扱いなさい」

衝動性を見せる子供の多くは、たとえ正しい返答に必要な行為が分かっていてもその作業に失敗するのである。衝動的傾向の変容は可能だが、その変容のためには多大な努力が必要とされる。媒介者は子供に対し、多くの時間を費やしてなすべき作業についてじっくり検討することを要求し、自己制御された行動を取らないかぎり返答が受け入れてもらえないような状況を作ることによって、その衝動性を抑制させることができる。衝動性の制御の発達のある段階では、媒介者は子供が衝動的に反応しないように身体的手段――たとえば子供の手を握る（または子供に、両手を自分の下に敷かせたりする）――を利用する必要がある。そうすることにより、子供が実態を注意深く見つめて十分に考える前に答えを指差したりさせないようにするためである。しかし、衝動的な人の行動を制御する最も大切な方法（そして自己制御できるように援助する方法）は、知覚的努力、正確さ、比較、相互関係の学習、そして現在の能力水準でその作業を行うために必要な諸々の要因に基いて、作業するためには何が必要であるのかを本人に気付かせることである。

行動の制御の第二の要素は、知識の欠如や自信の欠如に起因する消極性を克服し、反応速度を早めることである。問題を十分に知覚しており、適切な答えを見つけていたとしても、無能力感によるためらいから、また一定の行動をなかなか起こすことができないことから答えられなくなるのである。例えば、第3章で述べたピーターは母親がピーターの腕を動かして合図をしなければ、彼の内に蓄積された行動を起こすことができなかった。ピーターの行動は作業の調査や組織化にほとんど時間をかけない衝動的な人と全く対照的である。以上のように作業の性質と複雑さを認識し、同時に自分自身の機能水準を把握するような両義的な過程は、規則正しい行動の向性へと個人を導くような構造的変化を生み出す（図5・5参照）。

「分かち合う行動」の媒介

「分かち合う（シェアリング）行動」の媒介とは、状況の操作と「分かち合い」モデルの創出によって子供の社会性を刺激し、二人の人間同士の相互作用を活性化させ、双方の注意を融合させて共通の体験をつくり出すことである。分かち合う行動を発生させる背景にある主な源は、二人の人間の間に存在するある種の統合と、喜びを生み出したいという欲求である。この欲求は母と子が発達の初期において結合する過程の延長である。実際、おもちゃを見つめている母親の視線を追って、いかに早い時期に子供が母親と分かち合いをすることができるかを見て驚かされる。いったん幼児が指差すことを覚えると分かち合う行動はなお明白になり、自分が見ていることを母親と分かち合おうという意志を示すようになる。子供が成長するにつれ、母親は子供に他の子供たちとの分かち合いの必要性を媒介する。そして子供が母親と何かを分かち合った時の母親自身の気持ちを伝え、分かち合うことを非常に大切な相互体験にするのである（図5・6参照）。

著者の場合、大抵一人の子供を著者の「代理」として選び、全員に配られるおやつをその子に渡して他の子供たちへ配分させるというやり方で分かち合う行動を媒介する。幼児たちはこの分かち合いの体験を楽しむことを学習する。子供たちは分かち合いたい相手（そしてもちろん分かち合いたくない相手）を選び、それをきっかけとして著者は子供たちに公平さの重要性と個人の権利の尊重に立脚した分かち合う行動を媒介するのである。分かち合いは協力に発展するものであり、人数の多い家庭においては、家事と養育の負担

図5・6　分かち合う行動

を軽減するために親が子供に家庭内での役割を分担させるといった現象としてしばしば見られる。大家族内では、分かち合いは家庭の調和を保つのに重要な要素であり、個人、そして調和をはかりながら協力し合う個人集団としての家族の認知的、情緒的、伝達的機能を高めるのに有意義な貢献をしている。

障害のある子供の両親は、緊張を伴う体験を分かち合うのには自分の子供は虚弱すぎると判断するあまり、つい子供を保護しがちである。これは子供（と親）の成長を妨げる情緒的、認知的に虚弱な状況を作りかねない。研究所の、自閉症を持った若い成人女性、リーン（Rene）の父親は、娘を緊張や悲しみの体験から守ろうと思い、妻の死の場面から娘を遠ざけようとした。しかしリーンの生活全般にわたったこの保護は、悲しみや嘆き、楽しさや幸福を体験し学習する貴重な機会を奪ったのである。彼女はそのような情緒を描写する方法も模倣する方法も知らなかった。我々が介入し、父親と娘の双方に集中的な媒介を行った結果、リーンは悲しみを体験するようになったのである。父親は自分の悲しみを娘と分かち合うことによって、感情の新たな広い世界を娘に開いたのである。このことは娘と父親との相互作用に重要な変化をもたらした。多くの点から見て、リーンをただ受け入れられるだけの個人としてではなく、活動し、分かち合い、貢献できる地域の一員として社会へ送り出すことの媒体となったのは、この徹底的な「分かち合う」体験であった。

個性化と心理的分化の媒介

ある意味で、個性化と心理的分化の媒介とは、前述の「分かち合うこと」と対照的である。分かち合いが人間同士の融合であるのに対して、個性化と分化は自己と他者とをいかに区別するかということに重点をおいている。教育システムにおいて極めて重要なことは、子供たちがいかにして自分を他人と区別し、個人として認識するかという作業を教師が媒介して行うことである。そのような媒介は、生徒が個人的人格を確立する学習過程において起こるだけでなく、教師があらゆる方法で子供の模範となり自分を権威ある立場にあるということを見せたり、教室での話し合いの中で他人の意見もまた理にかなったものであるという可能性を差し示す時にも起こる。教師によっては自分の意見と異なった考えをもつ生徒を軽視する傾向が見られる。生徒の個性を尊重することは非常に重要である。生徒が指導の規律、地域社会や教師、そして自分の属する社会的集団の慣習に従うべきだということは当前である。しかし、秩序を保つためにある程度の準拠は必要だが、少なくとも異なる感情や見方、表現や体験の様式の正当性をある程度言い表すことができるように年齢が低いうちに奨励すべきである。

じゃがいもの皮がむけなくて怒りを爆発させたタマル（Tamar：四歳半）は、お祖母さんに以下のように言った。

私はおばあちゃんと違うし、おばあちゃんは私と違う。
おばあちゃんの手はわたしの手と違うし、わたしの手はおばあちゃんの手と違うの。

そしておばあちゃんはわたしのようにすることができないし、わたしはおばあちゃんのようにすることはできないからしかたないの。

タマルの突然の感情のほとばしりの中には、単に欲求不満だけでなく、心理的分化および比較行動も表現されていた。何をするのにも自分が無力であるという結果から、彼女は、複雑な分類体系と、さらに具体的で、より分化された下位分類的システムを表現してみせたのである。この例は相対的現象に直面した場合でのフィードバックの重要性を示している。祖母には容易にできることでもタマルにとってはずっと難しいのである。タマルは祖母ではないのである。しかし、タマルは祖母にはできなくて自分にはできることがあるということを認識しているのである。

目標の追求、目標の設定、目標の計画、達成行動の媒介

この種の媒介は時間と空間とに関する個人の思考を拡げ、未来志向型の目的意識を生み出す。目標は媒介者の援助によって決められ、一つの目標に達するためのあらゆる方法が提示される。いくつかの選択肢のなかから特定の目標を選択するためには、目標とその性質を十分に知覚し、様々な形式の表象的思考を広く用い、そして問題解決のためには個人がどのような能力を備えていなければならないかを理解するといった、認知的諸能力が必要とされる。目標追求の媒介は幼児期に開

始することが可能である。幼児が話すことを覚える前であっても、子供の目標思考反応を観察し、子供の中にそれらを形成することができる。しかし、目標の追求は後に子供が言語的相互作用を行うようになった時の方が媒介しやすい。特に機能水準の低い子供の場合には、様々な形の比較や表象的な思考によって認知構造を豊かにすることで目標追求行動の媒介から利益を得るのである。残念なことに我々は時として機能水準の低い人々を対象とする際、目標の追求に制限を加えることがある。これらの人々は相互作用において表象の形式を利用できないため、未来について考えることができないのではないかと思われるからである。これらの子供が未来に対する目標意識をわずかしか見せないのは、我々が現実と関わりのある様々な表象の形式を通じてその子たちに想像の世界を媒介しないためであろう。

挑戦（新奇さ、複雑さの探究）の媒介

挑戦という行動をどの程度まで媒介するかということに関しては、両親、養護者そしてそれぞれの文化によって広く異なっている。実際、多くの文化の中には挑戦することや、それに反応することを妨げるものもある。非挑戦的な社会では教育に活力がみられないだろう。両親の過保護や極端に組織化された教育は、挑戦的で目新しい作業に接することを阻むものである。思考の熟練そのものは、個人により挑戦的な体験を求めようとする欲求をもたらす。しかし、個人が一定水準の能力に達するた

めに相当な苦労をした後でさらに大きな成功を求めるように誘導された場合においてのみ、その人は新しい戦いに挑むだろう。もし媒介によって脱依存性が促進されないならば、正常な親子間の相互作用さえも弱められる結果を生み出すかもしれない。

過度に依存的な相互関係が生まれるのも当然だと思われがちな機能水準の低い子供を養育する際においても、挑戦の媒介はなおのこと大事である。そのような子供に挑戦的な状況を作って見せるには、両親の側に勇気が必要である。多くの場合、その子供がより熟練しより高い機能水準へ挑む一つの手段として、失敗する権利を媒介することさえも要求される。子供自身がすぐに上達できないと分かっている作業を始めるように奨励することは、知性、言語、運動、社会性、その他の能力を高めるために大変重要な要素なのである。

ダウン症児のデビー（Debby：第7章に登場）の例は教訓的である。デビーはいかにして失敗を受け入れるかを学習し、よりやりがいのある作業に取組む方法をも学んだ。例えば、思春期の頃彼女は階段を上ることが苦手で、それを躊躇していたにもかかわらず、ハンディキャップを持たない友達のグループと一緒に山を登ったり谷間を下ったりしたのである。そのグループに属するためにはそのような活動に参加しなければならないことが分かっていた。デビーは時々転んだり、間違った小道を選んだり、または何かのことで友人の援助を必要とする場合があっても、この徒歩旅行に参加した。しかしこういったことに挑戦する際、デビーが両親の援助を受け入れようとしなかったことに我々は注目した。両親の援助に頼るかわりに友達の援助を受ける方が、自分は依存しているという意識が大きく軽減されたのである。そして、同年輩の友達はデビーに無力感を与えるどころか、むしろ彼女を助けながらデビーのために新しい挑戦を作り出した。現在、彼女は年若い一人の大人として多くのことに挑戦し、自分でこなせるものとこなせないものを正しく判断できている。

不幸にして、機能水準の低い子供を持つ親たちは、自分の子供たちは絶対になにもできないと思いこんで難しい作業をさせようとしない。多くの子供は（健常と思われる子供を含めて）何か簡単なことをするように言われたら、「だってそんなことはまだ習っていないし、できるわけがないよ。」と言う。それに対しては「もしやってみなかったら、いつまでたっても覚えられないだろう。」と答えるのがおそらく正しいだろう。しかし多くの場合、子供の否定的な返事がそのまま受け入れられ、子供は様々な作業に挑戦し取り組むことを嫌がるようになる。それ以後、作業は改変され、多くの場合学習の観点からいえば面白くもなく意義もないものに「薄められ」る。言い換えれば、子供がその作業の目新しさと複雑さに対処できるように変化するかわりに、親が子供の今の能力に作業を合わせた範囲でしかその複雑さと目新しさに挑戦をさせないのである。疑いもなく、著明な教育者たちが言うように、子供の能力に作業を「合わせる」という概念は教育的実践としては堅実な方法である。しかし、それは時に結果として個人の機能に関して固定的な概念を生み出すことになる。例えば、発達の段階が決まった順序に従うべきであるという信念などである（5）。

世界的に有名な児童発達理論家であるピアジェ（Jean PIAGET, 1896—1980）の熱心な弟子の一人は、上記のような理論的立場の最終結果を次のように系統立てて説いた。すなわち個人がある一定の概念を把握し、与えられた問題を解決することができる発達段階に達していれば、その段階で何も教えられる必要はない。あるいはもし彼が発達上そのような段階に達していなければ、彼に教えようとしても無駄である、と(6)。

媒介で良い結果を得るための最も大事な条件の一つは、現在観察し得る機能水準以上の進歩をすることができると信じることである。この確信がなければ、挑戦するという行動の媒介はほとんど正当性が認められない。この確信の欠落は、機能水準の低い子供のほとんどが挑戦すべき状況に直面できないこと、また、多くの者が現在知っていることや今できることの限界の、さらに向こうにまだ新たな目標や作業が存在することに気づくチャンスを与えられないということの理由になる。

算数について何を知っているかと聞かれると、簡単な足し算と引き算のできる機能水準の低い子供は誇りを持って「全部知っている」と言う。このような能力の非現実的な認識は、機能水準の低い子供や大人の多くが示すもう一つの問題である。それは適切な挑戦を必要とする作業に取り組むことを媒介されずにいることに起因する。

二十八歳のスー(Sue)は強い目的意識を持ち、語彙が豊富であるが、重度の吃音に悩まされている。ある日、母親が彼女を考査のために著者のところに連れて来た。その著者の研究室で母親は娘の近くに立ち、泣きそうになりながら「娘にできないことを教えないで下さい。」と懇願した。その言葉からは母親が娘の知らないことは全て娘の欲求不満の原因になると恐れていることが明らかになった。著者は「娘さんが既に知っていることは教えません。彼女が知らないことだけを教え、それらをどう身につけるかを教えるつもりです！」と答えた。事実、著者は十四時間にわたる評価と指導によってスーに新しく極めて複雑なことをいくつか教えたのである。

挑戦的行動の媒介に成功する鍵は、重要な変化を誘導することが可能で、当人が扱い慣れていることよりも処理し難い作業に立ち向かうことが順応行動を高めることになるということを媒介者が確信することにある。いうまでもなく挑戦的行動の媒介は、両親と教師が、より挑戦的な作業に取り組みたいという意欲に添った認知的技術をもち媒介することが必要である（図5・7参照）。

図5・7 挑戦する行動の媒介（単純で慣れ親しんだことよりも新奇でより複雑なことを優先する）

人間（＝変化する存在）としての意識の媒介

この媒介の領域はきわめて微妙で、大変注意深いアプローチを必要とする。それは新しい認知構造を個人の中で活性化させる手段となり、本人自身の意志で自分の内に変化を作り出せるようにする。実在とは我々が自己の内に作り出す変化を超越してなお変わらない同一性を持つことを意味する。一方、生きるということは、絶え間ない変化の過程の中に常に存在することを意味する。実在する（つまり同じ状態を保つ）ことと、生きる（つまり変化する）こと、これら二つの相反する欲求は、常にバランスを取る必要があり、個人が実現を果たすためには、交互にこれら二つに働きかけ調和を保つようにしなければならない。

機能水準の低い人に変化の欲求を起こさせることが歓迎されない（好ましいとさえ思われない）場合がよくある。その人の社会的領域における変容を目指す変化、例えばより断定的態度を養い、独立を主張するという目的を持った変化に対しては、周囲はいっそう警戒しながら接近する。社会はそのような変化をそれほど簡単には受け入れないだろう。しかし、もともと恭順的態度で行動することに慣れた機能水準の低い人が自己を主張する行動を始めるならば、それを妨害するのではなく奨励すべきである。

我々は仕事を通じて、各々の機能水準に実質的価値のある有意義な変化を遂げた人たちの例をいくつも見てきた。だが、これらの変化は、いわゆる「エスタブリッシュメント」、特に学校からは、永続性のある確実なものとしては受け入れられなかった（あるいは往々にして無視された）。特に個人が柔軟性に欠ける環境に対抗しその環境からの脱皮を試みる時、その人が学習能力、機能の蓄積、とりわけより高い様々な水準で機能したいという意欲を拡大すると、そのように変化した個人を受容することに対する不安が起こる。

これらの「反抗する」若者たちの状態評価を行ったことから、我々はこれらの症状に「ソロモン王と靴修繕屋（King Solomon and the Cobbler）」症候群という名称をつけるようになった。伝説によると、悪魔はソロモン王の姿を靴修繕屋に変えた。自分の本当の姿を知っているソロモン王は反発して大声で「おれはソロモン王だ」と叫んだ。村人たちはただの靴修繕屋の服を着て自分は王だと主張するペテン師をあざけった。これとよく似て、多くの機能水準の低い人たちは「僕は発達が遅れてなんかいない。僕はみんなが思っている以上に優れた人になりたい。要求されている以上のことをしたい。自分はできる。外に出してくれ！」と大声で叫ぶ。皮肉なことに、制度はこのような行為を障害の根本的な症状とみなす。なぜならば、本人が自分に欠けている能力を正しく判断できないと思い、本人が非現実的な要望を抱いていると信じ込んでいるからである。

もし介入が有効に行われれば予告された宿命が子供の身には起こらないかもしれないという可能性を無視して、その子供の状態からみた最悪の場合を親に告げるという何人かの専門家のやり方には、人間は変わらない存在であるとするアプローチが反映されている。専門家の中には、特定の生物心理学的な病状は確実に予測できるという信念がとても強く、機能水準の低い幼児の全生涯の経路を正確に予測することができる（そして、そうすべきである）と考える余り、何も変化する可能性はないことを両親に理解させるために異常なほどの努力をする者もいる。しかし、変化は起こり得るのだ！　変容の可能性は専門家にこそ明確に理解されるべきであり、彼らの媒介活動を通して追求されるべきである。

いうまでもなく、変化と、同一性を保持しようとする個人の欲求とが調和することをよく確認する必要がある。ダウン症児の自己同一性と、彼らを対象に行われた形成外科手術による表面的な変化（以下詳細は第12章参照）との間には、合理的な均衡を保とうとして興味あるジレンマが起こる。形成外科手術の噂を聞いた人たちが知りたいのは「もし子供の外見が目覚ましく変われば、その子は自分自身に向かってどんな気持ちを起こすだろう。子供の同一性と自己存続性への影響はどんなものだろうか。自己の主体性から疎遠になるのではないだろうか。」ということである。これは同一性に関わる種々の外傷体験（トラウマ）を引き起こさないように注意が必要であることを警告する上で当然の疑問である。しかし事程左様に用心深くなりすぎて肯定的変化の可能性を無視したり、その可能性をあまりにも早急に放棄してしまうような結果を招いてはならない。

変化した結果として、個人は直面する様々な状況に応じて異なった役割を果たすようになることを学ばなければならない。従って、特殊学級から普通学級に転入することで機能水準の低い生徒の果たす役割は変わり、そしてそれは緊張を伴うかも知れない。媒介者はこれらの変化を意識し、生徒が前もって緊張感を覚悟できるよう援助し、新しい環境を受け入れ、対処できるよう、必ず途中のすべての段階でサポートとフィードバックとを行うようにするべきだろう。自分に変化が起きていることと、変容が行われていることに対する意識は、確かに緊張の原因となり得るが、それらが必ずしも苦痛の原因になるとは限らない。

楽観的な選択肢の媒介

この種の媒介は、個人が未来に対してどのようなヴィジョンを描くかを重要視するもので、認知変容の可能性を決定づける上で大切な要因となる。与えられた状況の中でいくつかの可能性に直面した時、人はその内の楽観的な道か悲観的な道のどちらかを選ぶことになる。種々の要素がその選択に影響を与えるのである。

我々は、媒介者が子供に多くの選択肢の中から一つを選ばせるときに、選択の基準を形成するための媒介学習のあり方が非常に重要であると考える。悲観的な選択肢を選ぶような媒介の結果は、本人の認知機能にとって大変有害なものとなり得る。人生に対する宿命論的な見方を強いるような文化環境に見られるように、悲観的な方向の選択は本質的に現実に向かって受身的なアプローチを生み出す可能性がある。そこには希望がないため、積極的な運命の実現を追求するための活動は無駄なものに思えるだろう。そのような文化は不幸が迫っていても避けられないこととして諦めてしまい、認知的にも技術的にも今起ころうとしていることを変えようとしないのである。一方、肯定的な結果を得る

図5・8　楽観的な選択肢の媒介

ために楽観的な方向を選べば、その文化のすべての資源、すなわち物理的、情緒的、認知的な資源を動員することになる。楽観的な選択肢を媒介することは、悲観的な結果の可能性をも認めていることを意味し、楽観的な道を選ぶことはそれを実現させるのにあらゆることを動員する必要があることを示している。子供に肯定的な方向を媒介することは、その肯定的選択を実現するために必要な要素を探求させるために子供自身を動かすことにもなる。一方、否定的な選択に要求される活動は無に等しい。

著者は美術館で、六歳半と五歳になる二人の子供とともに、絶壁から落ちる寸前の馬車が描かれた一枚の大きな絵画を眺めていた。馬車は後ろの部分しか見えなかった。その絵画に描かれている危機をよりよく理解しようと、子供たちは心配そうにいくつか質問した。著者は、馬車が危機に瀕している部分を詳しく観るように助言した。その絵には、二人の男が馬車の後部に繋いである縄で一生懸命に馬車を引き止めようとしている様子が描かれていた。男たちには体力があり、一生懸命に引き止めているのだということを子供たちに見てもらおうとした。夢中になった一人の子は絵画に描かれている男を励まし始め、もっと力強く縄を引っ張るように大声で応援し始めた。二人とも絵の中の状況にすっかり引き込まれていた。著者は、男たちが馬車を引き止めることに成功するかどうかを問うと、年上のアブナー（Abner）は、再度その絵を観察した後、自信に満ちて「もちろん成功するさ」と答えた。その確信の理由を述べるようにアブナーに言った時、著者はアブナーがすでに話し合った理由を繰り返すのかと思った。しかしそうではなく、長い間絵を観察し直してから、アブナーは著者がそれまで見てなかったことを理由として明かした。「見て、滑車がついている」と言った。滑車を通り、馬車に繋いであるやっと見えるような縄を指したのである。少年の熱心な解決への探求は実を結んだ。その態度は、かすかに見える滑車に繋がれた半分隠れた縄を捜し出させたのである。もちろん、これは馬車が救われるであろうということを意味している（図５・８参照）。

楽観的な道を選択することは思考過程を鋭敏にし、個人の楽観的仮説を試みるのに必要な認知的支持を追求するように仕向けるだろう。この過程は危険性の高い子供にとって特に重要であろう。ある介入が子供のその後の人生を変化させるだろうという確信は、介入すべきかどうかを決める際に決定的な役割を果たすことができるのである。

媒介の二つの形式

以上のように、MLEは二つの形式となって現れる。一つは媒介者が時には子供と刺激の間に物理的に介在し、指摘し、集中させ、選択するという直接的な形である。もう一つは、媒介者が志向性を持って子供の認知体系に浸透するように選んだ様々な刺激が力を発揮するような状況を作り、その状況に関連する特定の場面を子供が知覚し、それらの相関関係を発見し、学習するような状況を具体的に提示する間接的形式である。

我々の見方では、個人の精神の柔軟性と自己変容能力をもたらす最も有効な方法は、直接的媒介と間接的媒介の二つの形式の組合せである。『認知能力強化教材（インストゥルメンタル・エンリッチメント）（IE）』を用いるプログラム（詳細は第14章参照）では、直接的、間接的思考訓練が媒介的相互作用の有力なシステムを鍛練する。このようにIE訓練の様々な課題は構造化され、体系化され、意味が与えられる。IE課題の様々な作業の性質、つまり目標とそれらの構造の基礎となる志向性を知る教師による媒介は、「声なき課題に内在する声」となる。

子供の焦点を集める活動を媒介する意図をもった相互作用においてもそのようなことが起こりうる。焦点を集めることは精緻化に必要なデータの収集を可能にするため、子供と世界との間の相互作用がなされる中で極めて重要な条件の一つである。集中力によって知覚すべきことを鋭くとらえ、後に様々な異なった状況の中で、それらの刺激を認識できるようになるのである。最初の知覚において焦点が鮮明になればなる程、同じ刺激が別な状況で提示された時や、あるいは知覚しにくい逆の状況に置かれた時、例えば手がかりが少なかったり極度に変形した状態でその刺激が現れたりしても、個人がその刺激を判別できる率が高くなる。ＩＥプログラムの一つの課題である『点群の組織化』を例にとると、生徒は、他の幾何学模様と交わり、不定形の点群の中で規則性のない方向を向いて埋もれている正方形をみつけるようにいわれる（第14章の図14・1参照）。この難しい問題の前に立たされた生徒にとって、正方形を見分けるのは困難である。しかし、以前に正方形を知覚することに焦点を集めるよう助言され、そして作業に関連する認知的要素をその知覚に加えるよう補助を受ければ、生徒は目の前の複雑な状況にもかかわらず、変形された正方形を探し出すことができる立場にあるといえるだろう。

子供の、焦点を集める能力とレディネスに影響を与えるためには、母親はどうすればよいのだろうか。母親は幼児にとって最初の相互作用の「対象」であり、幼児はその知覚活動の初期には、他の対象より母親の顔を――おそらく本能的に――好む傾向がある。早い時期から、幼児はまるで崇めるかのように対象としての母親の顔に焦点を集める。文字通りその顔を食い入るようにして眺めるのである。母親の膝に抱かれている幼児が百八十度振り向いて、母親の視線を捕らえようとするのを見たことのない人はいないだろう。この目的をもった行動は、子供が自分にとって見慣れたもの、愛情の対象であるものとのアイコンタクトにどれだけの努力を払うかを示している。子供にとって魅力があり、その目を頻繁に引き付ける母親の顔は、双方にとっての強力な焦点なのである。

何人かの有名な心理学者は、孤児院の幼児たちはしっかりした母親像、あるいは他の愛情の対象に関心を集める機会をもたなかったがために、その知覚能力の特徴として、長続きせず、しかも大ざっぱでぼやけた性質を有するということを指摘している(7、8)。さらに、この子供たちは目の前の対象を徹底的に観察するために必要な時間や、積極的探求に労力を費やそうとする傾向があまり見られないのである。この子たちの中には相手がガラスでできているかのように見て見ぬふりをする者もいる。彼らの視点は非体系的で一点に定まらず、つねにあちこちをさまよっている(第4章のアダムの例を参照)。

幼児の焦点を集める能力とレディネスにとって、母親はどのように影響するのだろうか。先述のように幼児の知覚活動の初期段階において、母親は幼児にとって、まるでそれなしには生きられないかのような崇拝の対象となる。それと同様に、幼児が母親の顔に対して示す魅力は母親にとって極めて強い効果があり、母親は子供が自分の助けを必要とする時以外にも幼児の顔をしばしば見ることになる。この相互作用の超越性は、追体験の元となるようなある程度の親密さを作り出し、子供が次第に変形(トランスフォーメーション)を学習する方向へと導く。対象がある特徴を保ちながらも、そのいくつかの特徴を変化させる時に変形が起こる。変形を理解するために子供は、対象のある側面が変わってしまっていても、その対象が同一性を維持するために持ち続ける特徴に関するしっかりとした知識を身に付ける必要がある。母親は時によって悲しんだり、喜んだり、怒ったり、機嫌がよかったり、優しかったり、遠ざかったり、泣いたり、笑ったり、色々に変化するが、それでもやはり彼女は母親なのだということを、母親との親密さを基礎として学習するのである。子供はすぐにこれらの変化を同様に起こる現象と結びつけることを学習するだろう。そして、彼が観察した母親の気分の変化の理由をその顔から読み取ることをも学ぶだろう。このことは子供のその後の人生における様々な段階での因果関係の追求の基礎となり、模範となる可能性がある。

直接の提示を通して体験した出来事も母親の介入で有意義になるだろう。例えば、子供に写真を見せて、母親は子供が何に好みを示すか目の動きを観察し、写真の中の好みの物に子供が近寄りやすいようにする。これらの行為は子供の知覚上の習慣を高め、その習慣を精緻化するために必要な資料を収集する能力をも高める。

焦点を絞ろうとする向性（propensity）は、極めて早い時期の母子間の相互作用に影響され、母親はその作用を通して、子供に効果的に問題を解決する行動と階層的に高次の知的機能に必要な条件を生み出す契機となる。そのような介入がなければ、子供に無差別に与えられる刺激から受ける悪影響によって不幸な結果を見るだろう。つまり、本人の知覚装置に含まれ対抗し合う多くの他の刺激と比べて、一つの刺激を優先する能力の低下が見られることになろう（第4章のユーヴァルの例を参照）。

我々は、ともすれば子供の過活動（hyperactive behavior）の原因として、脳に障害が起きているのではないかと推測し説明することがある。往々にしてこのような場合、非体系的な環境が原因となって子供に注意力と能力の欠如をもたらし、その結果子供が焦点を絞り、より正確な方法で作業に取組めなくなるという可能性を考慮に入れていないのである。子供にとって「何も考えていない」状態、あるいは、きちんと統制されたり選択されたりしていない混沌とした刺激の流れの中にいる状態、例えばテレビの前で座ったまま、長時間取るに足りない番組を見ているような状態にいるような子供は、実際しばしば精神的に「波長がずれて」しまうことが多い。

それに比べて、母親の意図にしたがって指揮され、導かれ、具体化される媒介的な相互作用は、取捨選択によってある意味を除去し、ある特定の意味を状況に吹き込み、そのようにして心的過程を方向づける状態を作り出すのである。長期的な記憶を媒介することは、この指揮過程を示していよう。子供は、記憶というものを自分の支配領域（そこから自由にある特定の情報を検索することのできる領域）だとは考えていないことがよくある。ある記憶がたまたまそこにあれば、それは彼らの所有物であり、それを表現することができる。しかし、そうでなければそこからは何も引き出すことはできない（ジョン・フラヴェル［John FLAVELL］とディヴィッド・エルキンド［David ELKIND］の研究を参照（9・10）。）

子供に過去の経験を思い出させるための媒介作用は、子供に過去を再構成する過程でその記憶の貯蔵所から情報を自分で検索できるという認識をもたせることができる。

そして、認知的操作というものは個人の精神生活を支配する原則（プリンシプル）を構築すること（例えば、ある一定の基準に沿って様々な要素を取捨選択するといったこと）をサポートするシステムとなる。

媒介者が子供に対し、積極的な構成作業を通じて何かを作り上げることを要求した場合と、それとは対照的に子供に出来合いの答えが与えられるか、あるいは子供の精神活動を単なる再生行為にとどめさせ、積極的な再構成計画に基づいた修復作業の応用といった精神的な努力を欠いた場合とでは全く異なる。子供と子供の反応の間に介在する媒介者たちはそれらの反応を具体化し、それらに受動的性質よりもむしろ積極的性質を与え、単に既成の情報や蓄積された情報を再生するのでなく、子供を情報の発信者にするのである。

媒介的相互作用のもう一つの要素は、過去の伝承（transmission）と未来の予測（projection）である。過去の伝承は伝承を通じて生活空間が拡大されるという事実において最も重要である。この場合、媒介による相互作用は二つの役割を果たす。第一には、実際に感覚的に経験されたものと同様の鮮明さをもった具象化思考を用いるなどして、世界と関わるための新しい様相を作り出すという形成的価値を持つということである。

第二には、ＭＬＥは、特定の媒介的条件がなければ絶対に得ることができないような情報を伝達する役割をもつということである。我々が感覚によって知ることができない物事は多くあり、もしもそれらが存在するという知識を我々に提供してくれる媒介者たちがいなければ、それらの物事をどうして知ることができるだろうか。

不幸にして、過去を伝承するという行為は現代では大変少なくなっている。機能水準の低い子供は自分の両親の過去について、ほんの少し垣間見る程度の機会しか与えられない。しかしながら、自分たちの人生を過去にあったあらゆる要素と関連づけ、自分たちの未来を計画し、未来を形づくることができたならば、彼らの多くは生活にめりはりを与え、豊富なものにすることができるのである。

人生空間を、今、この場所から広げていくためには特別な記号が必要となる。その記号は言語、象徴、概念等といった現実を補完するものによってできており、また同時にその記号には、眼前の現実体験と同様の鮮かさと意味をもってその仮想の中に入り、感じ、経験するための特別な方向性も備わっている（図5・9参照）。

母親が一貫性のある、順序立ったやり方で自分の赤ちゃんと相互作用を行うならば、認知的機能のレパートリーを増やすような発達を促進させることができ、それは結果的に子供が問題解決にむけた行動を取ることに役立つだろう。

母親が子供に食事をさせたり、トイレの躾をしたりといった行動をスケジュール化するのは、母親自身が幼い時に両親や、周囲の大人から同様の訓練を受けたことを反映しているのかもしれない。しかし一方で母親の神経質な性質（赤ちゃんの泣き声がたまらない）だとか、他の環境上の制約とも関係している。スケジュールに従うことは母親の意図的な行為である。割合きちんとスケジュールを守る母親はよくこう言う。「我が家には秩序があることをこの子に学んでほしい。この子のこれからの人生にこの習慣は必要でしょう。」

スケジューリングまたは時間的順序の媒介は家庭だけでなく学校でも重要である。様々な行為の連続を体系化することは、計画的行動、表象、そして未来の予測を必要とする（図5・10参照）。

模倣は、確かに個人の行動のレパートリーを媒介する方法の中でも根本的な方法である。いうまでもなく「真似る」という行為は、直接受けた刺激を通じて生じる(大抵その条件の下で起こる)。子供は示された模範を観察すると直ちに、あるいは後になって、正確に、もしくは少しバリエーションをつけて観察したものを再現する。機能水準の低い子供の多くは模倣学習行動の欠点が観察される。例えば、ダウン症児は模倣の名人であるとよく言われる。しかし実際はそれとは逆で、多くは示された模範、特に複雑な模範を模倣することが難しいのである。模倣をさせるための適切な行動を彼らに媒介することが必要である。そうするうちに模倣すべき模範は何気なく示されるのではなく、意図をもって生かされるようになるだろう。媒介者は子供が模範を鮮明に知覚し、媒介者が示す行動に集中するのを確認し、行動を模倣しやすくするために体験の振幅と回数を調

図5・9　象徴の媒介

節する。これら全ての手順は、模倣を通じて新しく習得した行動を子供に観察させ、繰り返させ、強化させることになる。従って学習の仕方を学ぶことは、媒介を中心とした相互作用を通じて確立される（図5・11を参照）。世代を越えて文化の担い手に利用されてきた子供に対するもう一つの有力な媒介方法は、媒介に対する子供の欲求を誘発することである。意図的に形成されたこのような「誘発」体験の例として、「過ぎ越しの祭り」（訳註1）があげられる。

ここにおける媒介の戦略の一つは、「出エジプト」の話の意義と目的を年長の世代に再び思い出させるため、子供に質問をさせることである。熱狂的な夜に向けての祭の進行は、その夜の特徴、新しさ、特殊性を参加者が認識することでクライマックスに達する。その夜が普段と違うという意識は、その晩に起こる珍しい出来

図5・10　時間的順序の媒介

事を知覚することからだけでなく、その夜に起こっている珍しい出来事と、彼にとって普通であり、通常慣れ親しんでいる日常とを比較することで明らかになる。なぜ普通のパンのかわりに酵母の入っていないパンなのか。年中食べる普段の食料の代わりに特別の食料なのはどうしてか。普通とは違う順で座布団のうえに座るのはなぜか。葡萄酒を四杯飲むのはなぜか。これら全ての儀式の目的は、両立し難い矛盾の知覚や問題の存在を明確に系統立てて説くことにある(図5・12参照)。

過ぎ越しの祭りの夜を徹して朗唱される出エジプト記の話しを聞き落とさないように、子供には特別な配慮がされる。機敏な態度が保たれるよう、子供たちが次々と質問をする態度を奨励するために子供に褒美を取り入れる。夜が終わらないうちに眠ってしまわないように、秘密

図5・11　模倣行動の媒介

の場所に隠されたマッゾ（種なしクラッカー）を父親から「盗む」ように言われる。晩餐が終わる時の祝福にそのクラッカーが必要となるので、そのクラッカーを返すことの見返りを父親と交渉するというしきたりがある。右のような間接的介入手段を利用することを通して注意力が増強され、継続性が確保されるのである。

以上、本章をまとめると、媒介学習体験は、理論としても実用的なシステムとしても、人間の柔軟性と変容の可能性を我々に理解させるものである。さらに、ＭＬＥを受けられなかったために発達が遅れてしまった部分があれば、それを変容させ、向上させることができるツールとして、成長する人間がその変容の可能性を円滑に高められるよう、その相互作用を形成するのに

図５・12　問題（矛盾の処理）の知覚と定義の媒介

有力な指標としての役割を果たしているのである。

【原注】

（1） Smilansky, S., L. Shephatia, and E. Frankel. 1976. *Mental development of infants from two ethnic groups*. Jerusalem: Henrietta Szold Foundation.

（2） Bettelheim, B. 1950. *Love is not enough: The treatment of emotionally disturbed children*. Glencoe, Ill.: Free Press.

（3） Emerson, L. 1986, August. *Feuerstein's cognitive education theory and American Indian education*. Paper presented at the Mediated Learning Experience International Workshop, Jerusalem, Israel.

（4） Lesser, G.H., G. Fifer, and D.H. Clark. 1965. Mental abilities of children from different social class and cultural groups. *Monographs of the Society for Research in Child Development* 30, no. 102.

（5） Hunt, J. McV. 1961. *Intelligence and experience*. New York: Ronald Press.

（6） Aebli, H. 1962. *Über die geistige Entwicklung des Kindes*. Stuttgart, Germany: Klitt.

（7） Dennis, W. 1960. Causes of retardation among institutional children: Iran. *Journal of Genetic Psychology* 96:47—59.

（8） Dennis, W. 1973. *Children of the crèche*. Englewood Cliffs, N.J.: Prentice-Hall.

（9） Flavell, J. 1963. *The developmental psychology of Jean Piaget*. Princeton: Van Nostrand.

(10) Elkind, D. 1967. Cognition in infancy and early childhood. In *Infancy and early childhood*, ed. Y. Brackbill, 361—94. New York: Free Press.

【訳注】

(1) 旧約聖書の『出エジプト記』(12章)の伝えるところによると、エジプトで長年奴隷となっていたヘブライ(ユダヤ)人たちがモーゼに率いられてエジプトを脱出する前夜、神の命ずるままに儀式を執り行い、各々の戸口の柱と鴨居に生贄の血を塗った。その夜、災いがエジプトのすべての家を訪れたが、生贄の血を塗られたヘブライ人の家を主は「過ぎ越」されたため、彼らには災いが訪れなかったという。

第6章　媒介学習体験はなぜ行われないのか

ＭＬＥ（すなわち「媒介学習体験」）が、集団的、個人的どちらのレベルでも行われないケースというのには、大きく分けて二つの場合が考えられる。

第一のケースは、社会や家庭や文化集団内に在って、本来媒介学習を担うべき立場にある側の人たちが、何らかの理由でそれを行わないということである。ＭＬＥが不十分である第二のケースは、ＭＬＥを受ける側の人たちが、発達上の身体的ないしは神経系統関連の障害、あるいは認知的、情緒的な障害を持っているために、ＭＬＥの恩恵を受けるべき時に受けられないという状況に基づくものである。前者、すなわち第一のケースでは、その状況にもっともよく当てはまるのが「貧困」であり、これは媒介学習体験の欠如の理由としてしばしば指摘される。実際、貧困はＭＬＥにとって非常に強力な阻害要因である。両親が貧しくて、自分たちの子供が生き残るために必要最小限のことをするのに精一杯だとすれば、子供の学習体験の媒介に向ける余力も経済的な余裕も非常に限られたものになるだろう。しかしそうとばかりは言えないのも事実である。実際には、その貧しい家族が所属する文化集団が文化の伝承を優先的に目指しているような場合には、両親が衣食をさておいてでも子供に対する文化的な継承を優先させることがあり得る。何世代にもわたって東欧で生活してきたユダヤ人社会において特にこういう状況が見られた。彼らは文字通り餓死寸前の生活状況にあっても、教師を雇ったり、あるいは自分たちの時間を割いて、子供たちに対する媒介学習的な相互作用を継続させるためには最低限の生活の糧すらも倹約するのに吝かではなかったのである。

時として家族構造に過剰な負担がかかるため、媒介学習体験が欠如することがあり得る。この場合、親はあまりにも多くの子供の面倒を見るのに忙殺されて、媒介的役割を十分に果たせないからだ。しかしながら、家族間の日常の相互作用がMLE的な性格をもっているような家庭であるならば、子供の数が多いということはかえって媒介学習体験を事実上増幅させるようになる(第5章に述べたように)ものである。そして両親の注意深い統率のもとに子供たち自身がお互いの間で媒介を利用して、自分たちの成長を促すことになるのである。

この、媒介学習体験の増幅作用についての見事な例は、十一人の子供を育てた、ある一人の母親によって報告されている。彼女は、ちょうど十一人目の子供を産んだ直後に、多くの子供を養育することについての素晴らしい記録を書いた。それによると、彼女は年長の子供たちに、弟や妹たちへの媒介作業を手伝わせ、このような体験を通して母親はその子供たちが学業的にも社会的にもより高い水準に達したと感じるようになったのである。

社会の中での文化継承の担い手とされる人々や、あるいは子供をもつ親たちが、MLEの行為主体であるにもかかわらず媒介作業を行わなくなるという状況に関して、上記の他にも次のような理由があげられる。すなわち、移民によくある状況だが、これまで暮らしてきた集団内における生活に終わりを告げ、それによって過去が置き去りにされるか、あるいは退けられてしまうといった状況である。移民の親世代の中には、故郷を喪失したことによる不利益だけを被り、かつまた新たな環境としての高度な技術社会に適応するのに自分たちの伝統文化が何の役にも立たないという事実に悩んだすえ、子供たちに自分たちの文化を積極的に評価させたり、それを継承させたりといったことをやめさせようとすることが往々にしてあり得る。「私のようになるんじゃない」、あるいは「おまえは、以前に私がどんな存在だったか、あるいはどのように生きてきたかを知らない方がよい」といったメッセージは、間接的であると同時に明示的なものでもある。このような場合、親の世代が本当の意味での環境の犠牲者であるケースが多く、そこには深い悲しみと苦しみ、さらには精神的にも追い詰められていたことが読みとれる。「自分の過去を拒否する」と言う不幸な事実は、親子間のコミュニケーションに影響を及ぼし、コミュニケーションの内容を今この場だけに限定すると同時に、過去の文化的経験を媒介することで子供の機能に与えられるべき豊かなものを奪うことになる。ヘレン(Helen)のケースは過去の媒介の欠如が及ぼす影響の印象的な例である。

ヘレンの両親は、宗教的信念が劇的に変化したことをきっかけに過去の遺産、つまり全ての物、態度、習慣、その他、以前の生活を思い出させる一切を否定する決断をした。実際、過去を抹殺しようとするにつれて、ヘレンの父親(彼はジャズとロックの作曲家として有名だった)が以前に録音した音楽が姿を消し、家庭でのコミュニケーションの方法（両親とも毎日の言葉や文章に祈りを取り入れていた）が急激に変わった。両親は自分たちの新しい宗教と生活様式を子供に伝達することに興味を示したが、彼ら自身が新しい人生に対して両面感情を持っていたため、その伝達は容易ではなかった。

ヘレンが我々のところへ連れてこられた時、彼女は知能指数五六の発達遅滞児というレッテルが貼られ、読み書きを教えようとする全ての試みに対して反知性的、反抗的な態度を示した。彼女に関する心理判定報告には、注意力の欠如が著しく目立ち、身体状況が機能の低さに影響を及ぼしている可能性があると書かれていた。ヘレンの両親は彼女に豊かな音楽経験を与えたが、ヘレンの記憶力や相互作用の仕方への影響は極めて少なかった。未来について考えさせようとしたが無駄であった。我々が、この根なし草のように不安定で、現実感覚が極めて乏しく受動的な仮面の裏に、豊かな空想の世界に生きる若い女性の姿を見つけ出すには長い時間がかかった。

その後間もなく、ヘレンが攻撃的な行為や非行を示すようになると、我々はしばらく彼女を養育家庭に預けることを提案した。これは完全な失敗に終わった。ヘレンはかえって反抗的になったのである。そこで両親は再び著者に相談し、他の解決策を求めた。我々は今度は、「潜在的学習向性評価法」（Learning Propensity Assessment Device＝ＬＰＡＤ）を用いて再度彼女の状態評価を行った（第13章参照）。この、より効果的な方法を通して部分的に協調性へのレベルが高められたこと（ヘレンは養育家庭が好きではなく、措置を変えて欲しいと猛烈に希望していたことを後になって知った）、また我々が状態評価に媒介された学習をかなり集中的に取り入れたことで、以前とは大きく異なった結果が見られた。そうして五六点だった知能指数が平均以上にまで上昇し、彼女の行動と思考に反映されるようになったのである。ヘレンは媒介を受け入れ、自分の成功を喜び、著者の家庭に置いて欲しいと自分から言い出した（著者はこれを実行した）。

媒介的相互作用は、ヘレンの思考形態や生活様式を変えるのに役立った。しかし、彼女の真の人格と潜在能力が発揮されるまでにはさらに数年かかった。最終的に、ヘレンは勉学に熱中して大学を卒業し、結婚してかなり裕福な銀行家となった。興味深いことにヘレンは両親が自分の生活に取り入れてくれた音楽を趣味として持ち続け、アマチュア・ミュージシャンとして活躍したり、また市の交響楽団にも財政的支援を行うようになった。

文化的少数民族が、支配的な文化からの唐突で一方的な迫害や剥奪を受けた時、結果として伝統的な文化の伝承形式を持ち続けられなくなることがある。この現象は後に、核家族内で親が子供に媒介を行うレディネスに影響を及ぼす。このような文化伝承の不連続性は、例えば北米先住民のいくつかの集団に実際に起きたことであり、文化やその文化を担う個人に及ぼした影響は有害なものである。

媒介された学習体験が得られなかったり、効果が上がらないことのその他の理由としては、これもやはり文化伝承と関連するのであるが、家族が、両親または片親だけの最小限度の範囲に絶えず縮小されていることがあげられる。工業化社会では、現在の世代と前の世代とのつながりが稀薄になりがちな状況にある。家族がパーティーを開いたり、祖父母、叔父や叔母、従兄弟の家庭に集まったり訪問したりすることが少なくなり、その重要性が軽視されがちである。昔に比べて、世代を越えて人々が集まることも少なくなっている。せいぜい現在と過去とのつながりや、想像できる範囲内での未来とのつながりの維持にわずかにしか役立たない極めて限定された出会いの場があるにすぎない。この現在中心の考え方は多くの人々の存在に一次元的な性質を与えるようになる。人々は過去の持つ豊かさを手にすることができず、また彼らの未来への展望も極端に貧しいものとなるのである。

西洋化された多くの社会においてＭＬＥが欠如していることのもう一つの要因は、現代では「強固な個人主義」と「自己実現」が重視されていることにある。今の親たちは、物質的目標の追求に多大な時間と努力を費やし、結果的に子供に媒介学習体験を与える機会が少なくなる傾向にある。個人主義の重視は、本来果たすべき男親あるいは女親としての役割や能力に影響を及ぼすことがある。実際、この個人主義の傾向は、次の世代に我々の文化を押し付ける権利があるのか、特定の文化にあわせて子供の認知的、人格的レパートリーを形成させる権利があるのかというところまで疑問視する実存主義者たちによって極端に推し進められている(1)。このような疑問は一般的に親の基本的欲求、すなわち子供を自分の延長として認識知覚することへの欲求の稀薄化、もしくは完全な喪失を示している。極端な場合、そのような態度は子供の認知的、情緒的、行動的、そして精神的発達に親の価値観を「押しつける」権利を放棄させるという結果を引きおこす。媒介学習体験の実現への意欲が弱まるのは、親と子の二つの世代の関係が稀薄になったということの表れの一つにすぎない。さらに悪いことにその稀薄化は、親の次世代に対する責任感を弱めるとともに親たち自身が文化を維持継続することについても脅威となるだろう。文化伝承に対する努力の全体的な崩壊は、身内の間での媒介の機会をさらに制限するという結果を招く。このように貧しくなった親子間の相互作用は、それに代わるあまりにも多くのもの、例えば映画、テレビ、ラジオ、ステレオのような「代用品」が身近になった現在、ますます悪化する可能性がある。

媒介学習体験の欠如に関する第二の理由として子供の特徴があげられる。すなわち子供の過活動、寡動、感覚障害、情緒的社会的不適応といった状態が両親の媒介への試みに反して作用するのである。これらの状態は親子の間に大きな隔たりを生み、効果的な媒介体験の実現が大変困難になることがある。このような状態においては媒介的相互作用は強化されるか、または違った形でなされることが必要となる。媒介の主導者はまず、意図された媒介的相互作用を子供が受容したかどうかを確かめる必要がある。そうしなければ効果はほとんど見込まれない。媒介による相互作用を調整することによって、親はそれが子供の認知体系に受容され吸収されていることを確認できるのである。それから順に小さな変化が取り入れられる。例えば、過活動の子供は一つの作業に関心を向けることが困難であったり、無意味な事柄に異常にこだわる傾向があるため、その子は直接示された体験や普通の媒介から利益を得ることはほとんどない。このような子は自分を状況に位置づけたり、物事に関心を向け、積極的に追求したり選択したりする能力に欠けるため、媒介を受けにくい状態にある。もしも我々が媒介作用の形態を、もっと子供の注意を引くものにするとか、あるいは機会を増やすとか意味を与えるとかしながら、対象となる子供の傾向性によって生み出された壁を突き破るほどに強固なものにすることで障壁を乗り越えることができるならば、子供の学習能力は相当に高められる。事実我々は、M

LEを注意深く用いることで、過活動的な人の機能が高い水準に達した例を見てきた。だが過活動性のいくつかの要素は一生続く可能性があるのも確かである（その原因となる要因の追加説明のため図6・1を参照）。

ジョゼフ（Joseph）のケースは効果的な媒介の欠如が成長を損なうことを示している。ジョゼフに関わった全ての専門家たち―脳溢血（原因は生後八週間目に起きた自動車事故）の止血手術をした脳神経外科医、小児科医、言語療法士、物理療法士―は皆、ジョゼフが生き残ったことを奇跡だと考えた。さらに彼らは、ジョゼフがかなりの障害を残しながらも歩くことができるようになり、いくつかの単語を言えるようになったことも奇跡的だと考えた。ジョゼフのケースを詳しく調べた専門家の予想はいずれも同じで、知能の低さ（「重度の発達遅滞」と記録されている）とコミュニケーション能力の欠如のため、自立した生活はできないというものだった。

これらの予想があまりにも悲観的だったため、専門家たちはジョゼフの治療に当たって受容的現状維持アプローチに重点をおいた。著者の一人は、ジョゼフの両親にもっと積極的な変容誘導アプローチに切り替えるよう説得したが聞き入られなかった。ジョゼフは、発達遅滞者のための施設として高い評価を得ていた療養所に入れられたが、そこでは受容的現状維持アプローチが採用されていた。すなわち快適な環境を与え、現状を維持することが第一の目標として掲げられ、新たなことを学習することから来るストレスは患者を不快にするだけで望ましくないと考えられていたのである。この受容的現状維持アプローチは自己達成的に専門家たちの暗い予言を実現させた。すなわち長期にわたる認

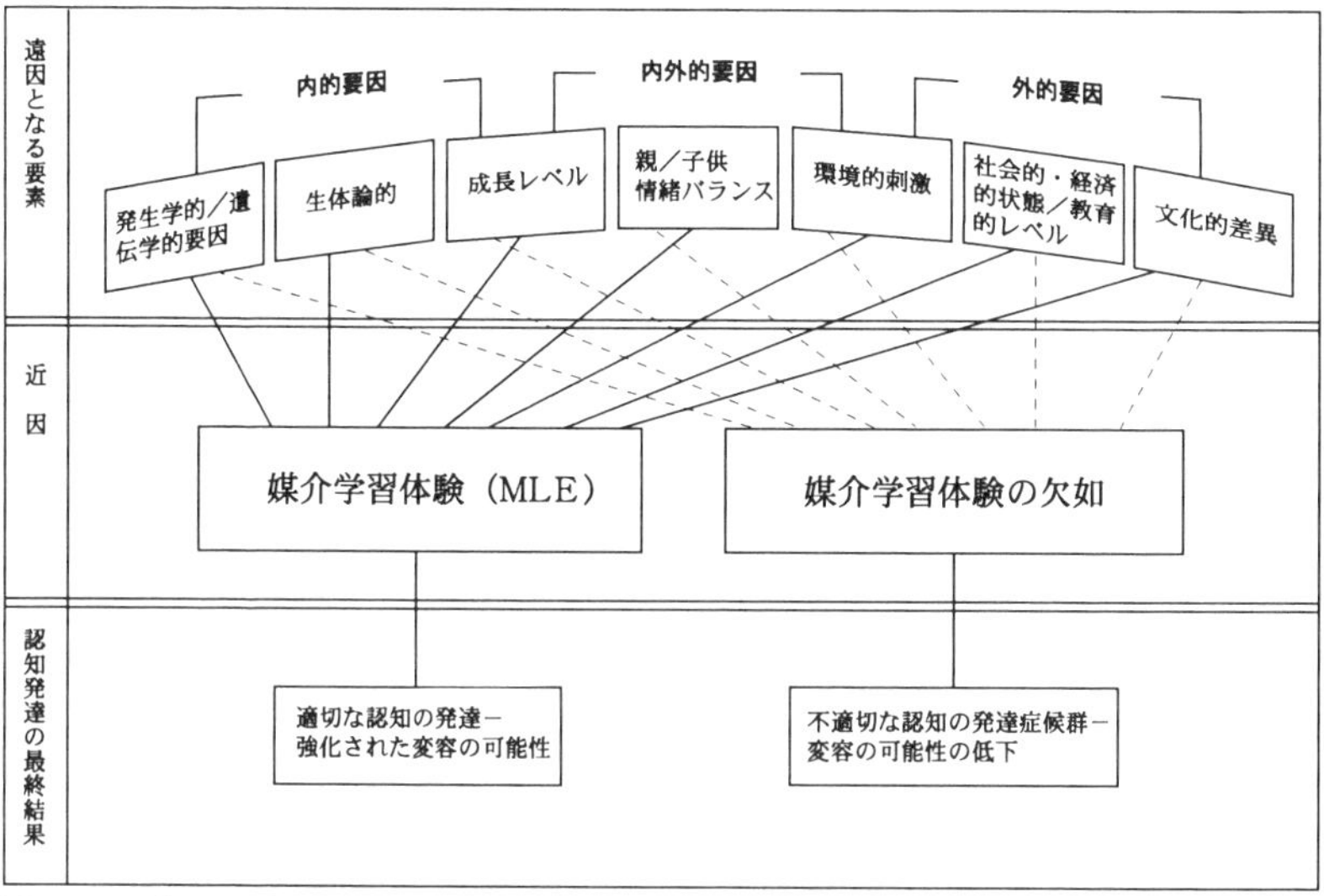

図６・１　遠因と近因

知の停滞という絶望的な結果を招いたのである。

十二歳の時にジョゼフは我々のもとに連れて来られた。我々は彼の能力を調べるために「潜在的学習向性評価法（ＬＰＡＤ）」を用いて状態評価を行った。その結果、ジョゼフには変容能力があることがわかったので、我々は積極的な目標設定を行った。『認知能力強化教材（インストゥルメンタル・エンリッチメント）（ＩＥ）』を用いるプログラムを一年間集中的に行った後、ジョゼフは媒介者である教師たちとの相互作用からだけでなく、直接的に環境からの利益をも受け入れ始めた。我々はこの進歩を見て、ジョゼフを他の子供と相互作用の機会がある養育家庭に転入させた。彼は最初のうち、他の子供たちの言動にあまり関心を示さなかった。ジョゼフは、その消極的な態度と散漫な注意力のため、多様で豊富な刺激から何も得ることができなかったのである。しかし『認知能力強化教材』を用いるプログラム（『点群の組織化』、『分析的認識』、と『比較』〔第14章参照〕）の媒介によって得られた集中力を体系的に示すようになると、文字として表された記号を解読し、ようやく読むことにエネルギーを注ぐことを学んだ。読書力がつくにつれて、さらに明瞭で豊富な言語能力が発達し、彼に大きな影響を及ぼした。例えば、ジョゼフは養育家庭の他の子供や、後には仲間とも社会的相互作用を行うようになった。

現在、ジョゼフは自分の家族と一緒に生活するようになり、うまくいっている。かつて母親は、息子の状態を嘆くあまり完全に息子から気持ちが離れてしまい、ジョゼフをもてあましていた。彼女はジョゼフの介護を看護婦やその他の人に任せきりにしていた。母親は息子の発達に対するその後の見通しを変えることで、以前には諦めていた子供とのきずなと彼への愛情を築き直す段階に進む心構えを持つようになった。

我々は寡動性のある子供、すなわち両親が媒介の試みを放棄してしまうほど「世話を受ける権利を主張」しないような、軟弱で不活発で無感動な子供の治療に成功を収めている。媒介の試みを止めれば、寡動性のある子供の身体的欲求は忠実に満たされるだろう。媒介されないというのは、風呂に入れてもらったり、食べさせてもらったり、抱かれたりなどの根本的な欲求が満たされるだけで、それ以外のことに対してほとんど留意されないという状態である。

これに関連したケースとしてマーシャ（Marsha）の例がある。

我々のところへ紹介されて来た時、マーシャは二三歳の若く美しい娘だった。しかしその目は虚ろで、他人の目をまともに見ることができなかった。読み書きはマーシャにとって大変難しかった。この学力の不足について、多くの専門家は彼女の知能指数が極めて低いからだと考えていた。実際、彼女の唯一の話題は子供向けの漫画で、漫画については絶えず喋っていた。彼女の発話行為は活発だったが、内容は無意味だった。当然の事ながら必要最小限な場合を除いて彼女とつき合おうとする者はいなかった。我々は、マーシャの現実把握能力の低さは認知的機能不全に起因すると考えていたが、実際それは彼女の非論理的思考の原因ともなっていた。例えば、互いに全く関係のない概念を結び付けても、マーシャはその組合せが普通だと思っているようだった。「潜在的学習向性評価法（ＬＰＡＤ）」を用いて状態評価を行った結果、彼女には優れた変容の可能性があることが判明した。類推問題を解くといったような、高次の情報処理にも比較的容易に取組めるようになった。さらに、マーシャは認知的機能不全を改善することを目標に、『認知能力強化教材（インストゥルメンタル・エンリッチメント）（ＩＥ）』を用いるプログラムが与えられた。数ヶ月にわたって媒介を投入した結果、マーシャは次第に情報を正しく結び付けることを学習した。例えば、意思決定に関係する複数の情報源を利用すること、己の衝動性を抑制すること、示された問題を言葉で組織的に述べることや論理的に反応することなどを学習した。プログラムを始めてから三年が経過し、マーシャは思慮深くなり、社会や仕事にもしっかりと適応していることを示した。そうして、婦人服のブティックの店員としての仕事を成功させることや、よき妻、そしてよき母親になることをも学習したのである。

なぜマーシャは何年もの間機能水準の低さを示したのだろうか。低機能水準の原因となるような、特定の独立した事件を指摘できることはめったにない。おそらく乳児期に彼女を育てた里親（マーシャは幼児の頃、養育家庭で育てられた）は十分な媒介を与えなかったのだろう。赤ちゃんの頃のマーシャは里親に対してほとんど要求しない、穏やかな良い子だった。里親たちは、要求の激しい他の養女と比べてみて、マーシャのこの性質に気がついた。養母は、自分とマーシャとの相互作用が基本的欲求を満たす程度に限ってのみその欲求に細やかに応え、世話をしたことを覚えている。養母は彼女を愛していたが、マーシャが泣いたり、人が近寄ると活気づくなどして、人と共に居たいという意志を表現しなかったので、彼女から要求があった時にしかマーシャとの間で相互作用を行わなかったのだ。

寡動性の子供は刺激に対して不完全な欲求しか持たないため、子供の注意を引き付けるためには、普通より高い賦活閾（ふかついき）に合わせて媒介的相互作用の刺激の強さを高める必要がある。ある母親が生後十二ヶ月になるダウン症児を我々のところへ連れて来て、娘が自分に対して反応をしないと不服を言った。つまり母親が話しかけても幼児は母親の方を向かないのである。母親は娘が自閉症児かと心配していた。著者の一人は母親に娘と相互に作用するように言った。母親は娘を床に座らせて、自分は立ち上がったまま相当離れた所から、柔和な低い声で子供に話しかけた。娘は反応せず、天井を見つめ続けた。著者は母親にもっと大きい声で話すようにいったが、彼女の努力は大変限られたものだったので、子供はいっこうに反応を示さなかった。そこで著者が子供に向かって大声で叫んでみたところ、子供は緊張し、声高に話しつづける著者の方に目を真っ直ぐに向けた後、泣き出した。もしかしたらこの子はダウン症児によく見られる中耳内溢出による聴力障害があるのではないかと推測した。実際にはその通りで、子供は薬物投与により治療された。それと同時に母親は娘と相互作用する時に普通より大きい声を使うだけでなく、より効果的に伝達できるように自分の位置を定めることを学んだ。親子間の相互作用は急速に良くなった。娘の欠陥は染色体に原因があるという母親の当初の考えは改められた。母親は数々の障壁を回避することを学んだのである。

媒介学習体験が障壁にぶつかる場合の古典的な例は、自閉症の子供に見られる。なぜならば、そのような子供は情緒的に孤独で、人と視線を合わせることがないため、ＭＬＥを通じて実質的に接近できないからである。他人と視線を交わさない、相互に作用しない、直接接触している相手の全体とでなく、一部分（手や足や鼻など）としか関係づけられない子供は、媒介から閉ざされている。興味あることだが、一般に自閉症の子供は《物（オブジェクト）》との直接的相互作用は豊かである。その多くのケースにおいて、物との相互作用では十分能率的で、早熟さを見せることもある。このような「選別的な」動機づけをもつが故に、その子が社会化が困難であるという状態を看破するのは非常に難しい。自閉症の人に対するＭＬＥの効力は、媒介者が媒介過程をパートナーどうしの相互作用に変化させるのに、どの程度子供の内に依存心を養うことができるかという点にかかっている。それに成功すれば、自閉症の子供には普段期待されない程の変容が見られるだろう。クラーラ（Clara）のケースはここで参考になる。

クラーラは生後八ヶ月のときに我々に紹介された。双子の間でこれほどまでに違うということを示すために、母親はクラーラの、健常な双子の兄弟のジョン（John）を連れて来た。実際、二人の間の差異によって母親はクラーラの発達の欠陥にいち早く気付いたのである。母親は、彼女が側にいても、微笑みかけても、抱き上げようとしても、クラーラの反応がジョンとは違うということを、鋭い本能と洞察で感じていた。入念な神経学的、発達学的検査の後で医師たちは、クラーラが典型的な自閉症の諸特性を示していることを理解するに至った。例えば、クラーラは自分の目の前で絶えず一本の紐のようなものを動かすことに早くから関心を示した。双子は成長するにつれて、それぞれの発達曲線が離れていった。外向的なジョンは母親やその他の大人の注意をより強く引こうとするようになった。クラーラはジョンと比べて人々に対する関心がかなり薄く、たいていの場合、彼女の注意を引こうとしたり、抱き上げようとしたり、抱きしめようとする両親や大人たちに反抗し、自分と数本の紐との間の「相互作用」を好んだ。

我々は、母親を励ましてクラーラとの媒介による学習的相互作用を強化させようと試みたが、失敗におわった。子供の視線を捕らえたり、視線を強制的に合わせたり、自分の後を追いかけさせたり、真似をすることを教えたりといったあらゆる方法を我々は提案した。すべてをやって見たが、どれ一つとして成功しなかったと母親は訴えた。双子の息子との相互作用と比べて、母親とクラーラとの相互作用は娘の無反応が原因で、ほとんど完全に阻止されていたのは明らかであった。そこで、我々は父親に協力を求めた。クラーラの父は、娘が反抗しても、自分が傍らにいることを「強制する」ことによって、自分の娘に対する愛情を進んで表現できる朗らかな人物だった。彼は娘に、自分のしていることを真似させたり、片言で喋らせたり、さらには笑わせたりすることができた。父親の執念は、クラーラの隔絶した障壁を突破し、有意義な相互関係を生み出した。後にクラーラの祖母も協力に加わった。祖母と孫娘との相互作用は非常にうまくいったので、クラーラは祖母の家に移り住むことになった。MLEの訓練を受けた教師が二年間クラーラの教育に携わった。クラーラは様々な面で進歩し、特に言語面での進歩はクラーラと相互作用する母親のレディネスを著しく高めることになった。現在クラーラは正規の学校に転入し、軽い学習障害児のための教室に入り、外向的で、協力的な少女になっている。ときどき奇怪な行動の名残りが現れるが、今ではそれらを素早くコントロールできるようになった。彼女は祖母がもっとも助けを必要としているときの何よりの助けになっている。初期の頃にクラーラが示していたような、社会的相互作用を避けたり拒否したりする傾向をそのままにしていたらどうなっていただろう。

では、青年期や成人に達した自閉症の若者たちを支援するためにはどのようにすればよいのだろうか。MLEが役立つであろうか。年齢を重ねることによって変化に対する抵抗は大きくなるが、成長に伴う利点も確かにある。体験や洞察力、そして動機の持ち方は、幼児期には見られなくとも、成人すれば十分に発達するだろう。

ベン（Ben）の場合がこれに該当する。

彼が我々の所へ状態評価のために紹介されて来たとき、幼児期に自閉症と診断されているので、診断のための検査は不必要という前置きがなされていた。ベンとのワークには骨が折れた。ベンは協力的な態度で訓練を受けていたが、動作はまるでロボットのようで、その行為にはいつも変化がなかった。我々が彼を抱きしめると、緊張した体の両側に手を沿わせ、マネキン人形を抱きしめているかのような印象を我々に与えた。ベンは言葉を発音することを学んだ。しかし我々は彼とコミュニケーションすることができなかった。というのは、ベンの話し方が完全に反響言語的（エコレーリック）だったからだ。つまり、それはコントロールされたものではなく、聞こえた言葉とその抑揚の即時的な繰り返しなのである（このようなコミュニケーション障害を持つ人々は言葉を考えて発することができない）。我々の所に来てから長い間、ベンの言語的相互作用は相手の言った内容を忠実に繰り返すという限られたものだった。「朝ご飯に何を食べたの」と言うと、「朝ご飯に何を食べたの」と繰り返し、そのあとに何分もの長い沈黙があった。こらえ切れなくなって、相手が期待していた答えを与えるとそれも反復された。たいがい「会話」はそのようにして諦められてしまうのだった。ベンは喜びや、悲しみや、悩みその他の感情を表す言葉を用いることは決してなかった。恐れ、不安、喜び、好奇心、怒り、幸福などの感情を表すときの我々の姿を真似するようにいうと、ベンは自分の口を突き出し、目を閉じて、自分の髪の毛を引っ張ってみせた。『認知能力強化教材（インストゥルメンタル・エンリッチメント）（ＩＥ）』を用いるプログラムが少しでも彼の内面に影響を及ぼしたとは考えにくかった。しかし、担当の教師たちは、ベンが単に作業処理能力を示すだけでなく、ワークを行う上で情緒面の変化をも示してくれるようにと希望を持ちつづけた。コミュニケーションの難しさは長年続いた。しかし、ある時点で我々が状態評価を行ってみたところ、彼からいくつかの行動を引き出すことができた。それらは、ベンをその背後の空想の世界の中に隠していた「エリコの城壁」に穴を穿つきっかけとなった（訳注：旧約聖書の比喩。ジョシュワの軍勢は喇叭を吹いてエリコ城の攻略に成功した）。

とうとう、ベンは反響言語的行動をしなくなり、周囲からの激励と言語面での強化の試みに対して反応し始めた。ＩＥプログラムに含まれている一つの漫画を見て、その内容を把握するなりベンは笑い出した。彼がもっともよく反応を示したＭＬＥは、グループ活動において受けたものだった。ベンが新しく吸収した言語能力を示す機会がますます利用できるようになった。ヘブライ語の読み書きが以前に比べて流暢になり、歌うことを学び、それを楽しみ、ある時には自ら進んで歌を歌うことさえもした。社交的相互作用を始めたとき、ベンは健常な成人の移民グループのクラスに入り、そこで皆と一緒にヘブライ語を学習した。我々の指導のもとに、教師はクラスの活動に参加することをベンに奨め、クラスの同級生はベンの質問を聞き、それに答えた。さらに、より有意義な人間関係を築く能力を育てるために、個人教授による活動治療を取れ入れた。その活動治療を通じて、治療者（セラピスト）が感情表現の仕方を実際にやってみせ、モデルを示した後、ベン自身がそれに自分の感情を投射し始めた。ベンは、ＩＥ関連の作業に習熟したため、対人関係における思考の方法（モード）をさらに取り入れて能力を伸ばし、それによってより多くの言語的相互作用への道を開いていった。

ベンの治療者（セラピスト）の病気とその死は、ベンにとって多くの新しい、そして大きな痛みを伴う感情の源となった。この治療者（セラピスト）の闘病期間は長かったが、彼女はベンの治療を死の数週間前まで続けた。彼女自身孤独を抱えており、自分の不安と痛みをベンと分かち合い、共感を体験することを彼に教えたのだった。彼女が亡くなった後、ベンは葬儀に参列し、初めて人と死別する悲しみを体験したのである。

ベンは研究所での五年にわたる訓練を終えて自宅に帰って行った。このハンサムな青年は、今では母親と一緒に暮らしている。（父親は数年前に亡くなったが）母親は息子によって随分慰められていることを認めている。ベンは小さな広告代理店の会計係として勤務しながら、タイプとコンピューター操作の講習を受けている。ベンの言葉使いはかなり流暢で自発的になり、情報を自由に提供し、ごくたまに反響言語的行動の名残りが見られるものの、質問には即答できる。また彼は、集中的なレッスンと練習によって、ギターを上手に弾けるようになった（もっとも、著者はこのような成果が得られるとは全く信じていなかったし、ベンが一生懸命レッスンをしていたのに激励しなかったことを認めなければならない）。最近、ベンは自分のレパートリーに譜読みと運指法に高度な技術を要するクラシックの曲を加え、そのいくつかを演奏した。たまに間違えた時でも、複雑な指の動きを要する演奏の才能を見せた。ベンは以前自分の世話をしてくれた人たちとの接触を求め、同年代の者との付き合いを楽しみ、その人たちと自分の成果を分かち合うために毎週電話で連絡し合っている。結婚も期待した（ベンにはつき合っていた女性がいたが、母親は――かなりの根拠をあげたてて――相手の女の子の機能水準が息子に比べて低すぎるという考えを示した）。ベンは向上心を持ち続けている。それが彼の変化した状態にとって最も重大な要因であるだろう。我々がベンと最後に会った時、彼は半分修辞的に、半分断定的に著者に問い続けた「僕は変わったでしょう？」「変わったさ。とても！」私は答えた。

ベンのケースは自閉症、あるいは自閉的な青年や成人にMLEを適用することに関する最高の事例報告といえるわけではない。というのは、我々が成功した事例の数は約十五人に登るが、自閉症で全く非言語的な人たちに関しては、経験が浅く成功率はまだ低いからだ。また、現状での限界を示すさらに深刻な第二の点は、このMLEの成果がどの過程で得られたかという問題に関する、我々の現時点での理解力にある。我々がベンの壁を破ることができたのは、媒介者と彼との間に個別化された情緒的相互作用があったからだろうか。IEプログラムのおかげだったのだろうか。集中的で計画的な集団生活に身を置き、その環境で調整された媒介の機会を拡大したからだろうか。おそらく上記の諸要素と、他の要素とが結びつくことで相乗的な効果をもたらすことが可能になるのであろう。しかし、これらに対する最終的な答えは、実験、資料の収集、そして結果分析に対する体系的かつ長期的なアプローチを必要とする。その上、多種多様な自閉症の人々に対するMLEの分化的効果の研究に十分な方法論を開発する必要がある。しかし、様々な機能水準の低さや、情緒障害を持つ人たちの変容が、媒介された学習と変容を促進させる環境での生活を通じて得られるという点については疑問の余地はない。

MLEを受ける機会に恵まれず、限られた変容の可能性しか示さない子供のもう一つの類型としては、逆説めいて聞こえるかも知れないが、優秀児（ギフテッド・チャイルド）の場合があげられる。これら、天賦の才能を持った子供たちの中には、彼ら自身とその体験との間に媒介者が介在することを拒絶する傾向が見られる。このような子供は、まだ幼い時期に「自分にやらせて」と言ったまま、媒介者に手を出す余地を与えない程に、本や積み木や、その他の物体（オブジェクト）と相互作用して、自分のペースを落としたり、集中度を緩めようとしないことがある。媒介者が与える指示が役にたつ可能性があっても、その子の情報処理能力が迅速なため、媒介者の指示を待つ根気や意志が削がれてしまうのである。時には、優秀児の両親や教師はそのような子供に媒介するのは無駄だと考えてこう言う。「この子はすでにやりかたを知っている。私よりも、もっとよく理解しているし、私の助けなど要らないのだ。手を貸そうとするたびにこの子は癇癪を起こす」。

多くの場合、両親と子供の両方が環境との「自然な相互作用」に口出しすることは子供の機能を促進させる代わりにそれを妨げることと感じている。ある場合においては、これは事実であろう。しかし、そのような欠如が、優秀児の機能の他の領域、特に後の発達段階やより高度な水準に与える影響を考えると、そのような体験の欠如は否定的な結果しか生み出さないと仮定することができる。実際、我々が観察した、優秀（ギフテッド・アンダーアチーヴァー）でありながら学習効率のよくない子供の数が増えているのは、少なくとも一つには媒介者である両親や教師が自分を優秀児と様々な刺激の間に介在させる意欲がないためである。実際、媒介による学習が行われなければ、優秀な子供たちはあまりに早期に、あまりに狭い世界で自己投入を行い、自分の全注意力とエネルギーを専門の分野に未熟な形で投じて、自分の今後の能力の発達に限界を作ってしまうのである。価値ある努力に対する、子供の「ひたむきな」熱意を傷つけないように、これらはすべて細心の注意を以て扱わなければならない。しかし、知識を求めたいという子供の欲求と、その子が文化的に適応し、かつまた能力ある人間として成長することへの子供の（そして社会の）欲求が偏らないように釣り合いが保たれるべきである。

機能水準の低い子供を持つ両親が、教育方法としてＭＬＥを用いる最大の利点の一つは、親自身の持っている行動様式（それは、文化的に規定されたものであったり、独自の嗜好や様式によって作り出されたものである）を「出来合の」プログラムと置き替えることを要求されないことにある。独自の相互作用の様式を持つ親に対して、「成功している」他の親の相互作用のパターンを「強要」したとしても、得られる結果は非常に否定的なものでしかないだろう。自分なりのやり方や、慣れ親しんだ行動形態を必死に排除しようとしたあげく、結局元来の自分のやり方に戻ってしまい、強い罪悪感を持つことも少なくない。時には、独自の相互作用の様式が不十分で非能率的と判断されたことによってそれらを放棄し、一方で提案されたやり方を習得し得ないまま、学習に空白を生み出し、子供との相互作用の量と質の低下を招くというようなケースもある。

それに対して、ＭＬＥのインストラクターたちは、親にとって身近で、取っつき易い相互作用、しかも内容的にも日常の生活様式のレパートリーに属していて親しみが持てるようなものを推薦する。そうすることによって、相互作用の質は親にとっても一層身近になり、子供たちの認知構造の変容の可能性にもより強く影響を及ぼすだろう。

【注】

（一） Feuerstein, R., and M.B. Hoffman. 1982. Intergenerational conflict of rights: Cultural imposition and self-realization. Viewpoints in teaching and learning. *Journal of School Education* 58(1):44-63.

第7章　デビー

「染色体は人を打ち負かすことはできない」

（Les chromosomes n'ont pas le dernier mot）　C・バート（C.BERT）（1）

デビー（Debby）はダウン症の十八歳の少女である。

彼女は感受性が豊かで、向上心があり、幼稚園の先生の助手になるための準備に熱心に励んでいる。デビーのケースは本書が提唱する全ての教育上の技法と関連するものである。また、彼女の来歴は、両親が優しさと同時に必要に応じて「厳愛」を込め粘り強く積極的変容誘導アプローチを利用しながら、いかにして娘に学習体験を媒介したかを示している。

デビーが生まれた日の翌日、赤ちゃんに問題があるのを感じ取った母親は、主治医に娘が健常であるかどうかを聞いた。医師は、赤ちゃんは健康だが、ダウン症という染色体に関連のある重い疾患があると言った。当然両親はこの不幸な報告を聞いて完全に途方に暮れてしまった。特に他の四人の子供に影響がないよう、早期にデビーを家庭の外で養育するようにとの病院関係者からの提案を受けた時には心が混乱した。両親は一日中あれこれと議論を尽くし、そして専門家の意見を聞いた後で、デビーを自宅へ連れ帰り、他の子供たちと同様に自分たちの手で彼女を育てる努力をする決心をした。彼らは、このノーマリゼションの過程（normalization process）を始めるにあたって、ユダヤ教のしきたりに従って教会堂（シナゴーグ）で赤ちゃんに名前をつけ、他の子供が生まれた時と同様に家族全員でデビーの誕生を祝った。両親にとってデビーを自宅へ連れて帰ることは非常に思い切った決断だったが、両親（特に母親）は、そのことが自分たちの裡なる罪の意識と他人が示す同情心から逃れる唯一の道だと考えたのだった。

二週間後、発達障害と精神遅滞の分野に詳しい小児科医と相談をした。その診断の結果、デビーはダウン症であるが、筋緊張低下という症状を除いては健康な子であるということがあらためて確認された。娘の長期的展望について両親が医師に訪ねると「娘さんは遅滞児であり、この事実は変わりません。発達の観点から言えば、いくら努力をしてもそれほどの成果は見込まれないでしょう。ですから健常な子供がいる幼稚園に入園させようとしたりしないで下さい。事実、生涯特殊な施設で暮らさなければならなくなるでしょう。また、健常な子供と一緒にしようとしても無駄なことだし、娘さんにもあなた方にとっても、絶え間ない欲求不満（フラストレーション）の原因になりかねません」と断言した。このひと言がデビーの父親にとっての転機となった。彼はこのとき妻に向かって次のように言ったことを忘れない。

「この子に話したり歩いたりできるように教えよう。こんな子であってもどれだけの成果をあげられるかを見せてやろうじゃないか！」

医師の立場から言えば、彼の診断はダウン症児の未来に対して両親が抱いていた錯覚を打ち消すつもりで発したお決まりの警告だったのだろう。しかし、それを聞いた両親にとって、それはデビーの発達を促進させるためにはできる限りの方法で全力を尽くすことを決心する契機となった。

すぐに、私たちの研究所に所属している心理学者（本書の著者の一人）の指導のもと、デビーの潜在能力を最大限に引き出すための、主に社会的、身体的、コミュニケーションに関連する技能の活性化を中心とした体系的な介入過程が開始された。

デビーの筋緊張低下は介入にとって重大な障壁となっていた。それは彼女が環境を体験する際の妨げとなったのである。何らかの物体が彼女のすぐ傍にあっても、それらに手を伸ばそうとする能力に限りがあるため、その行動が阻止されることになった。これらの困難を克服するために、母親はまず自分を主な刺激の源とし、そしてこれらの相互作用の場面に家族全員が参加するようにすることでデビーと積極的な相互作用を行った。自分たちの顔の表情や発声を替えたり、デビーの部屋や家のあちこちに色とりどりの物を置いたりして、デビーの視線を捕らえようとする試みに多くの時間が費やされた。

この段階ではデビーは寝たままで動けず、目だけで「コミュニケーション」していた。母子間の強い情緒的なつながりが徐々に発達するにつれて、微笑みやその他の反応の形態が現れた。最初のうちデビーの反応はまばらだったが、母親の集中力の持続に伴って、デビーはより安定した反応の形態を作り出し、遂に母親や家族の他のメンバーからの刺激がないと苦痛を示すまでに至った。

デビーの両親が作った刺激的雰囲気は、家の他の子供たちの発育をも促進した。事実、デビーの教育的、社会的発達を促すために家族全員がお互いに支え合ったのである。この相互性そのものが介入の可能性をかなり増やし、媒介過程に他の大切な要因をもたらした。つまり刺激の源と媒介者の素質の多様性をもたらしたのである。このようにして環境は今までよりもさらに豊かで、より多くの成果が要求されるようになり、デビーは多様な刺激に対して適応し、さらに再適応させられるようになった。

特に集中して行われたことは、ボールや色あざやかな音の出るおもちゃとの相互作用の動機づけだった。これらの道具を取り入れた活動では、一緒に遊ぶ家族たちは意図的に目的に沿って言語を用いてデビーに説明した。このようにしてデビーは真似をすることと、分かち合う行動の発達を通じて多くのことを学習した。視覚に限らず、感覚のすべての様相に重点が置かれた。音を模倣させ、それを再現させたり、デビーの前に様々な物を並べて特定の物を手で触らせたり、物の名前を言わせたりした。また、物事を楽な状態で効果的に見ることができるように、機械や人の支えを借りて安定した姿勢で座らされた。デビーは始終新しい場所に連れていかれ、様々な人間や環境との相互作用を体験した。これらすべての体験を通じて、理解できる言語能力の発達を見るはるか以前に、デビーは自分の欲求や意志を効果的に伝達することを学習した。

彼女の身体的、動作能力の発達は遅々としたものだった。ダウン症の他の子供の発達の平均速度に比べて、デビーの場合、向きを変えたり、座ったり、這ったり、歩いたり、飛んだり、階段を上がったりなどの全ての動作は比較的遅い時期に現れた。そこでデビーの大筋肉、小筋肉関連の能力を伸ばすために早い時期から徹底的な物理療法が開始された。模倣をすることを通して舌の動きや発声を促した。事実、デビーが動く度にその動作を他の人が彼女に対して描写してみせるという媒介の方法を通して、言語が重要な伝達の手段であることを学習し、後の言語活動の確かな基礎が築かれていった。媒介による学習が明確に行われていたのである。

デビーが生まれてからの二年間は、両親にとって最も難しい時期だったと同時に、最も心躍る時期でもあった。その間、両親は集中的な介入プログラムを開始することに挑戦する一方で、多くの人々、特に専門家からの悲観的な言説に立ち向かわなければならなかった。それでも彼らはデビーの進歩に励まされ、自分たちの媒介的投入の効果を見出し始めた。我が子に現れた社会的適応能力は、両親にこの上ない希望を与えた。

言語の発達の遅れは続いた。ダウン症児の多くに見られるように、デビーは舌が口からはみ出ていて、食べ物を噛む時や理解できる音を発音する際の妨げとなっていた。これはよだれを流すというもう一つの問題を悪化させる原因ともなっていた。

その時期（理解可能な言語が現れ始めたのは三歳半～四歳の頃だった）のデビーの言語伝達技能はごく限られたものだったが、言語が意味するものが何であるかは分かっていた。また、非言語的相互作用はいっそう頻繁で徹底的なものになった。正常な行動モデルとの相互作用に基づく模倣は、学習とその強化の重要な手段となることが証明された。非言語的表現の飛躍的な進歩は、デビーの態度や身振りや動作を通じて表される彼女の意志——喜びや不満、そして欲求——を理解するように努めていた母親と他の家族のメンバーにとって大きな励みとなった。次第に、表現力のある言語が発達し始めると、お互いの相互作用が可能になり楽しいものとなった。

四歳の時にデビーは、まだトイレの訓練が不十分だったにもかかわらず、様々な場面で同級生に比べてうまく機能することができるようにとの思いから、三歳位の健常な幼児が通う私立の保育園に入園させられた。一般の保育園が好まれたのは、模倣できる正常な行動形態をデビーに提供することが大切であると両親が確信したからである。両親は娘の学校制度への統合過程の開始の時期が早ければ早い程、将来における社会的、教育的発達のためになると感じた。

デビーの発達にとって最も重大な要素の一つとなったものは宗教と文化の伝承だった。家庭も幼稚園も宗教との関わりが深く、相互に強化する活動を行っていた。宗教文化の伝承はデビーにしっかりした価値観の発達をもたらし、同時に彼女の社会的、認知的機能に有意義な影響を及ぼした。安息日や祭日のような宗教的行事が日常生活に組みこまれ、重要な要素となった。例えば、「過ぎ越しの祭り」は春と関連し、「神殿清めの祭り」は初冬と関連づけられていた。安息日に出される食事、特別な食材、そして家族独特の慣習は、儀式とともにデビーの教育にとって大変有意義なものになった。事実、毎週の活動の多くは安息日とその準備が中心だった。安息日に歌う歌を何度も練習し、その特別の日に向けてそれぞれの曜日の名を覚え、日数を皆と一緒に数え、毎日の出来事はその特別の日との接近度との関係に基づいて強調され、順序が決められ、意味が説明された。次第に、その日に備える母親の諸々の活動を見るだけでデビーは安息日の接近を予期することができるようになった。安息日を予測することによって彼女は過去に経験したことと現在経験していること、そして将来予期されることを結びつけることの可能な一つの次元を獲得した。デビーの教育において大切な枠組みである家族と保育園両方の根本的方針が一貫していることは、彼女の認知的、社会的生活の発展に寄与し得る諸々の要素の影響を拡大した。

大家族の緊密さは、デビーの発達の増進にとっての有力な根源となった。デビーに近寄る親戚たちは一人一人自分の名前をはっきり言い、デビーとの縁故関係（叔父や従兄弟など）を明らかにするように頼まれていた。このように、幼児期の早い段階に親族関係は社会的、認知的機能の媒介をするための有益な場となっていた。驚くべきことに、デビーはこれらの比較的複雑な関係を素早く学習し、五歳半頃には大家族制度を把握していたようだった。例えば、叔父と姪との相互関係を容易に言い当てることができた。実際、デビーに親族関係の定義づけや、その関係への適応を継続的に行わせることは、彼女の思考能力を活性化させるための大切な根源であった。

六歳の頃、デビーは違う環境、すなわち幼稚園に入る用意を整えた。当然、健常な子供と共に教育を受けさせたいという希望が両親にはあった。しかし、保育園の先生からの好意的な推薦書にもかかわらず、彼らはデビーを近所の小学校付属の普通幼稚園に入園させまいとする各方面からの強力な反対に直面することになった。市役所の関係者、心理学者、そして幼稚園の先生、それぞれが、デビーが他の園児と一緒になることへの反対理由を持ち出し、彼女のためにも他の園児のためにもよくないということを強く主張した。また、健常な園児の両親の大多数は、自分たちの子供を「健常でない」

子供に近づけたくないがため、障害を持つ児童を健常な子供と同じ環境に入れるという考え方に猛烈な反発を示した。この強い抵抗はデビーの両親にとって重大な問題となり、彼らは娘を正常な環境に置くためのこれまでの努力が無駄になるのではないかという危惧を抱いた。

他に手だてがなく、頼るべき最後の手段としてデビーの父親が園児の親たちとの話合いを求めた。長時間に及び不満の残る会合の最後に父親は言った。「友人の皆さん、私は我が子のために全力を尽くす覚悟で皆さんの前にいます。同じような状況が明日、あるいは明後日に皆さんの子にも起こらないとは限らないのです」。まるで魔法の棒がしなやかに振られたかのように、抵抗が崩れ、デビーは正規の幼稚園に入園することが出来た。

幼稚園にいる間、デビーはあらゆる面で進歩を遂げた。言語上の発達を促すために特別の教育的投入が行われた。言葉の発音の問題が次第に顕著になっていたのにもかかわらず、調音関係の困難に屈して会話を避けることのないように、コミュニケーションの主な方法として言葉を活用することが終始勧められた。デビーと話したり彼女の話しを聞くときには、忍耐をもって接するように他の園児たちは教師から指導を受けた。教師補の助けもあり、デビーは幼稚園の大部分の活動において上達し、それらに参加するようになった。

デビーの成長ぶりは、特に他の園児と効率よく相互作用する能力として表れ、同級の園児とその親たちのどちらにも密接なつながりができた。幼稚園を訪ねるうちに、園児の親たちはデビーを好意をもって受け入れることができるようになり、自分たちの子が放課後に家の中や庭先でデビーと一緒に遊ぶことを積極的に勧めるようにさえなった。多くの同級の園児は毎日のようにデビーの家に遊びに来た。これらの活動は彼女の養育過程や正常な社会行動を身につける上で大切な要素となった。

幼稚園で過ごした日々は、デビーにとってきわめて有益な時期となった。それというのも、「媒介学習体験」の具体的な方法について集中的な指導を受けた家族と幼稚園の先生たちとが一致協力して力を注いだからである。

例えば、体験したことを人に伝えたいという欲求を持たせるために、絶えずデビーに質問し、その出来事の原因や目的に対する理解度を増やすためにも彼女自身に詳しく話させるようにした。デビーは小さな成功に一貫性をもって報いられることによって、自分の能力に対する自信を高めていった。絶えず問いかけたり他の能力を高めるための努力はデビーの自信と好奇心の発達を促した。言語能力が発達すればするほど認知活動や社会との関係は多様化し有意義になった。さらに社会面、学業面の活動に同級生と共に参加するための動機づけを高める目的で、個人、集団の両面での遊びも採り入れられた。

幼稚園の期間中、デビーの発達を促進し、特に後半には公立の小学校に進級するための準備として、家庭教師による特別プログラムが提供された。彼女は週に三回、特別な教師の指導を受けた。二つの物を組み合わせたり、分けたり、それぞれの機能を比較したり説明したりなどの基本的な技能に始まり、教師はデビーを一歩一歩さらに高い機能の水準へと導いていった。習得した技能と精通するまでそれらを繰り返し、読書に必要な技術が除々に与えられるようになった。この時点では文字を用い、同一の文字を組み合わせたり違う字と区別をしたりその文字で始まる単語を結びつけたりした。

その間、デビーは放課後に家で復習をして毎日の活動に集中することを学んだ。度々先生ごっこをし、学校で習った様々な役割を兄弟や友達にも果たしてもらって、デビーは組織力と人の気持ちを上手に察知する才能を示した。家庭教師は約五年間デビーの勉強や、彼女の社会性の発達に尽力した。

機能上の自立は、デビーにとって幼稚園期の主要な教育目標となった。自らの人生を積極的に形成するという意味合いも込めて、現在の能力と将来の展望に関する決断は彼女自身を交えて議論された。これらの相談は勿論デビーの現状の機能水準と、彼女が興味を持っている領域に適応するように調整された。しかし、「運を天に任せる」のでもなく、デビーに代わって全ての決断をしてしまうことのないように絶えず葛藤が伴った。

学校に入った当初、デビーは媒介学習体験（MLE：第5章参照）の原理に従って教育された。MLEの三つの基本的特徴である、いわゆる志向性、超越性そして意味は、他人、特に大人とデビーとの相互作用の主なテーマとなった。しかも、「潜在的学習向性評価法」（LPAD：第13章参照）の原則に従い、媒介の成功の度合いが把握され、さらには発見された諸々の問題点を克服するのに必要な能力を促進させるための手段についても評価された。他の媒介者の指導に中心的役割を果たす両親に、それぞれの目標の達成と失敗の体験が伝えられた。

小学校一年に進学する時期はデビーの発達における重要な局面であった。両親は人数があまり多くなく、要求のレベルがそれほど高くない普通学校を捜し求めた。選定にあたっては、学校の雰囲気と教師の人格に重点が置かれた。幸いに、希望する学校はみつかったが、市役所の役人や心理学者、校長、一年生の担任の先生を納得させてデビーを受け入れてもらうため、またしても骨の折れる権利の主張のプロセスをやり直さなければならなかった。しかし、幼稚園に受け入れてもらった時の困難さに比べて、今回はデビーの幼稚園の先生から極めて有利な推薦を受けられたため、普通学級の一年生として入学させるかどうかについて決定権を持つ人々を説得するのは比較的容易だった。以前に、幼稚園に入園させてもらおうとして行った苦労が、後のノーマリゼーションの諸体験を作り出すにあたって役立ったのだ。

一年生を受け持つ先生の主な関心事は実際的な読書を習得させることだが、デビーの場合それは順調というには程遠かった。担任、家庭教師、兄弟、両親その他数多くの人々による集中的な努力を必要としたと同時に、読書や勉強に対して嫌悪感を抱くようになる可能性のあるものを排除する試みがなされた。読み方の指導にあたっては、文字の名前とその発音の仕方に始まり、すぐに単語の形成に移るという、音声学的方法が用いられた。読書の専門家と相談した結果、この方式はデビーの幼児期に重視された学習の機会に基づくため、成功する可能性が高いと考えられ、この方式に決まったのだった。

この時期、デビーは『認知能力強化教材（インストゥルメンタル・エンリッチメント）(ＩＥ)』を用いる長期のプログラムを開始した（第14章参照）。その頃のＩＥの教材は、当時のデビーの年齢や機能水準にとって不十分だったが、思考と学業に欠くことができないと思われる基本的な認知の前提条件を教え込むという目的で媒介活動が行われた。比較と識別という行為をマスターすることがこれらの活動の中心となった。これらの目的に利用された教材は多種多様で、大部分は『点群の組織化』と『空間的見当識』（第14章参照）のような視覚的、触覚的形態をとっていた。

文字を書くことはデビーにとって大変困難な領域であった。筋緊張低下のため、線を書いたり複写したりする時に鉛筆を使うのが難しかった。従って、器用に鉛筆を使えるように神経—筋肉組織の能力が発達するのを待って、文字を書くことを先延ばしにせざるを得なかった。文字を書き始めるのには一年以上かかり、読める程度の字が書けるようになるまでさらに約三年がかかった。その間、文章を書き写すこと、及び自分が書いたものを目読しながら、手本となる教科書の箇所を辿ることを教えるのに多大な努力が費やされた。

残念なことに、デビーに急速な進歩が見られ始めた頃、彼女の通っていた小学校が特別教育施設に転換された。両親は娘の環境を再び変えることに反対であったが、もしも障害を持つ児童とだけ一緒に勉強させるならば十分な進歩を継続させるのは不可能だと感じた。従って、健常な子供たちが通う他の学校を見つけて、デビーはそこに引き受けられた。そこでは読書力に困難があるため、そして社会的発達をさらに促進するためにも小学校一年の再履修を勧められ、両親は承諾した。偶然の出来事ではあったが、この判断は望ましい結果をもたらした。デビーは生まれて初めて同級生よりも高い能力を示し、時によっては読書の苦手な同級生を助けることができた。この肯定的体験をさらに強化するために、補修の教師に翌日の授業を前もってデビーと共に準備するように頼んだところ、この作業は定例化し、大きな効果を上げた。

デビーにとって最も難しい科目は算数だった。算数の基本を教えるのに何年もの間たゆまぬ努力が続けられたがあまり成果を挙げなかった。デビーはゼロの一般概念も含めて数字を理解するようになり、物を数えることも早い時期にできるようになった。しかし、デビーにとって最も難しいことは数字を自由に扱うことであった。幸いに五年生のとき、電子計算機を利用することを学び、すぐにうまくなった。そして以前挫折した簡単な算数問題を解くために必要なことを身につけた。

デビーは六年生になった時から毎日の参考資料教室での授業時間中に、一人の教師によって通常レベルの、だがより集中的なＩＥプログラムを施されるようになった。それに加えて、毎日のように補習の家庭教師とデビーの姉がＩＥを教えていた。その頃になっても、ＩＥプログラムの中の、ある課題にはまだデビーの理解力が及ばなかったが、次第に補足としての課題が定期的に導入さるようになった。デビーはこれらの活動に大変興味を示し、認知と動機づけの点において極めて有利な結果をもたらした。洞察力と論理的思考力は相当向上し、同様に言語で相互作用する能力も向上した。

同時期に「潜在的学習向性評価法（ＬＰＡＤ）」でデビーの状態評価を行ったところ、高水準の変容の可能性と潜在的学習能力を示した。この評価は両親と教師にとって教育活動のどこにどのように力点を置くかを定めるのに非常に重要であった。言語には引き続き重点が置かれた。例えば、用語の定義と類義語と反義語の学習を中心に指導が行われた。この媒介過程は強制的なものではなく、毎日の出来事と本人が興味をもっている領域を結びつけて、各々の相互作用を言語を教える機会に変化させた。

小学校で経験したことの中でも、同級生との関係はデビーの発達にとって非常に大切で、高度に建設的な要素であった。この点についていえば、特定の問題を手助けするために、教室でも校庭でも上級生による指導が採り入れられた。例えば、ある時には同級生ともっと仲良く交わることができるように、上級生の女の子がデビーの面倒を見た。他の児童との人間関係は心暖まる支えとなり、多くの同級生との強い絆が出来た。まれに体調その他の理由で欠席すると、友達はその日の宿題を自宅に届けたり、電話で話をするために時間を割いた。このように、デビーにとっても両親にとっても、学校は知的、社会的発達につながる強固な支えとなった。ある時、校庭でデビーが友達と遊んでいると、そこへ父親が立ち寄った。彼の姿を見つけると子供たちは皆側へ走りよって来て、その日デビーが黒板の問題を解くよう先生に呼ばれた時、誰の助けも受けないで正しい答えを書いたことを報告した。デビーの成功はクラスの全員にとって喜びに満ちた経験であり、両親にとっても有意義な出来事であった。以上のような経験は割合に頻繁に起こる。同じ教室にいるダウン症児のような児童が成功する様子を見て、同級生たちは多いに喜びを感じるのである。その子の成功を自分たちの成功と同じように感じ、その感情を両親や他者と分かち合うことを通じて皆を統合過程におけるパートナーにしていくのである。

小学校高学年の三年間、デビーの教育プログラムは強化され、分化され、科目ごとに異なる先生が受け持つ仕組みとなった。この変化は、先生一人ひとりと強い人間関係を作ろうとする傾向があったデビーを当初、多少困惑させた。しかし、教師陣の支持的な態度とすべての先生がデビーを特に気にかけていたことが、この困難を克服するのを助けた。数ヶ月が経つと、彼女は新しい状況に十分適応し、学校生活は順調だった。

デビーは成長するにつれて、学習における困難を克服することに持続性のある執着心を示した。例を上げれば、デビーは筋肉の寡緊張力と機能上のバランスに問題があるため、ジャンプをするのが難しかった。ある日、彼女は父親に縄跳びを買ってほしいと言った。それを買って貰うと、庭に行き、自ら進んで訓練を開始した。このことはデビーにとって重要な意味を持っていた。というのは、当時縄跳びは学校で頻繁に行われていたにもかかわらず、デビーはこの遊びに部分的にしか（つまり縄を握って回すだけしか）参加することができなかったからだ。何日間も練習を重ね、彼女はついにこの複雑な運動行動をマスターした。それ以後、デビーは毎日のように縄跳びの遊びに参加するようになった。自発的に学習することはデビーの人格的要素の中でも際立っていた。

デビーと母親の執着心は二人にとって大切なファクターであった。例えば、母親はデビーが七歳の時、正規のバレエ教室に入学させようとした。デビーを目にした教師は様々な「理由」をあげて拒んだ。デビーはひどく失望したが、入学のための努力をし続けるように母親を力強く説得した。先生と何度も相談を重ねた結果、三ヶ月の試験期間という条件で仮入学の認可を受けることに成功した。デビーはすぐに教室の生徒たちの中に溶け込み、身体的に不利であったにもかかわらず、踊れるようになった。事実、彼女はクラスの年末のバレエ教室の発表会に出演した。同級生が踊りの合図をのがすと、デビーは、影からその子になすべき動作の振り付けを教えて観客を楽しませた。バレエは、十四歳の時に留学のために両親とともに国を離れるまで続けられた。

小学校五年の終わりにデビーは多くの学友とともに地域の青少年グループに入会した。これは自律制と高度に組織化された多くの活動へ個人的に参加することを基本に、全く異なる社会的枠組みに対処しなければならないという点で、適応の新しい面を学ぶ場となった。入会の前、両親はデビーの現状、学習における困難、そして彼女の日々の幸せと将来的な発達へのカウンセラーの寄与の重要性について説明するために、グループのカウンセラー全員を自宅に招いた。カウンセラーたちの反応は大変積極的で、デビーは皆に受け入れられ、支持された。同じ時にデビーの同級生の幾人かが同グループに入会したことは、デビーが新たな環境に溶け込むまでの過程を円滑にし、グループの新しい仲間とうまく相互に作用できるようにした。補助手段として、特に初期の段階に個人指導が再び用いられた。次第にその必要がなくなると、彼女のグループへの統合は本物となり、デビーにもグループ全体にとっても大変有益であった。

デビーが十二歳になった時、両親の家でバット・ミツヴァ（訳注：[bat-mitzvah] ユダヤ教の女の子が思春期を迎える通過儀礼）の儀式が行われた。儀式には家族や友人など百人以上が参加してくれた。両親はその儀式を一、二年程延期しようかと思っていたのだが、デビーは慣習に従って決まった年齢で式を行うことを強く望んだ。参列者に対する父親のあいさつに続いて、デビーは観衆に臆することなく可愛らしさと自信をもって自分の言葉であいさつを述べた。その夜の参列者のほとんどが涙ぐまずにはいられず、立ち上がってデビーに拍手を送った。

約一年後、デビーはイスラエルのダウン症児として初めて形成外科手術（第10章で詳述）を受けた。舌が突き出ているためによだれが流れ出たり、鼻水が出たり、声が嗄れたり、話し方が非音節的になるなどといったいくつかの症状がこの手術でかなり軽減された。最初に病院に招かれ、手術についての説明を受ける間、デビーは注意深く聞き入っていた。診療室を出ると即座に鏡のところへ走りより、映っている自分の顔を見て、「私の何がいけないの。どうして手術が要るの？」と叫んだ。両親は、いけないことはない、本人の同意がなければ手術を行わないと言って安心させた。全ての関連事項が細かくデビーに伝えられた。数日間彼女はしつこく質問し、それらを繰り返しながら、不安の入り混じった極度の興奮を示した。ようやくデビーは母親のところに来て言った。「手術を受けることに決めた。私は女の子だし、美人なほうが結婚しやすくなるもの。」

手術の目的を大人の観点から捉えたのはデビー自身であった。一度決めると、それ以後の質問はなかった。事実、来るべき手術についての両親の恐怖や不安を度々和らげ、彼らの大切な支えとなった。形成外科手術プロジェクトは十一人の子供を対象として、三日間かけて行われた。デビーの両親は初日にしないほうがよいと思っていた。しかし、他の子供と共に最終診断を受けるために外科医に招かれた時、デビーは両親とも相談せずに、医者に「私は先生の手術を一番最初に受けたい」と言った。これを聞いて驚いた外科医はなぜ一番になりたいのかと尋ねた。すると「もし一番だったら、安息日まで病院に泊まらないで自宅に帰ることができるかも知れないでしょ。」と答えた。そしてその通りに

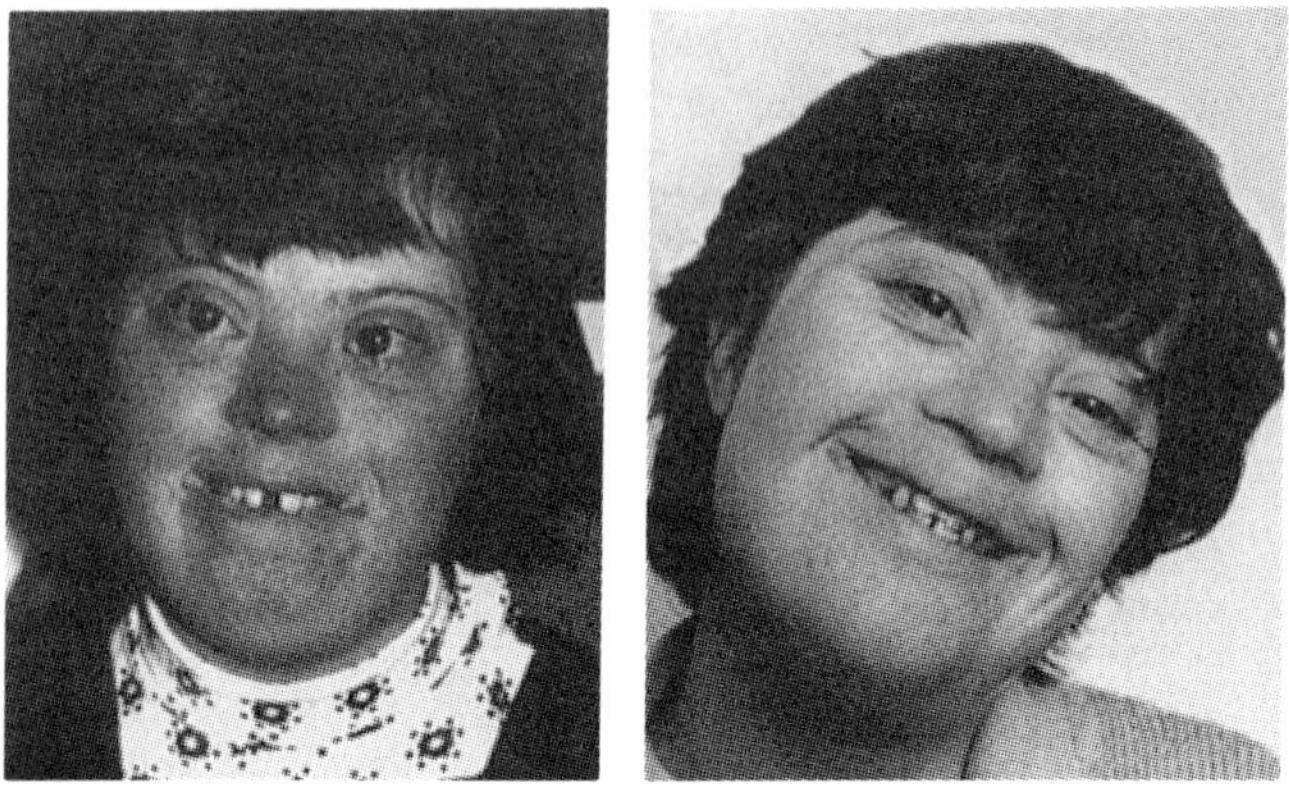

写真7・1　デビー：　形成外科手術の前と手術後

なった。デビーは一番に手術を受け（写真7・1参照）、安息日までに自宅に帰ったのである。

手術を受けて一年後、デビーは一年間の特別研究期間のため留学する両親とともにカナダへ出発した。普通学校にある特別学級に受け入れられたデビーは、一年以内に英語の読み書きと会話を学習した。現在でもデビーはカナダの友達の幾人かと英語で文通をしている。そしてその手紙は急いで書かれた時を除けば、考えが明確に整理された上で書かれている。

小学校卒業の際、イスラエルでダウン症児を抱える親たちによって構成される全国組織はデビーの教育に貢献した学校と、青少年グループに対して賞を贈った。デビーは教師やカウンセラーや友人たちへの感謝のスピーチを自分で準備し、三〇〇人以上の観衆の前に立ってそれを読み上げた。

デビーの両親が出産直後に小児科医の悲観的な予想をそのまま受け入れていたら、デビーの成功はあり得なかった。両親がデビーの変容の可能性と効果的な媒介者としての自分たちの能力を確信していたからこそ、幼年期と青年期の業績へ導くことができたのである。

現在、若き成人として、デビーは職業訓練プログラムに通い保育園の保母補佐として就職するために準備中である。なお、彼女は地域社会にもその一員として貢献しており、多くの活動に参加し、地域にあるユダヤ教会堂やその他の社会的活動に関わっている何人かの人たちとも友人関係にある。

ダウン症児の全てがデビーの様になるとは限らない。しかし、デビーのケースは、ダウン症児を変容不可能で、低い機能水準しか持てない者として切り捨てるべきではないことを示している。生まれてから二週間後に医師が下した悲観的な予想は全く根拠がなかった。デビーに起こった変化は、集中的な介入は必ず成果をもたらすはずだと言う、デビーと両親の固い信念によって得られたものである。粘り強い不屈の努力と権利の主張、そして体系立てられた様々な介入があったからこそ「染色体が人を打ち負かすことができなかった」のである。

デビーのケースは決して特殊ではない。むしろ、力を注げば、その結果として、どれほど価値のある体験がもたらされ得るかを示す好例だと言える。このことを強調するためにも人生の初期に集中的な介入を受けたダウン症児のタミーとジェイソンの二人を紹介したい（写真7・2参照）。

写真7・2　タミーとジェイソン

タミー（Tami）は乳児の時から広範囲にわたる親子間の相互作用を受けた。小学校の初日から健常な同級生と共に正規の学級に登校した。学校教育を受ける期間中を通じて、両親はタミーを支え続け、自分たちの体験を娘と分かち合った。昨年、我々は次のような手紙をタミーの父親から受け取った。

「今年のタミーの成果について報告させていただきます。ご存じの通り、娘は今十歳で小学校四年生です。

昨年は高学年に必要な技能をしっかり身につけるために、もう一年三年生を続けました。社交の面から言っても、自分より年下の子と一緒の方が居心地が良いようです。結果は最高だったと思います。これからご説明しますように、娘は今、四年生でよくがんばっています。小さな困難に直面した時も、優れた自己イメージを維持することができ、それによって自分自身を支えることができました。

小学校四年生というのは、アメリカでは難しい学年です。初めて、耳からではなく読書によって知識を得ることを要求される学年です。これは今でもタミーにとって難しいことですが、娘が抱えている数々の問題は四年生が普通に直面する問題とかけ離れていないことが分かり、安心しています。

今年、娘は良い成績をとるために大変努力しています。ほとんど毎日のように宿題を持ち帰り、親子で取り組んでいます。以前と同じ様に、書き方や算数のような技能中心の作業は割合に簡単にこなしているようです。提示される数学的概念を娘が納得する様子を見て、私は大変喜んでいます。数学の文章問題も割合に良く解き、足し算や引き算等をいつ行うかを理解しています。勿論、九九は完全に覚えています。社会科に必要な普通の表や棒グラフを読むことなどもよくできますし、地図上の緯度と経度を読み取ることもできます。

文法はかなり難しいようです。文法的に正しい英語を話したり聞いたりして、文の形式が正しいかどうかを直観的に判断することはできるのですが、名詞句や動詞句を選んだり、形容詞や副詞を見分けたりすることはもっと困難なようです。

概念がまとまった文章で表される理科と社会科はさらに難しい科目です。そのページを全部読めても、その内容が分からない時があるのです。社会科の教科書は文章の読みかたを教える目的を持っているので、たまに新しい単語をあらかじめ定義するかわりに、その単語の意味を文脈の中で明らかにさせようとすることがあります。しかし、私たちが時間をかけてその概念を説明すれば、娘はその意味を理解することができるということが分かりました。そして、それに関連するあらゆる質問に答えることができ、本当に理解していることを示すのです。特に私がうれしかったのは、社会科と理科の点数がかなり良いということです。

娘の記憶力はずばぬけています。社会科と理科は文章で表されていますので、その記憶力は大変役に立っています。専門用語の定義を暗記するのに何の困難もありません。彼女が言ったばかりのことの意味を理解しているかどうかを確かめるため、私たちの方で質問を出してみました。記憶力といっても、短期的記憶だけではありません。数ヵ月前に起こった出来事を極めて明確に記憶しています。私がいつも驚くのは、いくつかの科目に与えられた宿題の各ページ番号を同時に覚えることができることです。

自分が知っていることを整理しながら思い出す能力もずっと進歩しています。質問を受けている時も、先ず自分の記憶の中にある答えを探すかのように一呼吸おいてから返事をすることがよくあります。「ちょっと待って、考えさせて（Just a minute, let me think）」（『認知能力強化教材（インストゥルメンタル・エンリッチメント）（IE）』を用いるプログラムのモットー）と一人言を言っているように聞こえます。

読書は娘が一番苦手なことです。物語を読んで、主な内容や、あらすじを言うことがとても難しいのです。それ自体が物語の中心的な要素であるかどうかは別として、ある一つの出来事にこだわることが多いのです。一方で、何か質問を与えると、その答えを求めて何ページか読んでみて、それを探し出すことはできます。

文字を書くことも苦手です。筆記体で書くのですが（読むこともできます）文字がまだうまく形になっていないし、きれいに揃っていません。自分で筋書きを工夫しなければならない創造的な作文はもっと大変です。仲の良い姉たちに出す手紙でさえ固苦しく、内容の乏しいものです。

社交面は快適だと思います。人に対して感受性が鋭く、すぐに相手の身になって分別ある態度で接することができます。娘にとって友人との関わりは一番の楽しみです。娘は不服を言いませんが、私たちは友人がもっといればよいと思っています。同級生と一緒にいると大抵彼らに従うのですが、どちらかというと主導権を取りやすい年下の子供と一緒にいることを確実に好むようです。私たちの判断では、同級生は自分たちが脅かされない限りにおいて娘をとてもよく助けてくれます。次のクラスに間に合うように移動したり、下校前に自分の持ち物を整理したり、体育の時間の後に素早く着替えたりするために、しばしば手助けを必要とします。週末になると、同級生が度々我が家に遊びに来てくれたり、娘を遊びにさそってくれたり、誕生祝いに招待してくれます。同級生たちは娘と違った興味—例えば、着るものやロック歌手や男の子など—を持っているようですが、タミーはそれらに対して無関心です。

タミーは愛嬌を振りまいて人々や状況を操作することを覚えました。私自身も度々その手に引っかかります。先生もご存じのように、タミーは他人から世話をして貰う名人にもなっているのです。

娘は明るい性格です。大抵はとても機嫌がよく、あらゆる活動を楽しんでいます。一番の楽しみは友達と遊ぶことです。学校にも楽しく通っています。私たちから見て、友達の方が明らかに我が家に遊びに来るのに気乗りしない様子でも、娘はひるまずに友達と遊ぶ機会を作ろうとすることにこだわります。

ヘブライ語学校には週に合計七時間、平日の午後二日と日曜日に通っています。とてもよくがんばっています。ヘブライ語での読書は楽でした。記憶力の良さが、多くの単語を覚えるのに役に立っているのです。ヘブライ語と英語を切り替えるのも楽です。祭日とその準備が大好きで、特にヘブライ語の歌を歌うこととユダヤ教会堂に行くことを楽しみにしています。彼女は私たちの教会堂の青年団の正会員になっています。数週間前、若者たちが中心になって金曜日（訳注：ユダヤ教の安息日の前日）の夜に大人の集会が行われました。タミーも朗読する箇所がありました。家でそれを練習し、大変よくできました。その後、娘に緊張したかどうかを聞きますと、「ちょっと恥ずかしかった」ので、自分の方を見ている人たちを見るよりも本を見て下を向いているほうがよかったと答えました。

今年の秋からタミーは家庭教師と週に二回『認知能力強化教材（インストゥルメンタル・エンリッチメント）（ＩＥ）』を用いるプログラムを行っています。家庭教師は放課後家に来てくれ、毎回半時間位指導してくれます。今は『点群の組織化』とカレンダーのような材料に含まれる組織化に関する作業をしています。教師は繰り返し組織化することと計画性の大切さを強調し、タミーに宿題をノートに書き込ませるといった課題を与えています。事実、娘は相当計画的に動いています。学校の日程、直接帰宅する日と放課後にヘブライ語学校に通う日、自分の好きなテレビ番組がどのチャンネルで何時に始まるかをちゃんと知っています。ＩＥプログラムの効果を評価することは私にとって難しいことですが、娘はとてもよくがんばっているので、私たちは何も変えるつもりはありません。」

ジェイソン（Jason）は米国に在住しているダウン症の十三歳半の男の子である。彼を育てた両親は、息子を主に学習障害のある子供のための様々な介入プログラムに組み込んだ。その他にも、ジェイソンは親子間の相互作用を相当に体験していた。

最近になって、ジェイソンは両親によって我々の研究所に状態評価と指導のために紹介されてきた。

私たちは、つい先頃次のような手紙をジェイソンの母親より受け取ったところである。

「夫のチャールズと私は、あの忘れがたいエルサレム訪問の折りに受けた、先生方の暖かさと熱意とに今もなお感動いたしております。私たち自身が魅了され、精神的に成長させていただいたと同時に、息子のジェイソンと、彼の将来にとって今回の旅がどれほど重要であったかを思うと、まさに圧倒される気がいたします。

過去において息子が「教育可能な発達遅滞児」の施設にではなく、学習障害を持った子供たちの教室に入れてもらうことができたとき、私たちは嬉しく思いました。私たちはいつも、息子の（かなりの）潜在能力を伸ばすことが可能になるような、最大限に刺激的な環境と教育を受けているのだという気持ちを持つことができたのです。

息子が現在通っているクラスは、「言語学習教室」と呼ばれ、通常の中学一年の科目です。六人いる生徒たちは皆、息子と同年齢（十三歳—十四歳）で、全員何らかの学習障害を持っていると診断されています。同じクラスに、もう一人ダウン症の子供がいますが、これは息子の公立学校での教育体験の中で初めてのことでした。クラスには教師一人と助手が三人付いていて、子供と教員の比率は何と二対一なのです！ その他、関連のサービスとして週に三回、言語治療と適応のための体育科目があります。

クラスは学校の正規の活動への参加（昼食、休息時間、全校集会）を除けば、独立制です。読書に関して申しますと、ジェイソンの読解能力は初めから優れていたのですが、読んだ内容を理解することは相当困難なようです。彼は、複雑な言葉ゲームをしたり、単語を逆につづったり、クロスワードパズルを行ったり、ミュージカル・ショーで覚えたフレーズを歌ったりするのが大好きです。しかし、「内容についての質問」に答える能力には、どちらかと言うと限度があるようです。

数学で掛け算をする時に再編成する方法（例えば四、七六九×三五）を利用して、割り算と分数を習い始めています。息子にとって数学は楽しいもののようで、成績は良好です。先生は女性で大変な実践家であり、金銭の扱い方、食事の支度、予算のたて方など、生徒が日常の実際的技能を学習することを援助してくれています。作文や美術のように創造性の必要な分野の促進も行っています。ジェイソンは同級生に完全に受け入れられ、好かれているようです。全体的にみて、息子が成し遂げた進歩と、彼が身につけた積極的な態度に満足しています。

残念ながら、この啓発された教育環境を得るために息子は、自宅からバスで四十分もかけて通わなければならず、その結果、放課後に友達と遊ぶことはほとんどできません。なぜならば、友達は学校の近所に住んでいるのですが、息子は授業が終わるとすぐにバスに乗って一人で家に帰らなければならないからです。言うまでもなく、息子は家に帰って来ても、地域の学校に通っていないために、彼の顔を知る人はほとんどいません。私たちの家はどちらかというと他の家から離れていて近くに隣家が少ないので、息子にとって友達と遊ぶ機会は極めて不十分だといえます。

近くのいくつかの町は「特別教育レクリエーションプログラム」を実施する試みをしていましたが、人口が少ない上に、プログラム内容がそれぞれ異なっていたので、息子にとってはそのレクリエーションプログラムは、あまりに年齢対象層が広く、機能水準の範囲も大きすぎると思われることがよくありました。それは最適ということからは程遠いのです！

私たちはエルサレムにいた短い期間に、先生がジェイソンに対して奇跡のような進歩をさせたことを思い出しては、いまだに驚きを禁じ得ないのです。息子に内在するなどとは思ってもみなかったような成長の可能性と理解する能力を、彼の内に見出したのですから！私たちはもっと以前からＩＥ／ＭＬＥプログラムを知り、それを実践しなかったことをいまさらながら後悔し、大変残念に思っています。私たちがＩＥプログラムの概念と用語を知るようになってから幾分もたたないうちに、以前と違って、息子に新しい考え方を採り入れた概念を説明することは、それほど難しくはないと思うようになってきています。驚くべきことです！私たちは完全なＩＥプログラムを、できるだけ早く設定して開始したいのです。

私たちにとってさらに嬉しいことは息子が何かを理解したり、何か問題を解くために学習した技能と用語を自然に利用しているのを耳にすることです。彼がエルサレムの旧市街にある、石で築かれた西の壁を見て、ごく自然に「見て！壁は全部並行線でできているよ！（訳注：「並行線」はＩＥ教材のいくつかの課題に利用される用語である）」と言ったときには嬉しく感じました。息子が最近よく用いるのは「ねえお母さん、それらは似ているかもしれないけど、全く同じものと違うのさ！」という言い回しです。

先日、ジェイソンの前で、ある患者の悩みを知るために医者が用いるあらゆる手段について私たちが議論していた時のことでした。ジェイソンは、「どこが痛いの」と聞いたらどうかと提案しました。赤ん坊で返事ができなかったら医者はどうしたらいいのかと息子に聞くと、「医者は両親に聞けるだろう」と答えました。次に、「もし両親がいなかったらどうするの」と聞いてみました。微笑みながら息子は、「システマチック・サーチ（訳注：『体系的な捜査方法』ＩＥ教材の用語）をやって両親を探すよう看護婦さんに頼めばいいんだよ！」と答えました。

情報を掘り下げて、それを保持するジェイソンの能力は始めからすばらしいものでした。今までに彼の身に起きた出来事や事件についての彼の記憶に、私たちは一度も疑問を抱いたことがありません。しかし、思考や事物の概念化、そして真の類推のような未知の領域への挑戦は息子自身にとって恐ろしいもののようです。最近、ジェイソンは年齢にあった新しい本を読んでいますが、筋を理解するのが今までより困難なため、それらの新しい本に反発を示し始めています。ずっと前に何度も愛読した本（恥ずかしい程幼児向きの本）や何十回も観た映画のビデオのようなものに逃れる傾向があるのです。

エルサレムを訪れるまで私たちは、ジェイソンの能力からいって、こういった新たな、そしてより高度な困難に対処することは、単に彼の「力に余る」ことだと、すなわち、心理的に強度なストレスを起こさずにそういった物事を処理する能力が彼にはないのではないかと心配していました。現在ではそんな私たちの態度も変わって来ており、息子に学習のための資料をどう提示するか、そのために息子はどう準備すべきなのかということや、息子がどのような技能や戦略を身につけているかといったことが中心的な要素であると感じるようになりました。

今では、この大変重大な領域において、息子が進歩できるよう援助する教育の試みを期待しています。

ジェイソンの将来には何も期待すべきでないと医師から告げられて、私たちの息子との障害の克服への挑戦が始まった当初から、ジェイソンの挙げた成果の一つ一つが勝利であり、私たちにとって大きな喜びと誇りとなっているのです。ジェイソンと私たちは、現在全く新しい段階を迎える節目に到達しておりますが、息子が今後為し遂げる成果はこれからもずっと私たちを驚かせ、喜ばせてくれることを期待しています。そして、彼の試みの成果は、彼に充実した豊かな人生を約束するだろうと思うのです！

ジェイソンが今までに遂げたすばらしい成果が、実際には山のふもとの丘のようなものであり、その前方には努力と満足という、新たな素晴らしい峰が聳えていることを私たちに認識させて下さったことを、いつまでも先生に感謝いたします。本当に感激しています！」

一緒に話をしていると明るくて暖かいタミー、ジェイソンそしてデビーは、ダウン症という状況に対して、でき得る限りの力を尽くし、有力な媒介者となり、積極的に変容を誘導してくれる家族と環境に恵まれた。

しかし、タミーもデビーも、ダウン症児たちの内で最も見込みのある者として生まれたのではなかった。激しい寡緊張力は二人の発達を遅らせた。彼らが言っていることを理解することも困難だった。しかし説明と手紙に見られるように、彼らの認知的機能は高い水準に達したのである。ジェイソンの俳優としての演技（ドラマ『犠牲者（*Fall Guy*）』での演技）、また生徒としての熟達は、主に両親の根気強くゆるぎない媒介的相互作用によって培かわれたものである。最近になってジェイソンは、かなりの楽観主義者である両親が期待していたよりも、はるかに変容の可能性を持っていることが、彼に対するダイナミックな評価によって判明したのである。

この三人が生まれてきた変容誘導的な環境が彼らに及ぼした影響は、彼らの柔軟性や学習能力そして努力目標においてのみならず、彼らの社交能力の質にも見られる。

彼らはダウン症児全員のためとは言えなくても、それらの人々のうち何人か（おそらくかなり多くの人たち）のために、積極的変容誘導アプローチ、粘り強い媒介、そして『認知能力強化教材（インストゥルメンタル・エンリッチメント）（ＩＥ）』

を用いるプログラムを通して成し得る効果を体現している代表的存在なのである。この三家族は、次のようなメッセージを送っているのである。

「ダウン症児をあるがままに受け入れないで下さい。その子を愛するが故に、その子の変容を促し、その子の人生の質（そして自分たちの生涯の質）を向上させて下さい。」

【注】

（1） Bert, C. 1983. *Le monde de l'仕 ucation*, 51-52.

第8章　そして、すべては可能である*

＊本章はデビーの結婚後一九九五年に執筆された

言葉のもっとも肯定的な意味において、デビーは「闘志」にあふれた人である。彼女は絶えず進歩しようと闘い続け、自分の目標を達成するため、そして人生をより意義深く楽しいものにするために深甚な努力を行っている。また、自分にとっても他の人々にとっても有用な強い動機づけを生まれながら持っている。普通の家庭生活に深く根をおろし、自分の周囲にいる人々と同じようになろうと努めている。彼女は、結婚をして自分の家庭を持ちたいのである。そのことを目標に掲げ、行動上でも、社会に対するものの見方においても、自分の意にかない、彼女の宗教的理念や人生観やおおらかな性格や社会的位置付けを考えた上で、仲良くやっていけそうな青年を捜すのを手伝ってくれるようデビーは両親に強く求め続けた。

しかし、ことはそう簡単にはいかなかった。世間の抱く不信感や固定観念に根ざした態度を乗り越えることは容易なことではない。過去二〇年の間、ダウン症者に対する態度が大幅に変化してきているにもかかわらず、特に親密な関係を築くことや、まして結婚に関しては数々の不安が未だに残っている。世間の持つ不安の多くは事実に基づくとの理由で正当化されるものであり、それらを無視することはあらゆる意味において不利である。

結局、デビーの両親は障害者専門の結婚紹介所に依頼した。デビーは最初の面接で大変良い印象を与えた。紹介所は近いうちに検討に必要な具体的な提案を後日伝える約束をした。だが紹介所の積極的な態度にもかかわらず、その約束は実行されなかった。おそらく、ダウン症者がさらにもっと一般社会に受け入れられるようになるまでには、その前になすべきことがなお多いからという実利的な理由によるのだろう。

しかしデビーと両親の祈り、そして彼女の希望や向上心を実現させるための絶え間ない努力は最後に奇跡的に報われたのである。ハシード宗派（Hasidic）である父親は定期的にラビ（Rabbi＝ユダヤ教の司祭）と面会していた。会うと大抵、ラビは家族の問題や関心事について尋ねた。ある時、デビーの結婚への期待が話題に持ち出された。注意深く聞いていたラビは次のように言った。「私に名案がある。きっと神様が助けて下さるだろう。」

ラビは教会のもう一人の信者に電話をかけた。電話に出た人はラビの言葉に注意深く耳を傾け、ただちに障害児を持つ二人の父親の間に連絡ができた。すぐに両家の親同士の対話の場が設けられ、その後も多くの相談が連続的に行われた。両家族は言葉の上でも共通点を見出し、互いに理解と尊重をし合ったのである。

結果的にいえば、デビーの家から数マイルしか離れていないところに、同じ様に息子の障害と限界を乗り越えるために闘っているもう一組の両親が住んでいたのである。こちらの家族の場合、息子が生まれてまもなく行われた外科手術が、彼の運動機能と集中力と思考の速度に影響を及ぼしていた。しかし、その後の両親の継続的な息子へのはたらきかけと支援が大変肯定的な結果を生み出していたのである。両親は息子に、彼らの宗教的伝統を教え、彼を暖かく明るい人物に育て上げることに成功していた。彼らの息子のマーカス（Marcus）は、今では頼りがいがあり、多くの面で自立している人である。エシーヴァ（Yeshiva= ユダヤ教の宗教学専門の学校）で勉び、遠近両方の見当識がしっかりしているので、独りで旅をし、お金の扱い方を知っており、純粋で愛想のよい人物である。音楽、特にハシード宗派の歌を聞いたり歌ったりすることを好んでいる。このように音楽がお互いの共通の趣味とし楽しみの場をつくり、二人の若者の相互作用の中心点の一つとなった。

デートを重ねて数ヵ月後、デビーとマーカスはお互いにとても気に入っていて、良い夫婦になれるだろうという結論に達した。彼らはこの素晴らしいニュースを両親に伝え、双方の両親は明らかに感激し、新しい試みに対して全面的に支援することを申し出た。双方の家族は交際を深め、そして婚約のパーティが準備された。それは、思いやりと懐かしさに溢れた感激的な経験となった。デビーの最大の夢の一つは実現され、彼女の友人や知人たちは、両家族とこの二人の若者たちが踏み出した大胆な一歩に対して喜びと賛嘆を禁じ得なかったのである。

若い二人が相互関係を築き育む過程を見ることもまた、胸を踊らせることだった。二人の相互作用はやさしさと情感の表現に溢れていた。世界中にいる他の若いカップルと同様、彼らは何時間もの間一緒に座り、将来の計画を練った。お互いを大切にし、尊重しあって、自分たちの将来に対して明るい展望を抱いていることは明白だった。

結婚式は今から二ヵ月前、親族や近隣の人々、そして親しい友人たち約五百人の列席のもとに行われた。デビーとその両親は、彼女の教育やその闘いに何らかの関わりを持った人々全員を探し出して式に招待しようと努めた。その結果全員が式に出席し、彼らがデビーたち親子と共に体験した些細な、しかし意義深い出来事を思い返しては話し合ったのだった。その場に集まった人々を見て、いかに多くの人たちがデビーの教育に関わり、その全段階を通じて尽力したかということを改めて実感するのは素晴らしいことだった。

結婚式そのものは、楽しさの溢れる独創的な経験となった。デビーは、花と愛情と親しい友人たちに囲まれて花嫁の椅子（キッセイ・カレ）に座っていた。美しいウエディングドレスを着た彼女は、文字通り喜びと幸福に輝いていた。

椅子に腰かけている間、デビーはまだ花婿を見つけていない女友達や病床にいる友人たちの名前を書いた紙切れを取り出した。それらの名前を読み上げながら彼女は、彼ら友人たちのために特別な感情を込めて神に祈りを捧げたのである。この習慣は、結婚当日に新郎新婦のすべての罪が許され、誠実な人間として捧げる祈りは神に酌量されるという古来からのユダヤ教の伝統に由来するものである。この光景を見守った人たちは皆、デビーの気高い行為に心を奪われた。来客の大多数はただ、そっと頭を巡らせて流れる涙を拭うだけだった。

その後花婿は両家の父親によって、花嫁の頭にベールを掛ける式へと導かれた。楽団の奏でる曲は人々の心を揺さぶりつつ、楽しさと悲しさを交えたフィナーレで結ばれた。幸福な新郎新婦はお互いをやさしく見つめ合い、ユダヤ民族の伝統に従って花婿は花嫁の頭に薄いベール――これが彼女のウエディング・ベールとなる――をかぶせた。

次に、花婿はチュパ(Chupa=白い肩掛けで被われた、ユダヤ教の伝統的結婚式が執り行われる東屋)へと戻った。演奏はリズムのある朗らかな曲に変わった。来客はすべて歌を歌い、若者たちはいくつもの輪をなして踊りながら目的のところまで後ろ向きに進み、それから花嫁のところへ戻り、同様な踊り方でチュパへ導いた。おごそかな沈黙の中でラビは結婚式を執り行ってから、会衆は七つの典礼祝祷の内の最後の祝祷をささげてラビに敬意を払った。式の終わりに会衆は、次の有名な詩篇を朗読した。

エルサレムよ、もしわたしがあなたを忘れるならば、
わが右の手を衰えさせてください。
もしわたしがあなたを思い出さないならば、
もしわたしがエルサレムをわが最高の喜びとしないならば、
わが舌を上顎につかせてください。
(『詩編』137番《訳注:旧約聖書》の第5、第6節)

式の後、来客は心を喜びで満たし、目には涙を浮かべながら果てしなく踊り続けた。楽団はこの特別な光に合わせて曲を演奏した。興奮と熱狂とともにハシード衆派の踊りを踊ることによって、来客たちは皆、この若い夫婦とその両親の今日までの人生の苦闘が報われたこと、そして素晴らしいイベントに自分たちが参加でき得たことに対する感謝を表現したのである。参加者それぞれがその喜びを自らのものとし、その強烈な雰囲気には一種の緊張感がみなぎっていた。

デビーたち一家の親しい友人の一人は、これほど素晴らしくて特別な結婚式は、それまでの人生で一度も経験したことがないと言った。他の人々も「世紀の結婚式」に参列しているのだと感じていた。しかし、もっとも力強い言葉は、来賓として招かれたラビの一人が帰宅する際に、デビーの父に言った次のひと言であった。

——神様ご自身がこの式に列席し賜わったのだ。

両家の親たちは喜びと満足を分かち合っていた。彼らの子供たちが価値ある人生を獲得するための長い苦闘の始めには夢にも見なかった出来事を、積極的な参加者として今、目のあたりにしたのである。同様に両家の兄弟姉妹、そしてその親族の誰もが大いなる満足に包まれ、両親たちに対する彼らの貢献と継続的な支援が、この二人の素晴らしい人間の教育への支援とともに十分に報われたのだと感じていた。究極的にはデビーとマーカス双方の家族のメンバーすべてが、この人間の為し得た偉大なる業績へと至った共通の大胆なプロセスに参加することを通じて、豊かな人生を得ることができたのである。

デビーとマーカスの結婚が、我々全員にとって驚異的な事例であることには疑いの余地がない。それは我々に勇気と、粘り強さと、継続と、希望と、そして物事に対して楽観的であることの必要性を教えてくれる。いかに最悪の状況のもとであっても、強い信念を持って行動するならばその努力は有益であり報われるということ、そしてすべては可能であるということ、また、可能にできるのだということを教えてくれるのである。障害を持つ子供たちにより質の高い人生を確保することが、援助を求めて努力してきた多くの人々が直面してきた苦しい日々へのもっとも素晴らしい報いなのである。デビーとマーカスの例は今後多くの人々の模範となるべきである。

第9章　ダウン症児の幼児教育と両親*

＊本章の著者はジョン・ラインダースであり、プニーナ・クライン（Punina KLEIN）の寄稿も含む

アーニー（Arny）は、自分の肩を妻がやさしく押さえる感触で目を覚ました。午前四時だった。妻のヘレン（Helen）は、毛糸の帽子を耳が隠れるまで深々とかぶり、服をすっかり着てベッドの側に立っていた。彼女は「あなた、目を覚ましてちょうだい。陣痛が十五分間隔になって来たの。」と小声で言った。その時が来たらどうすればよいかを以前から頭の中で何回も何回も復習していた彼は、すばやく服を着た。しかしその瞬間になってみると、準備ができていないような気がして、よろめきながらズボンを履いてガレージにかけこんだ。「どうしていつも赤ん坊というのはこんなに朝早く産まれるんだろう。」彼は自動車をスタートさせながら自問した。ヘレンは小型のスーツケースを手に持って助手席に乗り、それまでに見たことのないような輝くような表情で夫の顔を見た。ヘレンがアーニーの目を見つめた時二人の間に行き交ったものは、彼ら夫婦が、地上において限りなく近づくことを許された天空のように高く、また無限の宇宙のように果てしない何かであった。それは、全く新しい命の始まりへの夢だったのだ。その夢の中では、彼らの子供は（熱心なアマチュア・

ゴルファーである二人同様）腕のよいゴルファーになり、（二人が進学したように）大学に進み、（経営学の修士号を得た夫と同じように）実業家として成功しているはずであった。

五時間十七分後― 産婦人科医のサミュエルス（Samuels）医師の言葉によって、二人が抱いていた夢はうち砕かれた。

彼らが受けた傷は、時とともにやわらぐことはあっても、決して完全には癒されることのないものであった。というのも、サミュエルス医師は、待合室で八杯目のコーヒーを飲んでいたアーニーに向かって男の子の父親となったことを祝うと同時に、確実とは言えないが、生まれたばかりの子供は、染色体に関わる、古くは蒙古病という名称で知られていたダウン症候群の疑いがあると穏やかに伝えたのである。医師は、診断結果を確認するための検査を依頼した旨をアーニーに告げた。

アーニーはそのしらせを聞かされた後のことは漠然としか覚えていない。しかし、病室のヘレンのベッドの傍に立って泣いていた彼の顔に妻の手が触れた時、その手がどんなに暖く感じたかは鮮やかに覚えている。

健常な子供の親となる夢が挫かれた時、アーニーとヘレンは、このダウン症を持った我が子が実り豊かな人生を送れるようになるために、自分たちは何の手助けもできないのだという結論を下してしまった。彼らと、その息子のトマス（Thomas）（そして将来ダウン症児の親となるであろう夫婦たち）にとって幸いなことに、二人は間違っていた。トマスのためにできることは数多くあったのである。

実際、アーニーとヘレンが最初にすべきことは、あまりにも誤解されているダウン症について、より正確な情報を手にすることだった。一〇〇年以上もの間、ダウン症者は教育不可能で、依存性が高く、時に人間以下のように描写されてきた。ダウン症者は本来、特に本書に提示されるような介入と媒介を経て養成されるならば相当の潜在能力を発揮できるのであり、このような誤解は実に残念である。

依頼したトマスの血液検査の結果が検査室より報告されたきた時、サミュエルス医師はアーニーとヘレンに会い、明らかに彼はダウン症であることを説明した。幸いにサミュエルス医師は経験から、必ず問われる（または問われるべき）質問の山に答える用意ができていたのである。このような事情において、その質問と答えはたいてい次のような形をとる。

問1　ダウン症とは何か。その原因は何か。誰の責任か。予防はできたのか。医師は何を根拠に子供がダウン症であるというのか。再び起こる可能性はあるか。（無作為的に起こるのか。今後生まれて来る我が子は全てダウン症なのか）。

答え　ダウン症は染色体異常によって起こる。それは妊娠以前の卵子あるいは精子の細胞分裂における欠陥、もしくは卵子が受精して間もなく分裂し始めた時点において起こる異常の結果として生じるもので、この状態の子供は各細胞に染色体を一つ余分に持っている。

染色体というのは、複雑な「ジッパー」に似た化学上の紐で、ジッパーのそれぞれの「歯」はジッパー全体の記号化された部分である遺伝子に相当する。遺伝子はそれぞれ異なる情報を持ち、各遺伝子自体が複雑な化学的構造を持っている。染色体を最大倍率の顕微鏡で観察することは可能であるが、最大級の顕微鏡を用いても遺伝子を把握することはできない。

　各生命体はそれぞれ独自の遺伝コードと染色体の一群を持っている。その染色体の大きさや形、各細胞に含まれる個数、その他の特質によって、ある生命形態は他の生命形態と異なるよう規定されるのである。通常、人は染色体が四六本あるのに対して、ダウン症者の場合染色体が一本余分にある。どうしてこのようなことが起こるのだろうか。人間の場合、受胎時に両親が二三個ずつ染色体を提供し、正常な場合は各細胞に二個を一対として四六個となる。しかし、父親または母親の染色体が正常な形で分離しない場合がある。つま

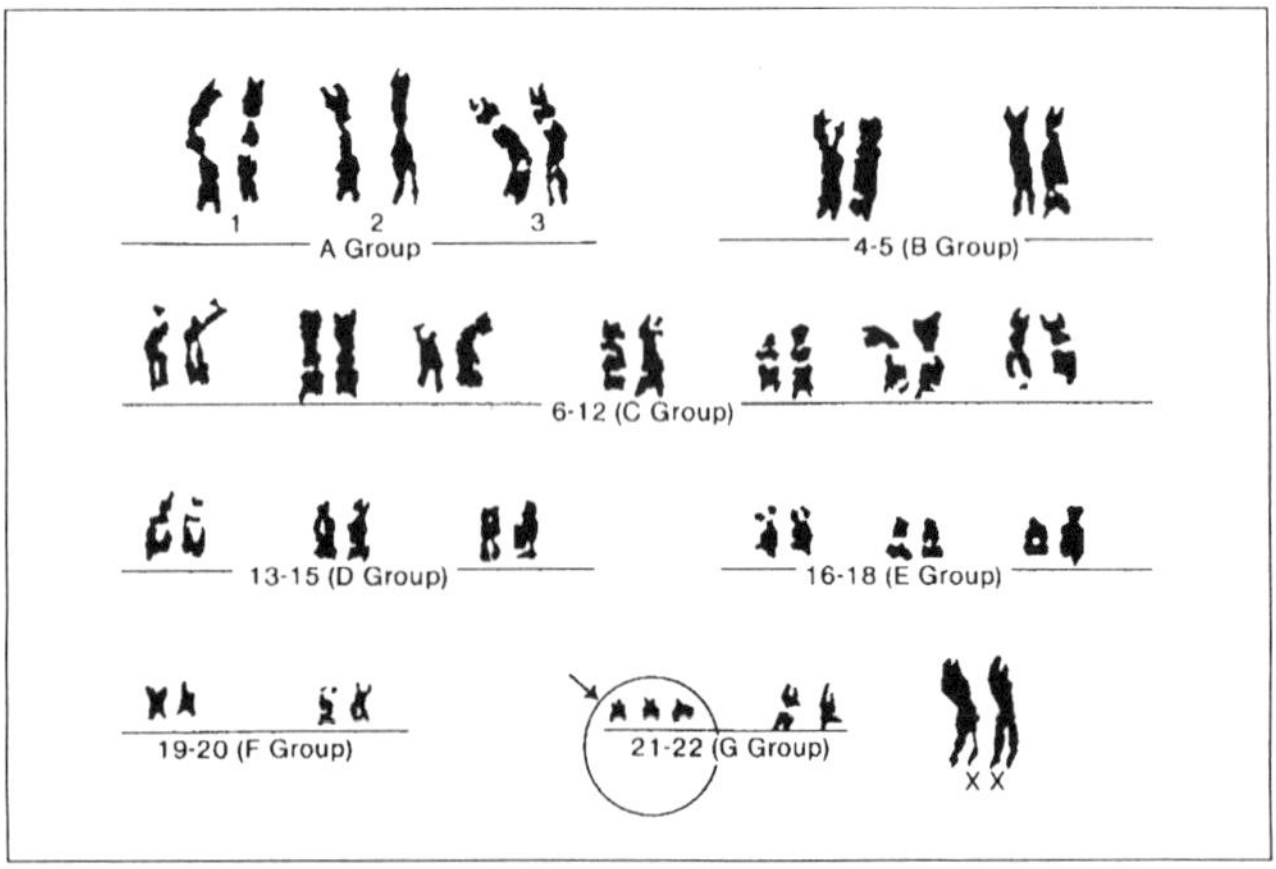

図9・1 ダウン症の女性の染色体図（カロタイプ）。（矢印が指す○の中は第21番染色体が一個多い）図はダウン症全国大会（National Down Syndrome Congress）発行のパンフレット『ダウン症』に掲載されたカロタイプの写真に基づく。

り、受胎前に染色体が通常の形で半分に分裂しなかったため、胚を構成する新しい細胞に染色体が一個余分に運び込まれるのである。この状態は「染色体の不分離」または「分離の減退」と呼ばれる。以上のような仕組みによって、胚の各細胞、そして最終的に新生児の全細胞に、正常児の場合の四六個ではなく、四七個の染色体が存在することになるのである。

各染色体は、それぞれが大きさ、形、そして遺伝子の組合せなどにおいて異なった性格を持っている。ダウン症が起こるのは、ある特定の（図表では第二一番目）染色体が互いに固着して、正常の二個一対型になる代わりに、三染色体型が作り出されているからである（図9・1参照）。

もし図における第二一番目でなく、例えば第十三番目の一対が三染色体型になると、その子供にはダウン症ではなく、他の特定の症候群が表れるだろう。

不幸なことに、医学者たちはまだ、先述の細胞分裂の際の異常の原因を発見していないが、母方、父方*のどちらも原因となりうるし、どちらかの親の高齢化、特に母親の年齢との間で相互的関係にあることが分かっている。その他に分かっていることは、この異常は偶然発生するようであるということだ（片方の親がその保有者であるまれな例、つまり転位型ダウン症の保有者である場合を除く。夫か妻のどちらかにダウン症の親戚がいる場合、夫婦のどちらかが転位型のダウン症の保有者でないか

＊　ダウン症児の内、少なくとも約二五％程が、余分な染色体は父親によってもたらされたことが判明している

どうかを確かめるため、妊娠する以前に専門家によるカウンセリングを求めることができる）。このように、夫婦にとってダウン症の予防策は、避妊や遺伝についてのカウンセリングを受ける以外にはないのである。

女性の出産適齢期（たいてい二〇代の半ば）に、千件に約一件の割合で†ダウン症児が生まれるが、母親が四五歳以上の場合、ダウン症児が生まれる割合は新生児四〇人中約一人である。従って、高齢出産の女性にとって、たとえ四〇代の後半または五〇代の前半になっても、その確率は一対一の割合にならないとしても、二〇代の半ば以降年齢を重ねるごとにダウン症児が産まれる確率が増すことを知っておくことは重要である。

ダウン症かどうかを検査するのには、子供から採取した血液サンプルを利用する。この検査は、試験所において細胞分裂が可能な特別の環境でサンプルを培養して行われる。細胞分裂が開始した時点で細胞を死なせ（分裂を停止させ）、染色体の特徴が目立つように化学物質で細胞を処理し、染色体が図表に従って並べられるように高倍率に拡大して撮影する。この検査によると、ダウン症の九五％が染色体の不分離が原因となって起こる。残りの五％の場合は、一個余分の染色体はいわば自由に漂っているのではなく、他の染色体に付着するのが原因となる。これは先述したように、まれに起こる

＊　ダウン症を持つ胎児の内、五例中四例は自然流産する

転位(トランスロケーション)という状況である。一方、ダウン症の中でもモザイク型とよばれる形態が、他のケースと同様まれに発生することがある。モザイク型とは、身体の全細胞ではなく、一部の細胞が余分の染色体を含む状況を意味する。モザイク型のダウン症児は、平均して機能の面で一般的なダウン症児と比べて身体的、精神的により少なく影響を受けるが、機能する能力と正常な細胞の割合との間にはほとんど関連はないようである。科学者たちは、現時点では染色体の不分離や転位、そしてモザイクの原因は分かっていないが、近いうちにこの染色体の異常分離の実体が解明されると確信している。

ダウン症児の親になった人々が知っておくべきことは、ダウン症の原因となっているのは、母親または父親が直接提供する正常な第二一番目の染色体である。言い換えれば、その染色体は他の場所から来たものでも、他人から来たものでもないし、欠陥のある「悪い」染色体でも不健全な染色体でもないのである。理解すべきもう一点は、染色体は両方の親から提供されるので、その子供はたとえダウン症であっても両親やその他の家族と似ていることである。その子は、一人一人が人間らしく個性があるように、両親にとってかけがえのない子供なのである。

子供がダウン症かどうかを知る手掛かりは、多くの場合出生当日、または出生後数日の間に表れる。産婦人科の職員が、赤ん坊の顔に少しでも東洋人的な要素を見て取った場合、ダウン症にしばしば付随する他の特定の身体的特徴が、新生児に表れているかどうかを確認する(蒙古病という名称はここから来ているのだが、これは人種意識的な誤った連想である。実際には真性の東洋人とダウン症の人の顔との不同性は明らかであるからだ)。例えば、アーモンド状の目、目頭に折り重なる皮膚のひだ、低い鼻梁、広く平らな頬、短い耳、筋肉の柔らかい感触（フロッピネス）（緊張低下）、内側に曲がった短い小指、首のまわりにたっぷりと付いた皮膚、そしてモロー反射―赤ん坊の体を支えている手を急にはなした時、健常な赤ん坊が示す筋肉の緊張によって現れる反射―の有無などを調べるのである。以上の徴候のうちの一つだけがあっても、あるいはいくつかの徴候が見られても、ダウン症であると確定的な診断を下す根拠にはならない。なぜならばこのダウン症児にこれらすべての徴候（全部で五〇以上ある）が表れるとは限らないし、障害のない子供にダウン症に典型的とも言える徴候が一つでも見られる例もあるからだ。すなわちダウン症か否かの確認は、その子供の染色体を調査することによってのみ得られるのである。

問2　この問題はどの位深刻か（自分の子供と遊ぼうとしても、相手から反応が得られる望みがないのではないか）。

答え　ダウン症よりも子供の発達面ではるかに恐ろしい染色体の異常がいくつかあるが、決してダウン症も軽視すべきではない。

研究員のグループによって作成された表9・1は、子供がそれぞれの年齢にどのような身体的、社会的、言語的発育を見せるのかを子供たちの両親が知る上で役立つはずである（1）。この表が示すように、健常児と比べてダウン症児は、各々の発達領域において遅れがちになる傾向がある。しかし、

	健常な子供がそれを行う平均的な時期（月齢）	ダウン症児がそれを行う平均的な時期（月齢）	ダウン症児がそれを行うようになる時期の幅（月齢）
言語能力			
「ママ」「パパ」という	10	24	12-40
簡単な指示に従う	18	41	26-60
二つか三つの言葉を、自然に組み合わせる	21	42	24-69
三語文を言う	24	46	30-60
運動能力			
寝返りをうつ	5	6	30-60
一分間支えなしで座ることができる	8	11	6-30
這う	10	17	8-34
立ちあがる場所へ自分を移動させる	10	18	12-30
つかまり立ちをする	11	17	9-36
すぐに自分で立つ	14	22	12-44
つたい歩きをする	13	22	11-48
自力で歩く	15	25	15-50
自力で階段を上がる	18-24	38	26-48
自力で階段を下りる	24-30	42	32-52
自己管理能力			
ある程度自分でものを食べる	9	24	9-42
自分でグラスやコップを持ち上げて飲み物を飲む	21	30	18-48
完全に自力でものを食べる	18	35	18-58
服を着る（簡単な衣服）	24	44	22-86
自力で服を着る（靴ひもを結んだり、ボタンをかけたりすることを除く）	36	66	36-102
トイレの習慣が始まる	36	66	36-102
小便の習慣が始まる	18	24	12-40
排便のコントロール	24	38	15-50
ひとりで顔や手を洗う	42	56	39-86
ひとりで歯を磨く	48	58	48-69

次の研究発表データの数値(概数)に基づく。元の研究に含まれるいくつかの能力については、ここでは省略した。K.Fisher, J.Share, and R.Koch, "Adaptation of Gesell Developmental Scales for evaluation of development in children with Down syndrome (mongolism), "*American Journal of Mental Deficiency* (1964) 68:642-46

表9・1　言語、身体、そして自己管理能力に関しての、ダウン症児と健常な児童との比較

同じダウン症児でも、幅広い差異があることに注意すべきである。言い換えれば、健常児と同様にダウン症児の成長も著しく個別的なのである。さらに言えば研究の結果から、ダウン症児、特に幼児期に指導を受けた子供たちは、学校教育が可能なレベルで機能し、生産性のある趣味を持ち、貢献的な家族の一員となり、地域社会において幅広く受け入れられていることが分かる。それゆえ、彼らを教育不可能で技能のない、非生産的人間だなどと型にはめて表現することは非現実的かつ不幸な事態である。しかし、医学を扱った教科書でさえも、誤ってダウン症児を低機能で活力のない者として描写することがたびたびある。例えば、ある著名な心理学者はダウン症児について次のように述べている。

ダウン症児たちの中には簡単な会話や雑用を覚える者もいる。しかし多くの場合、話すこともできず、小さなかすれた声でうめくことができるに過ぎない。また、根本的な自己管理以外はほとんど何も身につけることがない。これらの子供たちは機能水準の低い他の子供に比べてやさしく、素直である。彼らは身体的に多くの欠陥があるため健康状態はよくなく、ほとんどが成人に達する前に亡くなる(2)。

このように、ダウン症児の知能の分野に関する期待はしばしば誤ることがある。就学年齢に達しているダウン症児の大半は、たとえ重度でなく中程度の知能障害しか持たないにせよ、同級生や先生たち、時には両親によってさえもその能力が過少に評価されることがある。それは大変残念なことである。なぜなら、今日ダウン症者たちは、特に質の高い積極的変容誘導介入を長期的に受けた場合には、教育、職業、自立性などの分野において成功を遂げているからである。従って、症状が「消える」見込はなくても、楽観視できる理由は十分にある。このことは次の質問へとつながる。

問3　ダウン症に治療法はあるのか（子供が正常になれるような、どんな奇跡的な治療法でも捜したい）。

答え　生まれた時、細胞に四七の染色体を持って生まれてきた子供は、生涯その染色体の数はかわらない。ダウン症となる基礎的な組織は、胚が発達する初期の段階に既に作られるので、全ての細胞から余分な第二一番目の染色体を奇跡的に除去することができたとしてもダウン症は消えないのである。それでもなお、根本的レベルにおいてダウン症を治すことができなくても、子供の発達の能力を最大限に啓発することは、変容を誘導する積極的な努力を通して追求することができる。

ダウン症児の両親は子供が生まれた時にはあえて聞かないかも知れないが、第四の質問は次の通りである。

問4　私たちの赤ちゃんは長く生きられるのか。そしてその子の人生は有意義なものになるだろうか。その子は社会に対して価値ある貢献ができるようになるのか。

答え　六〇年前まで、ダウン症児が青年期まで生きることはめったになかった。主な死因は心臓病と伝染病であった。医学知識の発達や、抗生物質の出現、そして心臓手術を含む心臓疾患の治療の進歩に伴って生存率は劇的に変化している。特に重度の心臓の疾患を持つ子供の場合でも、幼いうちに死ぬ危険性がまだかなり高いものの、その時期が過ぎるとダウン症児でも多くは成人期まで生きられることがあるようになった。

次に、価値のある人生を送れるかどうかという問題がある。ダウン症児を持ったばかりの両親たちは、ダウン症があたかも極度に異常な状態であるかのように取り上げた内容の本や雑誌から、ダウン症に関する時代遅れのゆがめられた様々な先入観を持つようになることが多々ある。例えばダウン症について語るときに、「蒙古人型の薄弱児」(3)、「未完成児」(4)、または「モンスター」(5)などのような、気の滅入るような表現が過去一三〇年間にわたって用いられてきた。彼らの人間としての地位さえもが疑問視されてきたことを示す例として、少なくとも次の二例をあげることができる。

一九二七年に、ある本の著者はダウン症という状態は非人間的な種、すなわちオランウータンへの堕落であるという考えを持ち出した(6)。一九六八年に他の本の著者は、妻に先立たれ、その喪失感に悩んだ末にダウン症の我が子を施設に入れる決意をしたある父親を慰めるつもりで、次のようなことを書いた。「〇〇家と同様の事情を抱える人たちは、ダウン症児を処分する場合（その「処分」が、子供を施設に隠し預けることを意味するものであれ、もしくはもっと責任感の伴う「死」を意味するものであれ)、その処分に対して罪悪感を抱く理由はないのである。悲しいことである。恐るべきこととも言える。しかし罪悪感は伴わないのである。真の罪悪感は人間に対する犯罪にのみ起因するものであり、ダウン症患者は人間ではないのだから。」(7)。

遅かれ早かれ、ダウン症児の両親は自分たちの感情と取り組む上で最も深く、そして多分最も苦しい思索を必要とするであろう。彼らが夢見た、生まれる筈だった健常な子供の喪失を嘆くことはこの過程の一部なのである。ある両親は、神は自分たちが犯したある罪への報いとしてダウン症の子を授けたのだと思うかも知れない。彼らには時間をかけて次のように考える必要がある。つまり、いくら信心深い者であっても、どんなに愛情に満ちた親であっても、ダウン症児が生まれる可能性はあるのだ。感情が深刻になるにつれ——この過程は時間がかかり、経験豊かなカウンセリングの助けを要するが——同時に両親は、自分たちが子供の症状と取り組めるかどうかを判断するための、事実に則した情報を得る必要がある。

短期的な対処の仕方は当然の事ながら、退院後子供を自宅に連れて帰るか、それとも養子に出すか、あるいは保護施設に入れるかといった問題と直接関わってくる。これらは次の質問につながる。

問5 生まれたばかりの子供を家に連れて帰るべきか。その子は兄弟姉妹の人生にどのような影響を及ぼすだろうか。

答え　ダウン症児の両親のなかには、最初のショック状態と抑うつの時期から立ち直ってからも、自分たちの子供を真の意味で愛することのできない人々がいる。自分の子供を明らかに深く拒否している両親に、その子を養育するように「強制」することは全く不適切である。事実、それは心理学的観点からみても両親にとってもその子にとっても不健全である。しかし、そのような両親のダウン症児に対する「拒否」は多くの場合、最初のうちは両親に子供を家で育てる意思が乏しくても、その子を長期的視点において育てる方法を学べば、子供を自宅で養育できる可能性があるとカウンセラーは認めている。できればダウン症児を、せめて幼い間だけでも両親の手元で育てるべきだと信じるものである。それはなぜか。いくつかの研究結果によれば、幼いころに両親のもとで育ったダウン症児は平均的にみて、大規模な保護施設で育った子供と比べてよりよく発達するからである（8、9）。

ダウン症児を自宅で育てる場合、その効果は、両親がその子自身の欲求だけでなく、家族全体の欲求を考慮に入れた時に最もよく表れる。機能水準の低い兄弟姉妹がいるということは健常な子供にとって特別の理解を必要とする困難な場面に直面することが時々はあるだろうが、ほとんどはそれほど緊張せずにその状況に適応できるのである。例えば、心理学者のマーガレット・アダムス（Margaret ADAMS）によれば、十代および思春期前の少年たちは、機能水準の低い兄弟姉妹に対して、かなり高いレベルにおいて現実的な受入れを示すが、この挑戦的実態の時期に、彼らは大人の補足的な注意と支えを必要とする（10）。

兄弟姉妹の適応または不適応は、初期に示される両親の態度によって左右される。もし両親がダウン症児に対して敵意を持たず、その態度に恐怖心や罪悪感や無知が見られなければ、その子は兄弟姉妹にうまく受け入れられる見込がある。いったん初期の適応困難を乗り越えた後も、兄弟姉妹はさらなる困難に直面しなければならない。例えば、家庭外における心ない人々による不愉快な発言といったことなどである。アダムス博士は、障害を負った子供の世話をする両親のプレッシャーによって、その家庭の他の子供の欲求が抑圧されることがあり得ると指摘している。事実、健常の兄弟姉妹が情緒的になおざりにされたり、家族内での不自然な役割（「小さい母や小さい父」といった役割を与えられること）や、著しく社会との接触が限定されることによってその発達が損なわれる危険性がある。しかし、家族全体が積極的に団結して協力すれば、ダウン症児自身も家族全員も得るものがあるだろう。

本章のはじめでアーニーとヘレンの息子トマスがダウン症を負って生まれてきたことを述べた。産婦人科医のサミュエルズ医師が二人にそのことを打ち明けた時二人の夢は失われてしまった。最初のショックから回復し始めると、二人は先述したのと同様の質問をするようになったのである。サミュエルズ医師がすべての質問に答え、アーニーとヘレンがお互いに話し合い、また、両親や親しい友達、そしてダウン症児を持つ他の親たちと相談するという過程を経た後、夫妻は転換期に到達した。つまりトマスを家に連れて帰り、精一杯現実に取り組む決心をしたのである。その危機的な時点を境に、二人の関心事は将来に対する課題へと移った。すなわち、トマスには幼児教育サービスが必要だろうか。学校に通えるだろうか。友達ができるだろうか。就職の可能性はあるのか。成人したら一人の大人として親と離れて暮らせるだろうか。自分の性を適切に処理することができるのか。結婚はどうだろうか。問題外だろうか。我々が死んだ後トマスはどうなるのだろうか、ということである。

まずここで、一人の最初の問題である幼児教育サービスの必要性を取り上げる。

幼児期の教育

我々研究者は、ダウン症児たちのための幼児教育の重要性を固く信じている。しかしながら、幼児教育に取りかかるための最も効果的な方法について未だ知られていないことが多いということも認める。この点については、以下に手短に述べる、ダウン症児を対象とした幼児教育に関する八つの研究の成果が、種々の介入方法とプログラムを通じて、知能、言語、または他の発達領域において統計学的に重視すべき変容が相当な一貫性をもって得られるということを証明している。しかし統計学的有意差でもって一つのプログラムが他のプログラムより有効であることを示すだけでは、完全な「有意性」をもつ差異を示すこと、つまりダウン症児とその両親、さらには社会全体にとって文化的に重要かつ関連性があり、継続的で価値ある差異を示すことにはならないのである。

障害をもつ幼児の教育について学んでいる学生たちが、異なったプログラムのそれぞれの効力を判断する方法をより明確に把握でき、プログラムの結果を評価する際に経験するジレンマを認識できるよう援助する目的で、ジョン・ラインダーズ（John RYNDERS）は頭文字（ＦＲＩＷＡＦＴＴ）を用いた。それは、一九六〇年代より現在に至るまでの、アメリカにおける幼児教育運動を総括的に分析したものである。

「ＦＲＩＷＡＦＴＴ」はことわざの「Fools Rush In Where Angels Fear To Tread（愚か者は、天使すらもあえて踏み込まぬところに飛び込んで行く）」の頭文字で構成されている。最初の頭文字の「Ｆ（愚か者）」によってラインダーズは、ドンキホーテのようにいさましくて愛情にあふれ、野心を持った尊敬すべき人格を体現するつもりであったことを強調する。しかし、仮想の敵と戦ったドンキホーテの努力のように、多くの初期幼児教育は勇ましく、愛情に溢れ、野心に満ちた苦労を伴う一方で、それらは相当に素朴な色彩をもっていた。

頭文字を三つの部分に分けると、それぞれを幼児教育運動のおよそ十年間に当てはめることができる。最初の三つの頭文字〈ＦＲＩ〉は、一九五〇年代の後半から一九六〇年代の前半にかけて、経済的に貧しくストレスの多い家庭の子供のために開始された「ヘッド・スタート・プログラム」（Head Start programs）のような幼児教育プログラムへの強い関心と投資を象徴している。〈Ｆ〉は幼児教育運動初期の熱意と希望を示す「情熱（フィーリング）」の象徴、〈Ｒ〉は初期に幼児教育計画に投資された巨大な「財源（レヴェニュー）」の象徴、〈Ｉ〉は「無知（イグノランス）」の象徴で、道しるべとなる基本的な経験、方策のガイドライン、そして研究の成果がないまま広大な教育運動が発足した場合の、ある種の善意の無知を意味するのである。例えば、初期の「ヘッド・スタート・プログラム」の理論的根拠のなかには、麻酔をかけた生まれたばかりの山椒魚と、麻酔をかけていないものの動作パターンを観察して得た「根拠」に基づいて、体育系の活動提供を正当化しようとする意図が見られた。このような研究の結果に基づいて、障害を負う子供たちのための効果的な教育を形成することは考えにくいことだが、当時それ以外に土台に使える材料はほとんどなかったのである。

この〈FRI〉期の直後には、十分な情報に基づく十分な土台がないまま、急激に進歩することを過剰に期待されるという流れによる、やむを得ない結果が現れた。すなわち、〈WAF〉期である。つまり〈W〉は「浪費（ウエイスト）」、〈A〉は「未熟な（アボーティヴ）」試み、〈F〉は「見せかけの（フラッシー）」結論の象徴である。この一九六〇年代の後半から一九七〇年代にかけての特徴は、幼児期に刺激を与えるプログラムが瞬時に始まった（そしてしばしば瞬時にして消えていった）時期だという点である。これは、時には風変わりな道具の調達のために資金を無駄に使ったり、子供の知能が目覚ましく進歩することを約束して派手に始まり失敗に終わる一時的なプログラムでしかなく、子供の必要とする衛生、安全、そして安らぎという根本的要素に、あまり重点を置かない時期だったのである。また、都会に住む少数民族に属する貧困家庭の子供と広く関わった時期でもあった。そのような子供たちは、経済的に恵まれていなくても、豊かな文化的民族的背景があるため、それを活用することで、刺激的で有意義な活動を展開することができたはずであった。だが、彼ら固有の価値ある民族的文化的遺産は度々無視されたのである。「より大きな、より優れたアメリカン・ドリーム」を作り出すための衝動は、たとえそれが善意に基づくものでも、その動機は教育的観点や社会的観点から見て常に効果的であるというわけではなく、むしろ個々の対象者にとっても運動の夢にとっても有害であったことに教育者らが気付くまでには相当の時間がかかった。

しかし、この〈ＷＡＦ〉期が過ぎるにつれて、教育者たちははっきりと実態を認識するようになる。むしろ歴史が彼らに追いついたと言うべきであろう。これが幼児教育運動の第三番目の十年間（一九七〇年代から一九八〇年代にかけて）で、すなわち〈ＴＴ〉期である。〈Ｔ〉の一つは資金の「節約（タイトニング）」を意味し、もう一つの〈Ｔ〉は初期教育の制度を「整理すること（タイディング・アップ）」を意味する。有意性を確立するためにより多大な努力を注ぐ必要があるという趣旨に基づいて、幼児教育運動の効果に対する慎重な楽観論が今日存在している。

ダウン症などの障害を負った子供たちのためのプログラムの、六十年にわたる発展を振り返ってみて、我々はただ単に教育者が全米の障害のある子供にｃａｔの正しい綴り方を教えることができないという理由だけで、その幼児教育運動が歴史から消えてしまうことはないと確信している。それよりも、教育者が障害のある子供たちとその両親のもっている文化的要素を無視したり、窮屈なスケジュールを親に強制したり、強い作用をもたらすような活動を強調したり、親子が好む相互作用の様式や日常生活を無視したり、子供の発達の一般原則に反するなどの行為を続ければ、幼児教育運動は消滅するだろう。そのような方向は絶対に避けるべきである。幼児教育者は結局、障害のある幼児を抱える家族が大変苦しい時期に介入しようとするが、その時期とは子供自身の発達が危ぶまれる状態の時であり、また事態に取り組もうとする両親の能力が微妙な時期である。

介入の意義を深めるために役立つ方法には、ダウン症児とその親との相互作用の重要性を見極めることや、その作用が度々決裂する原因を見極めることにある。ある研究員は、ダウン症児は健常な子供と比べて母親が発する声などに対する反応が鈍く、母親たちの発声行動パターンと子供の関係が希薄であることを指摘している(11)。例えば、(健常児と比較して)ダウン症児は母親が声をかけても、その声に対してあまり注意を示さないことが多い。つまり、母親が声を発するのと同時に子供が喋り、会話の中での母親と子供の会話の順番を混乱させているのである。このような協調性のない相互作用が、母親がダウン症の我が子との間で行おうとしている、円滑な会話の流れや会話のキャッチボールを難しくしているのである。ダウン症の乳児が母乳を吸う際の反応が弱い場合にも、母親は授乳に伴う困難の結果自己懐疑を起こし、それが母乳を与える際の相互作用をさらに損うという結果をもたらすことがある。この二つの問題はしばしば、自分が行っていることに対する母親の意識をより鋭敏にし、その状況を修正するための具体的な解決策を提案することによって容易に解決する。

以上のような結論は、保護者と子供との協調性のある人間関係の流れの重要性を重ねて強調するものである。事実、親子関係の発展は「お互いを抱きしめ合うこと」だと考えることができる。つまり親子三人が離れられないように結びついており、一人一人がたくましく成長することは他の二人も同じように成長することと極めて密接に関連しているのだが、このような相互依存的関係は十分に理解されていないことが多い。例えば、ダウン症の乳児を抱える両親において、子供への授乳が難しく、その際に子供が笑顔で反応を示すのが遅かったばかりに、社会的にも知的にも刺激を与える形で子供と遊んだり世話をしようという欲求が起こらなくなることがある。

ここに情緒（生き生きと笑ったり話すこと）と知性の相互関係を特に扱った二つの研究がある。そのうちの一つは、両親とともに暮らし、両親から創造的で社会的な刺激を受けている十四人のダウン症の乳児を扱った研究である。この研究において、次のような指示を両親に与えた。例えば、「太く低い大きな声で、一秒間隔にブーン、ブーン、ブーンと言ってみて下さい」とか、「三秒間、赤ちゃんの頭の横から髪の毛にやさしく息を吹きかけてみて下さい」とか、「赤ちゃんがあなたの舌を手で触るまで舌を出して下さい。（必要に応じて、触りやすいように赤ちゃんの手を動かして）そして赤ちゃんが舌を触った瞬間に舌を早く引っ込めて下さい」などである(12)。

この研究の結果によると、ダウン症の乳児はこの活動に対して、健常児と同じ順序で笑って反応を示したが、同じ反応を示すようになるのに前者は後者より数ヵ月遅れた。ダウン症の乳児も健常な乳児と同様に、身体的に接触するものに対してまず笑い、高度な知的判断を要するものに対して笑うのは後であった。事実、広く知られている乳児発達テストで評価をすると、知性の発達は情緒の発達と並行して進むものであり、情緒の発達のレベルに従って予測される。さらに、情緒、知性、動作の基準の面では極めて個性的な一貫性が見られ、発達の遅れも含めて発達が本質的に体系的であることを立証している。

第二の研究では、社会的変動要素と知的変動要素の相互関係を取り上げており、ダウン症の幼児が、鏡に映る自分の姿を察知する能力の発達を調査している(13)。対象は、生後十五ヵ月—四八ヵ月のダウン症児五五人である。実験中、母親たちは自分の子供を鏡の前に二〇—三〇秒間座らせ、子供一人一人の行動をチェックリストに基いて注意深く観察し、記録を採る。チェックリストには、鏡に映る母親の姿を眺めたり、笑ったりふてくされたりするなどの情緒表現、音や言葉を発するなどのコミュニケーションの努力、手を叩いたりキスをするなどの動作的行動があげられている。この実験で非常に重要なポイントであったのは、子供が鏡に映る自分の鼻に顔料がついているのを予想どおりに認識をした後、自分の鼻を触るという反応をすることであった。この反応の観察は次のような手順で行われた。子供が自分の姿が鏡に映っているのを見た後、母親は子供を後ろに向かせ、風邪を引いている時のように鼻を拭く振りをして、代わりに緑色の顔料を子供の鼻に付けた。そして子供に鏡の中の自分の姿を見せたのである。以上のような手続きの中で、母親たちは終始静かに無表情でいるように指示された。

心理学者たちが予測したように、一般的な幼児の知性発達テストでの評価は、ダウン症児たちの知性の発達の遅れ方と、鏡の中の自分たちの姿を認識する能力の発達の速度には関連があることを示した。例えば、一歳一〇ヶ月の健常児は、鏡の中の自分の顔に顔料がつけられ変化しているのを見るなり、鏡の方を向いたまま自分の鼻を指差す行為で自分の姿を察知する能力を示した。その結果とは逆に、ダウン症児のなかで発達テストで点の高かった者でも、一歳一〇ヶ月で同じ反応を示した者は極めて低い割合に留まった。それにもかかわらず、全般的に言って、それぞれの子供の発達年齢（歴年齢に限らず）の結果を比較した時、ダウン症児の社会的適応の発達は正常児のそれと並行していることが示された。

以上の二つの研究から、子供の発達の決定的な要素の中でも「社会性」と「知性」の二つの要素は全く異質のものではなく、相互に関係し合っていることが明白であるといえる。更に、親子間の相互作用が子供の発達に重大な役割を担っていることも明らかなのである。なぜならば、子供の命を支えるだけでなく、その発達に刺激を与える役割をも果たすという意味において、親は幼児期にある子供の人生に最も大きな影響を及ぼす存在だからである。そのため、ダウン症の子供とその両親との間の円満な相互作用を確立することは互いにとって重要であり、本章で度々取り上げる「有意性」(meaningfulness)への道を開く糸口となっている。

では、子供の発達に関する特定の実験プログラムにおけるインパクトという点から見た、幼児教育の効果に対する問題に触れてみよう。最近、早期の介入(インターベンション)に関する研究の結果がコンピューターを用いた文献検索によって集められており、幼児教育の利用価値に対する我々の熱意を増加させているが、本章で述べたように、幼児教育を完全に有意義(meaningful)なものにするために未だ多くの課題が残っている。

本章で取り上げるために、幼児教育の文献の中からいくつか研究を選ぶ際、我々は質的コントロール一覧表を用いてそれぞれの研究の長所や短所を判断した。この手続きによって、各研究結果が偶然に得られたものではないことを証明するために、それぞれの実験方法が厳密な調査に耐え得るものだけを選択したのである。

研究の中から五〇以上の例を選抜してふるいわけ、更に十分な実験法を有すると思われる八つの研究を選択した。その最初の研究では、十二ヵ月から三三ヵ月のダウン症の乳児をもつ母親たちに、行動変容の技能（例えば子供が上手にできたことに対して母親がシステマティックに言葉や笑顔で褒めるなど）を通して言語や自分の身の周りのことをこなす能力や動作能力を促進させる方法を研究者が教えた(14)。やはりダウン症の幼児で構成された治療を行わない第二のグループは、ただ通常の健康管理に関するカウンセリングを受けただけだった。プログラムを開始して六ヵ月後の時点で、治療を行ったグループには言語の発達の面で有意差が見られたが、他の領域には有意差は見られなかった（訳註：「有意差」は統計学の専門用語で、ある結果を重視するか否かを示す）。

第二の研究では、研究者たちは個人行動の変化を追跡し、言語面における発達が一語文の段階にある学齢期前のダウン症児二人に、いわゆる「軸語（ピヴォット・ワード）」と「開いた語（オープン・ワード）」で構成された二語文式（例えば「食事が終わった」の二語のうち、「終わった」は軸語といわれ、「食事」は他の語と適当に入れ替えることができることから開いた語といわれる）の言語表現を教える試みを行い、それは可能だという結論を出した(15)。この教育方法は遊びの形式をとっており、まず名詞をいくつかと動詞を一つ子供に教える。そして玩具の自動車などを箱に落とし、子供が適当な二語を発言した時にその玩具を箱から取り出すという内容だった。二人の子供は軸語と開いた語で構成された二語を発することを学んだだけでなく、後に訓練されることなく同様の言語表現をいくつか発したのである。

第三の研究グループは、ダウン症の三―五歳の子供六人の親たちに、彼ら自身が言語のトレーナーになるよう指導した(16)。このプログラムは子供の言語表現をより長く、複雑なものにすることを目的としていた。親たちは、遊びや物真似や会話を刺激の手段として利用したのである。この研究の結果は、子供たちの言語表現の長さと複雑さの点で有意差を示した。

第四番目の研究では、二歳三ヶ月未満のダウン症児二一人を、毎週二回、一時間にわたって言語と動作の発達を中心とした刺激プログラムに参加させ、同時に両親たちにこれらの活動を自宅でも促進するように指示した(17)。研究の結果によると、先のプログラムに登録されていなかった十六人の子供と比較して、訓練を受けた二一人の言語、動作能力に進歩の有意差は見られなかった。

第五番目の研究グループは学齢期前のダウン症児を対象にしており、命令表現(例えば「床にボールをバウンドさせなさい」)で始まり、続いてその動作の実演と動作に関連する合図の言葉を組み合わせて示し、最後に動作を指示する言葉だけを言って終わる(18)。この研究では、治療を行わなかったグループに比べて、治療グループの子供たちの言語表現には有意差が見られた。

本章の著者の一人も関わった第六番目の研究グループは、親子間の相互作用における体系的な遊戯活動を通じて、子供の言語発達を促進するプログラムを用いた(19)。これは、五歳までの新生児三五人のダウン症児が対象で(そのうちの十七人は治療グループ、十八人は非治療グループ)、全員生後自宅で暮らしていた。この研究プロジェクトは「教育(Education)を通じて発達、成長(Developmental Growth)を拡張(Expanding)する＝EDGE(Expanding Developmental Growth through Education)」と名付けられた。治療グループの親たちは、構造的な遊びを学習として行った。その学習の中では、扱いやすい物やおもちゃ（ブラシと櫛と鏡のセット、人形、クレヨン、ゴム手袋など）を利用した相互作用的な遊びや、その物やおもちゃの一つ一つを連想させる言葉のリストを含む、段階に応じた活動順序や、読書のレディネスを進めるために作られたそれらの写真を用いた。

五年間このようにして刺激を与えた結果、治療を行ったグループの知性と運動の発達に有意差が見られた。しかし、プログラムのカリキュラムの中心だった言語発達に関しては、二つのグループとも非常によく似た結果が現れた。従って、EDGEカリキュラム自体は支持されないまでも――その結果、カリキュラムは当時出版されずに終わり、それを将来にも出版しないことになっている――、その研究結果はダウン症児の幼児教育を全般的に支持するものとして解釈されたのである。

第七番目の研究では、スウェーデンの小さな保育所で暮らすダウン症の学齢期前の子供十六人に対して広範囲な刺激活動が行われた(20)。この研究では社会的情緒と動作に対する刺激が特に重視された。十八ヵ月後、治療グループは非治療グループと比べてその改善に有意差が見られた。更に一年後、刺激の影響は治療グループ全体には見られなかったが、言語力と動作能力の治療を受けていた一人ひとりにはその影響が残っていたのである。

ここで採り上げる最後の研究は、物理療法の技術に基づくアプローチに注目している(21)。ダウン症児二〇人（一〇人は治療グループ、一〇人は非治療グループ）で構成され、子供一人ひとりに対して定められた目標に沿って物理療法が行われた。その目標は「ひじにもたれて、頭を四五度に傾けて、うつぶせに寝た位置に十二秒間そのままでいなさい」というような内容であった。各々の訓練は子供の自宅で行われ、期間はおよそ四〇分間、週三回九ヵ月間行われた。治療期間が終わった時、全ての領域においてではないが、治療グループの子供に有意差が認められた。つまり、一人ひとりの目標の達成に関してはよくできたが、全般的な認知と動作能力の面ではあまり差が見られなかった。

以上を概括すると、これら八つの、完全ではないが比較的うまく行われたダウン症児に関する研究は、有望な結果を得たのである(22)。まず、八つの内の七つにおいて、研究者が意図していた主な方面に、納得できる結果が必ずしも得られなかったにしても、治療を受けたグループと非治療グループにおける進歩の差を比較した場合に、治療グループに有意差が認められたことは大変意義深いものである。むしろ、比較的厳密度の高いこれらの研究で肯定的な結果が割合多く得られたことは、明るい見通しを得るための根拠となる。結果を合わせて考えれば、多種多様なアプローチを用いることで、ダウン症児の発達に価値ある進歩が得られることがわかる。さらに、本章の初めの方で述べた、幼児教育をしっかり受けたダウン症児をもつ両親たちは、自分の子供と意志疎通をしたり、子供の世話をする能力を高める必要があると感じて（もしくはその必要性を示して）いることと、全体的に両親が現実と取り組む自分の能力に対して自信が高まることとを合わせて考えると、このような幼児教育の正当性は明白である。

最後に、本章に挙げた研究に参加したダウン症児たちは、プニーナ・クライン（Pnina KLEIN）女史その他が開発した媒介学習体験（ＭＬＥ）を早期に体系的な形で受けていなかったことを記憶に留める必要がある(付録E参照)。イスラエルで収集した研究結果は、ＭＬＥが実りのある充実した親子関係を築いたり維持するために有効な手段であり、観察制度という点においても、家族内の相互作用が「内容がある」か「内容が乏しい」かを描写する上でＭＬＥの特徴を用いることが可能であることを示している。早期にＭＬＥが取り入れられれば、ダウン症児に対して認知の構造的変容の可能性を導き出すかのように思われるが、ＭＬＥプログラムの開発の初期段階にある現在、この心踊るような可能性について確定的なことを発表するのはまだ時期尚早といえよう。

【注】

（1） Fishler, K., J. Share, and R. Koch. 1964. Adaptation of Gesell Developmental Scales for evaluation of development in children with Down's syndrome (mongolism). *American Journal of Mental Deficiency* 68:642-46.

（2） Hilgard, E., and others. 1979. *Introduction to psychology* (7th ed.), 320. New York: Harcourt Brace Jovanovich.

（3） Down, J.L.H. 1866. Observations on an ethnic classification of idiots. *London Hospital, Clinical Lectures and Reports.* 3:259-62.

（4） Shuttleworth, G.E. 1886. Clinical lecture on idiocy and imbecility. *British Medical Journal* 1:183.

（5） *Encyclopedia Britannica.* 1970.

（6） Crookshank, F. 1924. *The mongol in our midst.* London: Kegan, Paul, Trench and Trubner.

（7） Bard, B., and J. Fletcher. 1968. The right to die. *Atlantic Monthly*, April, 59-64 (italics added).

(8) Centerwall, S., and W. Centerwall. 1960. A study of children with mongolism reared in the home compared to those reared away from the home. *Pediatrics* 25:678-85.

(9) Stedman, D., and D. Eichorn. 1964. A comparison of the growth and development of institutionalized home-reared mongoloids during infancy and early childhood. *Journal of Mental Deficiency* 69:391-401.

(10) Adams, M. 1969. Siblings of the retarded: Their problems and treatment. In *Management of the family of the mentally retarded*, eds. W. Wolfensberger and R. Kurtz, 444-52. Chicago: Follett.

(11) Jones, O. 1977. Mother-child communication with prelinguistic Down's syndrome and normal infants. In *Studies in mother-child interaction*, ed. H.R. Schaffer. New York: Academic Press.

(12) Cicchetti, D., and L. Sroufe. 1976. The relationship between affective and cognitive development in Down's syndrome infants. *Child Development* 47:920-29.

(13) Mans, L., C. Cicchetti, and L. Sroufe. 1978. Mirror reactions of Down's syndrome infants and toddlers: Cognitive underpinnings of self-recognition. *Child Development* 49:1247-50.

(14) Bidder, R., G. Bryant, and O. Gray. 1975. Benefits to Down's syndrome children through training their mothers. *Archives of Disease in Childhood* 50:383-86.

(15) Jeffree, D., K. Wheldall, and P. Mittler. 1973. Facilitating two-word utterances in two Down's syndrome boys. *American Journal of Mental Deficiency* 78:117-22.

(16) MacDonald, J., and others. 1974. An experimental parent-assisted treatment program for preschool language-delayed children. *Journal of Speech and Hearing Disorders* 39 (4):395-415.

(17) Piper, M., and I. Pless. 1980. Early intervention for infants with Down syndrome: A controlled trial. *Pediatrics* 65:

463-68.

(18) Pothier, P., D. Morrison, and F. Gorman. 1974. Effects of receptive language training on receptive and expressive language development. *Journal of Abnormal Child Psychology* 2:153-64.

(19) Rynders, J., and J.M. Horrobin. 1996. Down syndrome: *Birth to adulthood. Giving families an EDGE.* Denver: Love Publishing.

(20) Aronson, M., and K. Fallstrom. 1977. Immediate and long-term effects of developmental training in children with Down's syndrome. *Developmental Medicine and Child Neurology* 19:489-94.

(21) Harris, S. 1981. Effects of neurodevelopmental therapy on motor performance of infants with Down's syndrome. *Developmental Medicine and Child Neurology* 23:477-83.

(22) Rynders, J., and D. Stealey. 1985. Early education: A strategy for producing a less (least) restrictive environment for young children with severe handicaps. In *Strategies for achieving community integration of developmentally disabled citizens*, eds. K. Lakin and R. Bruininks. Baltimore: Brookes.

第10章　エルハナン*

*本章は、ラフィ・フォイヤーシュタイン（Rafi FEUERSTEIN）の寄稿による

エルハナン（Elchanan）は私たちの七歳の息子で、ダウン症児である。

一九八八年に彼が生まれた時、私たちは夫婦はまだ若く、母親である私の妻は二三歳で、ダウン症の赤ちゃんが生まれる比率はたいへん低い年齢だった。そのため、生まれた時の彼の状態は私たちにとって全くの驚きであった。出産前に行われた超音波による診察ではダウン症の可能性は全く見られなかった。出産直後にダウン症であると気づいた医師はやさしく振る舞ってはくれたが、狼狽していた。私たち夫婦は完全に困惑し、落ち込んでしまった。初めて母になった妻は最初子供を養子に出す反応をしたにもかかわらず、授乳する努力をした。その瞬間、私はひどい一撃を受けたような気がした。その後の数時間、私は自分を恥じた。なぜなら私は、青年として自分の生涯はこれからだという時に人生を引っ繰り返された気持ちになっていたし、また、私の今後の人生はこの子が生存する間、彼の世話役として終るように思い、息子の将来が自分に負荷としてのしかかってきているように感じ

ていたからだ。
しかし、私たちの「事情」（つまり、ダウン症児が生まれたこと）を友人や家族に明らかにするかどうかが論点になっていたので、分娩室でこのような思いにひたってぐずぐずしている余裕はほとんどなかった。このことを考える上で大切な要素は、エルハナンには明らかにダウン症の全ての特徴が見られなかったことである。これは、我々の社会において、特異性のある子供に対する複雑な対応と取り組む時、私たちが直面する苦闘は典型的なダウン症児の両親ほどではないだろうということを意味していた。

エルハナンの祖父であるルーヴェン・フォイヤーシュタイン教授は、初めから、生まれてきた子供がダウン症であるという実態を皆に知らせるべきであるという意見だった。祖母のベルタ・フォイヤーシュタインは、その静かな微笑みと自信とで我々を力づけてくれた。二人の態度は私たちに方針を与えたが、エルハナンの誕生の祝いに列席した家族の挨拶には微笑みと涙が入り交じっていた。過去八年を振り返ってみると、皆に知らせる決心をしたことがおそらくエルハナンの認知の啓発に成功をもたらす上で最も大切な要因となったと言えるだろう。

この決心をした結果、私たちはエルハナンに必要なだけの媒介を提供することができた。隔離され、弱点を隠している子供は特別な措置や特別な媒介を受けることができず、子供だけでなく両親に対する社会の援助も受けずに終ることになるのだ。私たちは媒介学習体験（ＭＬＥ）を通じてエルハナンと相互作用することを友人たちに勧めたため、彼の認知の啓発になくてはならない体験の量と質を増すことに成功した。

祖父たち、祖母たち、兄弟姉妹とそして両親から成る家族は私たちにとって、とても大切なものだった。皆、私たちを支持してくれ、エルハナンとの暖かい関係は私たちが皆に受け入れられているという気持ちを強めてくれたのである。

エルハナンと私たちの関係にとって画期的な出来事をもう一つお話ししたい。出産二日後、祖父はエルハナンの啓発の目標を設定した。エルハナンが将来結婚をすると考え、その目的の達成に向かって今から私たちは努力し始めるべきであると指摘したのである。生後二日目から花婿になることを期待するという驚くべき目標が、私たちの努力にも、そしておそらく直面するであろう途中の妨害にも意義を与えたのであった。なぜならばこのような私たちの目標が闘いに意義を与え、そのことが失敗を防ぐのに役立つからなのだ。

エルハナンの発達に関する画期的な出来事について書く前に、彼の現在の状況を書こうと思う。七歳半になるエルハナンは、「健常」な子供の通う普通の幼稚園を終えようとしているところである。語彙機能（読書前の技能）の獲得を終了し、毎日のように読書能力が発達するのが見られる。エルハナンの読書能力の啓発を、外部から来る教師に任せてあることを言い添えておこう。このような方針をとったのは、彼の両親である私たちが既に要求している事柄を最低限に押さえるためだった。エルハナンは字を書くことを習い、一桁の数字の足し算と引き算もできる。語彙の範囲は豊富である。彼は、周囲の環境や映画などから学んだ文句や言葉を利用している。ある教師は、その面で彼は同じ年齢の子供より優れていると言う。ある原句を暗記してもいる。祈りや映画のセリフ、物語や歌も覚えているのである。会話に出てくる話題と自分が知っていることを結びつけることもできる。例えば、六歳の時、聖書にある生けにえの祭壇を壊したギデオン士師（Judge Gideon）の話を彼にした時、エルハナンは「神殿清めの祭りの話にあるマティティア（Matitiah）が祭壇を壊した事件にそっくりだ」と言ったのだった。

エルハナンの空間的見当識は全く驚くべきものがある。エルサレムから家まで自動車で帰る途中、運転していた母親が道に迷った時、反対の方向だと彼は幾度も幾度も母親に言ったことがあり、結局それは本当だった。家はエルサレムにはなく、週に一回しかその地域に行かないし、もちろん運転席に彼は座っていないし、家に帰る途中で方向とか目立つ建物などを彼と話し合ったことがないにもかかわらず、そのようなことができたのだ。また、自動車で往復する時に帰りが遅くなるような場合、彼は昼間に自分が車の窓から見た目立った風景を暗くなってからも指摘するのだった。

これらの出来事はエルハナンが独自の力で学習する能力をいかに多く身に付けているかということを証拠づけている。その成長とともに、彼に必要な媒介も、焦点を集めるための手助けも次第に少なくなってきているのである。成熟するにつれて、息子はますます周囲から自立的に情報を集めるようになっている。

エルハナンは現在正規の小学校一年生に上がり、教師補の手助けを受けている。学校でどの程度成功を遂げるのか予想できないにしても、私たちには二つの希望がある。ひとつは、エルハナンが社会に適応できるような状況をつくること（社会的相互作用の根本原則や会話における意にかなった習慣や社会的行動の習慣を身につけることで、一般社会から学び、そして貢献しながら一般社会の流れの中に入って行く可能性が開かれるのである）、そしていまひとつは、エルハナンの学習能力をより豊かにすることである。エルハナンがあらゆる社会的相互作用から学んでいることは明らかで、彼が達成したことやテストなどの結果が最高のレベルを示していなくても、それらの学習体験を通じて彼が利益を得るに違いないと、私たちは確信している。

どのような経路を通してここまで到達することができたのだろうか。主な要因は、終始一貫して媒介を行ったことである。エルハナンに提供した継続的な媒介は二つの重要な段階に区切ることができる。

第一段階は、エルハナンが生まれて約二週間目から始まり、その時点で祖父が媒介性のある相互作用を作り、媒介を通じて祖父の動作を真似ることをエルハナンに教えた。媒介を用いる学習の理論によれば、赤ちゃんが真似の仕方を学ぶことはその発達にとってきわめて重要なことであり、この能力が自然に発達するのだと思ってはならないのだ。ではこれをどのようにして教えたのだろうか。エルハナンの祖父は、まず自分の目に注意の焦点を集中せざるを得ない位置に赤ちゃんの体と頭を支え抱いた。そうしてエルハナンの目が動くたびに、エルハナンの目と祖父の目が継続的に向き合うように祖父は自分の頭を動かした。同時に、祖父は大げさに口をすぼめて「ぶぶぶぶ」、「ばばばば」、「びびびび」という音を声に出したのである。次の音に移る前、祖父は各々の音を十回繰り返した。私たち

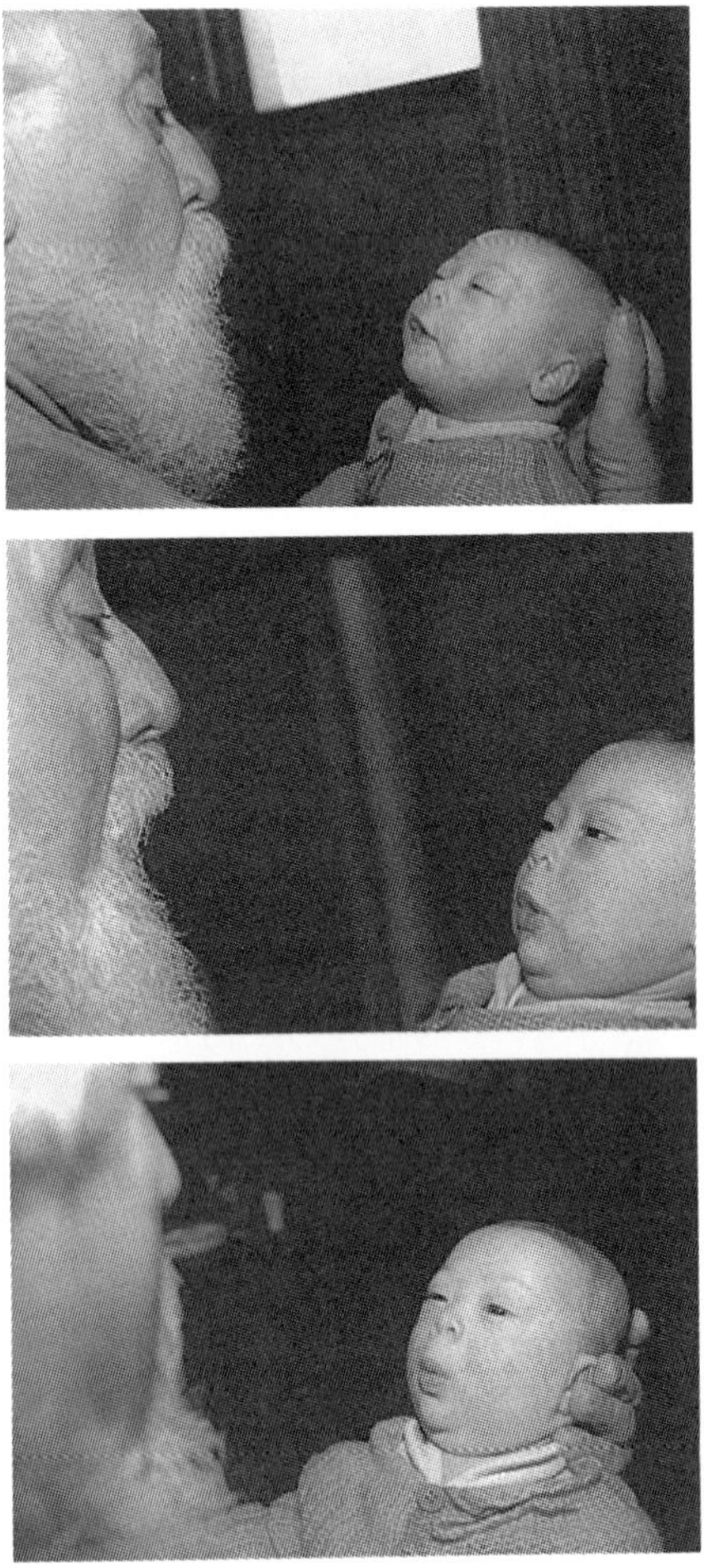

A

B

C

写真10・1フォイヤーシュタイン教授とエルハナンの共同作業。両者の顔が互いに接近していること、視線を合わせるところから焦点の集中へと向かう経過、そして、求められた結果真似をしてつくられた唇の形と発声行動に注意。

はエルハナンの、生後数ヵ月の間に得られた結果を見て驚いた。祖父とのこの取り組みをほんの数回重ねただけで、エルハナンが祖父の唇の動作を真似し始めた（写真10・1参照）のである。

上記の過程を通してエルハナンが学んだことを分析すれば、真似をすることを学んだだけでなく、学習することも学んだのであった。これこそ学習の仕方を学習する旅の第一歩であり、最も大切な一歩だったのである。注意の焦点を集中させ周囲にある他の刺激を無視することを通して、頭脳作業の決定的要素である集中間隔を調節することを学んだのだった。子供は移動する自動車や空を飛ぶ飛行機などの他の刺激によって気を取られて注目すべき刺激から視線が逸脱したり、集中の焦点が失われることがよくあるのだ。

重要な刺激を認識する能力は集中間隔と従属関係にあり、目標の刺激と無関係な刺激とを比較する行為と関係している。エルハナンはその能力を習得し、しかも彼の能力は、媒介の直接的な意図をはるかにしのいでいた。彼の自発的に焦点を集める能力は言葉を話し始めるより前に啓発されたのである。例えば、彼は玩具で遊ぶ間、あるいはテーブルに腰かけて他の人の会話を聞いている間、関連した一つの刺激に集中した。そのような状況を見ても、媒介の超越性は決定的である。言い換えれば、発展しつつある通常の認知能力は直接の事柄を超越し、あらゆる環境で必要とされる学習の前提条件である柔軟性を、媒介を受ける人に伝えるのだ。

志向性は媒介にとって重要な要素である。祖父が志向した媒介的行為は三つの大切な要素を含んでいた。赤ちゃんの注意を引くため、彼はまず自分の姿を変えた。そして赤ちゃんの視線を捕らえるために自分の目と頭を動かした。また、強調行為で刺激に変化を与えた。高い声を発し、唇の動きも誇張されていた。そしてお互いの視線を確保するために頭の位置を物理的に調節した結果、エルハナンの注意力のレベルと体の位置をも変えたのである。

エルハナンが唇とそこから発せられた音との結びつきを知覚しているような様子を示したのを確認して、私たちは言語形成の初期段階に着手した。エルハナンに覚えてほしい言葉を、少しずつ音節に分けて発音することを始めた。最後の音節を強調するために、声のトーンを利用し、ときには唇の動きを誇張した。刺激としての言葉を知覚するように、そしてそれらの意味を強調するように大声で言った。最初に、各相互作用の間、ひとつの言葉を十回ずつ繰り返した。もちろんエルハナンに言葉を伝えることが目的であったが、それらの言葉を教えているうちに私たちの目標をはるかに上まわる結果がもたらされたのである。第一の目標は、言葉のコントロールをしやすいように言葉を音節に分けるコツをエルハナンに教えることにあった。複雑な言葉を意図的に音節に分解する方法は、発音をもっとうまくコントロールするという第二の目標への達成に役立つであろう。第三の目標は、話し言葉を彼の主要なコミュニケーションの方式に切り替えることにあった。

勿論、子供に対する媒介行為を全然提供せず、ただ服を着せたり、食べさせたり、体を洗ったりすることだけに限定することは可能である。そうすれば、ただ単に腕を取ってシャツの袖にとおしたり、洗髪する時に頭を上げたり、食事の時間に食べ物を匙で口に押しこめば終りだ。これらの行為を機械的に行う代わりに、我々はそれらの活動を媒介を用いた学習の機会に変えるために大変苦心したのである。

明らかにこの媒介はエルハナンが既に達成した内容、つまり根本的な言語音の発音、注意の焦点を集めること、集中間隔の拡大そして他人の行動を認識し受け入れようとする能力に基づいていた。二歳のエルハナンが一から十まで数えることができるということを私たちが発見した時の興奮は描写し難いものである。調べてみれば、教師や私たちのなかの誰一人として、彼に数の数え方を特定の時期に教えたことがなかったことが分かった。この実績はエルハナンの場合、特定の媒介を受けずに起こる偶発的、間接的な学習が可能であることを示した最初の、そして最もすばらしい証拠であった。一般の媒介を用いる学習を通して得た技能を用いて、エルハナンは他人を観察することで数え方を学習したのであ

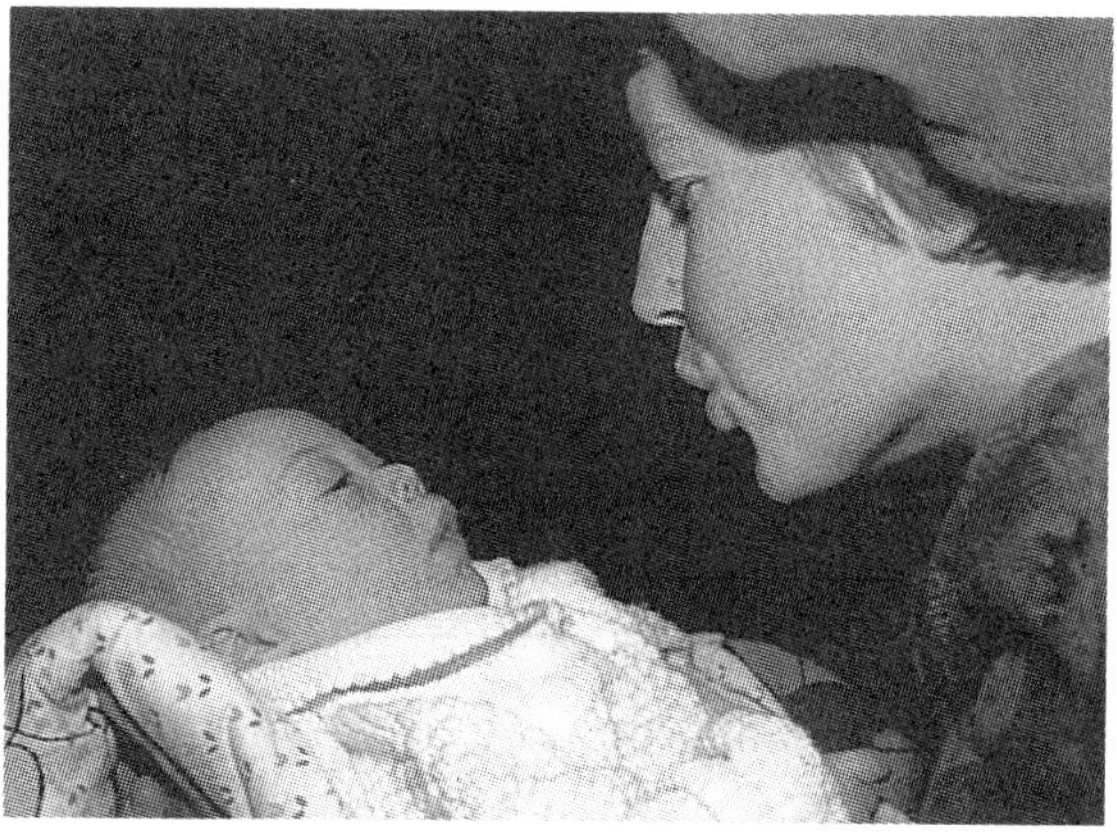

写真10・2　エルハナンと母親の媒介的相互作用

る。エルハナンは一人で学習の仕方を学んだのだった。満二歳になるまでに、数百の言葉を修得し、短文を作るようにもなっていた。

祖父の忠告に従って、まず最初に私たちは言語能力の領域に努力を注ぎ込んだ。それはある程度まで、エルハナンの運動技能が発展する以前のことだった。エルハナンは筋緊張低下を示す子供だった。健常な子供よりも長い期間這い、満三歳になるまで歩かなかった。私たちはエルハナンにとって、継続的に発達する上で認知の能力が重大であることを認めたため、運動機能の発達が完了するのを待たず、認知機能に対する働きかけを遅らせないことに決めたのだ。ある人が私たちに言ったように、遅かれ早かれいつか彼は歩くようになるが、言語は特に問題化する可能性のある、多くの注意を要する領域だったのである。

エルハナンが言語能力を修得し、特に正しく音節に分けて発音ができるようになるために、生後十一ヶ月のときに受けた形成外科手術は決定的な要因となった。手術は、普通より太くて長い舌を正常な大きさに縮小し、言語を応用し音節をより自由に発音できるように口蓋の空間を広くした。その他、斜視を矯正する簡単な手術も行われた。私たちは、この手術がエルハナンの社会的受容に有意義な貢献をしたものであると評価している。

要約すると、介入の第一段階の結果としていくつか明白な利点が得られた。まず、発音、すなわち唇をはっきり動かすことで単語を音節に分けることができるようになり、エルハナンの発音と言語能力は大きく進歩した（写真10・2参照）。第二には、早期の段階に開発されたエルハナンの豊富な語彙は、社会環境から認知的利益を得るのに役立った。第三には、言葉が彼にとって大変重要になり、コミュニケーションに有意義な影響を及ぼしたことである。彼は自分が体験したことを言語で表す傾向を見せているのだ。四番目の点は、おそらく最も重要なことで、媒介を用いる学習はエルハナンの基本的な独学の能力を具現化したのであった。

エルハナンが二歳の時に行った媒介の次の段階では、完全な文を作ることと概念の習得に重点を置いた。後者はエルハナンが物事の関係を学ぶのに役立った。例えば夕食中、ただ単にエルハナンに食事をさせることだけで満足せずに、ひとつの出来事と他の出来事との関係について話し合った。スープとオーブンを比較し、両方が熱いという結論に達した。このことは、熱の意味について話すことを促した。熱いものに触るとどうなるだろうか。エルハナンに服を着せる間、「セーターを着るのはなぜか。なぜ袖は長いのか」と彼に質問したが、その目的は、着るものと天候との関係を位置付けるためであった。もちろん、天候のことについてだけでなく、全般的な関係を求めさせる目的もあった。関係という概念は、他の概念や日常生活の中の前後関係と同様、意味を発展させ世界を理解するのに役立っている。事象と対象との関係は、積極的思考に必要な根拠を生み出すのである。

次の媒介段階の間、エルハナンは円や楕円、長方形、正方形、六角形、三角形といった幾何学的な図形を見分けることを習った。また、事象と対象の結合的な関係の形成を見るようになった。この時期に、エルハナンは、言語的表現や文章の一部分、ごく漠然と関係しているように見える単語を絶え間なく発音していた。この、体系的思考とはほど遠い現象に私たちは混乱したのだが、祖父はこの過程が、事象と対象との柔軟な関係を作り出すのに大変大切な要素であると言った。その当時、確かにエルハナンの性格の一つである連想能力と柔軟な思考の基礎が形成されつつあったのだ。今日では、彼は識別する様々な変化について質問をする。昼食を食べた後、三歳半のエルハナンは、妹のアヴァ（Ava）が食べなかった場合にどうなるかと尋ねた。そして「僕たちはアヴァのために食べ物を残さなくちゃ。」と決めたのである。あるいは、「お父さん、ベルトを締めていないよ。」と言う。以上はエルハナンが表現した多くの観察のうちのいくつかの例で、彼の高度な意識性を示している。

エルハナンは言語ゲームが好きで、正反対の意味の語を利用するなど、とてもユーモアのセンスに満ちている。例えば彼は、「お父さんはガリガリにやせてるね。」と言うが私は決してそうではない。現在の段階では、特に物と物との間の関係（例えば数字、曜日、大きさなど）、つまり世界に関して特に集中して学習している。途中で役に立つ言葉を挟みながら、エルハナンに現在や過去の体験を描写させるのである。幼稚園での体験、映画で見たこと、友達と遊んだゲームについて描写するように言うのだ。このことは、エルハナンを普通の幼稚園の園児に溶け込ませるのに役立った。時には彼は一人で遊ぶが、たいてい他の子供のグループから一緒に遊ぼうと誘われたり、あるいはしばしば私たちが彼にグループで遊ぶように言ったりする。友達に対しては友情を示している。エルハナンはオープンで、彼が加わっているグループに対して発せられた指示に従う気持ちを持っているのだ。グループの一員である自分に対する指示として理解するのである。

小学校一年に上がる前の準備段階において、数人の教育者で構成するチームの援助を受けてエルハナンは読み書きや算数などを内容とする入学前の学習過程を始めた。入学前、エルハナンは潜在的学習能力向上国際センター（International Center for the Enhancement of Learning Potential = ICELP）の専門スタッフの協力を得て、読み書きの技能の啓発に勤めている。例えば、弛緩した筋肉状態と取り組むために、鉛筆を握ったり、紙にかかる鉛筆の圧力を調整する能力を啓発するように、新しい手法を応用することになっている。小学校の入学を一年程延期したのは、できるだけ彼に準備期間を与え、他の一年生より、やや有利な立場にするためであった。

この新しい時期は、いくつかの試練を与えた。明くる年に弟と同じ組にエルハナンを送り込むかどうかについて論議が交わされた。エルハナンの発達にとって学業が中心的要素になるにつれて、彼が直面する困難を乗り越えるために、彼を補佐し援助をする教師補をどの程度までに利用するかを現在議論しているところだ。教師補を雇うことにすれば、平常な環境の中に特別で不自然な隔離場を作り出す結果になるのではないか等々といったことについてである。

本章の締めくくりに、近年エルハナンにとって最も重要な媒介者となり、またエルハナンにも媒介者としての役割を持たせることになった、彼の兄弟姉妹に言及しておかなければならないだろう。エルハナンに年齢の近い四人の兄弟姉妹がいるという事実は、社会について学習するための大切な根源をもたらしている。ほんの数ヶ月前に兄弟から習ったゲームをしたり、特定の仕方を利用するエルハナンの姿をしばしば見ることがある。兄弟姉妹がいるので、様々な行動を真似する機会に多く恵まれているのである。私たちがエルハナンまたは彼の兄弟に媒介をしたい時には、行動の価値と重要性を強調する目的で皆にその行動を繰り返すように指示する。兄弟が一つの行為に成功したことを見ると、エルハナンはすぐにうらやましがる。その結果不均等な状態になり、その状況は彼に成功を遂げるための動機を提供するのである。このことは特に運動面において目立っている。エルハナンは兄弟と同じように行動することに熱意を示す。ある領域では、彼は勇敢で、兄弟に勝る成功を遂げている場合がある。例えば、エルハナンに文章を読む力があるということは、年下の兄弟に対する彼の地位と尊敬をもたらしている。

他のダウン症児の両親が、ダウン症児が家族の一員として存在することで健常な兄弟たちに対して充分気配りができなくなるのではないだろうかと私たちに聞いてくることがある。私たちの経験では、答えはノーである。ダウン症の子供の教育に対する両親の意識性と積極的な参加から得られる利益は、その家族全体の利益になることだろう。

そして今日、私たちは小学校入学という新しい始まりをむかえている。私たちの心はエルハナンの今後の成長への希望と不安でいっぱいなのである。

第11章　読み書き能力、社会的受容、そして地域社会への統合へ向けて*

＊本章の著者はジョン・ラインダースであり、一部の内容はルーヴェン・フォイヤーシュタインとヤーコヴ・ランドの協力による

ダウン症児を抱え、我が子の教育の将来に不安を持つ多くの親から著者の一人に寄せられてくる「助けを求める声（クライズ・フォー・ヘルプ）」の数には際限がないように思われる。多くの人々の悩みは共通している。つまり、学校の職員たちは子供の教育面での将来性を不当に過小評価しており、それに基づいてクラスの配置を決めていると強く主張するものがほとんどである。

おそらく問題の一因としては、学校関係者の中に、ダウン症児の成長は小学校の在学中に自然に停止し、発達上の「停滞期（訳注：いわゆる「高原（プラトー）」）」に達するのだから、そのような子供の教育に思い悩む必要がないと考える者がいるということであろう。ところで、いわゆる「停滞期」に関するデータはあまり存在しないのである。それに、たとえこの現象が実際に起こるとしても、そのために早期における積極的な変容誘導活動を放棄すべきではないはずである。なぜならば、向上のための努力を全く行わないよりも、教育の面でできるだけ高度な「高原」に到達する方が明らかに望ましいからで

ある。興味深いことに、オーストラリアの研究グループの少なくとも一つは、実家で育った三九人のダウン症児を対象にして行った調査の結果、学齢期前には「高原」現象が見られなかったことを報告している(1)。勿論この結果は、高学年になってから発達の停滞が起こる可能性が全くないと結論づけるものではない。しかし、例えば学齢期間中に知能指数上の「高原」が現れたとしても、それは必ずしもその時期に言語、社会、レクリエーション、職業その他の面での発達が完全に止まることを意味するものではないのである。

ダウン症児の教育に対する期待が低いことのもう一つの原因は、おそらく教育関係者が、ダウン症児を健常児がいる学校に統合させることに関して、いまだに気持ちを整理しきれていない点にあるのだろう。とりわけ、統合(障害児を健常児と合流[mainstreaming]させたり、包括的[inclusionary]な教育を行う動き)への取り組みは比較的に歴史が浅いものである。またそれ以上に、気持ちの整理が難しいのは、自分たちがダウン症に対して抱いている感情が時代遅れであることを認識しつつも、それが新たに不安の痕跡を疼かせるような性質のものであるからだ。このことはさほど驚くには値しない筈である。なぜならば、一八六六年にこの症候群を最初に指摘したと言われるジョン・L・ダウン(John L. DOWN)博士は、この症状を人種的退化と関連付けたからである。このようなわけであるから、現在でもなおダウン症者たちは極めて知能指数が低いという誤った見解を抱いている人々が必ずいるだろう。

多くのダウン症児に授業を受ける機会、つまり、学業を正当に重視する機会が与えられるような教室に参加できる権利があることを学校経営陣に納得させることは、ダウン症児の親たちにとって固有の問題となっている。事実、その誤った認識を払拭する証拠が存在するにもかかわらず、時として専門家自身がダウン症児は単に「訓練可能」〔trainable〕訳注：普通学級での教育ではなく、特殊学級における「訓練」を受ける以外にない状態）なだけであると仮定するのである。このことを如実に表すものとして、今から二〇年程前に『現代の心理学（*Psychology Today*）』に掲載された、ダウン症児の教育の可能性に関する、次の誤解に満ちた論文を指摘することができる。「教育可能な知能指数を持った蒙古症者が一人でもいたら、私のところに連れて来なさい。八〇〇例以上の蒙古症者を扱ってきた私の経験では、今までに教育可能な者など一人も見たことがない」(2)。この言葉が発表された時、我々はそれに反論しなければならないと決意したのである。*

ちょうどその時期、ラインダースとその同僚は、ダウン症の子供たちとその家族を対象とした「プロジェクトＥＤＧＥ」という幼児教育研究の実験プロジェクトを完了する寸前にあり、ダウン症児たちを学校に入学させるため、親たちに対して適切な擁護的支援を提供する義務を感じていた。そこで、一九六七年から一九七五年の間に書かれた文献の検索を、コンピュータを使って始めてみることにした。我々は、掘り起こされた研究の中に、（ダウン症者の）教育の可能性に関する数多くの事例がある

＊　『現代の心理学』は一九八七年の九月号に、教育の可能性に対する認識を訂正して、ダウン症に関する新しい研究結果を取り入れた優れた記事を掲載した

ことを期待した。しかしながら、検索の結果は、科学的観点からみれば文献の混乱状態としか言いようがなく、『現代の心理学』に掲載された教育の可能性に関する悲観的な論文に直接反駁するのは困難であった。集められた一〇五件の論文のうち、教育の可能性に関するデータを含んだ研究がいかに不十分であったか（多くの場合、現在でもそうなのだが）を指摘すると、以下に挙げるような、様々な基本的変動要素がしばしば省かれていたのである。すなわち、（イ）子供の染色体の分析に基づく診断の確認、（ロ）性別、（ハ）居住のタイプ（自宅／施設）、そして、（ニ）被験者が研究の対象となる基準、などである。

被験者の性別の項目だけを見ても、全研究（一〇五件）中、六三件が性別を明記していない。性別を変動要素として無視する研究者は、ダウン症者は誰もみな同じだとみなして無条件に類型化するような固定観念を強調しているようにさえ思えるのである。

我々が調査したなかで、大多数の研究に見られた手続き上の欠陥はさておいて、一〇五件中二九件において最低二つの条件が満たされていたことが判明した。つまり、（一）診断方法が確定し、（二）使用された知能テストが明確になっていたのである。これら二九件の研究では、教育の可能性を示す知能指数（広く知られたスタンフォード・ビネー（Stanford-Binet）テストで、IQ五一かまたはそれ以上の数値）を満たすダウン症者の中に、比較的まれなダウン症候群の転位型とモザイク型だけでなく、より頻繁に発現する分離滅退型（ノンディスジャンクション）の人々も数人いたことが明らかにされている。これらの文献調査を要約した論文の末尾において、教育の可能性を主張する我々の立場を支持するために、終了したばかりの五年間にわたる幼児教育研究、すなわちＥＤＧＥプロジェクト（第9章に略述）の結果を強調して述べた(3)。ＥＤＧＥプロジェクトの終了時点で、被験者である五歳に達した子供たちに対して、いくつかのテストによる評価が行われた。対象者三五人（一七人は治療グループ、一八人は非治療グループ）全員が、分離減退型を示すダウン症児で、シカゴやミネアポリス、セント・ポール地方にある実家で暮らしていた。五歳に達した治療グループの知能指数を測定したところ、一七人中一一人は教育可能な知能指数であることがわかった。さらにプロジェクトの最後には、治療グループの子供は、非治療グループの子供と比較して知能指数において有意差が見られ、そのなかでも五〇％の子供が教育可能な範囲の数値を示したのである。従って、入学当初自宅で子供を育てていた両親たちは、早期に様々な刺激的活動を教育に取り入れれば、ダウン症の我が子が、教育可能と認められた子供のクラスで好成績を挙げる見込みが五分五分（この比率は、過去の悲観的な予測データからみればかなりよい数字である）であるように感じたのは当然なのである。できれば、「潜在的学習向性評価法（ＬＰＡＤ）」（第13章で述べる）を含む様々な評価を徹底的に行うまでは、訓練可能（trainable）と判断された児童のためのクラスに子供を入学させるべきではないだろう。

別の観点、すなわち学校での成績という点に焦点を合わせて、教育の可能性について考えてみる。ＥＤＧＥプロジェクトにおける治療グループ（コントロール・グループのデータは未入手）の子供たちは、実験的な早期教育プログラム終了後、公立学校に在籍し、現在（本章執筆当時）平均年齢が十四歳になっている。数年前に我々は、彼らの追跡調査を行った。特に興味深いのは、十五人中十一人が、知能指数が時間の経過につれて低下しているにもかかわらず、二年生またはそれ以上の水準の読解力を示していることである。我々は、ダウン症者への教育可能論を促進するための厳しい試験の一つとして、子供たちが学校に在学する間に、相応のレベルまで読解力を向上させていることを事実として見せることだと確信している。そして、ＥＤＧＥプロジェクトの治療グループに属した子供の大多数は、その試験に合格したのである。さらに彼らの大半は現在、教育可能（educable）な子供のクラスや、普通学級と教育可能な子供のための学級を組み合わせたクラスに在籍し、比較的良い成績を修めている。このように、ＥＤＧＥ関連の治療グループに属した子供たちの大半は小学校時代の半ばを過ぎ、読み書きもかなりできるようになり、消費者として読む必要のある書類の大部分を読めるようになっている。しかし覚えておかなければならないのは、ＥＤＧＥプロジェクトに参加した子供たちは集中的な幼児教育を体験しており、彼らがダウン症の全ての子供たちの成績水準を代表し得るとは言えないことである。それにもかかわらず、ＥＤＧＥ治療グループの子供たちが好成績を挙げたのは「手厚い待遇（ホット・ハウジング）」の結果に過ぎないという反論に対して言えば、ＥＤＧＥグループだけでなく、ダウン症児を対象にした他の最近の研究でも、体系的な教育を受けた場合には、子供の学力の進展がみられるという結果が示されているのである（4・5）。

　もちろん教育の可能性とは、勉学における能力を身につけることだけに止まらない。それは、効果的に社会的能力を向上させることをも意味しているのである。学齢期にあるダウン症の子供たちは、傾向として、身体的能力を必要とする社会活動へ参加することに対しては消極的である。ダウン症児たちにとって動くということは、それが身体的発達における大切な要素であり、環境（そして認知の刺激）を探求しやすくする能力であるにもかかわらず、多くの問題を含んだ領域である。彼らの筋力は弱く（ダウン症の赤ちゃんは、抱き上げた時よく「縫いぐるみ」のようだと表現される）、その結果、座ったり歩いたりするなどの機能の発達が遅れる原因となることが度々ある。年齢が上がるにつれて、運動中のバランスが不安定になりがちなため、普通の子供のように、複雑な野外ゲームのようなレクリエーション活動を行うのが難しいのである。激しくて複雑な身体運動を行ってもそれが報われることは少ないため、座ってばかりいるようになり、体重が過剰に増え、かえって身体運動に対する興味を失う結果となっているのである。

事態をさらに複雑にしている要素として、ダウン症児の発話や言語の発達がしばしば遅いことが挙げられるが、これは一部に呼吸を含む、発話に関わる動作を編成することや、口蓋、唇、顎をうまく操作することに問題があるからである。これらの言語の発達や発話の遅れは、両親の子供に対する期待を希薄にし、社会性を含む様々な発達分野に遅れをもたらすことになる。

幸いにして、ダウン症者たちの言語や発話の能力に関わる問題を予防したり、ある程度までそれらを矯正することはできる。例えば、ダウン症の乳児の両親は、自分たちと子供の言語的相互作用の特徴を変えることを学び、子供の発声能力を土台にして、それを拡張することも学ぶことができる（6）。そして病気に伴う聴覚障害の多くは、補聴器（中耳炎の場合なら投薬治療）で矯正することができる。さらに、コミュニケーションの妨げとなり得る歯の問題は、フッ素や防水剤を用いるなど、高度な口腔衛生技術によって問題を減少または完全に矯正することができる(7)。

コミュニケーションの訓練は、人生の早い時期に始まり、その発達もしくは発達不十分な状態は、長期的にみて教育と密接な関わり合いがある。例えば、笑うという行為は、顔のいくつかの筋肉に関連する伝達作用である。ダウン症の乳幼児にとって、笑う際の反応が遅いのは筋肉の働きが不十分なためであるが、赤ちゃんが微笑み返さないために若い母親が気を落とすこともある。その結果、母親は子供との相互作用を差し控えるようにし、両者にとって長期的な問題を生み出すことになる。幸いなことに、父母はこの問題を認識することを学ぶことができるし、次第に子供との相互作用の歩調を適切に調整することができるようになっていく。それと同様に、ダウン症の生徒を教える教師は、口頭による指導において模範を示したり身体的メッセージを加えることで、その指導の教育的影響を高めることを学ぶことができる(8)。

健常児の両親は、子供が成長して独立することを期待するが、ダウン症児の両親は彼らの息子や娘が大人になった時、少なくとも半自立の状態となってくれることを望むものである。

この六〇年の間に、ダウン症の成人の寿命は相当延びており、医療のおかげでさらに延び続けている。一九二九年当時、ダウン症者たちの寿命は九年であった(9)。現在、ダウン症者の中には六〇代から七〇代まで生きる人もいる(10)。将来、医学や栄養学、そして教育やソーシャル・サービスが進歩すればさらに寿命が延びる傾向を今後も期待できる。そのためにも、今日ダウン症児を抱える両親たちは、その娘や息子が成長し、おそらく巣立ちをすることに対して心の準備をすべきであろう。一人立ちの準備は、全ての子供において人生の早い時期に開始されるべきである。

この点に関連して言えることは、タイプライターの操作などのような大人が習得する技能を、学齢期前の子供に学ばせないまでも、その子供に玩具の注意深い扱い方などを通して、この積極的行動が二〇年先に仕事をする上での基礎となるような、良い作業習慣を教えるべきだということである。

思春期は、ダウン症者たちにとってきわめて重要な（中枢の）時期だと言えよう。同年代の人々と積極的に、しかも適切に相互作用することや、地域社会にある施設を独自に利用する方法を身につけることは、少年から成人になるまでの困難をくぐり抜ける上で特に大切である。

特別オリンピックのようなレクリエーション活動は、ダウン症者たちが自分たちの運動能力の成果に満足感を得るためにも、一般市民のダウン症者たちに対するより積極的な態度を養うためにも役立つことがある。しかし、特別オリンピックがいったん終わってしまえば、それは、ダウン症児が最も必要とする二つの能力の促進にはそれほど寄与しない。その二つの能力とは、地域のレクリエーション設備を一人で機能的に使う能力と、ダウン症児だけでなく、同年代の健常な子供と上手に相互作用する能力である。レクリエーション・プログラミングを通じて、これら二つの能力の必要性を満たす方法を例証するために、二人の研究者は、言語能力が全くなく機能水準の極めて低いダウン症の少女エィミー（Amy）に、一人でボーリング場を利用する方法を教えた(11)。具体的には、ボーリングを一人で始めて実行し、終わる（つまり、レーンを割り当てて貰い、ボーリング用の靴を借り、ボーリングを実施し、勘定を払う）という一連の行為だけではなく、場内の売店でジュースとおやつを注文すること、そしてついには、自分でボーリング場まで一人で歩いていくことをエィミーに教えたのである。

ボーリング場の徹底した利用を教えるための計画は、設備を組織的に観察して情報を収集することで実行された。「環境目録（Environmental Inventory）」と称するこの観察は、「処方（レシピ）」を作り出すための作業分析を生み出したのである。この「処方（レシピ）」には、エィミーが場内の環境を有効に利用する際に直面する問題場面を克服したり、あるいは回避するのを助けるためのいくつかの環境への適応が含まれた。例えば、自分の意思を表現する言語をほとんど持たないので、自分の注文を係員に示すための文字の書かれた小型のカード（例えば、「私の靴のサイズは女性用の7号です。」などと書かれている）の使用法を、エィミーに教えたのである。

適切なボールの重さと指穴の大きさの選択は、エィミーには一番重いボールを扱う力のあることがわかったことから簡素化された。その後、ボールの重さは無視して、その重さにかかわりなく、指を出し入れしやすいボールを選ぶことを指導した。

もう一つの問題は、ボールを放す際のもう一方の手の動作と、ファウル線までの助走の適切な歩数だった。多くのダウン症者と同様、それぞれが相互関係にある統制の取れた動作と、力学的バランスを取ることに困難を感じるエィミーにとって、この複雑な技術は問題であった。エィミーはこの障壁を乗り越えるために、ボールを振らず、ただファウル線まで歩き、そこでボールを持った腕に反動をつけてボールを転がすという、簡素化されたボーリング・スタイルを用いるように教わったのである。

このやり方は、最も流行しているスタイルとは違ったが、一部の障害のない人々にも使用されており、フル・アプローチ・スタイルをエィミーに教える困難は避けることができた。

毎週一時間半から二時間にわたって、週に二回の訓練が行われた。その日行う訓練の準備をする時には、指導員は、エィミーの前回の成果をもとに、作業分析のどの段階から出発すべきかを決めていたのである。

毎回試験訓練を開始する際に、指導員は、「エィミー、靴の貸し出しカウンターに行きなさい。」などと口頭で合図を出して、適切な反応があればそれを褒めた。適切な反応がない場合や反応が間違っていた場合には、指導員は合図を反復してやり方を見せたのである。それでもなお反応がない場合や、反応が間違っている場合には、合図が再び繰り返され、エィミーが指示された行動を開始できるように丁寧に教えて助けた。指導員は、正しい反応と間違った反応を作業分析チェック・リストに記録したのである。

エィミーは三種類の技能（ボーリング、飲み物の購入、販売機の使用）をそれぞれ三〇回、一〇回、十八回の訓練を受けて習得した。このような速度で進めば、三種類の技能の訓練に同時に着手した場合、一人の指導員は、エィミーと同等の能力を有する者に、週三回の授業を行いちょうど六週間で、ボーリング場の完全な、かつ単独での使用を訓練することが可能である。

この研究の結果は、作業分析やその他の技術を通して、その年齢に相応した技能や作業を促進することが可能であることを明確に示している。しかし、この研究では、障害を持たない人がダウン症者たちと楽しく交流できる可能性については探求されていない。間違いなくこれは、体系的な研究に値する課題である。そして本書の第一版の発行以後に相当な研究が行われている。この領域に関する研究をまとめた論文については、Rynders, et al. 1993, *The Journal of Special Education, vol.26* を参照されたい）。

数年前、著者の一人とその同僚が、同じように地域のレクリエーション施設のボーリング場を利用した研究を計画したことがある(12)。研究の目的は、共同目標の構造化と称する技術を通して、同年齢の健常な青年とダウン症の青年の社会的な相互作用を構造化（編成）した結果を探ることにあった(13)。この目的の達成において、三つの社会的相互作用の状況（共同的、競争的、個人主義的）を比較した。参加者はミネアポリス市内の三つの学校に在学中の青年三〇人で、そのうち十二人はダウン症者であり、十八人が健常者であった。この三〇人（女性十八人、男性十二人）は無作為に選ばれ、三つの状況それぞれに、健常者の青年六人とダウン症の青年四人がふりわけられ、各グループは男女同数で構成された。

「共同的」状況のグループでは、学生は事前に共通の目標（グループの総合得点を五〇点程高めること）を達成するように指示され、友達同士で相互作用するように奨励された。例えば、互いに激励しあったり、（例、「がんばれ！」と声をかける）、力づけたり（例、「やるじゃないか！」と言って評価する）、助け合ったり（例、ボールの扱い方について援助する）することなどである。一方、「競争的」状況のグループは、始まる前に各個人が自分の得点を高め、他のメンバーの得点を上まわるよう

に と指示された。 誰よりも高い得点をとり、他人に勝つことを最大の目標として与えられたのである。また、「個人主義的」状況グループでは開始前に、それぞれの生徒が自分の得点を十点程増やすことと自分の得点を向上させることに集中し、他の人たちの得点は気にしないように指示された。 また、ボーリングの基本的な訓練は、 八週間の研究期間中、 三つのグループに共通して等しく行われた。

観察者は記録表を用いて、 一人一人の参加者が、 それぞれが所属するグループにおける他の参加者との間で交わした、理解可能な言語によるすべての相互作用の内容を類別し、継続的に記録を付けた。その結果、 共同的状況において起こったダウン症者と健常者との間の建設的な相互作用(ダウン症者たちが健常者と楽しく会話を交わしたり、 またその逆の場合) の総数は、 競争的状況や個人主義的状況におけるそれぞれの総数より高く、 著しい有意差が見られた。 事実、(他のグループと比較して) 共同的グループにおいては、 ダウン症者間 (同種間) だけでなく健常者との間 (異種間) においても、生徒は積極的に相互作用することをより多く経験したのである。

協力的な相互作用を行うという態度に関する結果を見ると、 共同的状況のグループでは、 健常者のダウン症の生徒に対する態度は、競争的状況や個人主義的状況の健常者よりも高い評価点を示し有意差が見られた。

先述したEDGEプロジェクトにおいてダウン症の青年たちが挙げた成果に話題を転じると、彼らはスポーツや趣味のようなレクリエーション的な興味や活動に、比較的多才であったことを示したのである。

被験者名	野外活動への参加	趣味	組織化された活動への参加	芸術に対する興味
A	水泳、スキー、バスケット、ランニング	コンピュータ・グラフィクス 絵画と図画 音楽鑑賞	ブラウニーの会員 学校のバスケットボールと野球チーム	ピアノ、バイオリン、ダンスのレッスン
B	水あそび スノーモビルに乗ること	熱狂的なレスリングのファン、その他のテレビ番組を観ること	ボーイスカウト 機能水準の低い人々の社交クラブの遠足に参加	社交ダンスを楽しむ
C	自転車に乗ること	かぎでフックトラッグを作ること	地域のソフトボールチームのメンバー 特別オリンピックに参加	聖歌隊の隊員
D	ジョギング 水泳	美術、図工	ボーリング・リーグに参加	ギターとハーモニカを演奏し、美術を愛好する
E	水泳	野球とフットボールのカードを集める 新聞のスポーツ欄を読む	学校のレスリング、フロアー・ホッケー 特別オリンピックに参加 ＹＭＣＡのゴルフと水泳のレッスン	音楽鑑賞
F	水泳とキャンピング	読書、音楽鑑賞	学校のソフトボールチームのメンバー、特別オリンピックに参加	音楽鑑賞
G	ソフトボール、滑走、スキー（しかし野外活動はあまり好きではない）	手芸、レゴー（プラスチック製の組立玩具）	特別オリンピックに参加 キリスト教主催の社交クラブのメンバー	図画と手芸と音楽鑑賞が大好き

表 11・1　EDGE（教育を通じて発達の助長を広域化するプロジェクト＝Expanding Developmental Growth through Education）主催の11歳前後の子供の、社会的／余暇利用活動の発達。
（治療集団に参加した子供たちの両親に配布した調査票の集計結果）

被験者名	野外活動への参加	趣味	組織化された活動への参加	芸術に対する興味
H	スキー、スケート、ジョギング、キャンピング	音楽鑑賞 幼児の世話 タイプライターの操作	特別オリンピックに参加 キャンプファイア・ガールズのメンバー 児童劇場の案内役	ピアノのレッスンとお話を書くことが大好き
I	スキー、ソフトボール、キャンピング、サイクリング	ボーリング 読書、ビデオゲーム	特別オリンピックに参加 ボーイスカウトとＹＭＣＡのメンバー	図画とダンスが大好き
J	キャンピング、水泳、サイクリング、ローラ・スケート	無し	地域社会奉仕団体の世話で様々な活動に参加	音楽鑑賞
K	キャンピング、サイクリング、水泳	音楽鑑賞	４—Ｈクラブのメンバー 特別オリンピックに参加	音楽鑑賞
L	水泳、魚釣り、ミニ・ゴルフ	音楽鑑賞、料理	トータル・ティーンズ（ゲームや社交中心のグループ）	ダンスと絵画が大好き バレエの教室に登録済
M	魚釣り、キャンピング、サイクリング、野球、バスケットボール、芝生上のゲーム、オートバイに乗ること	重量挙げ、体操	「用途に合わせたレクリエーションサービス団」（成人した障害者向けの社交グループ）のメンバー、重量挙げ、ボディビル	音楽鑑賞

最近、当時ＥＤＧＥプロジェクトに参加していた治療グループのなかで、十一歳前後の子供たちを持つ両親にアンケートを送った。スポーツやレクリエーション、そして余暇活動を中心とする調査の結果の一部を示したのが表11・1である。ご覧の通り、これらの若者は相当活発で、種々の重要な成果を示している。

ダウン症者は、青年期にはコミュニティ・センターのような地域社会の設備を利用することや社交性について学ぶべきであるだけでなく、地域社会で成人として自立して暮らしたり働いたりするための準備もすべきである。幸いに、多くの地方に、障害を持つ大人のための長期の自立生活や半自立生活に適した、または適当に改造できるグループ・ホームやアパートが存在している。

ダウン症者で二五歳のブラッド（Brad）の母親は、ブラッドが大人のための住居に移りたいと希望するのを聞いた時、複雑な気持ちを抱いた(14)。彼の母親は、息子が大人たちの中で成長し、発達していけるよう援助するために、彼に「冒険に伴う尊厳（ディグニティ・オヴ・リスク）」を与えたいという気持ちはあったものの、それを奨励することには多くの不安を抱いていたのである。例えば、他人から「我が子を見離した」と思われることを恐れていた。また、自分の行為によって家族の団結を壊すのではないか、ブラッド本人が、実家や家族の快適さを恋しがるのではないか、ということを心配したのである。母親は、自分が徐々に必要とされなくなってきていることを受け入れる準備ができていないことを認めつつも、一方で、ある時期が来たら子供が離れていくのが普通であることを認識していた。

幸いなことに、ブラッドの家族は早くから彼の独立に向けて訓練を始めていた。ブラッドは子供の時から、家の洗濯機の操作や自分の昼食の作り方、翌日に着る服を支度すること、そして近所の食料品店で買い物をすることなど、他にも多くの似たような活動を学んだのである。この訓練は、彼が適応に成功するための主要な要素であった。

しかし多くの方面で言われてきた、早期における老衰の問題はどうであろうか。三〇年前なら予想は暗かった。例えば、ある三人の著者は「ダウン症者は、四〇歳以上まで生き延びることとひきかえに、老化する前に早発性痴呆になる。」(15)と書き、別のある著者は「ダウン症の人には真の大人としての人生がないということがよく知られている。すでに二〇代には老化が観察される」と述べた(16)。しかし現在、これについての予想はかなり明るくなっている。第一に、ダウン症の人々の全てに、早期における老衰の徴候がみられるということはいまだに例証されていない。第二に、成人してからの行動の衰えが、(個人の) 身体的要素にのみ関わりがあると推測することはできない。施設での措置、不十分な栄養、運動や有意義な仕事や環境からの刺激の不足など、様々な環境的要因が、人生の後期に見られるある種の下り坂傾向の原因となっているのである。

ダウン症者である中年男性のハーブ (Herb) にとって、人生の四〇代は、老人性痴呆よりもはるかに豊かなものを与えるものであった。ハーブには、早期老化の行動的徴候は見られない。かえって活力のある人生を送っており、新しい興味を開拓し、成人教育とピアノの練習に打ち込んでいる。当時四五歳だったハーブを描写する次の文章からは、彼の成果が際立っていることがわかる。

もう何年もの間、ハーブは午前中と午後にそれぞれ一つずつパート・タイムの仕事をしている。貯蓄の残高は一万四千ドルに上る。彼は地域社会で広く知られ人気を集めており、自由に行動している。朗らかで、周囲の出来事に対して興味を示し、おしゃれ好きで、ユーモアのセンスのある人物である。信頼でき（例えば両親に代わって電話の伝言を記録したり）、きちんと定刻に職場へ出勤するきちょうめんな人物でもある。家族と仲が良く、実家で生活するのを好み、教会や成人のための日曜学校に行ったり、機能水準の低い大人のための社交クラブに定期的に通っている(17)。

高齢まで生き、様々なことに挑戦したり周囲の刺激を経験することで多くのものを得るであろう数多くのダウン症の大人たちに対して、ハーブは模範を示しているのかも知れない。

思春期及び青年期のダウン症者の両親たちにとって特に心配なのは、性に関する問題である。性に関する言及はほとんどないが、あったとしてもそれは通常、自慰の問題と関連したものである。分別を持って、年相応に有意義に異性と関わる機会は、ダウン症の大人たちには縁がないのが一般的である。あるいは、その機会があるとしても、それらを十分に活用できないことがあるだろう。

医学文献によると、「ダウン症の男性が、一般の成人男性と同じ性的地位を得ることはめったにない。」し、また、父親になる例はごくまれである(18)とされているにもかかわらず、おそらく両親たちが最も恐れるのは望まれない妊娠であろう。

ダウン症の若い女性たちの場合、月経期間は、本人たちにとっても両親にとってもいくつかのジレンマをもたらす。もし機能水準がやや高ければ、ダウン症の若い女性でも、月経期間中自分で対応できるようになることを学ぶ可能性は高い。しかし、機能水準の非常に低い女性にとっては、月経は驚きを伴う経験として感じられる場合があるだろう。月経の兆候は当然妊娠の可能性を伴う。ダウン症の女性が妊娠する例は稀であるが、出産した場合、ダウン症児が生まれる確立はかなり高い（五〇パーセント）。いくら自宅での道徳教育が徹底していても、ダウン症の女性が家を離れた時に誘惑されたり、本人の知的限界のために間違った判断をすることがないとは保証しきれない。多くの両親は娘への避妊に関する助言を頼み、ある場合には断種、中には子宮切除を願う両親もいるのである。

性に関して言えば、我々は人間の性行為には責任ある行動が必要であると信じている。例えば、法律上の誓約（しばしば宗教的なものも含む）などに基づく結婚関係において慣習的に果たされている責任は、結婚外の性交に比べてより強力な性的関係の基礎を提供するのである。

社会はダウン症の成人に対して、結婚して少額の公的扶助で生活をする機会をますます増やしてきている。愛情や親密さや人との交わりへの欲求は、障害のない人々にだけ制限されるものではないので、この方針は積極的な動向である。更に、健常者同士における「幸せな結婚の実践」は、ねたみを抱かせるような成功率を示していないことから、結婚に付随する特典と責任を理解することが可能なダウン症者の場合は、健常者同士の結婚の場合と同じ成功率に達するか、あるいはより優れた成功率をも示すだろう。

自立した成人の生活は様々な能力を必要とする。障害のある成人を対象とした革新的な成人教育プログラムが、ニューヨーク州立大学のブロックポート・キャンパスで行われている[19]。それぞれのコースは、公共の場で技能を用いて体験する機会を提供しており、人間の性の問題から、水泳、ボーリング、柔道、ピザの作り方、そして公安にいたるまで、様々な課目をカバーしている。クラスの記録をもとに、本コースに参加した二二歳になるカール（Carl）とメアリー（Mary）を以下に紹介する。

カールにとって年齢相応の行動を身につけることは困難だったが、彼が通うコースにいるボランティアの学生たちは、カールが癇癪を起こしても無関心を装った。メアリーのボランティアたちは、メアリーが新しいことは何でも避けたり、自分に有利な方向にものごとを操作することに巧みであることをすぐに理解した。二人の若者は大学の雰囲気に囲まれて育ち、成長したので、彼らの両親はすぐにその大人らしい行動を利用することができた。メアリーはスポーツファンになり、以前夢中になっていた昼のメロドラマのかわりに、あらゆるテレビの体操の特別番組を観ている。カールは、もはや目をつぶったままではプールに飛びこめないということを学んだ。彼は、自分の力や大きさを把握することを覚えたのである。機能水準が低いからという理由で自分を特別扱いしないグループの一員として、彼は自分の責任を認識している。

ダウン症者の雇用率に関するデータは極めて少ないが、彼らの多くが責任を持って仕事をする能力を持っていることは広く知られている。現在、ダウン症を持ちつつ就業している人々がいることを考えれば、適当な訓練を受けたならば、より多くの人々が同じように仕事を持つことができる筈である。例えば、一九七八年にケリー（Kelly）という十九歳のダウン症者の女性は、擁護学校の図書館員として働いていた(20)。同じくダウン症の、二十代前半のジェリー（Jerry）は、勤めている事務所で宛名印刷機と謄写機の操作をしていた。彼はまた、「郵便局や銀行に行ったり、午前中と午後のコーヒーの支度をし、協力的で信頼できる働き手」であったとのことである(21)。二三歳のダン（Dan）もダウン症だが、コンタクト・レンズの製造会社の整備員になり、その仕事に対して一時間当たり二ドル九〇セントの給料を受けていた(22)。ダンは二、四〇〇ドルの貯蓄で買ったトラクターで芝を刈り、毎週末には自発的に消防署の掃除をしていたため、「ミネトンカ市の名誉消防団員」の表彰をうけた。三一歳のダウン症の男性、スティーヴン（Steven）は州の企画局の園芸職員として立派に成功をした(23)。

マーク・ゴールド（Marc GOLD）は機能水準の低い人たちのための職業訓練に関する、極めて創造的な研究を発足させた(24)。彼はダウン症の人々がわずかな訓練や技能、そしてわずかな注意力を要する作業しかできないという立場にあるということに疑問を投げかけ、体系的な特別の訓練を受けた場合には、彼らの職務能力に関する我々の先入観を変える必要があると反論したのである。保護施設の作業所に勤めていた、中程度からかなり重い障害をもつ青少年六四人の能力に着目して行われた研究はゴールドの主張を明らかにしている。彼らは、形、または形と色を手掛かりにして、自転車のブレーキを組み立てる訓練を受けた。その青少年たち（ゴールドによれば全体の約四〇パーセントがダウン症者だった）は、訓練を受けて、工場で組み立てられて出荷されたブレーキと同様に、二四個の複雑な部品を組み立てることを要求された。行動変容技能を取り入れた集中的な訓練を受けた後、六四人中六三人が、連続して八回中六回、部品を一〇〇パーセント正確に組み立てた。一年後の調査では、対象者六四人中五三人が、同じ二四個からなる訓練用ブレーキの組み立てに成功したので、彼らの多くは学習した技能を保持していることになる。この研究でゴールドは、対象者の分類に重点を置くことは避けようとしたが、ダウン症者たちの業績を他の対象者のそれと比較した結果有意差は見られなかった。ゴールドの研究は、雇用機会の向上のための体系的な訓練には相当な可能性があるということを示している。

仕事場での成功は、ダウン症者を訓練する上での技法についてのみならず、その訓練を行う場所にも関連している。一九七〇年代の中頃までは、「流通(フロー・スルー)」モデルが、米国における職業的サービスの基準になっていた。このモデルを用いて、ダウン症の若者は、競争的な状況で採用されるために必要と思われる技能を修得するまで保護施設の事業所で訓練を受けるよう配属されていた。作業能力の向上を示した人たちは、より良い雇用機会に恵まれる、つまり「流れる」はずである。しかし実際には障害者、特に重度障害を持つ人々は普通その流通の連続体の下位に位置づけられ(25)、一般の雇用機会を得るのは、彼らの内の僅か三パーセントにも満たないのである(26)。従って、一九七〇年代中頃には、いくつかの革新的な実証的プロジェクトが流通モデルを完全に避けて、競争的な採用状況にある仕事場での訓練を直接進めることによって印象的な結果を示し始めた（27、28）。これらのプロジェクトは、保護施設での雇用を避けて直接一般の職業訓練施設に移ることができれば、生産性の欠如は個人の役割よりもプログラム自体と相関し得るという結論を裏付ける確固たる証拠を示したのである（29）。

地域社会における職業の場に提供された競争的雇用プログラムは、例えば参加者の社交性の向上（30）、より個別化されたプログラムを選択する自由（31）、プログラムの費用の軽減、スタッフや雇用訓練を受ける人々の士気への積極的影響などの様々な利点を含んでいる（32）。

地域社会の職場訓練への配属を円滑にする最も大切な技術の一つは、普段の雇用に伴う全ての給付に重点を置くこととともに、仕事場に配属されたものの、競争に負けそうな人たち（33）を継続的にサポートすること、そして両者を結合する「補助された雇用形態（サポーテッド・エンプロイメント）」の利用である（34）。仕事場における競争の中で障害者を補助する手段は、その人が「異例（ノン・ティピカル）」な方法で通常の作業と仕事の手順に適応できるように特別な器具を提供したり、かつまた仕事に対する部分的な参加を円滑にしたり、仕事の完成度の標準を変えたりといった、通常の仕事の内容自体の変更をも含む。ダウン症者が仕事に慣れるように、「職業パートナー」として仕事に熟練した同年代の健常者を配置することも大変有効である。パートナーはダウン症者が仕事を覚えるのを助け、彼がひとりで仕事ができるようになる時点まで徐々に自分が訓練に直接関わるのを減らしていくという方法を取るのである。

ここで職業訓練を一旦離れて、レクリエーション的訓練が、地域社会で成人としてうまく生活していくのを援助する上で、いかに優れた役割を果たすことができるかという点について述べる。

本章の前半に、ダウン症の少女のエィミーがひとりでボーリング場を利用する方法をどのようにして学んだかを述べた。そして、ダウン症の十代の若者たちと同年代の健常者との有効な社交的相互作用のために、ボーリングを利用した研究の成果を取り上げた。これらの例は、早期に成人社会へ入るための準備が開始されるべきであることと、青年期において、より強調されるべきであることを立証している。しかし、ダウン症者で、不幸にも青年期の間に橋渡し的な体験をすることもなく、また、準備が「定着」する程の体験をしなかった場合にはどうなるのだろうか。

成人になってからでも、ダウン症者たちに余暇利用に関する有益な教育は可能である。実は、ゲーム、絵画、楽器演奏、ボーリング、キャンプ、その他のレクリエーション活動に参加することは個人に楽しみをもたらし、他人との快適な相互作用を提供し、精神衛生と体の健康を促進し、しばしば知的発達の重大なきっかけとなるので、年齢を問わずその活動を適切に取り入れることが大切である。

二人の著者は、知能指数（IQ）の比較的低い二名のダウン症者（一人は二七歳で、もう一人は二九歳）を対象とした研究を終えたところである。その研究では、二人は自分たちが暮らしているグループ・ホームの近くにある地域センターを単独で利用することを教えられた[35]。そのセンターは二人の住んでいるグループ・ホームから僅か六ブロックしか離れていなかったが、二人とも、そのセンターには入ったことがなかったのである。

研究の目的は、チェット（Chet）とルー（Lou）という二人の男性に、センターへ歩いて行き、そこで自分の年齢相応のゲームを選んで有効に遊び、新しく習った技能を保持し、習った技能を市内の別のレクリエーション・センターにおいて応用するこを教えることであった。

このプログラムに先立って研究者は、一人の大人としてセンターの活動に参加するのに必要な技能を確認するための環境調査を行った。そしてその調査の結果に従って、単独でセンターに通い、フースボール（卓上のスピーディなゲーム）の道具を借り、適切にそのゲームで遊び、道具を返却し、そして独りで自分たちのグループ・ホームに戻るということを含む、三つの活動計画を作成した。

チェットとルーは二人とも社交性に関して問題があり、年齢相応のレクリエーションを行う能力のレパートリーは非常に限定されたものだった。例えば、センターを初めて訪問する途中、訓練の前に二人がどんなことができるかを知る目的で、指導員が「レクリエーション・センターを利用しなさい」と口頭で合図を出した時、チェットとルーは敷地内にある幼児用の遊び場へ行き、動物型のブランコや幼児向きのおもちゃで遊び始めたのである。

訓練は合図や報酬、そして間違えた場合の訂正を含めて開始された。例えば、言葉による合図（「チェット、テーブルの上にフースボールを投げてごらん」など）を行って正しい反応があった場合には、その後に指導員が社交的強化（例えば、背中を軽くたたいたり、言葉で褒めるなど）を行った。二〇週間にわたる訓練の間にチェットとルーは、これら三つのレクリエーション技能をマスターしたのである。

レクリエーション・センターで習得した技能の継続性については、訓練終了七ヶ月後に記憶に関する調査が行われた。つまりこの時は、模範を示したり、身ぶり等で合図を出したり、社交的強化を行うことはしなかったのである。二人とも三種類の技能全般にわたって、各段階の九五―一〇〇パーセントを単独で行うことに成功した。更に、市内の他地域にある不慣れなレクリエーション・センターを紹介した時も、二人とも独力で完全に機能することができ、新しい環境で一〇〇パーセントに近い行動力を示したのである。

ダウン症者たちの社会的、職業的統合のための最新のプログラムは、エルサレム市にある我々の研究所に付属する、ハズブロー・パラダイマティック・クリニック（Hasbro Paradigmatic Clinic for the person with Down syndrome）で起案され開発された。この事業は、ジェニー・アンド・ジョージ・ブロック財団（Jenny and Georges BLOCH Foundation）が運営する、高齢者と障害者の介護人訓練コースの形で継続している。一年半毎に訓練過程に若き講習生十五―二〇人が入学し、当プログラムはダウン症者たちが、例えば病院や高齢者のための通園センター及び在宅介護プログラムなどを手助けする能力を開発することを試みている。能力開発において高齢者の世話をすることが選ばれたのは、ダウン症者の問題的特徴の一つである鈍い反応と行動を利用できるからである。例えば、看護婦の指示に思うような早さで行動しにくい高齢者や障害のある人たちを世話する場合、ダウン症者のこの特徴を利点に変化させることができた。若年のダウン症者が精神病院、エズラット・ナヒーム（Ezrat Nachim）やヘルヅォグ記念老齢精神病院（Herzog Psychogeriatric Hospital）で講習生として受け入れられたことは、偉大な業績である。現在まで、ダウン症者八〇名がこのコースを卒業した。

プログラムの内容は、コミュニケーション、身体的援助、人間の発達についての知識、身の安全、応急手当、『認知能力強化教材（ＩＥ）』を用いるプログラム（以下第12章参照）、そして体育などが含まれる。家政学、買い物等の独り暮らしに関する項目は、介護人としてだけでなく、社会的に統合された有能な一個人として、広範囲の状況と取り組むための能力を養うものである。準備プログラムの期間は約一年で、監督と指導のもとでの試行体験を通して、学ぶべき様々な技能や、新たに要求される知識をまとめる必要性を考慮に入れて行われる。

このプログラムはダウン症者たちにとって有意義であり、変容を促進させる環境を作るための努力が凝縮されたものであると同時に、緊急の社会的ニーズに答えるためのものである。依存する人から社会の福利に貢献し世話をする人へとその立場が変わるということは、ダウン症者たちの通常の生活にめざましい変化をもたらす。ダウン症者たちの社会との関わり合いを増やすだけでなく、彼ら自身の依存度を著しく減少させる可能性を持っているのである。もし成功すれば、このプログラムは世論の変容を促すことにも役立つと同時に、一般の障害者たち、特にダウン症者たちに対する社会政策にも影響を及ぼすにちがいない。

このプログラムの発足は、参加を希望する生徒やその両親に熱烈に歓迎された。更に、病院、通園施設、そして老人施設の最高責任者たちは、それを成功させるために積極的に貢献する心構えがあることを表明している。まだ出発当初の段階にあるが、ダウン症者たちが高齢者と重度障害者に提供する援助の質は大変良く、高く評価されているようである。ダウン症を持ちながら世話をする人々と、その援助を受ける人たちとの間の繋がりが、すでにできているようである。

多くの観点から見て、このプログラムは革新的なものとみなすことができる。ダウン症者たちにとっても、彼らが相互作用する人々にとっても、変容を誘発し促進するための介入に対する確信が反映されている。積極的に相応な変容が行われるならば、ダウン症者も自分の家族や学校、仕事場や社会全体に対して貴重な貢献を行うようになれるのである。

潜在的学習能力向上国際センター（ICELP）、ハダッサー・ウィッゾ・カナダ研究所（Hadassah-WIZO-Canada Research Institute）、そしてさらに最近ではブロック財団の支援を得た結果、イスラエルにおけるダウン症や他の発達障害のある人々の就職率を示す統計が好転している。過去においてダウン症者たちは、たとえ全員ではないにしても、大部分が保護施設の作業場にいて、要求レベルの低い簡単な仕事をしていた。ある時には、彼らを雇用する費用が、その生産の売上げを上回ったこともあった。だが高齢者介護人コースは、そのような実態を変化させたのである。この職業は、多くの人々にとって真の収入源となった。労働組合や保険等、未解決の問題はいくらかあるが、資産と負債の勘定残高は有意義な方向に変わってきている。

この経験をもとに、ダウン症者を兵役に募集するというような、他の意義深いプログラムが発展したのである。イスラエルでは、兵役を勤めた経歴のない人は、社会の外べりにいる存在だとみなされる。元来、ダウン症の若者は兵役に参加できなかったことから、直接的間接的な意味において不都合を経験していた。過去六年間、介護人コースの卒業生の入隊が推進され、良好な結果を得ている。

例えば陸軍が、このダウン症者の若者グループに仕事を依頼した時、その仕事は三日かかるであろうと予測されていた。しかし、一つのグループは与えられた任務を一日で仕上げ、他の二つのグループは一日半で終えたのである。その結果、係の将校は当初に企画された以外の仕事を発明せざるを得なかった。このようにダウン症者は、徹底した準備、高度の動機づけと適切な指導を含む特定の事情において、高い能率度に達する可能性があるという結論が将校たちによって出されたのである。この認識は、仕事を生産的な職業としてではなく単純作業としてのみ捉える保護施設の作業場の基本的な仮説とは全く対照的である。

一九九六年にイスラエル陸軍は二年半の現役としてダウン症者を入隊させ、そして通常通りにその後の予備兵役にも同意したのである。これはイスラエル及び世界中の注目を集め、さらにダウン症者やその他の機能水準の低い人の変容の可能性に対する親、教師、同僚そして学校の認識を変えることにもなった。このような統合の重要性は、どんなに強調しても強調しすぎるということはないのである。

下記の事例は、周囲の認識の変化がどのようにして個人的な業績を生み得るかということを示している。ハダッサー・ウイッゾ・カナダ研究所で、「潜在的学習向性評価法（LPAD）」を利用して診断を受けたジェイソン・キングスリー（Jason KINGSLEY）は、特殊訓練を受けた教師の指導のもとでの、『認知能力強化教材（インストゥルメンタル・エンリッチメント）（IE）』を用いるプログラムを経て、献身的な両親の手で媒介を用いる学習を受けた。ジェイソンはダウン症者の中でも初めて、自分の著書、『ダウン症者の内的世界と外的世界（*The Inner World and the Outer World of a Down Syndrome Individual*）』を上梓した人である。本書は数週間の間ベストセラー・リストに載った。研究所のもう一人の卒業生シーガル・ハレル（Sigal HAREL）は詩集を発行した。

最後の事例は、白血病に悩まされるダウン症者の話である。彼は身体的疲労が激しかったため、最も基本的な器官の機能さえもうまく働いていなかったが、現在ではオルガンを弾くようになり、自分の勤め先である高齢者のホームで聴衆を楽しませるほどに上達している。

これらの人々は、我々に固有の才能の啓発の可能性を立証し、また機能水準の低い人々に対して、過去と比べてさらに多くの異なった領域において投入を行うよう、我々に確信を抱かせたのである。今日では、我々は単に読書力と理解力の啓発のみに集中することでは満足せず、創造的思考における他の領域の開発に取り組み、子供の願望、欲求や個性を考慮に入れるようになってきている。我々は、この個性化と差異化のプロセスについて、過去に十分な注意が払われてこなかったことを認める。しかしながら、この個性の発達プロセスが向上していくさまを我々はダウン症者一人ひとりの認知の高揚と併せて観察してきたわけである。この現象をピラミッドで示すと、基底は認知の啓発で構成されており、向上心と願望とがその頂点を形成しているのである。

最後に、ダウン症児に対する我々の取り組みの結果がいったん両親に認められれば、その認識は子供に対して大変有意義な影響を与えることを指摘しなければならない。両親たちは、我が子の状況を受動的に受け入れて我慢する立場から、変容の代弁者に変わる。この傾向は、両親の側が教育機関や社会的機関に対して、より高度の財政的投入を子供たちのために行うようにと働きかけている社会的圧力の増加に表れている。十五年前ならば、ダウン症の子供たちを正規の幼稚園や小学校あるいはクラブに入れるよう両親たちを説得するために我々は苦闘しなければならなかった。両親の側としては、子供の弱点を社会全体に暴露するべきでない、不可能なことを期待すべきでないと反論していたのだった。

現在、状況は大きく変化している。多くの両親は、子供をあるがままの状態で受け入れることはせず、子供の機能水準を変えることに全力を尽くし、そこから得られる有意義な結果が両親にも子供にも肯定的なフィードバックを与えている。子供の機能水準の向上は両親に変化を起こし、その両親の変化はさらに子供にも変化を生み出し、そしてこの循環は無限に続くのである。

【注】

（1） Berry, P., V. Gunn, and R. Andrews. 1984. Development of Down's syndrome children from birth to five years. In *Perspectives and progress in mental retardation* (vol. 1), ed. J. Berg. Baltimore: University Park Press.

（2） Restak, R. 1975. Genetic counseling for defective parents. The danger of knowing too much. *Psychology Today*, 9 (21) :92-3.

（3） Rynders, J., D. Spiker, and J.M. Horrobin. 1978. Underestimating the educability of Down's syndrome children:

Examination of methodological problems in recent literature. *American Journal of Mental Deficiency,* 82:440-48.

(4) Rynders, J., B. Abery, D. Spiker, M. Olive, C. Sheran, and R. Zajac. 1997. Improving educational programming for individuals with Down syndrome: Engaging the fuller competence. *Down Syndrome Quarterly,* 2 (1) : 1-11.

(5) Farrell, M., and J. Elkins. 1991. Literacy for all? The case of Down syndrome. *Journal of Reading,* 38 (4) : 270-80.

(6) Miller, J. 1987. Language and communication characteristics of children with Down syndrome. In *New perspectives on Down syndrome,* eds. S. Pueschel and others, 233-62. Baltimore: Brookes.

(7) Till, M., and others. 1985. Review of "Home dental care: An audio visual training program for parents of children with handicaps." *Exceptional Children,* 52:181-84.

(8) Rynders, J., K. Behlen, and M. Horrobin. 1979. Performance characteristics of preschool Down's syndrome children receiving augmented or repetitive verbal instruction. *American Journal of Mental Deficiency,* 84:67-73.

(9) Penrose, L.S. 1949. The incidence of mongolism in the general population. *Journal of Mental Science,* 95:685.

(10) Smith, G.F. 1975. Present approaches to therapy in Down's syndrome. In *Down's syndrome (mongolism) : Research, prevention, and management,* eds. R. Koch and F.F. de la Cruz. New York: Brunner/Mazel.

(11) Wehman, P., and S. Schleien. 1981. *Leisure programs for handicapped persons: Adaptations, techniques, and curriculum.* Austin: Pro-Ed.

(12) Rynders, J., and others. 1980. Effects of cooperative goal structuring in producing positive interaction between Down syndrome and nonhandicapped teenagers: Implications for mainstreaming. *American Journal of Mental Deficiency,* 85:268-73.

(13) Johnson, D.W., and R. Johnson. 1975. *Learning together and alone: Cooperation, competition, and individualization.*

Englewood Cliffs, N.J.: Prentice-Hall.
(14) Pendler, B. 1979. My daughter is leaving home. What do I do now? *Exceptional Parent*, 9:14-16.
(15) Ellis, W.G., J.R. McCulloch, and C.L. Corley. 1974. Presenile dementia in Down's syndrome: Ultrastructural identity with Alzheimer's disease. *Neurology*, 24:101-6.
(16) Benda, C.E. 1969. *Down's syndrome: Mongolism and its management*, New York: Grune and Stratton.
(17) Dybwad, G., and R. Dybwad. 1977. A personalized situation report: Lifestyles of individuals with severe intellectual deficits. *International Child Welfare Review*, 32:55-61.
(18) Smith, G.F., and J.M. Berg. 1976. *Down's anomaly*, New York: Churchill Livingston.
(19) Corcoran, E.L. 1979. Campus life for retarded citizens. *Education Unlimited*, 1:22-24.
(20) Nelson, M. 1978. Educational achievements of Down's syndrome children. *Down Syndrome News*, 2:142-43.
(21) See note 17.
(22) Wieck, C. 1979. David Kaul. *Education Unlimited*, 1:29-32.
(23) Lewis, M. 1979. Horticulture — A therapy that leads toward independence. *Down Syndrome News*, 10:134-35.
(24) Gold, M. 1980. Personal communication.
(25) Bellamy, G.T., and others. 1984. Quality and equality in employment services for adults with severe disabilities. Unpublished manuscript, University of Oregon - Eugene.
(26) U.S. Department of Health and Human Services. 1981. *Final report : Training and employment services for handicapped individuals.* Washington, D.C.: Office of the Assistant Secretary for Planning and Evaluation.
(27) Moss, J.W. 1979 *Post secondary vocational education for mentally retarded adults* (Final report to the Division of

Developmental Disabilities, Rehabilitation Services Administration, U.S. Department of Health, Education and Welfare, Grant No. 56P 50281/0.

(28) Wehman, P. 1981. *Competitive employment: New horizons for severely disabled individuals.* Baltimore: Brookes.

(29) Beebe, P.D., and O.C. Karan. 1986 A methodology for a community-based vocational program for adults. In *Education of learners with severe handicaps: Exemplary service strategies*, eds. R.H. Horner, L.H. Meyer, and H.D.B. Fredericks, 3-28. Baltimore: Brookes.

(30) Hill, M., and P. Wehman. 1983. Cost benefit analysis of placing moderately and severely handicapped individuals into competitive employment. *Journal of the Association for the Severely Handicapped,* 8:30-38.

(31) See Note 29.

(32) Rudrud, E.J., and others. 1984. *Proactive vocational habilitation.* Baltimore: Brookes.

(33) Will, M. 1984. *OSERS programming for the transition of youth with disabilities: Bridges from school to working life.* Washington, D.C.: Office of Special Education and Rehabilitative Services.

(34) Bellamy, G.T., and others. 1980. Community programs for severely handicapped adults: An analysis of vocational opportunities. *TASH Review,* 5 (4):307-24.

(35) Schleien, S., and A. Larson. 1986. Adult leisure education for the independent use of a community recreation center. *Journal of the Association of Persons with Severe Handicaps,* 11 (1):39-44

第12章　形成外科手術　―積極的変容の極端な形態―*

＊本章の編集にあたっては、ヤエル・ミンツガー（Yael MINTZKER）の参加と寄稿を得た

ダウン症者は顔の外観にそれと判別できるような特徴を持っているため、特に専門知識を持たない人々であっても見分けがつく。このことは、ダウン症を持つ我が子を連れて公の場に出かける両親にとって、常に居心地の悪い思いをさせられる原因となる。どこへ行っても無遠慮な視線を投げかけられたり、影でこそこそ言われたり、人としての品位を傷つけるような行為によって惨憺たる思いにさせられるのである。両親の中には、この恐れに次第に適応し、自分たちの社会的活動に制限を加えない人々もいる。しかしそうでない場合には、両親は安全だと思われる環境、例えば家に閉じこもったり、地域の教会や近所の店に活動範囲を限定したりして、「蒙古症」というレッテルが永久に社会の用語の中から姿を消すことを痛切に望みながら引きこもってしまうのである（訳註：「蒙古症＝Mongoloid」「蒙古＝Mongol」という言葉は人種的偏見に基づいた表現であるが、［第9章参照］、残念ながら、この障害者差別と民族差別といった二重の意味での差別的表現が今もって残っているのが現状である）。幸いに、機能水準の低

い人々に対する社会の態度を歴史的に振り返って見ると、社会は彼らを受け入れ、統合する方向に著しい進歩を遂げてきたことがわかる。しかし、同じ歴史はまた、レッテルを貼ったりステレオタイプにはめ込んだりすることが急速に、あるいは簡単になくなるだろうと思い込むのはあまりに楽天的であることをも示唆している。従って、積極的変容への努力が生物医学の分野を含む全ての領域で開始されなければならない。形成外科手術（RPS＝Reconstructive Plastic Surgery）の利用が可能になるまで、ダウン症の特徴である顔の造作を物理的に変えることを考える専門家は数少なかった。現在、この技術が可能になり、利用される機会が増えるにつれて、手術に対する両親や専門家たちの見解は二つに分かれる傾向にある。一つは、形成手術に反対する立場で、ダウン症児の特異な外観を取り除くことにより、彼らがその外見によって受け得る保護を受けられなくなるかもしれないと主張するものである。その人たちによると、ダウン症児を変えるのではなく、社会が変わる必要があるのである。一方、賛成の立場を取る人たちは、健常者にRPSを利用する権利があるのに、何故ダウン症者たちにそれを利用させないのだろうかと反論している。彼らによると、社会変化の速度は極めて遅く、一般社会と統合した形で生活をしたいと願っているダウン症者にとっては、社会が十分に協調的になるまで待っていられないということだ。

以上は、RPSをとりまく様々な問題点に関する簡単な概略である。これらの問題点は古くからのタブーをも呼び起こし、基本的道徳や、倫理、個人の権利や宗教的問題にも関係してくる（1・2）。本章の終わりに再びこれらの問題点について触れるが、まずはその手術がどのようにして行われるかを明確にし、そして現時点までの影響を取り上げることにする。

過去三〇年間に、いくつかの国において、何百人ものダウン症の児童及び成人がＲＰＳ手術を受けている。

イスラエルだけでも五百人以上の子供たちがＲＰＳを受けている。エルサレムにあるハダッサー医学センターでは、ウエクスラー教授（Professor WEXLER）とレンペル医学博士（Dr. LEMPERLE）が、我々のイニシアティヴのもとで一九八三年にこの手術活動を開始して以来、ＲＰＳを受けた子供の数は二五〇人を越えている。イスラエル以外では、主に手術が行われている国々はドイツと英国であるが、米国、カナダ、オーストラリアやその他の国においても、その数は増えている。この種の外科手術に関する理論的根拠と医学的手続きについては数人の専門家が言及している[3〜8]。同じように、ＲＰＳの心理学的側面も数回にわたって考察されている[9〜13]。ＲＰＳの支持者によると、手術は美容整形面と機能面の双方を目的としている。ＲＰＳにおける美容整形（コスメティック）という言葉は、それが一般に用いられているのとは違う意味で使われることを理解する必要がある。なぜならば、ＲＰＳ手術の究極の目的が、美的基準によってその人をより美しくすることにあるのではないからだ。さらに、その人の外見を完全に正常化することを目的としているのでもない。外科手術の主な目的は、一見してダウン症であることを識別し、類別できるような身体的特徴を目立たなくすることにある。

ＲＰＳの機能面での目的は、広い意味でダウン症の社会的受容を促進させ、最終的には社会的統合を促進させるという観点から把握されるべきである。例えば、突き出た舌を縮小するのは、美的な理由のためだけでなく、流動食と固形物両方の摂取を円滑にしたり、より明確に有節発音ができるようになるといった、様々な機能的理由のためにも重大である。しかし、後者を支持する決定的なデーターはいまだ揃っていない。

手術としては、RPSには以下に挙げる内容の一つあるいはそれ以上の外科手術が含まれる。

1 舌の先から楔型の部分を切り取る(部分的舌切除)。
2 シリコン、または患者の身体の他の部分から取った軟骨で鼻柱を高くすることによって、蒙古襞(目のふちの皮膚の襞)を整形する(この挿入物は、ダウン症に共通するアーモンド形の目を整形するのに役立つこともある)。* 特定の場合には、蒙古襞を直接整形する必要がある。
3 斜めまぶたの視軸を矯正する。
4 引っ込んでいる顎を補強する、またはシリコンを入れたり軟骨を移植して普通より平らな頬を高くする。
5 垂れ下がった下唇を整形する。
6 耳の位置と大きさを整形して両耳の形成異常を矯正する。

* 鼻柱にシリコンを挿入する手術は、現在行われていない。胸部へのシリコン移植のように健康上の危険性があるためではなく(使用されるシリコンのタイプは異なる)、十分な固定度が得られない場合があったためである。現在は、軟骨のみが使用されている

図12・1　形成外科手術（ＲＰＳ）の箇所：模型図

7呼吸を円滑にするために鼻孔を広げる。
8首の上部と顔の下部より脂肪を切除する（図12・1参照）。

全般的に手術そのものは複雑ではなく、シリコンを使った場合は、整形を行う場所の数にもよるが、たいていー時間前後で終了する（骨や軟骨の移植の場合には、これよりも長い時間が必要となる）。術後の回復期間は比較的短く、普通二、三日の入院をした後完治するが、舌の場合、完治するまでに四—六週間がかかる。その間、最初の二、三日を除いては、摂食と会話の困難はさほどない。

ＲＰＳは積極的に外見を変えようとするＡＭアプローチの極端な現われである。まぎれもなく、このようにダウン症者を「人目につかない所」から引っぱり出す努力は干渉的な介入であり、ダウン症者自身とその家族の人生に重大な影響を及ぼすものである。従って、その介入を利用するか否かを検討する際、それに伴うあらゆる賛成論と反対論に十分注意を払わなければならない。

ＲＰＳを支持する人たちの動機は、ダウン症者たちにもっと普通の生活を送ってほしいという強い欲求に基づいている。ダウン症者が普通の環境、またはそれに準じた環境に入ろうとする時に多くの困難に直面するということはよく知られている。学校や仕事場で必要とされる能力よりもすぐれた能力をダウン症者が持っていたとしても、その事実は彼の身体的特徴や、雇用主やその他の人々がこの症候群を持った人々の知的機能水準の低さに関して抱く先入観によって、しばしば覆い隠されてしまうのである。

更に、ダウン症に付随する身体的特徴の顕著さによって、ダウン症であることが外見から簡単にわかってしまう。しかしだからといって、その特徴が明らかにそれとわかる程には見られない場合（あるいは、時としてその特徴が軽い場合）における反応と比べて、前述の特定のケースにおける早期発見が肯定的な積極的変容に結びつくとは必ずしも限らない。事実、いくつもの世代をこえて存続してきたこの症候群に関する類型的な見方は、ほとんど例外なく両親たちに厭世感と無力感をもたらす結果となっている。これらの感情は結果として次のような基本的態度を生み出す可能性がある。

「拒絶（Rejection）」。親たちは強度の絶望感と欲求不満を感じ、子供を拒絶することで問題と自分とを切り離し、その結果、自分たちと家族の他のメンバーをダウン症児が引き起こす問題から守ろうとする。時に、両親は子供を養護施設や養育家庭に預けることもある。このような措置が必ずしも拒絶的態度を反映していないとしても、ダウン症児およびその兄弟姉妹は往々にして、その措置を拒絶的態度の表れと誤解してしまうのである。子供と家で同居していても放任や虐待という形で拒絶が表れる。子供の変化への極めて低い情緒的関与も拒絶的態度の産物とみなし得る。

「反動形成（Reaction Formation）」。これは個人が、自己の内的葛藤に起因する不安感情を処理する際の防衛機構として知られている。この態度はしばしば無償の愛や過保護という形で表出することがある。このような態度は子供の自律性や自己有効感の発達を妨げ、依存心を形成するとともにそれを維持する。そして結果的に、本人とその家族の幸福を妨げることになる。

「過補償的受容（Overcompensating Acceptance）」。子供の状態を、あきらめという形で受け入れる態度をいう。「私の子供は美しくて、能力のある子です。この子には何の問題もありません。この子に関わらないで下さい。何も教えなくてもいいのです。この子にはできます。この子は天使です。」このように過補償的に事実を歪めることは、両親の態度を頑なにし、ともすれば彼らが子供に対して普通以上に愛情と優しい思いを注ぐようになりがちである。愛情と優しさは養育の重要な要素であるが、もしそれらが介入の妨げとなれば、子供の発達を妨害し、現時点での機能水準を低下させるという結果を招くことにもなりかねない。悲劇的なことだが、過補償的受容が起こった時に両親が築いたもろい防備が子供の障害の実態によって破られると、両親の感情に劇的な変化をもたらすことになる。

以上、これら三つの態度は、根本的に子供の発達にとって逆効果であり、特に環境に取り組む本人（そして両親）の能力を退行させる。先に述べたように、ダウン症者たちが容易にそれと分かる特徴を持つため、一般に人々は、個々の「特徴的な容貌に隠された内面」を知る努力をすることもなく、先入観に満ちた態度でダウン症者たちをしばしば分類しがちである。むしろ、ダウン症者の外観とそれに伴う誤認や伝承に深く根差した否定的な連想は、次のエピソードが示すように、時に社会的、教育的慣習に強い影響を及ぼすのである。

ある化学者が、会社から休暇をとって、ボストンにある大学に客員研究者として招待された。そこで彼が十四歳になるダウン症の息子、クレイグ（Craig）のための教育施設について問い合わせたところ、ボストン地区にある特別教育プログラムを行う機関に紹介された。クレイグは、それまでずっと普通の学校に通い、主に同年の健常児とつきあっていたので、隔離された特殊学級のある学校よりも普通の学校に入学する方が適していると思われた。クレイグの両親は入学願書を提出する際に、息子が健常児のためのカリキュラムでも十分やっていけることを裏づける、息子の担任教師の手による丹念な報告書と、様々な学習領域における息子の得意な分野と苦手な分野を記した成績表を添えた。それに対する回答は、願書と教師の報告書の内容を見る限りにおいては当然普通学級に編入できるが、しかしながらダウン症の身体的特徴を示しているため、残念ではあるが統合プログラムに本人を入学させることはできないというものだった。明らかに、クレイグの知的、社会的能力ではなく、彼の外観（そしてそこから導かれる典型的な連想）が普通学級へ入る可能性を制限したのだ。

いま一つのケースは、社会的、教育的統合への外観の重要性を強く示している。

十四歳になるダウン症児のフラン（Fran）は、両親によって我々の研究所に委託されて来た。両親は娘の将来に不安を感じていた。フランは「教育可能な発達障害者（EMR＝Educable Mentally Retarded）」のための特殊学校の中学一年生を終えようとしていた。当時、ダウン症児を「訓練可能な発達障害者（TMR＝Trainable Mentally Retarded）」の学級に入学させるというのが教育的期待の一般的な風潮であったことを考えると、彼女の成績は並外れたものであったといえる。フランは読み書きその他、学習に要する数多くの技能を習得し、親しみやすい性格を持っていたにもかかわらず、市の心理学者によって重度知的障害を持つ青少年向きの作業プログラムを受けるように言われたのである。両親は娘の知的成果、レベルの高い動機づけ、勉学を継続する意欲と健常な仲間と共に暮らす意欲を痛切に認識していた。そのため、フランの知能指数が六八であることを示す精神測定に沿った心理学者の推薦の内容に両親は打ちのめされた（彼女の言語知能指数は前述の指数より高く、七八に達していた）。彼らは、その状態評価はフランの潜在能力を反映したものではないと反論した末、再評価のために我々の研究所に娘を連れて来たのである。そこで「潜在的学習向性評価法（LPAD）」を用いた力動的評価（ダイナミックアセスメント）が開始された。結果は、両親の印象には十分根拠があることを示していた。フランはすぐれた学習能力を示し、問題解決の過程を学ぶことができた。そしてそれらを総合し、同じような問題解決の方法が必要な新しい問題にそれらを一般化する能力をも示したのである。彼女の学習困難は、主として、極度の無能力感を引き起こすような欲求不満の状況に対して神経質になっていたことが原因であった。従って彼女は、自分には援助を受ける必要があるのだということを仄めかされる度に、おそらく特定の機能領域において弱点があるということをなかなか受け入れられずに、反抗的な反応を示していたのである。フランの行動は、自信のなさに対する頑固で徹底的な戦いの反映なのである。

ＬＰＡＤによる評価の結果を分析した後、恵まれない環境にいる子供のための普通の中学一年生の学級にフランを入学させることが推薦された。この環境を選んだのは、通常課程の活動に加わる機会を彼女に与え、正常な行動の模範を示す生徒と交わる機会を与えるためであった。

適切な教育プログラムを広範囲にわたって探し求め、そして受け入れて貰うための運動を長期間展開した末に、フランは普通の学校に受け入れられた。二年間、彼女は実質的に発達し、様々な領域において普通と変わらない学業的期待によく応えた。しかし彼女は社交性に関して問題があり、両親や先生や同級生と口論をよく起こしていた。幸いなことに、これは青年期に伴う正常な発達傾向であり、健常な同級生との付き合いによって強化される自己主張を反映していると解釈された。

小学校を終えた後、フランの両親と研究所のスタッフは、フランが同年代の生徒たちと共に過ごすことができ、自らの抱える数々の問題に忍耐を示し、彼女の自己主張を認め、奨励する環境を維持するためにも普通の学校に進学すべきであると感じていた。結果としてフランは、普通の高等学校に統合されるための準備過程を受けている不利な状況（ディスアドヴァンテージド）にいる青年たちとのつき合いを持てる環境に「住み込む（live-in）」よう推薦されたのである(14)。

研究所の心理学者が、フランを普通の高校に進学させる時期がきたと認めた時点で、両親と研究所のスタッフはフランの外観に関する重大な事実に直面させられた。彼女を普通学校に受け入れて貰うためのあらゆる努力が全て無駄になったのである。努力を続けたにもかかわらず、フランよりも機能水準の低い生徒のためのプログラムへの受け入れすらも拒否されたのだ。受け入れ拒否の明らかな理由は、主に、典型的なダウン症の特徴を示す子供の入学を許可すれば、その学校と生徒全体に汚名を着せることになるからというものであった。その結果、フランは自分の外観を極度に気にするようになり、さらにそれは彼女の社会的行動にも影響を及ぼした。自分の突き出た舌を恥ずかしく思うあまり、自分が食べている姿を他人に見られないように隅っこに隠れるようになった。口の周辺の至るところが食べもので汚れた時、その恥ずかしさは増すばかりであった。

普通学校の校長と教員たちの話し合いによると、普通学校の子供たちがダウン症児の入学に猛烈に反対する理由は、彼らを同じクラスに統合することによって、自分たちのクラスにある種の「評判」が付与され、自分たち自身が「薄弱児」という烙印を押されるということであった。校長たちはまた、ハンディは持たないが低水準の子供の両親たちも統合に反対し、もし障害児と一緒にするのであれば自分たちの子供を退学させると迫っているのだとも告げた。両親たちとスタッフによる教育機関との交渉が継続する中、これらの反応にぶつかる度に、関係者全員の、特にフラン本人の失望感と挫折感は深まることになった。遂には、フランの機能の水準が急速に低下し始め、現在まで年月を費やして行われた集中的投入が無に帰するのではないかという、フランと両親の絶望感は増したのである。

以上の二つのケースは、教育的、社会的、職業的な機会、また地域社会で暮らす機会が本人の外観に大きく影響されることを明白にしている。ＥＭＲ（教育可能な発達遅滞者）のための学校であるか一般の学校であるかにかかわらず、発達遅滞と考えられているダウン症の身体的特徴を持つ子供を在学させることに恐れを感じている学校がいまだもって数多くあるが、この問題に関して最も敏感なのは、そのような子供を受け入れることには何の利点もないとする一般の学校ではなく、視覚的に見分けのつく身体的特徴を持ち、発達遅滞と考えられている子供が在学することは、その学校にとって大変な不名誉と判断したＥＭＲの学校である。このことと関連して、ある研究者は、人が発達遅滞者として分類される比率は、成人した後よりも学齢期間の方が高いと報告している[15]。学齢期間に発達遅滞者として分類されたとしても、成人した者の多くは普通の生活の中に「姿を消す」。しかし、その外観ゆえにダウン症者たちの運命はこれとは異なるのである。社会は、彼らに「成人すれば姿を消す」ことを許さないのである。従って、その人の機能水準が社会的統合と生産的な雇用を正当化するものであったとしても、現実には正常化（ノーマリゼーション）は極めて困難である。

ＲＰＳはダウン症者たちの外観を正常化し、より普通の人生を送る可能性を高めるための、大きなきっかけとなる可能性をもっている。ＲＰＳ手術には、場合によって多くの困難が伴おうとも、一般社会の受容と統合に対する代価として高すぎることはないであろう。

ＲＰＳを真剣に考慮する際、その危険性や享受し得る恩恵、内在する困難、期待される結果など全ての情報が両親に提供されなければならない。更に、手術の結果ひらかれる可能性を実現させるために、継続的に発話や言語の治療を含む積極的な変容活動が必要であることを覚悟させるべきである。

どのケースにおいても、ＲＰＳを、それ自体で全ての問題を解決する「魔法の杖」のようなものとはみなすべきではない。ＲＰＳ自体が精神機能を改良するのではなく、短期、長期両方の教育的介入が伴わなければならないのである。ＲＰＳは、長く困難に満ちた道のりの出発点に過ぎないのだ。手術によってひらかれた可能性の実現のためには、継続的な投入が必要である。同時に、ダウン症児の両親と社会全体には、ダウン症者たちの正常化（ノーマリゼーション）を促進する環境を作るために行動する権利と義務があることを強調しなければならない。このような目的には、ＲＰＳが必要とされる場合とそうでない場合とがあるのである。

発話や言語面での成果は、総合的で継続的な介入の重要性を示している。舌を縮小することが、必ずしも発音の明瞭度を高めるとは限らない。むしろ手術の成果を極限まで強化するためには、集中的な発話的、言語的治療が必要である。しかしながら舌を縮小することで、ここで述べたような介入や他の介入をより可能にし、効果的にすることにもなり得る。ダウン症者たちを扱う言語治療者は多くの場合、明瞭な発音の向上ではなく言語の発達（例えば語彙、構文）に努力を費やしているのである。治療者はこの方針を、突き出た舌に起因する困難が発音の治療の妨げになるとして度々正当化する。それゆえ舌の短縮は、発音が困難な健常児に対するのと同じように、ダウン症者を進んで治療する態度へと言語治療者の変化を促す積極的な影響を及ぼし得る。それに加えて健常児と会話させることは、ダウン症児に適切な発話や言語的モデルを提供し、舌を縮小することでもたらされる可能性や影響を高めるうえで必要な介入となる。

経験からいって、ダウン症児の両親は、我が子の現実の、または想像上の「幸福」を壊したくないために大胆な試みに全く踏み込めないことがよくある。もちろん幸福というのは、一人一人にとって高く望まれる目標である。しかし両親は、過保護な生活が真の幸福に達する道ではないことを悟るべきである。なぜならその道は、両親にとっても、また彼らの子供たちにとっても、真の適応性や自己実現に導くものではないからだ。

それでは、ここでRPSに関して決断を迫られている両親の立場に立ってみて、手術に直面した両親たちからよく聞かれる様々な質問と、それらに対するいくつかの答えを列挙してみよう。

「我が子の外観を変える代わりに、なぜ社会の態度を変えないのか?」

ダウン症者たちを抑制したり彼らに脅威を与えたりする、一般の人々の否定的態度や社会政策を変える努力をするのが望ましいことについては、疑問の余地がない。それを支持する動きは多くの国々において芽生えており、なかには有意義な成功を収めている国もある。しかし、社会を変えるということには、何十年あるいは何世代という極めて長い年月を要する。更に、法律や社会政策を変えても、一般市民にそのような法律や政策が深く浸透するまでに非常に長い年月がかかる。ダウン症児にはそのような変化を待つ時間はなく、それらの結果に対して必ずしも確信を持てない。機能水準の低い人たちに対する新たな認識に社会が徐々に適応する間、具体的で有意義な対策を講じなければならないのである。統合への道を切り開くには、常に社会そのものを修正するための集中的な努力を行うべきであると同時に、一方で、ダウン症者と彼らの機能水準の変容を導くための、積極的な社会的教育的努力が集中してなされるべきである。統合の選択肢の幅を最大限にするために、これら二つの介入過程は重要である。

「神の創造物に介入し、それを変えることは倫理にかなっているか？」

これは、二四歳のダウン症の男性に形成外科手術を提案した時になされた質問である。彼は、「もし神様が私をこの通りに創造されたのならば、なぜそれを変えなければならないのか。」と言った。ユダヤ教に詳しい形成外科医は、この問いに対して「神様は天地をお造りになったが、創造の経緯はいつまでも続けられるべきだ。」という聖書の言葉を引用した。この答えは、この若い男性が最終的に到達した肯定的な決意に重大な影響を与えたのである。おもしろいことに、普通の人々が形成外科手術を依頼する際には、たとえ身体の美容だけを目的にした場合であっても、以上のような質問がなされることはまれである。

ＲＰＳの支持者は、個人の人生を有意義に改善するための環境を作ることを目的とする介入は望ましく、筋の通ったものであるとの確信をもっている。両親には、我が子の人生の状況を改善する権利があるだけでなく、その義務もある。自分で率先して行う能力のない（あるいはその見込みのない）ダウン症者たちの場合は、家族や社会団体に、このような決断をする際に重大な役割を果たす責務があるだろう。

「手術によって我が子の認知的、精神的機能は自然に改善されるか?」

この問いに対する答えはノーである。RPSが知的機能に与える直接の影響はない。しかし、RPSによって社会的相互作用のための環境が改善されることで、肯定的な影響が知的能力に対して間接的に及ぼされるだろう。これらの間接的な影響には、自己に対する否定的な意識を減少させたり、また、高度な知的活動を要する統合された環境に取り組むために、より正常な教育の機会をひらく可能性が含まれている。RPSの究極的な効果は、新しい可能性や選択肢を最大限にするための社会的努力や教育的投資の性質と熱意とによって決定的なものとなるのである。

「手術についての意思決定を行う過程で子供自身はどのような役割を果たすべきか?」

ダウン症児は本質的に、他の全ての子供と同じ権利と特典をもっている。当然、意思決定の過程は、介入時の子供の年齢や、全般的な機能水準に応じて調節する必要がある。正常に機能する子供の場合であっても、両親は介入についての決定を自分たちで下さなければならないような何らかの状況に直面するものである。そのような場合には、両親が子供にとって最善であると考えられる事柄に従って判断が下される。手術前、手術後を問わず全ての段階において子供が関わることは可能であり、子供の参加は極めて望ましく、たいていのケースにおいて大きな助けとなる。

「RPSにはどのような危険性が伴うか？」

RPSはどのような場合でも全身麻酔で行われ、統計的確率から見るならば、患者が健常者か障害者かを問わずどの患者に対してもある程度の危険を伴う。しかし、今のところイスラエル、ドイツその他の国々でRPSを受けた何百人にのぼるダウン症の児童や成人の内、麻酔による死亡や、極めて否定的な結果がもたらされたという報告はない。全ての手術に共通して、患者の全身的な健康を保持するための特別な措置が講じられるべきである。特定の個人が手術を受けるかどうかを医学的観点から決断するのは、最終的には医師の責任である。

「舌の手術は発話に悪影響を及ぼすのではないのか？」

我々の経験では、この問いに対する答えはノーである。むしろ、その人に対する体系的な言語治療的介入を円滑にし、また、社会に統合された場合には正常な話し方のモデルの影響が受け入れやすくなることによって、発話能力に肯定的な効果を得ることができよう。同様に口腔に関連する機能にも、肯定的な効果を挙げる場合がある。例えば、口に食べ物を入れ、それを飲み込むまでの過程が大きく改善される可能性がある。舌の縮小手術を受けた子供の両親からは、子供の流涎が減少しているか、あるいは完全に止まっていることがしばしば報告されている。実際に、このことは研究所で収集した追跡調査のデータを見ても、RPSにおける肯定的な諸結果のうち、もっとも予測できるものの一つであることを示している(16)。

「手術による身体的影響は長く継続するものか？」

我々の知る限りでは、シリコンの移植を行った場合、ごく少数のケースにのみ新たな移植が必要になった。筋肉組織、軟骨組織、あるいは骨の移植の場合にはこのような問題の発生はシリコンの場合より少ない。幼時期に移植をした場合、頬や顎の移植を思春期を過ぎた頃にやり直す必要が時には生じることもある。それは、その人の新しい一般的な成長や発達に伴う変化に適応させるためである。このような手術による調整は、必要に応じて比較的短い時間で行われ、特別困難なものではない。

「ＲＰＳを行うのに最も適切な年齢は何歳か？」

ＲＰＳはどの年齢においても行うことができる。年長者であっても、三歳の子供であっても、年齢が手術の妨げになることはない。技術的には、ＲＰＳを三歳未満の子供に行うことも可能である（そして時々行われている）。専門家によっては、子供の学校教育の初期における統合の可能性を高めるために、幼稚園の時点で手術をすることが賢明であると確信している者もある。しかしこの意見は、全ての人々に受け入れられているわけではない。専門家の中には、手術そのものの侵入的な性質による精神的外傷（トラウマ）と、全身麻酔が必要とされることを考慮して、幼稚園前にＲＰＳを行うのは年齢的に早すぎると考え、少年期初期まで待つことを薦める人々もいる。（現在我々の研究所では、ミンツガー［MINTZKER］女史によって、同年齢の舌の縮小手術を受けた子供と受けなかった子供を対象とした、それぞれの言語治療への影響に関する研究が続けられている。）

「患者は手術後に相当な痛みを体験するか？」

他の外科手術と同じように、手術後に痛みと不快感は生じる。我々の経験では患者とその両親の報告から、その痛みはたいていの場合標準的な投薬で我慢できる程度のものであるということが分かっている。数日後には、大多数のケースにおいて痛みはほとんど完全に消えている。当たり前のことであるが、痛みに対する耐性の水準には個人差がある。移植そのものは普通痛みも不快も起こさず、患者にとっては耐えられるものである。

「子供は外科手術を怖がるか？もしそうであれば、それに対してどのような準備をすべきか？」

手術による介入（インターベンション）に対する子供の反応は、大ざっぱにいえば手術前の準備の仕方による。幅広い準備が必要であり、その準備が適切にされた場合であれば、否定的な後遺症を報告する例は全くない。子供と両親は、手術の目的、その過程、手術に付随する不都合と手術後彼らの人生にどのような意味があるかを完全に知っておくべきである。非現実的な期待、あるいは過度の不安を避けるために、手術に関する情報を漏れなく患者に伝達すべきである。この決断を迫られている両親は、すでに手術を受けた他の子供の両親と話し合うことが賢明である。両親、教師、兄弟姉妹、そして友人が積極的、継続的に関わり続けることもまた重要である。病院において両親は、日常の世話をする医療補佐スタッフを援助し、子供を励まし慰めるべきである。そのような活動に家族ぐるみで取り組むことは、手術を受けた「英雄」ともいえる子供を「祝福」するのにふさわしい機会と言えよう。手術前後の期間、教師や友人たちは、子供を支援する暖かい雰囲気を作り、その子供の外見に見られる肯定的な変化を強調したり、将来の活動について話し合うなど重要な役割を果たすことができよう。

「非現実的な期待をもたせることは子供に悪影響を与えるのではないか？」

この問いは、「非現実的」な期待が子供にとって欲求不満の原因になると考える両親や専門家たちからしばしばなされるものである。しかし、現状よりも高いところに期待を設定し、その実現に向けて努力することと、わずかな期待しか持たないまま、不適応と「安楽な状態」に依存させ続けることのどちらがより悪影響の原因になるだろう。失敗を恐れて努力を放棄すれば、子供の特徴を不変のものとして受身的に受容するに留まる。子供にとって何が現実かは、我々の目標設定、介入計画の作成および実行に投入する努力、現時点での発達段階に対し常に「満足しない」こと、子供の成長と発達のプロセスを伸ばす努力をあくまで続けること、そして子供自身が、自分の発達過程に関わることに意義を見出すことによって決められる。ＲＰＳは以上のような見方で捉えられるべきである。つまり、ＲＰＳはより高度な目的を達成するための一つの意味のある（たしかに唯一のものではないが）方法であり、両親やダウン症者や社会全体によって肯定的に捉えられるものとみなすべきである。

「結婚（や子供を持つこと）に関して、非現実的な期待を抱くことになるのではないか？」

ダウン症者たちが得られる様々な選択肢から、結婚の可能性を憶測のみに基づいて排除するべきではない。もちろん、この方向に進む前に、多くの問題点や具体的な関心事を検討しなければならないが、結婚を必ずしも非現実的とみなすべきではない。事実、結婚という目的を抱くことそのものは、ダウン症者の大人としての成長過程を促進する上で重要な役割を果たすであろう。場合によって当人に継続的な援助が必要であるとしても、結婚して家庭を築くことは、施設で保護を受けたり、社会的に孤立した状態で暮らすことを避ける機会を増やすという点で重大な意義を持つ。ダウン症児の両親は、娘や息子が妻や夫になるための活動を実際にほどよく身につけるために教育する上で、重要な役割を果たし得るのである。

このことは、結婚に関連する技能を身につけるということに内在する困難を、過小に評価することを意図しているのではない。我々の主張は、結婚する（あるいは、ダウン症者全体のうちわずかな比率であったにせよ、親になる）ことを人生の目標から完全に除外すべきではないということである。

結婚の実現を更に可能に近づけることで、ＲＰＳはそのような目標設定に対して肯定的な役割を果たすことができる。事実、単に社会化という観点から言えば、結婚の可能性は舌の突き出た人々や、絶えず涎を流している人々にとっては極めて限られたものとなる。しかし、ＲＰＳによってこれらの問題を排除したり、またはかなり減少させることができれば、ダウン症者たちにとっても結婚はより身近なものとなるであろう。

「手術の影響に関する科学的データはあるか？」

ダウン症者たちを対象としたＲＰＳは介入の方法としてますます広く利用されるようになったため、データの収集は不可能になってしまった。いくつかの追跡調査の結果は手に入るが、大多数は手術の様々な側面に関連しており、また、データの主な情報源は、我が子の現時点および将来の成功に対して当然の事ながらかなり感情移入をしている両親であるため、データはどちらかというと主観的である。以上のような限界を留意した上で、最近の研究結果を分析してみたい。

この研究は当研究所のスタッフにより、ＲＰＳを受けたダウン症児の両親五〇人以上を対象にして行われた(17)。その結果、手術の全体的な成果について「極めて満足」または「満足」と回答した両親は七二パーセントに上った。残りの二四パーセントは手術の結果について「まあまあ」とし、三・五パーセントが「全般的に不満」と答えた。手術を受けた子供の両親に対して、彼らの友人にもＲＰＳを薦める意志があるかどうかを聞くと、はいと答えたのは八四パーセントで、条件つきで薦めると答えた両親は十三パーセント、いいえと答えたのは僅か三パーセントであった。従って、両親の立場における全般的な満足度は比較的高いと言える。

この研究において、両親にＲＰＳの特定の結果についても具体的に聞いてみた。ダウン症児たちの身体的な症状は一人一人異なって現れるため、それぞれの子供は異なった種類の、異なった度合いの介入を必要とする。「大きな進歩」が認められたことを反映する答えは次の項目に示されている。

舌の短縮　九四％
つり上がった目尻の矯正　八七％
鼻柱、頬、顎へのシリコンの移植　八〇％

両親の内の一人は舌の手術に関して不成功を報告し、つり上がった目尻の矯正に関しては二人が不成功を報告した。両親はまた、たとえ結果が必ずしも期待していた程ではなく、手術後に予期されていたような身体的な症状が残ってはいても、手術によって子供の顔の典型的な造形が著しく改善されたことを報告した。手術当時の子供の性別や年齢と、手術の結果との関連において差異は見られなかった。これらの結論は総合的にみて、手術の結果に対する両親の満足度が比較的高いことを反映している。

RPSの最も重要な目的の一つは、ものを食べたり話したりといった、口に関係するいくつかの機能を改善することにある。もしこれらの領域に有意義な改善が得られれば、それらは両親や教育関係者が行う目標の設定に影響を与え、子供の様々な活動の場や社会的可能性の拡大を円滑にすることになる。機能の改善に対する両親の認識を示した研究所のデータによると、両親の六〇－八〇パーセントが食べる能力の改善や、流涎の減少（七二パーセント）、口を閉めること（七〇パーセント）、口の周りの傷の減少（六八パーセント）、鼻による呼吸（七一パーセント）など、口に関係する部位に多少の、あるいは相当な進歩があったことを報告している。加えて、口を開いたまま息をすることが少なくなった、鼾が停止した、鼻をたらすことが少なくなったなど、呼吸関係の様々な機能の改善がなされたことが両親たちによって認識されているが、これらの領域の改善を報告した両親の報告率は四〇―七〇パーセントにのぼる程度で、前者よりも低かった。最も劇的な結果は舌の縮小手術に関するもので、両親の九〇パーセントが舌の突き出た状態が完全に解消したことを報告したのである（教師たちに舌の縮小手術に関する印象を尋ねたところ、同様の結果が得られた）。

手術後の子供の言語面での変化に関する両親の認識を分析すると、理解のし易さ（六六パーセント）、明瞭な発音（五五パーセント）という点で、有意義な改善が報告された。話すことに対する子供の自信もかなり（五四パーセント）改善された。吃音の減少は約四〇パーセント、しゃがれ声の減少は約三〇パーセント、それぞれ認識された。

理解のし易さや明瞭な発音などといった言語的特質は、個人の対人コミュニケーションへの参加と相関的に関わりのある決定的要素であり、それらは子供の社会的相互作用の能力の発達にとっての第一の要因である。以上のように、これらの改善については、さらに客観的に収集したデータによる立証が必要であり、それらの効果の時間的な持続性に対する評価も要求されている。

「両親以外から収集されたデータはあるのか？」

研究所で行った別の調査では、次のことについて調べてみた。中学校一年生と二年生（十二歳―十四歳）の男女二五〇人以上に、ダウン症児の手術による介入前と介入後の一組の写真（正面と横顔）を見せた(18)。調査対象である子供たちは、各々の写真について美―醜、賢―愚、良―悪、友達として快―不快の四つの項目にわたる評価を行った。それらの四つの項目に関して、手術前の写真よりも手術後の写真に対する評価の方が肯定的であった。この研究における最も興味深い結論は、身体的外観についての認識と知性についての認識の関係である。この二つの変動要素の相関係数は約プラス〇・六五で、他人が知性的であるかどうかを認識する割合は、相手の身体的外観の認識と高い比率で相関していることを示している。

RPSは積極的変容誘導アプローチを強力に反映する介入の形態と考えられるだろう。これは、全身麻酔のもとに手術を行うこと、また身体的にも心理的にも外傷体験が伴うと見なされる可能性があるからである。その手術は最も認識が容易なペルソナ（訳注：仮面を被った人格）、すなわち顔という個人の外見的特徴の最も基本的な部分での変化を試みるものである。従って、介入をRPS路線に踏み出すことは決して些細な決定とみなされるべきではない。このことは、両親や専門家がこの問題を討論する際の強い感情的反応に反映されている。

本書の英語版の第一版の著者の一人であるジョン・ラインダース（John RYNDERS）教授はRPSの利用に対して、どちらかというと保守的な姿勢を持っているが（以下、保守的な姿勢（コンサーバティヴ）の象徴として、著者Cと記す）、ある時彼（著者C）は、中学校に進学する直前のダウン症児を持つ友人から相談された。その父親によるとグレゴリー（Gregory）というその子供は順調な発達状態にあったが、本人は自分の症状に起因する外観（ラベル）を取り除きたがっていた。父親はグレゴリーが、RPSの対象者として適正であるかどうかを知りたかったのである。その時点で、著者Cは自分の感情を整理せざるを得なかった。つまり彼は、RPSの利用に関して留保している自分のスタンスを、より積極的な立場に立つ本書の共著者たちに対して説明する必要があったのである。RPSの適用を考えている両親たちの参考のために、「論争」の中心となった内容を次に述べる。

著者Cにとっての根本的な問題は、相関関係にある二つの問いに関するものであった。すなわち、①どういったダウン症者が手術の対象者となるべきか（あるいは、なるべきでないか）。そして、②油断を許さないこの手術の重大な性質と、現時点で入手可能な手術の効果に関する調査結果の質と量とを考慮した上で、その手術を行う際にどの程度の注意が必要か、というものである。著者Cは、多くの子供や両親に対して情緒的、心理的、経済的に大きな負担を負わせる介入には、最大の注意をもって接するべきであると確信する。ダウン症者の誰もがRPSの対象者になり得るという事については、著者Cは肯定している。しかし少なくとも今のところ、この問題を真剣に考えるために欠くことのできないものとして、彼は次の三つの条件が必要であると考えているのである。

一　ダウン症者自身が、現時点において、自分自身の価値を下げるようなレッテル（例えば「精神薄弱」、「蒙古症」、「馬鹿」など）を内面化し、そしてそれを表現してきたこと。

二　そのダウン症者が充分な認知能力を備えているか、あるいは彼の潜在的認知能力が証明されており、その能力によって、ダウン症者としての特徴が軽減されることで繰り返されるだろう失敗を起こす可能性を防ぐことができること。このような失敗が起こるのは、たいてい本人のことをよく知らない人々が機能水準の低さを連想させるような症状を持っているとは認識できず、彼の能力をはるかに越える活動を期待する可能性があるからである。言い換えれば、認知的観点からみて、通常の期待や通常に近い期待に応えることのできない人の場合、手術によってダウン症特有の顔の造作が除去されると、技術的に期待に応えられないような望ましくない状況にその人を置くことになり、それが本人にとって重大な損失となり得るというものである。

三　子供に対するRPSを考慮する両親にとって、その動機が「正当」なものであること。すなわち、自己を犠牲にしてまでも「成功する見込みが薄い人物を成功できる人物」に作り直すということではなく、できるだけ正常で充実した人生を送ることができるように、子供の能力を最大限に伸ばすことを望んでいること。仮に両親が、時間やエネルギーや情緒的なゆとりを完全に失い、互いの配偶者、または他の子供との肯定的な関係を失う覚悟で選択をしたとすれば、確かにその動機づけは立派なものである。しかしそのような「殉教者的態度」は、夫婦が、ダウン症の子供に対するのと同様お互いにも、また家族の他の子供たちにも責任があることを考慮に入れれば、必要でもなければ実際的でもない。たとえ利他主義的な動機が両親にあったとしても、彼らが負担を抱えることには限度がある。そしてその限界を超えてしまうと、自分たち自身や、さらには自分の子供を破壊することになり、そして皮肉なことだが最後にはダウン症の子供を拒絶する可能性さえあるのである。

この三つの条件が満たされている状況があるだろうか？　グレゴリーと彼の両親は、この条件を三つとも満たしていた。約二年前、グレゴリーの発案を受けて、グレゴリーは普通中学校に進学する直前であり、両親はRPSを行うことが妥当だと判断したのである。当時グレゴリーは普通中学校に進学する直前であり、本人が「精神薄弱」だと思われたくないと明言していた。愛情と知性に満ちた父母は、注意深く、そして思いやりをもって息子の言うことを聞き入れてから、息子が自分の動機を表面化させ、また両親自身もそこから恩恵を受けることができる方向へと、多くの親密な話し合いを通じて息子を導いたのである。グレゴリーは、十一歳のダウン症児にしては優れた成果を示し、小学校三年のレベルで、理解力をもって読書を楽しむことができていた。彼は普通の小学校に数年間通い、一日の前半に教育可能な子供のための特殊学級で勉強し、あとは半な教育過程である普通学級に通っていた。

準備に何ヶ月かを費やした後、グレゴリーはRPSを受けた。現在彼は順調である。両親たちは息子が進歩し始めていると確信しているが、彼の発話や言語が著しく上達しているかどうかを判断するには、今はまだ時期尚早であると思われる。定期的に彼は言語治療を受けている。現在、彼は以前より幾らか普通に見えるが、両親と三人で鏡を一緒に覗くと「かつてのグレゴリーがまだ見える」のである。更に、顔の造作に現われていたダウン症の特徴は多少減少しているものの、今でもグレッグ（グレゴリーの愛称）はダウン症者として認識され続けている。グレゴリーの両親は、息子がRPSを受けたことを嬉しく思っているが、二度と同じような苦痛を経験したくないと言う（息子が手術室の方へ運ばれていく時に、突然それまで予期していなかった感情が湧き上がって来たことを二人とも認め合い、「ああ、私たちはいったい何てことをしようとしているのだろう！」と同時に叫んだことを鮮明に思い出していた）。

グレゴリーのRPSには、舌の縮小と、体の他の部分から取った筋肉組織や骨を移植して、目の形、鼻柱、頬や顎の輪郭を変えることが含まれた。著者Cによると、グレゴリーの症例は先述した三つの条件を満たしていた。このように、予期し得る利点と不利益な点を比較考察した結果、グレッグと両親にRPSを受けることを真剣に考えるように勧めることができたのである。

しかし、この手術の効果を支持する確実なデータが欠如しているということは、どのように結論づけたらよいのだろうか。グレゴリーのケースでさえ利点は明確でなかったし、保証されていなかった。事実、先に述べたとおり、RPSの効果についての「確実な」データ、つまりある程度厳格な科学的状況のもとに収集され、客観的で、手術の結果に個人的に関与していない人々によって分析されたデータは少ない。舌の縮小の効果を考査する厳格な実験的基盤に基づく唯一の研究では、手術後六ヶ月が経過しても、手術を受けた患者のグループにもたらされた利益はなかったと結論を出している(19)。この研究では、ダウン症児十八人（男子九人、女子九人、年齢は五才から十九才）が舌の縮小手術を受けた。手術前から手術後にかけて、発音の明瞭さにおける実態の評価を、五ヶ月にわたって追跡調査した。手術を受けたグループと受けなかったグループについて、手術直後と手術後六ヶ月経過した時とを追跡して発音能力を比較した際には、差異は見られなかった。更に、この二つのグループの両親が認識した言語的発達を比べた場合にも、有意差は見られなかった。しかし、この研究において手術を受けた子供が、手術後に補充的な発話的治療も言語的治療も受けなかったという点は重要である。本書の全ての著者たちの間で強く意見が一致しているのは、手術だけでは十分な介入にはならないということである。手術後、言語治療を含むあらゆる形の積極的変容誘導活動がすぐに行われなければならないのである。

本書の著者たちは、著者Cが取った立場のいくつかの点に対して異議を申し立てている。この著者たちの比較的多岐にわたる経験においては、手術を受けた子供にも、その両親にも、精神的な外傷や身体における破壊的な結果がみられたという報告は一つもなかったのである。両親が不安を示すのは自然なことであるが、手術前、手術中、そして手術後に、集中的かつ注意深い準備と支持的なカウンセリングを行うことによって、それらの感情をかなり緩和することができたのである。最も強く不安を示したのは、最初に手術を受けた十一人の子供の両親たちであった。当時、不安感が強まったのは、恐らくそれまでイスラエルではそのような手術が行われてこなかったことや、その手術の適用に関する情報が限られていたことが原因であるだろう。後に、RPSに関する決断をしなければならなかった両親たちは、以前ほど情報の欠如に悩む必要がなかったので、彼らの不安感は相当に軽減された。

RPSの応用がさらに広がるにつれて、通常、両親は子供たちの運命を変える過程に密接に関与しているので、外科手術の概念を受け入れる用意ができているということがわかった。

著者Cが明確に系統立てて説いた前提条件に対し、本書の二人の著者は下記のような反応を示している。

第一に、ダウン症者たち全てがRPSを受けるべきでないとしても、受けるかどうかを最終的に決定する要因としては、著者Cが提示したものとは異なる前提に根拠を置くべきだと主張している。二人の著者によると、最終的決断に導く決定要因は、自分の症状に関する子供の自己認識や、子供の知的機能の水準（これは多くの場合、体系的かつ計画的な介入が欠けることに起因する）、または両親の動機や経済的事情ではなく、子供自身の欲求と、彼が達成すべき目標にその基盤が置かれなければならないとしている。もちろん、前者のような要因を全く考慮に入れるべきではないという意味ではない。むしろ、必要があればそのような困難を乗り越えるための努力をすべきだし、そのような努力の発動に、手術がとても有意義な役割を果たせるかもしれないのである。

第二に本書の著者たちは、手術は、家族や教育関係者やその他の人々による拒絶を、子供が体験することを避けるための「予防的」な立場に立って—事情が許す限りいつでも—行われるべきであるとしている。著者たちは、無力感を持つダウン症者が、自分たちの人生のあらゆる状況を有意義に変化させるべく、自律的に率先して動くことはまれであるということを指摘する。むしろ、彼らの持つ様々な無力感は、宿命的な自己知覚、過追従、自分の状況を受身的に受容するという態度から生じるいらだちへとつながる。積極的変容誘導アプローチを体験していないダウン症者たちによく見られるイニシアティヴの水準の低さ（「従順な性格」と形容されることもあるが）は、本人の永続的な受身的受容と、社会による拒否へと追いやるのである。

著者Ｃが心配していた、ＲＰＳ後のダウン症者としての自己同一性《アイデンティティ》の喪失は、今のところイスラエルで収集されたデータでは立証されていない。本書の著者にとって、ダウン症者が直面する問題は、むしろそれとは逆のものなのである。顔の造作が特別であるがために、そのような人こそ自己同一性が欠乏しがちである。その人は、特有の性格を持つ一個人としてではなく、主にダウン症候群という名で明確に定義されている集団の一員として知覚される。その集団の特徴である顔の造作は、その人の本質的な個性よりはるかに強く現れるし、その典型的な外観は本人特有の外観の重要性を目立たなくしてしまう。この全体的な認識は、それが基本的には身体的特徴に関するものであっても、その人の知的能力及び将来への教育的展望に対しても影響するのである。例えば、両親や学校からの報告によれば、一人のダウン症児がＲＰＳを受けた結果「健常」な子供たちが進んでその子と相互作用しようとする態度に対して肯定的な影響が見られたことが強調されている。突き出た舌と流涎の矯正の場合にこの傾向は特に顕著である。外科手術の範囲を問わず、ダウン症児の特異な容貌は完全には除去されないであろう。主な症状が消えても、やはり他人からダウン症児として認識される。しかし手術後、彼らの目立つ特徴はかなり目に付かなくなるだろう。ＲＰＳは逆の方面においても肯定的な役割を果たすことができる。つまり、個人の自己同一性が失われないように保証し、その同一性をさらに明確にすることを援助するのである。事実、手術後の両親からの報告によると、子供はただ単にダウン症者集団の一人としてよりも、家族の一員として認識されるようになっている。

不当な期待を持たせないために、著者Cは、ダウン症者としての同一性を保持することについて懸念を示したが、本書の著者たちには著者Cの考え方はダウン症者の発達に不利益をもたらすように思えた。そのようなアプローチは、本人が普通の環境に適応できるよう努力するよりも、隔離された場所に保護するという方向に導くことになり、現状維持、消極的受容に固執する結果となり得る。その上、RPSの手術が子供に疎外感を起こす恐れがあるということが、いまだ実証されていないのは明らかである。そのような障害や、同一性の変化を明らかに示したケースは我々の研究所では扱ったことがない。

家族の安寧に関して著者Cが様々な不安を示したため、他の著者たちは著者Cに次のような質問をした。すなわち白血病のような不治の病を持つ子供の場合にも、同じような不安を示すのか。ほとんど望みがない時でさえも、親は我が子の病状を改善させるためにあらゆる手段を講じるのではないだろうか。子供の医学的問題を軽減するために、自分たちは最善を尽くしたと言いたいのではないかということである。RPSを受けさせないということは全体をおろそかにするという結果に終わる可能性があると、他の著者たちは主張している。なぜならば、ダウン症児の視聴覚障害や、歯列矯正の問題や、言語障害や、姿勢と動作の不適応に対する治療は、健常な兄弟姉妹や同年齢の子供におけるそれと比べてそれほど行われておらず、また、それほど積極的でもないことがよく知られているからだ。

最後に、著者Ｃが危惧したＲＰＳの効果に関する確実なデータの不足は、考慮すべき深刻な問題である。効果に関する問題と本気で取り組むためには、体系的な方法で全てのデータをまとめるのに相当な年月を要する。一方、手術の結果に関する両親や同年齢の子供の様々な肯定的な認識は、大変な励みとなるのである。特定の場合におけるＲＰＳは、両親やその他の人々が受容的現状維持アプローチではなく、積極的変容誘導アプローチを支持するための媒体になる可能性がある。このような現象は、例えば手術後に子供を普通の環境に統合させるための方法や状況を捜すことに遥かに積極的になった両親たちの場合において見られたようである。

以上を結論としてまとめると、ＲＰＳがダウン症者の中のある人たちにとっては正当な介入方法であるという点で、ランド（RAND）、フォイヤーシュタイン（FEUERSTEIN）、ミンツガー（MINTZKER）及びラインダース（RYNDERS）の意見が一致している。一致していない問題点は、どの程度積極的にＲＰＳを推し進めるか、どのような対象者が手術に適当であり、手術は何回行うべきかということ、そして手術の効果に関して両親や専門家が持てる信頼度である。著者は全員、ＲＰＳを施した後に、言語治療のような補足的な変容誘導アプローチを実行しない限り、ＲＰＳの効果はないということでは意見が一致している。そしてもちろん、ＲＰＳが積極的に変容を誘導すると見なされる数々の介入の一形態に過ぎないということについても、全員の意見が一致している。

最後に留意点として、ＲＰＳは注意深く選ばれたケース、及び絶対に必要と認められたケースにのみ行われていることを指摘しなければならない。今日では、手術の大半は両親が率先する場合に行われるが、特定の子供にとって不必要と判断された場合、我々が両親を思い止まらせるケースが多数あった。特定の子供にとってＲＰＳを受けることが賢明であり、必要と認められた場合には、身体上の変化にとどまらない、はるかに広域な効果がもたらされているケースがしばしば見られている。ＲＰＳは、手術を受けることを決意した両親が、「このままでいいなんていわないで！」という子供のよびかけに応えて、身体的外観のみならず、機能の水準、要望の水準、そして完全な社会参加が可能であり、またそうあるべき未来を持つ子供の願いに対しても肯定的に反応できるような方向に、彼らの子供に対するアプローチを全面的に変化させたのである。

次の二章では、積極的変容誘導の原理と媒介を用いる学習の原理を、いかにして現代教育の重要な努力目標に対処する際に適用することができるかを探る。

【注】

（1） Mearig, J.S. 1982. *Ethical and psychological aspects of surgical intervention for D.S. children.* Paper presented at the IASSMD Conference, Toronto.

(2) Mearig, J.S. 1985. Facial surgery and an active modification approach for children with Down syndrome: Some psychological and ethical issues. *Rehabilitation Literature*, 46:72-77.

(3) Otterman-Aquire, J.A. 1969. Mongolism and plastic surgery. *Plastic and Reconstructive Surgery*, 45:411-18.

(4) Lemperle, G., and D. Radu. 1980. Facial plastic surgery in children with Down's syndrome. *Plastic and Reconstructive Surgery*, 66:337-42.

(5) Olbrisch, R.R. 1979. Plastische Chirurgie bei mongoloiden Kindern. *Fortschritte der Medizin*, 97:1475-79.

(6) Olbrisch, R.R. 1982. Plastic surgical management of children with Down's syndrome. *Plastic and Reconstructive Surgery*, 35:195-98.

(7) Wexler, M.R., I.J. Peled, and J. Shapiro. 1984. Facial plastic surgery for Down's syndrome. *Harefua*, 107:439-43. (Hebrew)

(8) Rosner, L. 1983. Facial plastic surgery for Down's syndrome. *Lancet*, 1:1320-23.

(9) Feuerstein, R. 1982. *Structural cognitive modifiability: Theory and its application with low-functioning persons.* Paper presented at the IASSMD Conference, Toronto.

(10) Rand, Y. 1982. *Mediated learning experiences: Emotional aspects of Down's syndrome subjects in pre- and post-reconstructive facial surgery.* Paper presented at the IASSMD Conference, Toronto.

(11) Mintzker, Y. 1982. *Research issues following surgery in children with Down's syndrome.* Paper presented at the IASSMD Conference, Toronto.

(12) Feuerstein, R., Y. Rand, and Y. Mintzker. 1984. *Reconstructive plastic surgery in Down's syndrome children and adults.* Jerusalem: Hadassah-WIZO-Canada Research Institute.

(13) Rand, Y., and others. 1987. The evaluation of the outcomes of plastic surgery with children with Down's syndrome. In *Rehabilitative plastic surgery with Down's syndrome persons*, eds. M.R. Wexler and R. Feuerstein, 54-63. Jerusalem: S. Zack. (Hebrew)

(14) Feuerstein, R., and D. Krasilowsky. 1971. The treatment group technique. In *Group care—An Israeli approach*, eds. M. Wollins and M. Gottesman. New York: Gordon and Breach.

(15) Aviad, Y. 1983. *The success of labeling mental retardates, prevalence of severe mental retardation and an estimate of their needs.* Ph.D. dissertation, Tel Aviv University.

(16) Rand, Y., and others. 1986. Rehabilitation of the face in patients with Down's syndrome. *Plastic and Reconstructive Surgery*, 77(3):383-91.

(17) Ibid.

(18) Strauss, R.P., and others. 1988. Social perceptions of the effects of Down's syndrome facial surgery: A school-based study of ratings by normal adolescents. *Plastic and Reconstructive Surgery*, 81(6):841-46.

(19) Parsons, C.L., T.A. Iacono, and L. Rozner. 1987. Effect of tongue reduction on articulation in children with Down's syndrome. *American Journal of Mental Deficiency*, 91(3).

第13章　「潜在的学習向性評価法（LPAD）」*

*かつては「潜在的学習能力評価法」と呼ばれた

本章及びそれに続く幾つかの章では、認知構造変容（SCM）理論、媒介学習体験（MLE）理論、積極的変容誘導アプローチに由来する応用システムについて取り上げる。本書の前半部分では、認知の再啓発と知的行動の強化に起因する二つの主要な問いに答えようと試みた。第一の問いは、「変容は認知の領域において重要か」というものであった。その答えとして、個人の適応における認知の欠くことのできない役割、特に、機能水準の低さがその人を社会の片隅に追いやってしまうような場合に、認知がその人にとってどのような意味を持つのかということについて述べた。事実、認知の諸過程が、個人の人格と全般的な能力のきわめて重要な構成部分であることを我々は主張した。第二の問いは、「認知の変容は可能か」というものであった。それに対する答えの中で、個別の事例と集団に対する研究を通じて、認知の構造的変容が可能であるだけでなく、その変容は人類特有のものであることを示した。従って、教育的介入の選択をする際には、認知の構造的変容の可能性を最も重要なものとして考慮すべきであるとした。以上のことから、受容的現状維持（ＰＡ）アプローチではなく、実行可能な全ての方法を利用して個人の認知機能に変容をもたらすための積極的変容誘導（ＡＭ）アプローチを我々は擁護するのである。

では、この二つの問いから当然生じる第三の問いに答えたい。それは、「もし認知の変容が実際に重要であり、可能であるならば、その変容はどのようにしてもたらされるのか」ということである。機能水準の低い人の認知構造を現実に変容せしめ、また当人自身がみずからを変容させるようにしむけるためには、実際どのような方法を用いるべきなのだろうか。この問いに対して言えることは、唯一つのアプローチに限定しないということである。個人の変容の可能性に対する信念を強調するアプローチや方法論はいくつかある[1〜4]。それらは、変容は必要であり、また可能であるという確信の産物でもある。しかしこれらのアプローチの多くは、主に正常に機能している人々に向けられている。そのうちのごく少数が認知的機能不全に対処するために全般的に用いられているのである。更に、これらのアプローチに基づいたプログラムの多くは、認知の諸過程がその内容として含む特定の技能や情報の単位、知的操作を扱っており、思考の前提条件の確立に適合されているものはほとんど存在しないのである。

認知構造変容（ＳＣＭ）理論に基づく教育の様々な応用は、（イ）「潜在的学習向性評価法」（ＬＰＡＤ＝Learning Propensity Assessment Device）、（ロ）『認知能力強化教材（インストゥルメンタル・エンリッチメント）（ＩＥ＝Instrumental Enrichment）』を用いるプログラム、そして（ハ）変容を促進させるための環境づくりの形をとる。これら三つの応用システムは、理論によって方向づけられ、活用され、そして個人の変容をもたらすという唯一の共通の目的に収束して全体を構成しているのである。

個人の変容は「潜在的学習向性評価法」（ＬＰＡＤ）の利用で始まる。それは、正式、非正式両方の学習機会を通じて、個人が構造的にどの程度まで影響を受ける能力があるかを評価することを意図した力動的（ダイナミック）な評価法である。そして変容の可能性を誘導する過程は、学習能力の増進と発達を目標として、認知の強化教材を用いる「学習のための学習」であるＩＥプログラムを併用しつつ継続するのである。最終的にその過程は、個人の環境を形成することで、環境が改善され、相乗効果や教育的な「連鎖反応」がもたらされ、増大された学習能力がさらに高められて終わる（しかし成功すれば、その過程は決して終わらない）。

この三つの応用システムについて述べるにあたって、ジェシー（Jesse）の事例を紹介することから始めよう。ＬＰＡＤ、ＩＥ、そして変容の可能性を促進させる環境が互いに働き合って、ジェシーの人生を劇的に変えたのである。

ジェシーは、様々な国に分散していたユダヤ人の子供たちを集める任務をもつ団体、ユース・アリヤー（Youth Aliyah）に入るため、本書の著者の一人のもとに託された（当時、著者の一人はユース・アリヤーの心理学サービスの責任者で、発達上の問題を抱える子供たちの受け入れと適切な配属に携わっていた）。

ジェシーを担当していた政府の当局者は、ジェシーの配属について並々ならぬ努力をしたにもかか

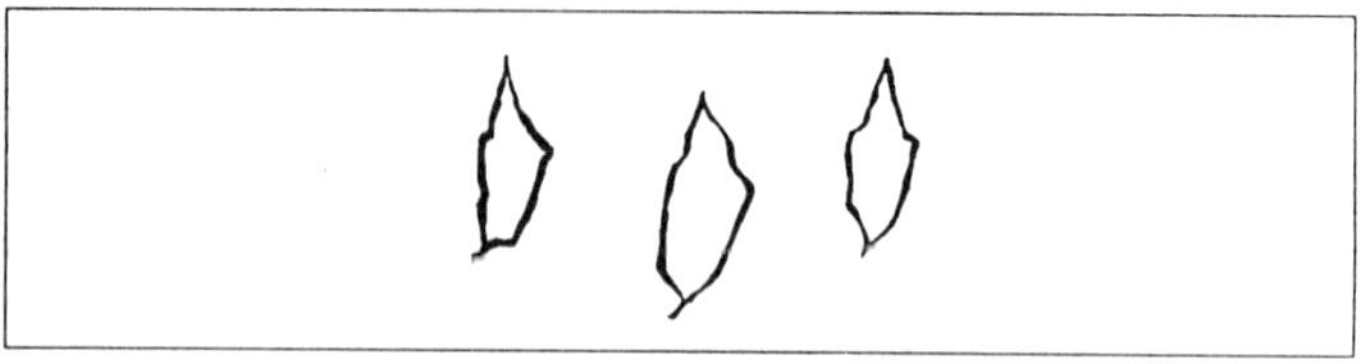

図13・1　ジェシーの描いた菱形

わらず成功しなかったことを報告した。ジェシーは、重度の「知的障害」（訳注：[mental defective]　第1章、30頁、訳註（2）参照）や不従順な態度で、他人の利害を考えない非社会的行動を示し、その行動が「病理的」なために、機能水準の低い人たちの施設はジェシーの入所を拒み、さらに病院も彼の重度発達障害を理由に入院を拒否した。彼をどこに配属するべきかという問題の最後の解決策として、ジェシーは我々の研究所に委託されたのである。

まだ新しく、発展途上にあったイスラエルにおいて、ジェシーは、政策担当者や教育者に対して何千もの事例が提供していた共通のジレンマの表れの一つに過ぎないのであった。つまりそれは、精神的な欠陥を負っているというふうに分類された移民の子供たちをどのように扱うかという問題であった。著者の一人はすでに、一九五〇年代に北アフリカからイスラエルに向かう子供たちを扱った時や、またさらに遡って、ホロコースト（訳注：第二次大戦中ナチス・ドイツによって行われた「非アーリア民族」――特にユダヤ民族――に対する大虐殺）を生き延びた青少年のリーダー兼教師として活動した時に、何回もこのジレンマに直面したことがあった。著者が、発展性のない心理テストで本人の能力を測定することを主眼とする代わりに、その人の変容の向性や対応能力(レディネス)を評価するアプローチを展開したのはその当時のことだった。事実、そのように評価の方法を変えたことが、何千人もの子供たちや青少年たちが健常な社会人の中に統合されるのに役立ったのである。これらのケースは、後に発表された研究結果に匹敵する程の説得力で、「変容の可能性」の楽観的予測の正当性を立証した(5、6)。しかし、我々はジェシーの場合についても同様の結果を得ることができるだろうか。彼を委託したソーシャル・ワーカーは、ユース・アリヤーを経てきた子供たちに対する我々の仕事を知悉しており、我々の成功を心から望んでいたのである。

最初の面接の時、ジェシーは小柄で、さびし気で、鈍い顔つきの内気な子供に見え、自分の前に置かれた卓上のお菓子以外のものには全く無関心であった。古代エジプト王の黄金を見るような熱い眼差しでそのお菓子を見つめ、お菓子に飢えているというだけでなく、人の心の温もりにも飢えているようだった。しかし、彼はあえてそのことについて口にする勇気がなかったのである。人に拒絶されるという経験を何回も繰り返していたため、ジェシーは何かを人に頼むということができなかった。村の市場や家で盗みを働くため、村での評判は悪く、同年代の仲間たちと比べて、このような行為をはるかに頻繁に起こした。しかしかなりの非行歴にもかかわらず、彼は、怒った被害者に捕まえられて散々に叩かれ、警察に突き出されてはすぐに保釈される等々といった、一連の不可避な結果を予期できないようであった(一体、少年院を含めた保護施設にも受け入れられないこの子供をどうしたらよいのだろうか)。あるいは、どうなっても構わなかったのだろうか。彼が何を考えていたのかは全く分からない。研究所に委託された時十三歳になっていたジェシーは、援助されることに何の興味も示さず、このやる気のなさに、非常に熱心で優れた教育者でさえも匙を投げ出してしまった。LPADでの評価の間、人の形を描いてみなさいと指示された時、ジェシーは小さな土の塊のようなものを素早く描き（そしてその絵の頭に「カウ・ボーイ・ハット」を被せて）、自分の作品を楽しんでいるようであった。不満は全く示さず、自分が描いた人の絵が、彼の創造性を表す最高傑作のように思っているようだった。彼には自己評価が欠如していることと機能水準の低さを示す数多くの症状から、変容の可能性はかなり限られているように思われた。

様々な部分から成る人体、つまり頭と胴体の間に首があり、腕は（ジェシーが描いたように）頭に直接繋がっているのではなく、肩に接合されており、口の下に目が在るのではなく、彼が描いたように鼻は顔の片側ではなく、目と目の間にある等、人体の描き方を媒介し始めると、ジェシーは注意深く聞き入っていた。しかし再び人体を描くように言うと、彼自身がもつ人体像の内在化された実存を表すかのように、もとのように球状の小さな土団子状のものを描いた。その絵を変えるために、我々は言葉で体の各部分とそれらの位置を説明しながら、彼の目の前で人体像を描き示した。しかし再度人体像を描くように言うと、決して譲れない住居を守るかのように、もう一度もとの小さな土団子のようなものに戻ったのである。「人がそれを気に入ろうが気に入るまいが、これが僕のやり方だ。」他の多くの評価領域でも同様の抵抗が繰り返された。

この時点で、線と形に関して思考する上での必要条件を教える努力を、集中して行うことに決まった。従って、簡単な図形、すなわち正方形、三角形、円、菱型を利用して、それぞれの形を描くのに使った形と線とを比較する方法を教えた。彼が正確に正方形を描くことだけでなく、さらに菱形を描くのにも苦労をしているのを見た時、我々はもう一度初歩に戻って、垂直線と水平線の描き方を教え、そしてそれを繋ぐことによって菱形を作ることを教えたのである。ある時には、我々は彼の手を取って動かしてやる必要があった。特に菱形を描くのが大変だった。鉛筆で線と線の関連を逆方向に描くことができず、その動作を試みるのだが、彼には現在描いている線を同じ方向に伸ばす傾向があったのである（図13・1参照）。しかしこのような媒介された相互作用の経過のなかで、ジェシーの好奇心は以前より旺盛になり、より協力的になった。媒介者／測定者は、ジェシーが真似をする時の困難を考慮して、彼の学習を媒介する他の方法を求めたのである。

一番の支障となっている機能不全は、入力過程と出力過程（つまり情報を集める時、またその情報に対して反応する時）における衝動性、空間的見当識（上下、左右）の欠如、体系的な調査の欠如（最初から実際に知覚してなかったことを、一体どのようにして体系的に調査できようか）、そして二つまたはそれ以上の情報源の利用の欠如であった。おそらく盗むという行為とその結果とを関連させせなかったのだろう。彼の思考において、捕まえられたり叩かれることは、その行為の必然的結果ではなかったのである。彼にとっては「盗みの何が悪い。ただ何かよくわからない理由で僕を捕まえて罰する人たちの方が悪い。」ということなのである。

ジェシーに対する評価は三週間続いた。初めのころは、二〇分も過ぎれば彼は集中しなくなり、伸びをし、欠伸をしていたが、絶え間ない努力と成功を重ねた結果、ついには評価者たちの方が各々の授業の中止を命じなければならないほど、彼の関心の度合は劇的に増大した。とてもゆっくりとした速度で始まったジェシーの能力の変化は、ますます著しくなっていったのである。例えば、前に述べたように、正方形や菱形の描き方を媒介し始めたころは、評価員が実際に手をとって導くことが度々必要だった。しかし、LPADによる評価の終りごろになると、我々は言葉で指示するだけでよく、ジェシーは既に習得し蓄積した情報に基づいて、自分でそれらの図形を描けるようになった。彼はすぐに、類推問題が解けるようになり、読書に必要な記号の処理過程を扱うようになったのである。

これらのデータが得られたため、我々は再度、彼を受け入れる可能性のある施設を捜し始めた。不幸にして、見込みのある施設の職員は、ジェシーが適切な候補者になれるということに納得しなかった。不従順で、身寄りがなく、違法行為を行ってきた子供であることから、多くの職員が彼を受け入れることに難色を示した。適切な措置が見つからないため、どんなに困難な症状を示す子供でも受け入れている我々の研究所付属の教育施設に受け入れられることが決定したのである。我々は養育家庭プログラムとグループ養護プログラムを統合した形態を選んだ。そのプログラムでは、子供たちは農業協同組合のメンバーの家庭に住みながら、特別学校と課外活動のグループの中で一日の大半を過ごしていたのである。

いったん教育施設に受け入れられると、ジェシーは模範的な生徒となった。短期間のうちに読書を学んだのである。事実、「教授」とあだ名されるほど読書欲が旺盛であった。実際、手にした本を開き、読みながら村中の道をよく歩いていた。また村の宗教団体にも積極的に参加し、イスラエル青年運動の正規のメンバーにもなった。

生徒の認知構造の変容を目的としたこの特別な環境に身を置くようになって三年後、ジェシーは正規の職業訓練高校に入学することができた。そして職業訓練高校でうまく順応したのち、彼は学業に重点を置く正規の普通高校に転入した。その普通高校に入る前、我々は彼に、数学と物理学と化学の個人教授を行った。ジェシーを指導した教師は、ジェシーほど能率的な学習者はめずらしいと報告したのである。この期間中、学業課程を支えるために『認知能力強化教材（ＩＥ）』を用いるプログラムも彼に対して集中的に行われた。彼は正規の高校の三年生として転入し、優秀な学生となった。

その後間もなく、何の予告もなく彼は退学してしまった。その突発的な行動の理由を我々が努力して調べた結果、彼の母親が死を目前にしていることが判明した。ジェシーは、母親の最後の日々をできる限り援助するために、全てを捨てる決心をしたのである。さらに入院中の妹と、重度発達遅滞者のために指定された施設で保護されている兄についての責任をも負ったのである。

我々は彼の決心を尊重し、ただ、援助が必要な時には我々と連絡を取るように頼んだ。実際のところジェシーは援助を必要としていた。妹が非常に学習困難な状態にあるにもかかわらず、彼女を病院から出すことを希望し、我々に助けを求めてきたのである。ジェシーの妹が、ジェシーが経験したような環境に受け入れられたのは、彼が妹にも自分と同等の援助を受けさせることを強く望んだからだった。更に母親の死後、ジェシーが居住することになったアパートに重度発達遅滞の兄を移し、兄弟の新しい住まいにしたのである。現在、ジェシーは保護観察官になり、幸せな結婚をし、高等学校卒業まで勉強を続けて、将来教師になることを目的に、学問的教育を継続することを約束している。ジェシーの住む村では、彼が非行少年たちに対して深い関心を示すことから、人々はジェシーのことを「ソーシャル・ワーカー」と呼んでいる。

ジェシーのケースは、対象者において変容が誘導される際の潜在的能力の解明にあたって、力動的な評価が果たす役割を強力に示した例である。「潜在的学習向性評価法（ＬＰＡＤ）」はジェシーの変容の可能性を明らかにし、『認知能力強化教材（ＩＥ）』を用いるプログラムは彼の変容の可能性を拡大し、ジェシーが置かれた強力な変容促進的環境は、信じられない変化をもたらしたのである。

「潜在的学習向性評価法」（The Learning Propensity Assessment Device）

ジェシーの事例が示すように、ＬＰＡＤは教育制度をより活発な変容誘導的アプローチへと向けるという決定的な役割を果たしている。ＬＰＡＤは個人に変容をもたらす向性を評価し、低い機能水準を改善するためにその原因を研究し、より能率的な機能水準の発達へと啓発するために用いられている方法である。ＬＰＡＤを最もよく理解するには、それを慣習的な知能検査と比較することであろう。慣習的な知能検査は、検査員が課題を提示し、被験者の行動を観察し、一般に、以前に同じ検査を受けた人々の集団の平均的な成績に従って基準を設定し、その基準に基づいて適当な数値を決めるという意味で、静的である。慣習的なテストの根底には、被験者が示す反応とそれに帰する数値は、被験者の知能、知識、技能、そしてある程度は、その人格や情緒的気質の限界を表すという推測が横たわっている。慣習的なアプローチが静的であると言われるのは、被験者の回答のパターンに影響を及ぼす試みが、一切為されないからである。さらにテストで用いられる被験者の認知のレパートリーのサンプルが極めて僅かでしかなくても、その結果は被験者の知的能力の完全なレパートリーを示しているとみなされているからでもある。更に、それぞれの得点（例えば知能指数＝ＩＱ、発達指数、精神年齢）はレッテル（例えば「最重度発達障害」、「重度発達障害」、「軽度発達障害」）を決定するための二つの基準のうちの一つとなる（もう一つの基準は適応行動の評価結果である）。特に慣習的な知能テストの結果が、被験者が成人した時の機能水準を予測するための材料となる場合、憂慮すべき事態が発生する。しばしば検査当時の得点が示した機能水準は、例えば特定の人によって一日の特定の時間に、一定の緊張状態あるいは監視状況のもとで行われた慣習的なテストの結果というだけでなく、数年後の、かなり異なった機能状況のもとでの被験者の可能性をも表しているという風に仮定されるのである。

この静的なアプローチを用いることの主要な理論的信念は、人間の知能が「揺るがない回線（ハードワイヤード）」のような特性を持ち、個人の体験の状況に関わりなく、変化の余地を残さないということにある。人間の変容の可能性に対する強い確信に基づくＬＰＡＤは、個人において観察された機能水準と、その人が持つ変容の可能性とを明確に区別をする。発達という面から見て、できなければならない筈の作業に十分反応しきれなかったジェシーの場合のように、観察された機能水準は低いかもしれない。しかし、ジェシーの認知的機能には変容が誘導された。『認知能力強化教材（ＩＥ）』を用いたプログラムやその他の適切な介入を通じて、ジェシーに新しい認知構造が生まれたのである。

知的機能の水準の低さには数多くの原因がある。特定のテストの点数が低かったことの理由として、被験者が返答にとまどったことが挙げられることもあれば、一時的な疲労状態、あるいは拒否的反応が挙げられる場合もある。また、作業の特質によることもあれば、その作業で用いられた言葉に起因することもある。静的なアプローチを用いて行われたテストで、作業提示を受けた被験者がどの程度の得点を示したかということだけから、被験者が知能の評価で良い得点は採れないと結論を出すことは、誤解を生むだけでなく、被験者の人生に永遠に悲劇的な影響を与えるような判断に結びつく可能性がある。仮に経験豊かな心理学者ならば、誤った診断は避けられるかもしれない。また、一定の時間内に静的アプローチで示された作業に十分な反応を示すことのできない人々の中には、純粋に、彼らの現時点でのレパートリーを反映している人々もいる。しかしそのことは、彼らがそのレパートリーを拡大することはあり得ないということを意味するのでは決してないのである！

「潜在的学習向性評価法」（ＬＰＡＤ）は評価における顕著な推移、つまり次の四つの主な領域での検査法の推移を意味する。その領域とは、(イ) 検査材料の構造、(ロ) 検査状況の性質、(ハ) プロセスに対する見当識、(ニ) 結果の解釈、である。ＬＰＡＤは「テスト実施―媒介―テスト実施」というアプローチをとる。まず、評価開始時点における反応の能力の基準線を設定するために、介入を行わずに被験者にテストを実施する。ＬＰＡＤのこの段階で、評価員は被験者の行動を観察し、失敗の原因と反応の過程を注意深く探求する。このように、評価員は第二段階における媒介、つまり教える段階で必要になる要素を確定するのである。第二段階では、評価者／媒介者は被験者の機能の変化を誘導し、その変化は第三段階での評価の対象となる。

第三段階では媒介は行わず、同じ一連の作業に関する再評価が行われる。第三段階では評価者は、新しい課題を解く被験者の能力に、媒介を用いる介入がどのような効果をもたらしたかを探求する。このような方法によって、被験者が集中的な学習の体験によって得た成果の度合や、その体験によって導かれた変化が明らかにされるのである。従って、ジェシーのケースにおいては、ジェシーが人体像を描くことができなかった時、媒介者は様々な方法で介入をし、人体の構造を彼に認識させることによって描き方を教えた。媒介が行われた後、ジェシーに改めて同様の人体像を描く作業を与え、媒介された学習の結果彼がどの程度進歩したかを確かめたのである。

ここで重要な特色について触れねばならない。それはＬＰＡＤを利用する人々は「測定」という用語を使わないということである。従って、慣習的な測定の根底にあると推定される多くの技能は適用されない。例えば、長期的な予測という概念は、力動的(ダイナミック)な評価には位置付けられていない。事実、ＬＰＡＤの場合、媒介の過程を通じて機能の変容を誘導し、最初の評価の予測価値を台無しにするために、あらゆることが行われる。そのため、慣習的な測定法を利用した場合、十二歳のダウン症児が数を数えられないという結果が出れば、その数える能力の欠如が抽象的思考の学習ができないことを示

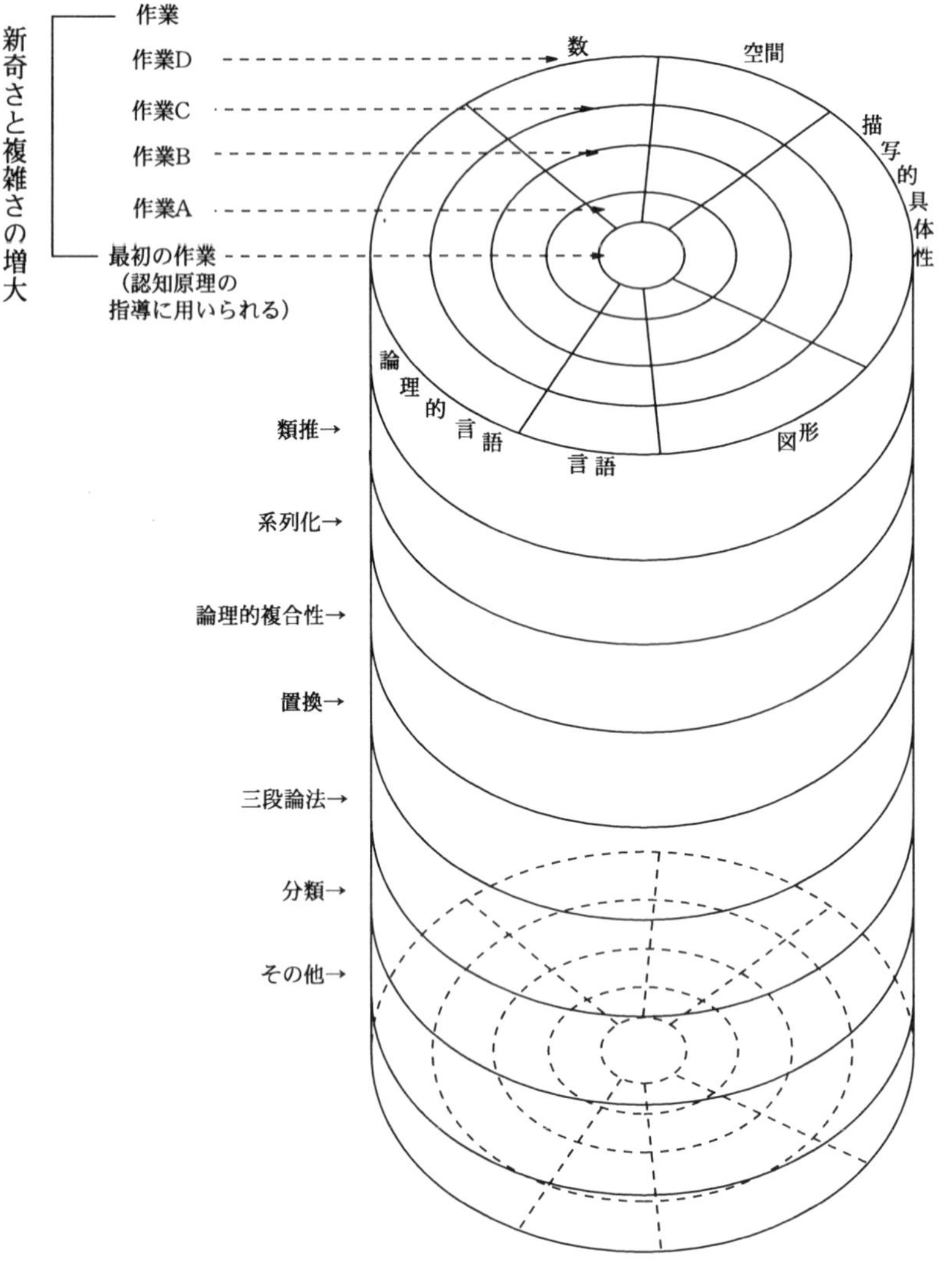

図13・2　LPADモデル

しており、従って数という抽象概念が彼には理解できないという結論に達するであろう。一方、ＬＰＡＤのダイナミックな利用は、この結論に対する異議申し立てであり、今まで数えるという行為が習得されなかった理由を探り、そこからその原因を変えることを目指している。導き出された変化は、被験者の変容の可能性の評価に新しい基盤を与えるのである。

セーラ（Sara）を最初に診た時、彼女は幾何学的な図形を作るために数えなければならない小さな点の数を把握することができなかった。ある点を無視し、全体を見渡す視野を持たず、指で数えるように指示されても数えるべきものについて断片的な見方しか示さなかったのである。彼女の非体系的な探索方法が、自分が既に数えたものを再び数え直したり、あるものを見落としたりすることの原因になっていたのである。作業を見通し、感知し、記憶すべきものをより体系的な方法で探索する努力がもっと必要であった。この目的に関連した媒介を数時間行った結果、ものを数えたり、分類したりする彼女の能力が著しく変化した。

静的アプローチから力動的アプローチへと移行するにあたって最初に必要な変化は、テストに用いられる道具の種類における変化である。図13・2はＬＰＡＤがどのように設計されているかを示している。図の中心は、被険者に媒介する作業を表している。幾重にも重なる同心円は、最初の作業を媒介した後で被験者に示される、作業の複雑さや新奇さの段階的レベルを表す。円柱の表面は、作業を示す時に利用可能な異なる「語」―言語、図形、数字を表す。垂直軸は様々な操作―論理的複合性、系列化、三段論法などを表す。

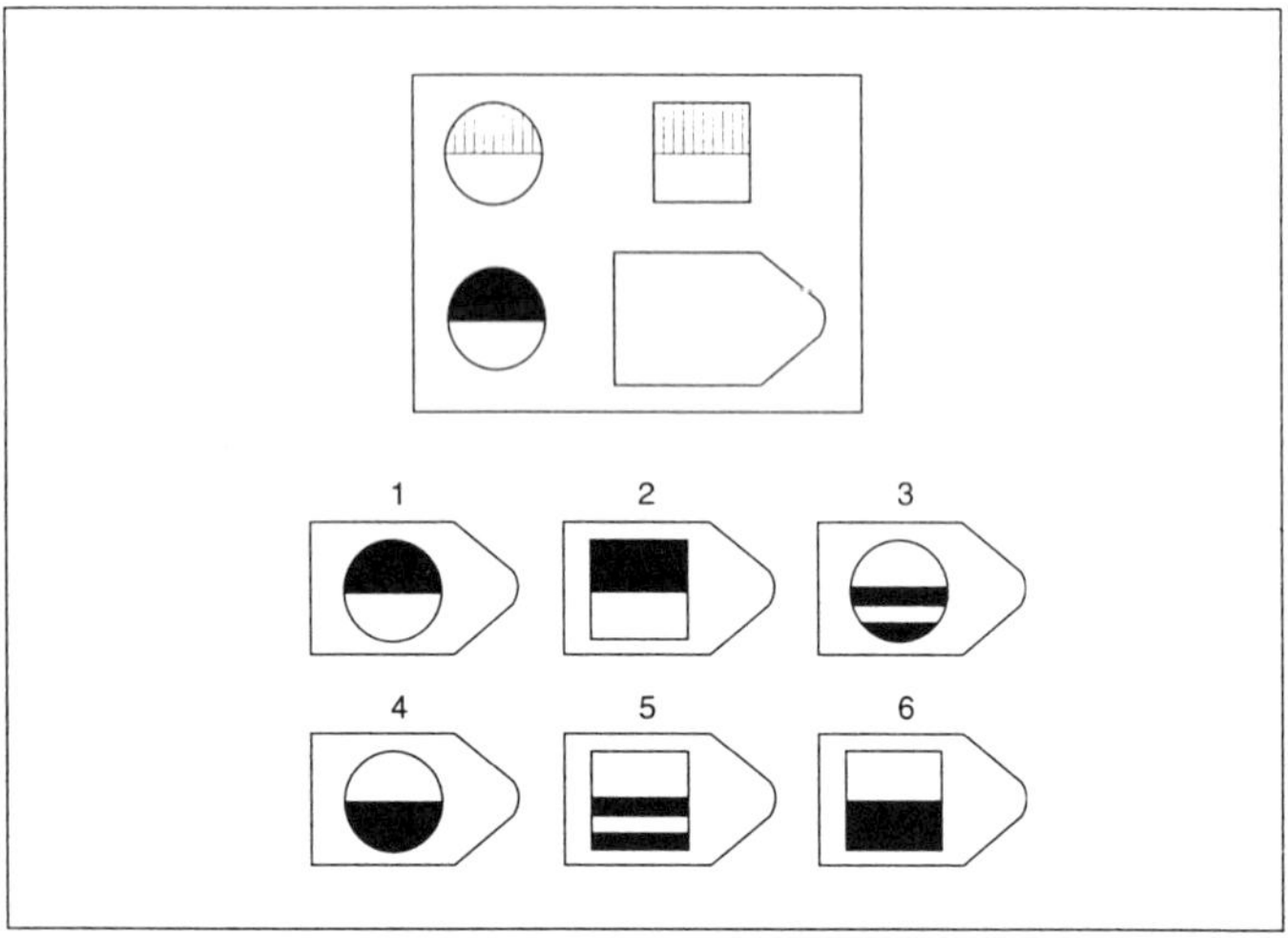

図13・3　『レイヴェン（Raven）の進行行列』のＬＰＡＤ的バリエーション（Ｂ－８）

この図の適応例として、被験者がいくつかの妨害項目（例えば、無関係な形）の中から、そこにはない形を正しく選ぶという類推課題を用いる。被験者は、まず上の二つの図形の相互関係を見つけて、同じようにその関係を下（図13・3参照）の図形にも応用しなければならない。具体的には、子供は線のある円と線のある正方形との関係（類似点と相違点）を把握し、そして黒白半々の円とその横にあるべき形にも同じ関係を類推で確立しなければならない。明らかに答えは、上半分が黒で下半分が白の正方形である。

『レイヴェンの進行行列（Raven's Progressive Matrices）』（B—8）からLPADのバリエーションを用いたこの作業は、図形を利用する革新的な作業であり、知能指数が平均以下の子供には大変困難なものである。

この困難に関して、知能の遺伝学的／遺伝性を熱心に擁護するある専門家は、教育可能と類別される発達障害者にとって、この特殊なテスト項目は永久に難解であると主張している(7)。

他の専門家は、機能水準の低い人々に訓練を行っても、そのことは抽象的思考を要するこの作業とこれに類する作業を解くことに対して、役に立たないと主張している(8)。

ＬＰＡＤはこの二つの意見に挑戦するものである。まず第一に、作業に失敗しそうな人に対して、問題を理解しそれを解く方法を学習するための必要条件を前もって与える。そして第二に、被験者が媒介過程を通じて学習した内容を立証する方法を見つけ、「再発見」と再応用が必要となっても同じ基本原則を持つ問題を、より能率的に解くことができるように円滑化するのである。

このように、被験者がその変形を理解できるように援助しながら、類推課題を媒介するのである。つまり、「円は正方形に変形します。上半分に引かれている垂直線は不変です。では、第二段目にある円はどう変形されるべきですか。もし最初の円と同じように第二段目の円を変形させると、何もない部分にはどのような形があるべきですか。もちろん、正方形です。もし垂直線がなければ、その正方形の中には何がありますか。円と同じく、上半分は黒、下半分は白です。」

類推問題を解くための補足的な方策はまた、類別化した形でも媒介される。つまり、「左の欄には円の集まりがあります。右の欄には何がありますか。正方形の集まりです。そうすると、正方形が一つ足りないですね。上の段にある集まりの名は何ですか。上半分に引かれた垂直線のある集まりです。下の段にある集まりの名は何ですか。はい、半分が黒で半分が白の集まりです。そうすると、この何もない所には何が足りないのでしょうか。それは半分が黒、半分が白の正方形です。」

このような媒介過程は、ただ単にテストを受けるための訓練や、テストの回答を与えることで満足するのではなく、被験者の認知機能の全般的な「構造」を徹底的に変える観察、記憶、比較、解釈のための状況を創り出すであろう。『点群の組織化（Organization of Dots）』のような他の課題についても、同じ事実が認められる。それらの課題の解決は、正方形と三角形それぞれの特質、図形が回転していたり重なっていたりといった不利な状況でも正方形を見つけることができる方法、解決以前の問題への取り組み方、衝動の抑制の仕方、要求される基準に沿った特定の刺激の選択の仕方、他の図形に対する正方形の位置や関係性において、様々に変化する正方形の恒常性を探す方法を媒介することによって支えられる（図13・4参照）。

高次の思考に必要な条件を作り出すために、媒介学習体験（MLE）の原則は全て評価者と被験者との相互作用に応用される。一旦これが成し遂げられると、被験者にはより高度で難解な、最初に媒介の対象として用いられた作業と比べて様々な変化（バリエーション）を示すような、より新しく、より異なった作業があたえられる。LPADモデル（図13・2参照）の表面にある同心円の中心（訳註：作業A〜D）は、このような適応を要する最初の課題のバリエーションを表しているのである。

これらのバリエーションに対して被験者が示す反応は、媒介者あるいは評価者が、以下の問いに答えるために役立つ。第一に、現在評価中の被験者は、どの程度最初の作業を理解し、それを解くことができるか。第二に、この特定の作業をマスターするためにどの程度の投入が要求され、どのような

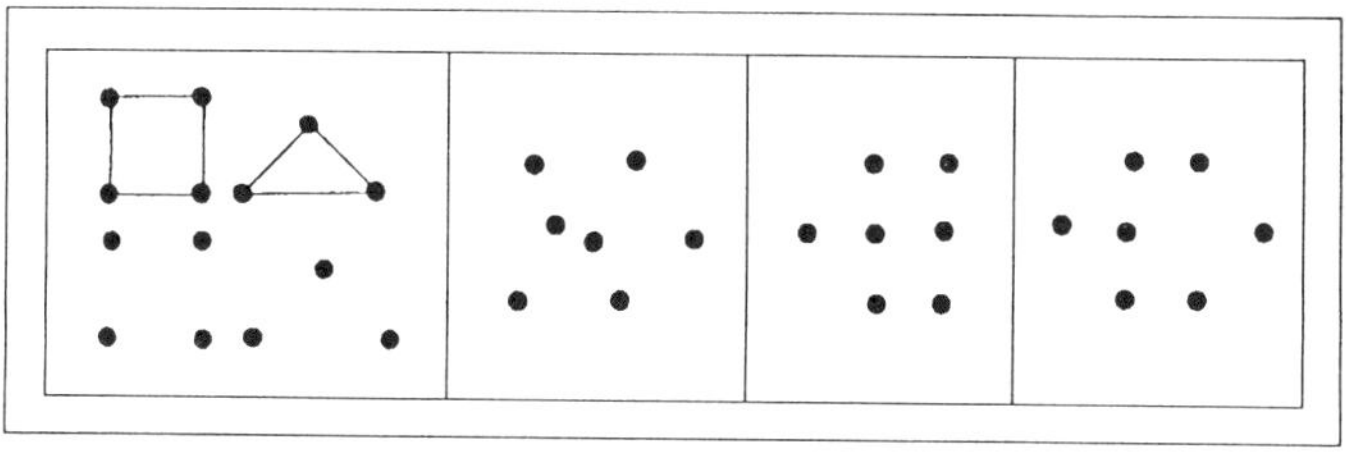

図13・4　点群の組織化

性質の媒介が必要になるか。第三に、媒介過程を通じて学習したことを応用して、学習した要素の適応を必要とする新しい課題の問題解決を、被験者はどの程度までできるか。そして最後に、望ましい変容を内発的に引き出すためには、どのような方法が好ましいか。

多種多様な言葉、また異なった種類の作業を利用する二者択一的な課題提供の方法は、評価者にとって、誘発された変容の意味と範囲をさらに探求することを可能にする。すなわち、被験者にとって図形中心の類推課題を解く方法を学んだ後に数字の類推課題をより良く解くことができるか。類推課題を学習した後に、より早く三段論法を解くことができるか、といったことである。

ＬＰＡＤに含まれる一連のテストを選んだ理由はいくつかある。第一に、課題には、ただ単に特殊な、また簡単で断片的な種類の機能だけでなく、様々な認知機能の表現が知覚されることを可能にする複雑さがなければならないのである。従って、簡単な人体の絵の作成は含まれない。むしろ、先見的な計画を要する作業と、描く前に関係性を探し出すことを要する課題が利用される。課題はまた、具体的な思考よりも、表象的かつ抽象的な思考を要求する。本人の現状のレベルに甘んじて「下を向く」のではなく、個人の機能をより高度な水準に「背伸び」させたいのである。このように、選ばれた課題は、比較行為、推論、表象、そして論理的思考などを必要とするのである（付録B参照）。

最後に、選ばれた課題は、与えられた作業と媒介を伴う相互作用によって引き出された、どんなに些細な変化でさえも察知するように構成される。最も有力な媒介が、間違いなく劇的な変容を誘導するとは限らない。しかし我々は、変容の可能性の評価を始めるにあたって、被験者の認知構造における最も初歩的な変容でさえも察知することが可能になるような、課題の「増感作用（sensitizing）」に関心がある。従って我々は、被験者がデータを探求する方法、作業に集中する時間、作業の構成部分を操作する仕方や、自分で発見した解決の要素の利用の仕方などに変化を見出せるよう、計画を立てている。

静的アプローチから力動的アプローチへの移行に要求される他の変更領域は、テストの状況そのものにある。評価者は単なる観察者や反応の記録係としてのみ機能するのではなく、被験者の認知構造の変容に活動的に参加するという点で、力動的評価（ＬＰＡＤ）の状況は静的な心理テストの状況とは非常に異なっている。評価者は、被験者の成功、不成功を確定することには満足せず、媒介を通じて個人の反応を具体化し形成するのである。このことは、評価者の役割を、認知的変化を得るために様々な手段を用いる力動的な教師、または活動的な学習指導者や媒介者として特徴づけることになる。これらの方法には、集中的なフィードバックの実践、次の作業の成果をさらに向上させるために必要な情報の提供、そして最初に失敗した問題を解くための学習法から得る自己有効感の媒介が含まれる。また、媒介者は作業を成功させることの意味を媒介し、将来失敗をもたらすような方策を避けることができるように、子供になぜ成功し、なぜ失敗したのか、その原因を納得させることも必要であろう。

一般にこのテスト状況は、被験者の成績を、彼と同程度と考えられる人々の集団（規準集団）の成績と比較するために、統一されたテストの手順を保持する必要のある従来のテスト状況のような構成をとらない。そのかわりに、評価者は個別にテストの状況やその必要条件を適応して、規準集団の成績と比較するのではなく、被験者自身の以前の成績と比較するのである。ＬＰＡＤで評価を受けた子供たちの多くは、成功する機会（ＬＰＡＤによってその機会を十分に得て、そして後述する『認知能力強化教材（ＩＥ）』を用いたプログラムの活動によってその成功体験はさらに増すだろう）が与えられることによって、彼らの自己イメージや、自己有効感において、また特に、すすんで探求行動に参加するということに関して変化（トランスフォーム）していくのである。

慣習的な知能測定とＬＰＡＤの第三の相違点は、成果の重視から過程の重視へと移行したことである。ＬＰＡＤでは、成果や結果の絶対的規模にはそれほど注意が払われない。それよりも重要なのは、特定の成果をもたらしたその過程について学ぶことである。その目的を達成するために、ＬＰＡＤ（およびＩＥ）プログラムにおいて利用される二つの概念的道具がある。

その概念的道具の一つは、被験者の失敗の原因となった可能性があり、また機能の変容の目標も提供する認知的機能不全のリストである（付録B参照）。その子供は適切なデータを収集することができなかったか、あるいは失敗したのは彼が収集したデータを非体系的な方法で見ていたからではないか。二つまたはそれ以上の情報源を利用したか。正確さに欠けたのではないか。十分に比較しなかったのではないか。子供のパートナーである評価者に、自分の答えが受け入れて貰えるようにその答えを明確に述べることができなかったのではないか。子供の失敗の原因が、不十分な入力、不十分な精緻化、不十分な出力過程のいずれにあるのか、それともこれら三つの組み合わせが原因なのかということを知るかどうかで、大きな違いが生じてくる。失敗の原因、つまり失敗の原因となった具体的な機能不全を特定することができれば、我々がその原因に対して取り組むことが可能になる。このことは同時に我々にそれぞれの間違いに応じて異なった比重をかけて取り組ませることにもなる。例えば、その子供が物事を正確に見たり考えたりすることができないのか、それとも表現することができないのかといったことで失敗の原因を判断するのに相違が生じる。自分の意思や思考を表現する適切な手段を持っていないために、テストに失敗する子供もいるだろう。彼らは、考えがあってもそれらを表現する手段を持っていないのである。子供の機能を理解するためには、その子の成功や間違いを分析し、誤りを訂正し、そして子供の機能に生じた変化を裏づける過程を理解することが必要である。

第二の概念的道具は、子供の機能に関連する過程の理解を可能にする「認知地図」（訳注：トルマンが一九四八年に主張した認知地図とは異なる）である（付録C参照）。「認知地図」のパラメーターの応用で、各課題の難易度が分かり、それぞれの知的活動を分析することができるのである。作業内容に多少慣れていても、作業に用いられる言葉によっては難しく思われることもある。抽象度と複雑度は、被験者の能率に大きく影響を及ぼすことがある。「認知地図」における非常に重要なパラメーターは、個人がある課題をマスターするために要求される能率水準である。課題に熟練する上で、一定の速度や正確度が要求されるものがある。読書はそのような課題の一例である。読書を行う際に速度と正確さが不十分だと、読書作業を行う時にゆとりが感じられないし、また読書力がつかないだろう。一人の人が、ある作業をすることはできても、他の作業はできないといった場合、それぞれの過程を理解することは、各個人の作業の取り組み方を確定する上で重要であり、従って、個人の学習能力を増進させるためにも重要なのである。

このように、LPADはただ単に、個人の知能を評価するためだけでなく、その人のために一定の知的目標を定めるための試みである。慣習的なテストに限って目標を設定すると、目標の水準が低すぎることがある。しかし、教育目標を、現時点でその人ができることに基づいて設定するのではなく、その人の機能水準を上げるために必要な介入を行った後に得られるであろう能力に基づいて設定すれば、それらは、その人の将来の人生の質に、より大きな意味と影響を与えるであろう。

LPADと慣習的なテスト・アプローチとの他の相違点は、結果の解釈にある。LPADは、知能指数のような総合得点を出さない。むしろ個人の機能のそれぞれのタイプと水準を観察し、それぞれの質と意義を考慮するのである。この場合、知能指数を総合点の形で示す際にしばしば見られるように、希に起こる成果を無視するということがない。ＬＰＡＤでは、たった一つの成功が、その背景にある全般的に低水準の反応と対照をなすように見えても、それは、知的能力の重要な指標であり、今後の評価において表出されるべきものと解される。成功と失敗の理由を分析する際の焦点となるのは、被験者の「成功例」なのである。事実、重度の発達遅滞と思われている人々で構成されるグループの行動を注意深く観察すれば、しばしば、適切な行動を取る例を見ることができる。そしてそれらの行動を正しく解釈すると、その人たちが我々の援助を受けることによって、現状の機能水準よりも高い水準で機能できること、あるいは機能できるであろうことを示している。ある専門家は、機能水準の極めて低い人々の行動の中にも、推論的思考と操作的行動が見出されると断言している(9)。これらの行動を正確に解釈し、理解すれば、レッテルに基づいた目標とは随分異なった目標を設定することができる。重要なのは変化の大きさではなく、その「質」と「特徴」である。ＬＰＡＤの結果を解釈する度に、学習の「過程」が考慮に入れられるのである。

「潜在的学習向性評価法」（ＬＰＡＤ）は、文化の異なる、あるいは文化を剥奪された何千人もの子供や、ダウン症者たち、そして機能水準の低い人々にも応用されて、好結果を得ている。彼らの機能に、変容を誘導する媒介的相互作用を取り入れることを条件に、ＬＰＡＤに具現化された力動的評価の原則は、幅広く様々な人々に応用することができる。例えば、幼児教育に利用する目的でＬＰＡＤの方法を延長したものが開発されている(10~12)。また、ある研究グループは、ＬＰＡＤ利用に対するシステムズ・アプローチを最近開発した(13)。このシステムズ・アプローチでは、集団でＬＰＡＤによる評価を行った後、各個人の成果と集団の全体的結果を対象として、関係している教育者に対して集中的に働きかける段階がある。これらの結果に従って教育のカリキュラムが形成され、個別化された認知の目標の実現に向けて、両親と子供が投入すべき努力について、両親に対して助言が行われるのである。

【注】

（1）Sternberg, R.J. 1984. Macrocomponents and microcomponents of intelligence: Some proposed loci of mental retardation. In *Learning and cognition in the mentally retarded*, eds. P.H. Brooks, R. Sperber, and C. McCauley. Hillsdale, N.J.: Erlbaum.

（2）de Bono, E. 1980. *Teaching thinking*. New York: Penguin Books.

（3）Whimbey, A., and J. Lockhead. 1980. *Problem solving and comprehension: A short course in analytical reasoning*（2d ed.）Philadelphia: Franklin Institute Press.

（4）Lockhead, J. 1985. Teaching analytic reasoning skills through pair problem solving. In *Thinking and learning skills, Vol. 1: Relating instruction to research*, eds. J.W. Segal, S.F. Chapman, and A. Glaser. Hillsdale, N.J.: Erlbaum.

（5）Feuerstein, R., Y. Rand, and M.B. Hoffman. 1979. *The dynamic assessment of retarded performers: The learning potential assessment device - Theory, instruments and techniques*. Baltimore: University Park Press.

(6) Rand, Y., and others. 1982. *LPAD tests: New versions. Some empirical data.* Paper presented at IASSMD Conference, Toronto

(7) Jensen, A. 1969. How much can we boost IQ and scholastic achievement? *Harvard Educational Review* 39:1-123.

(8) Raven, J.C. 1956. *Coloured Progression Matrices, sets A, Ab and B.* London: H.K. Lewis.

(9) Bryant, P.E. 1974. *Perception and understanding in young children.* London: Methuen.

(10) Mearig, J. 1987. Assessing the learning potential of kindergarten and primary age children. In *Dynamic assessment: An interactional approach to evaluating learning potential*, ed. C.S. Lidz. New York: Guilford Press.

(11) Lidz, C.S., ed. 1987. *Dynamic assessment: An interactional approach to evaluating learning potential.* New York: Guilford Press.

(12) Tzuriel, D., and P.S. Klein. 1985. The assessment of analogical thinking modifiability among regular, special education, disadvantaged, and mentally retarded children. *Journal of Abnormal Child Psychology* 13 (4):539-53.

(13) Rand, Y., and S. Kaniel. 1987. Dynamic assessment: Theoretical considerations. Group testing and educational implications. In *Dynamic assessment: An interactional approach to evaluating learning potential*, ed. C.S. Lidz. New York: Guilford Press.

第14章　『認知能力強化教材（インストゥルメンタル・エンリッチメント）（ＩＥ）』を用いたプログラム

『認知能力強化教材（インストゥルメンタル・エンリッチメント）（ＩＥ）』を用いたプログラムは、その介入技術を構成する枠組みや、その指針となる「潜在的学習向性評価法」（ＬＰＡＤ）と、歴史や概念において深く関連している。ＬＰＡＤがＩＥプログラム採用の前提条件とはならないとしても、ＩＥプログラムを担当する教師がＬＰＡＤを体験することは、いっそう有益である。実際、ＬＰＡＤを利用することは、媒介学習体験（ＭＬＥ）の「ミニ・コース」を行うことでもあり、ＩＥを指導する教師は、ＬＰＡＤを観察するか、あるいは評価活動に参加することを通じて、ＬＰＡＤが個人の認知構造にもたらす様々な変容を、実験環境の中（in vitro）で経験することができるのである。その全体的な展望から、介入プログラムに含まれるべき根本的視点や、そのプログラムが適切に応用された場合、どのような結果が見込まれるかということを、ＬＰＡＤによって教師は知ることができるのである。

ＩＥは二つの主要な要素からなる。一つは、一連の教材、いわゆる様々な「課題（instruments）」である（訳注：この英語の言葉には、もう一つの意味がある。つまり「課題」を適切に利用すれば、認知的機能を強化する「手段」にもなるのである）。もう一つは、MLEに基礎を置いた綿密な指導法である。教材は一四の課題（作業集）で構成されており、それぞれの名称はその内容を示すもので、例えば、『点群の組織化（Organization of Dots）』、『空間的見当識（Orientation in Space）』、『分析的認識（Analytic Perception）』、『比較（Comparisons）』、そして『分類化（Categorization）』などである（本章の適当な箇所に、各教材の抜粋を取り入れている）。各課題は小冊子形式にはなっておらず、一枚ずつ作業が与えられ、それに鉛筆で書き込んで仕上げる仕組みになっている。このようにして少しずつ作業を増やしていくのは、媒介者がそれぞれの作業によって導かれる学習体験に対処できるようにするためである。相互作用におけるMLE的本質は、注意深く刺激を選択すること、そして媒介者が部分的に刺激をさえぎったり、スケジュール化したり、組織化する活動を要求することに明白に現れる。もし我々が小冊子を丸ごと生徒に配布すれば、恐らく生徒は、それに素早く目を通して自分の好奇心を満足させようとするだけで、生産的方法によって個々の作業と相互作用を行おうとはしないであろう。

プログラムは、子供一人ひとりの機能水準や、教師との相互作用の欲求の変化に応じて、一〇名から三〇名の教室において実行されることが望ましい。グループ指導が（個人指導と比べて）好ましいと考えられるのは、教師／媒介者による適切な指導をグループで受けることによって、そのグループの多様性が拡散的思考を促進し、参加者の相互作用をより豊富にするという信念に基づくからである。

プログラム全体は二〇〇～三〇〇時間分の課題があり、生徒それぞれの、作業に取り組むリズムに応じて、二年間かけて行うことができる。機能水準のより低い生徒の場合は、一週間の参加時間数を（五、六ないし七時間位までに）増やす必要がある。ダウン症児や、注意力が極めて欠如している子供のためには、通常このような時間の延長が必要になる。プログラムの履修年数を増やすよりも、一週間の消化時間を増やしてでも、このプログラムを二年間で終了させる方が望ましいと考えられることの理由は、いくつかある。この方法によると、生徒がプログラム全体に参加する可能性が高くなり、中途退学、教員の異動、参加者の転校等により、部分的にしかプログラムを受けられなくなるという危険性を最少限にできる。『認知能力強化教材（インストゥルメンタル・エンリッチメント）（ＩＥ）』を用いたプログラムの実施には、プログラムに費やした年数よりも、その内容の密度を第一に重んじるべきなのである（著者の一人は、大人を対象に行うＩＥの授業に応用するためのプログラムで、週三時間、二年間にわたる短縮版を作成した）。

　ＩＥを教室で実施する以外に個人教授も可能だが、これでは先述のように、グループ内の相互作用に見られるような社会性や拡大化の要素が欠けるであろう。それにもかかわらず、生徒が登校できない場合、またはＩＥを実施していない学校に在学している場合、あるいは障害のある子供のために必要な教材が教室で不足しているなどの場合には、個人教授が必要となることがある。過去三〇年間、ＩＥプログラムは発達障害、聴覚障害、自閉症、そして伝達／動作性障害と分類された生徒や、脳性麻痺のある子供のために開発されてきた。最近では、午後から学習センターに出席している学習遅滞と分類された生徒のためにＩＥを取り入れ始めている。

認知構造変容（ＳＣＭ）理論と調和する『認知能力強化教材（ＩＥ）』を用いるプログラムの主な目標は、学習する向性（propensity）と、学習へ向かわせる現象を通じて変容を得ることを促進することにある。ＩＥの目的は、個人の知識の幅を拡大することではないのである（しかしその拡大が見られることもあり得る）。むしろ、より多くの情報を獲得する方法を生徒に習得させ、その情報の処理の仕方を工夫し、新しい技術習得の努力をより能率的にし、そして適応性を示す問題の解決策を見出せるようにすることに重点を置いている。ＩＥにおけるこれらの特徴は、特定の認知的技能や適応行動を身につけることを主な目的とする他のプログラムの特徴とは異なっている。この違いは、ある人に毎日魚を食べさせる代わりに、その人に自分でいつでも好きな時に魚釣りができるように、それに必要な道具を与え、必要な知識や技能を教えるのに似ている。

ＩＥは、この野心的な目標をどのようにして達成するのだろうか。次の六つの教育的な二次目標は、プログラムの性質と、プログラムの適用において用いられる技能を形成する。

1　認知的機能不全の調整（付録Ｂ参照）
2　ＩＥの作業を習得するために必要な言語手段およびその実践についての指導
3　習慣化を通した内因性の動機づけの媒介
4　洞察と塾考の媒介
5　作業に直結した内発的動機づけの誘発

6　情報を受動的に受信する者から、積極的に情報を発信する者への自己イメージの移行の媒介

認知的機能不全の調整（二次目標1）は、個人の全ての学習能力の変容において最も重要なことであるため、全ての教材に含まれている。機能不全は、個人の欠陥や、またその人の行動の不変的な性質として見なされるべきではない。むしろ、それらは何らかの理由で、学習課題との間の相互作用の方法が不十分であるとして考えられるべきである。

教える側の立場から、認知的機能不全は、心的行為の三つの段階に分類することができる。（イ）入力、（ロ）精緻化、そして（ハ）出力である。「入力」は、問題の解明に必要な情報を収集する、個人的行動の段階である。情報は、外部および内部の情報源から収集される。「等間隔にある四つの点を見る時、正方形の概念をそれらの点に投影するために、自分の記憶の中にある必要な情報を付け加える」。その他の活動についても、認識し、識別し、精緻化し、関連付づけをするために、二つの情報源（内部と外部）は結合されなければならない。

入力における不全は、しばしば注意力についての不適切な投入に起因し、知覚が不鮮明でまばらなものになってしまうことである。入力段階での不全は試行錯誤、知覚するや否や衝動のままに反応する行動、かつ非体系的なアプローチに反映されるのである。目の前の課題の、ある特定の要素にほとんど注意を払わなかったり、ある要素に必要以上な鋭敏さで焦点を集めるのである。

不全の原因は、さらに、正確さに対する欲求が極めて低いか、あるいは必要な概念（例えば上、下、

右、左、以前、以後、同じ、異なる、といった空間と時間に関する概念など）が欠如しているか、それともその概念を応用しないことにある。

教師にとって、入力における不全を克服するための教育上の最大の難点の一つは、生徒が同時に二つの情報源を統合しない場合に起こる。それらを統合し、全体の構成部分として知覚する代わりに、その情報源を一つずつ分けて扱うのである。

入力時のもう一つの問題は、物体の要素の一部に変化が起きても、物体そのものは不変であることを理解できないことにある。正方形の位置を回転させても、それを一定不変のものとして知覚することは、正方形が他の図形と混ざりあっている時にその正方形を識別する上で必要なことである。同様に、正方形の一部に対角線を引いた場合でも、見慣れた向きに正方形を認識する傾向にあるため正方形を見極めることが困難になる。それゆえ、正方形固有の要素を教える必要がある。あるいは生徒が、『点群の組織化』（図14・1参照）にも含まれるような、三角形を捜し出すという作業に直面した場合、それが正方形の一部として現れたり、また始めに覚えた三角形より大きくなっていたり、小さくなって現れるなど様々な三角形を探すのには、焦点を集中した協調的な投入が要求される。重なりあった図形の中から三角形を見つけるという難しさを乗り越えるためには、思考することが要求される。生徒は、先に知覚／反応する行動によって生じる衝動を抑制し、試行錯誤的な習慣を自分の行動レパートリーから抹消しなければならないのである。

注意力が不十分であると診断された多くの生徒が、ＩＥプログラムの一つである『分析的認識』（図

点群の組織化

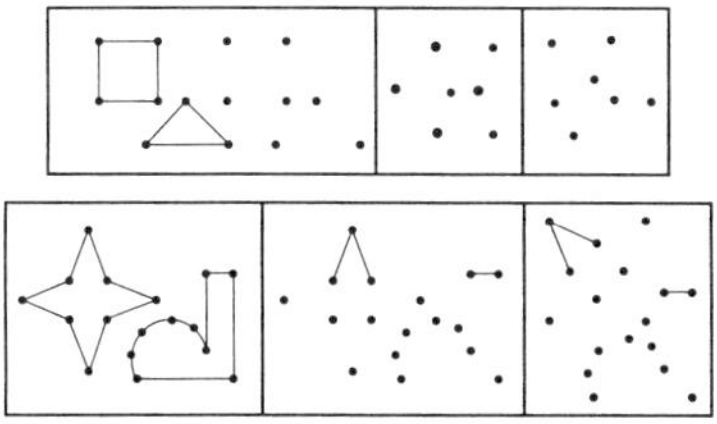

『点群の組織化』課題では、生徒は、不定形で不規則に並んだ点群の中から、図形を探さなければならない。課題は、点の密集度を変化させたり、様々な図形を複雑にしたり、また方向を変えることによって、より複雑にされる。課題を完遂するためには、視野の分離と再統合が必要である。『点群の組織化』は、子供に強いやる気をもたらすため、ほとんどの場合において、最初に指導される課題である。

図 14・1 『点群の組織化』

分析的認識

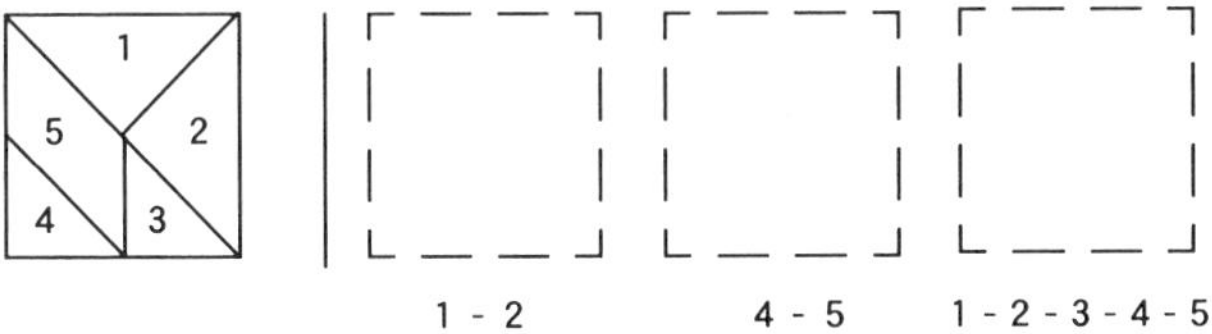

『分析的認識』課題の意図は、不完全で不正確な情報処理の原因となる、不鮮明で、まばらで、総括的な知覚を調整することにある。生徒は、構造的分析、あるいは操作的分析を利用して、全体を部分に分割することや、各部分自体が一つの統一体であるものとみなすことや、部分と部分には互いに関連があることや、各部分を再構成することによって新しく様々に全体を構成することができることを学ぶのである。最後に生徒は、全体を部分に分割することは任意のものであり、外部的な基準、欲求、目標に応じていることを学ぶ。指示の例としては、「次のそれぞれの輪郭の中に、輪郭の下に指示されている数字にあてはまる部分の図を描きなさい。その際、答えに描いた部分の間のそれぞれの線は描かないように注意しなさい。」というものがある。

図 14・2 『分析的認識』

指示

6.　六角形のなかに平行するふたつの辺______番と____番をつなぐ細い線があります。残りの、平行するふたつの辺をつなぐ細い線を描きなさい。

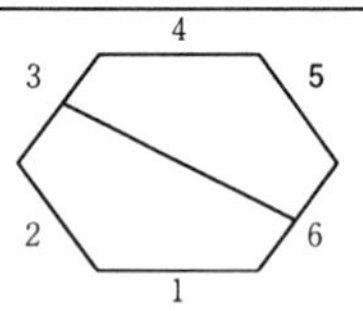

8.　正方形の____上の角から始まる対角線があります。この対角線と同じ長さの平行線を二本描きなさい。

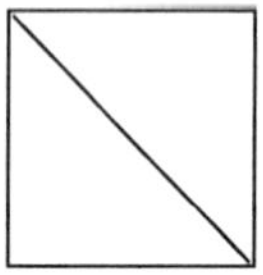

『指示』の課題は、言葉で指示されたことを解読する過程や、それらの指示を動作性行為に移す過程、さらに運動行為を言語的に符号化（エンコーディング）する過程を中心としている。それぞれの作業は衝動性に反作用し、計画的に行動することを奨励し、自己中心性を抑えさせる。生徒たちは、解読のためのキーワードと関係を探すこと、適切な質問によって、あいまいな事柄を全て明確にすることを学ぶのである。

図14・3　『指示』

空間的見当識　I

それぞれのわくの中に、矢印と点が入るように、足りないものをかきなさい。そして矢印のどちらがわに点があるかを説明する言葉を書き入れなさい。

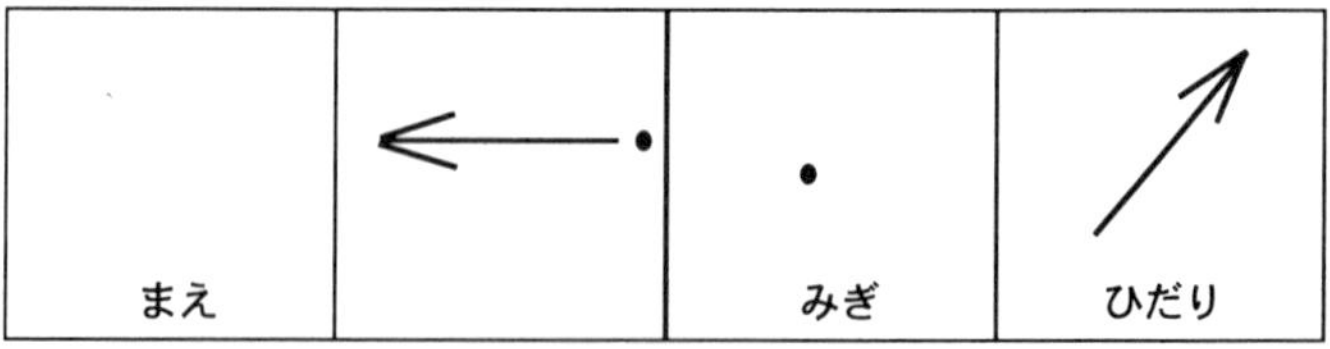

『空間的見当識 I』の課題は、空間的な関係を表現するための概念と安定した関係系（system of reference）を用いる能力を高めることを目的とする。生徒は、見る者の位置が物体や事柄の知覚に影響を与えること、物体または事柄の相関関係は片方あるいは双方の移動によって影響されることを学ぶ。

図14・4　『空間的見当識 I』

空間的見当識 II

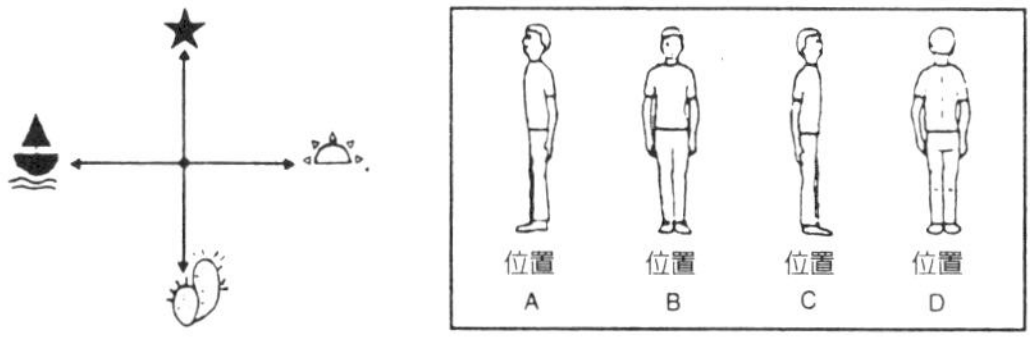

Ⅳ.空白をうめなさい

位置	方位	側
ABCD	ひがし	みぎ
A		みぎ
	みなみ	まえ
C		うしろ
	にし	まえ

『空間的見当識　II』の課題は、方位と座標の使用を取り扱う。位置は固定されて不変であり、配置と所在と向きを描写する場合に指示する対象を必要としない。後半の作業では、空間的な関係の相対的自己体系は、絶対的全体系に統合される。

図14・5 『空間的見当識　II』

分類化

『分類化』の課題は、分類のための統一原理に基づいて、データーを上位のカテゴリーに体系化することに焦点を置いている。同じ全体を、多くの異なった基準に従って分けたり、再編したりすることが可能であるため、生徒は、物体や出来事を体系化する場合に、自分がその関係を明らかにする主体であり決定要因になっていることを学ぶ。指示の例としては、「上の図のすべてのものに共通する点は何でしょうか。それらに当てはまる一般の名称を考えなさい」などである。

図14・6 『分類化』

14・2参照）の課題に長期間、体系的に取り組むことによって恩恵を得ているのを、我々は観察している。この教材は、全体をいくつかの部分に分解し、そしてまたそれらの部分を再統合して全体を再生するというものである。これらの課題は、後に、読み書きをはるかによくできるようになる（時に習熟するようになる）まで注意に対する努力をすることを生徒に学ばせるのである。

多くの教材において、複数の情報源の利用が促進されている。『指示（Instructions）』と称する教材（図14・3参照）が与えられた生徒は、『空間的見当識Ⅰ』と『空間的見当識Ⅱ』（図14・4と14・5参照）に含まれる作業に取り組むのと同じように、必然的に多くの情報源を求めなければならないのである。複数の情報源の利用の媒介に関する適切な例は『分析的認識』と『分類化』（図14・2と14・6参照）の課題にある。図14・5の学習者への指示は次の通りである。まず、このページの左側部分から適当な位置を選ぶ。次に、ページの右上に描かれた、アルファベットのついている四人の人物の絵と、表に書かれたアルファベットとを照らし合わせて、適当な絵を選択する。そして、それを方位表の中心に立たせ、表の最初に選んだ行に戻り、指示に従って、方位表の周囲にある四つの物体との関連を定義し、最後にこの二つがお互いにどのような関係にあるのかを判断する。生徒は辿るべき手順を、体系的に一歩ずつ進めなければならない。すなわち、学習遅滞の人によく見られるような、突飛な行為を「許容」しないのである。

心的行為の第二段階である精緻化の段階では、入力段階で収集された情報（データ）が、変形、整理、符号化、象徴や相関関係への置換、操作、組織化、比較、統合などを通して処理される。データが推測の原点となり、以前には存在しなかった情報が発生するので、生徒は頭の中で図形化しなければならなくなる。このような図形化は『表象的ステンシルデザイン（Representational Stencil Design=ＲＳＤ）』作業（図14・7参照）において明確である。この課題は生徒に、少なくとも一枚のくり抜きをもう一枚のくり抜きの上に重ねることによって、様々な色の図形を構成することを要求している。生徒は自分の心的な意思決定が生み出した図形の変換を、自分のために表象しなければならない。「18番のステンシルを7番のステンシルの上に重ねれば、二つのステンシルの様子はどのように変わるのだろうか。そして、6番を18番の上に重ねると、三つの図形にどのような影響が見られるだろうか。」このような意思決定は、自分が望むいくつかのデザインを予測しながら行われるべきであり、本人に新しい思考形態、すなわち表象的思考が生み出されるのである。

『家族関係（Family Relations）』のような課題におけるＩＥ作業（図14・8）に直面した場合、生徒には、それぞれの構成員に関する限定された情報が与えられ、それに基づいてそれぞれの構成員の親戚関係を予測しなければならない。例えば、「ロバートは誰の息子か、ジョージと比較して、未婚の妹がいるのは誰か。姉妹が皆結婚しているのは誰か?」という問いがある。学習者は、現実の断片的把握と呼ばれている機能遅滞において、最も特徴的な困難の一つである問題を克服しなければならない。この現実の断片的把握とは、あらゆる出来事をそれ以前の出来事とはほとんど無関係のものとし、それ以後の出来事とはさらに無関係な孤立したものとしてしか体験しないという特徴を持つのである。従って、ある物を見たり、またはその物に起こった出来事を見ても、「このことは以前にも起こった

表象的ステンシルデザイン

デザイン No.20

1. 1−12−18−14−2の二つの間違いを定義し、訂正しなさい。
   a) ____________________
   b) ____________________
2. デザインの中の白い部分を埋めると、どのような模様の切り抜きができますか。____________________.
3. 模様を完成するために、各部分をつなぐ線をかきなさい。

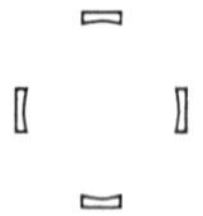

ステンシルNo. ____________________

『表象的ステンシルデザイン』（**ARTHUR**のステンシルデザインテスト、1930年から採用）の課題では、生徒は純粋に表象的なデザインの再構成に関わる、一連の複雑な段階を完了する。色や大きさや形の異なった、別々のステンシルを、順次積み重ねて、基準のデザインを再生するのである。課題の習得のために、生徒は複雑なモデルデザインを分析し、構成要素を認識し、進行中の変換の性質に留意しながら、心中において、それぞれ必要なステンシルを重ね合わせなければならない。（当課題は、番号の付いたデザインを寄せ集めた、教室用のポスター、番号付きのステンシルを表示するポスターも含む）。

図 14・7 『表象的ステンシルデザイン』

家族関係

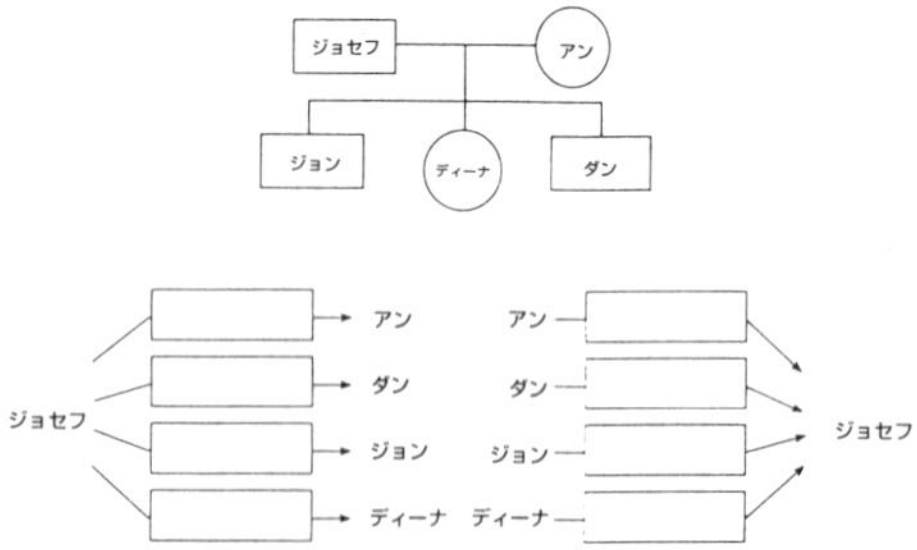

『家族関係』の課題で、家族は全ての社会的制度の範例であり、親戚関係は対称的、非対称的、階層的関係を教えるための媒体になる。家族の各メンバーが引き受ける可能性のある役割の多様性を通じて、様々に変換しながらもアイデンティティーが保たれることが表される。指示の例としては、「図を見なさい。そして、ジョセフと矢印の方向で示された家族との関係を書き込みなさい。」などである。

図 14・8 『家族関係』

ことがあるだろうか。それは、その時と同じだっただろうか。それとも異なるのだろうか。私はそれをいつ見たのか。それはだいぶ前だっただろうか。」といった疑問が喚起されることはないのである。これらの思考形態全ては、異なる体験の相互関係を設定し、それらを比較し、それらをグループ別に集めて、類推を行うのである。「そうですね。すでにこれを五回は見ていると思う。これは他のものごとと大変似ています。恐らくこれはそれと同種でしょうね。」現実を断片的に把握する人々は、事物と事物との関係を確定せずに、それらを受動的に記憶するのである。彼らは、自分の行動を要約せず、自分が見たものごとをグループ分けしないのである。そのような受動的態度で、積極的学習を行うことはほとんど不可能であるし、その人は自分が得た体験によって変容することはないのである。

『認知能力強化教材（インストゥルメンタル・エンリッチメント）（ＩＥ）』を用いたプログラムは、個人が事物間の関係、すなわち同一性、類似性、対照そして矛盾の関係を継続的に推測（プロジェクト）するように教える仕組みになっている。生徒は自己の体験の積極的な観察者と組織者になれるように活性化されるのである。

驚くべきことだが、本人の思考の本質である心的行為の段階にあたる精緻化の部分を変化させることは、他の二つの段階である入力と出力を変えるより遥かに容易である。『認知能力強化教材（インストゥルメンタル・エンリッチメント）（ＩＥ）』プログラムを応用したことのある人々は、抽象的思考ができなかったり、直接見たものでなければ表象できないと考えられていた子どもの多くが、学習の向性をはっきりと示すようになり、複雑な思考を能率的に行うようになるのを見て、絶えず驚かされる。事実、この思考の段階における変化は、しばしば統合化、結晶化、能率化されるようになるまでに長い時間と、遥かに大規模な投入を要する入力と出力の段階と比べて、多くの機能遅滞の人々にまず最初に観察される変化なのである。

心的行為の出力の段階では、個人は、初めに収集したデータの精緻化の産物である自分の反応を示さなければならない。その反応は他人に理解され、受容されるように、正確かつ十分詳細なものでなければならない。この段階はおそらく、問題解決や、新しい状況への適応を失敗させる主な原因となっている。この原因は特に学習遅滞者や、一部の、十分にその能力を発揮できていない状態にある優秀児（gifted underachievers）に当てはまる。また、出力の問題は、思考内容を伝達するよりも、精緻化することの方が得意な、重度機能遅滞児の能力を隠してしまうのである。このような場合、自己中心的な伝達方法やコミュニケーションに要する言語的技能の欠如、そして衝動性が、しばしば筋の通った思考が不十分な反応に終わってしまうことの理由になるのである。

『認知能力強化教材（ＩＥ）』は、その課題の本質、絶えず繰り返されるフィードバック、そして教材のスローガン『ちょっと待って…、考えさせて！』によって、個人の行動を制御し、他人に対しても、自分自身に対しても別なく、自分の反応を上手く形成する方法を習得させるのである。このことから、「Ｏ＝人間（organism）」と「Ｒ＝反応（responses）」の間には、媒介を用いる学習に関する章で取り上げた媒介的相互作用が生じることは明らかである。媒介者は、反応が生徒の行った精緻化の結果を実際に反映するように、その反応形成を援助するのである。

認知的機能不全については、全ての教材で集中的に扱われているが、それらの教材の中で、特に『点群の組織化』（図14・1参照）のような教材は、機能遅滞の原因になる特定の不全の修正に焦点をあてている。従ってこれらの教材は多くの場合、ＩＥプログラムの最初に用いられる。このように、思考における重大な操作の幾つかは早期に確立され、後の課題の学習を円滑にするのである。

ＩＥプログラムにおける第二の二次目標、すなわち言語的技能とその操作を教えることは、そのプログラムの「内容」を示しており、語彙、概念、関係、そして課題の習得に必要な操作の指導に限定されている。これらの課題は比較的難しく、生徒の思考能力を向上させるのに必要な形、物体、分類、関係、そして操作の種類に関する何百もの新しい言葉を覚えなければならない。

例えば、『数列（Numerical Progressions）』（図14・9参照）の問題を解くために「数」の概念を子供に教える時、媒介者は『数列』の課題を数学の授業として教えるのではない。むしろ媒介者は、様々な数の関係を明らかにし、それらの関係を支配する法則が見つけられるように援助し、そしてそれらの法則を新しい状況に応用するのである。

第三の二次目標である、習慣化を通した内因性の動機づけの媒介は、ＩＥプログラム特有のものであり、その本質、長さ、構造、そしてプログラムを媒介する方法を形成することにおいて大変有力な目標である。そのような動機づけの媒介の目的は、教えられてきた認知機能の形態を多種多様な状況で用いるために、内在的欲求を学習者に誘発することにある。機能遅滞の生徒たちが、高度な心的過程や類推、それに正確性を彼らの反応に利用するよう求められることはめったにないのである。法則や原理をただ単に教え込むだけで、それらが応用レパートリーを構成するための核心的な部分として結晶化され自動化されるよう、保証しないようなやり方は十分なものとは言えない。つまり、「電撃的（ヒット・エンド・ラン）」

的なアプローチでは、高度な思考様式が応用される機会はほとんど与えられないのである。多くの生徒は、化学の教室を出た途端に実験服を脱ぐのと同様に、習ったばかりの法則と原理を放棄してしまう。学習内容を様々な状況で用いられるようにするため、その内容を固定化し、それを内因性の欲求に変えることが非常に重要なのである。

学習内容を固定化し、行動を内在的欲求システムとして形成するための唯一の方法は、それらの内容と行為を習慣化することである。自動的に焦点をあて、知覚的に投入し、体系的にデータを調べ、多様な刺激の根源を組み合せ、物事を比較し、カテゴリー別に分類し、グループごとに集め、またそれらを分割するといった行

数列

3. 数列を完成しなさい。

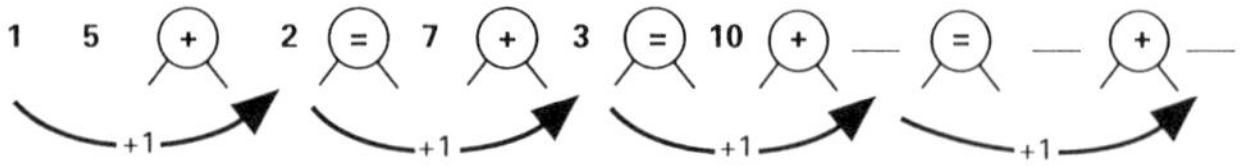

『数列』の課題は、関連が全くないように見える例においても、法則や安定した上位関係を生徒に見出ださせることによって、生徒たちの現実の断片的把握に影響を与える。生徒が、過去の観察に基づいて法則を形成することを通して将来の出来事を予測し、過去を説明し、新しい状況を構造化する能力は、生徒に熟達したという感覚をもたらすのである。

図14・9 『数列』

為を習慣化させるために、これらの活動を結晶化させる必要がある。

残念ながら通常一般に、習慣づけのための教育としては、反復練習を多く行うというのが現状である。学習者にとってこの方法は魅力がなく、事実、習慣を身につけようとする意気込み（レディネス）を妨げることがある。では、退屈な反復学習を避けて、習慣づけを行うにはどのようにすればよいのだろうか。

我々は、学習者に提供するプログラムを、その多くは類似しつつも、決して全く同じ課題とはならないように構成しており、しばしば〝相対的な新奇さの利用〟と称している。学習者は慣れた作業を行うように言われるが、以前とは僅かに異なる方法、すなわち最初に得た法則の再発見と、初めに行ったこととの再調整を必要とする方法で行うよう指示されるのである。例えば、『点群の組織化』（図14・1参照）では、各作業は、毎回内容に僅かに多様性を加えて変化し繰り返される。以上のことが、IEプログラムが二～三年にわたる相当に長い教習時間を必要とすることの原因になる。この反復を通じて得られた固定化は、個人の認知構造に変容をもたらし、学習のための学習において、習得した法則や技能よりさらに進んで、ますます能率的になるようにするのである。

第四番目の二次目標は洞察力の媒介であり、教師の主な作業である。この段階で、MLEと関連ある超越性の原理が発生する。学習者と彼の仲間たちは、これまでに自分たちを成功に導いた過程の意味を求め、そしてそれらの過程を用いた状況以外の状況との妥当性を求めるのである。IEプログラムにおいて洞察は、「橋渡し（ブリッジング）」、または「転移（トランスファー）」と呼ばれることがある。これは媒介的相互作用を呼び起こす刺激のある課題を通して最も上手く実行できるのである。教師に導かれる生徒たちは、多角的応用の方法を求め始めるであろう。特に相互作用の行われているグループにいる子供たちが作り出す拡散的思考の多彩な戦術(ストラテジー)には、しばしば驚かされる程である。『点群の組織化』(図14・1を参照)の課題を解くために、なぜ三つの戦略が必要なのかと尋ねられた九歳の男の子は、(葬儀屋のように神妙な表情で)次のように答えた。「あのね。お家に帰る時に、公園を横切って行く道しか知らなかったら困るでしょ。だって、公園に僕が借金しているお店の人がいるかも知れないんだ。公園以外に学校の裏口を通る道しか知らなかったら、大変なんだ。なぜってあそこで僕をぶん殴るやつらが三人待ち伏せしているんだ。だから、第三の道がいるの。それもたまに変えなくちゃ…」

戦略の構成はしばしば洞察の産物でもある。従って、その過活動性のために、頭の中でデザインを構成する間、『表象的ステンシルデザイン』(図14・7参照)のポスターに集中するのが大変困難だったアーロン(Aaron)は、ポスターを暗記し、手際良く様々な作業を行えるようになった。多くの研究者の意見では、洞察は新しい状況に自分の知識と技能を当てはめるための重要な手段であると考えられている。洞察を無視した教授法は、学習した内容の一般化に極度に制限を加えるのである。

作業に内発的動機づけを行う第五番目の二次目標は、表象的思考を要求する複雑で高度な作業の利用を必要とする。ある生徒はこれを、「頭を抱えるほど難しい」と言う。しかしこのアプローチは、作業を細かく「噛み砕いて」やってから、簡単に消化できるかたちで個人に提示するよりも、遥かに好ましい。その代わりに、以前に経験したことや身に付けた特定の技能のレパートリーがあまり助けにならないような、挑戦に満ち、複雑で新奇性を帯びた作業を子供に与える。世界中で行われた、ＩＥ

に関する何百もの研究の最も重要な結果は、先述のような挑戦が子供にとって大変魅力的であり、どんなに断念しそうになっても、IEプログラムの教材を諦める子供はまれであることを報告している。実際、中途退学をする生徒の多くは、退学した後も残ったIE課題を完了する権利を求めるであろう。これは、たとえ伝統的学校環境から逸脱した後であっても、IEは彼らの多くに能力を伸ばす機会を与え得るという事実に基づくものである。さらにまた、教室内で最も機能遅滞の子供であっても、IEの課題に一所懸命に取り組む。なぜなら、もし上手にできたならば(そして上手にできる生徒は多い)クラスで優秀だと思われている生徒と堂々と肩を並べる機会が与えられ

比較

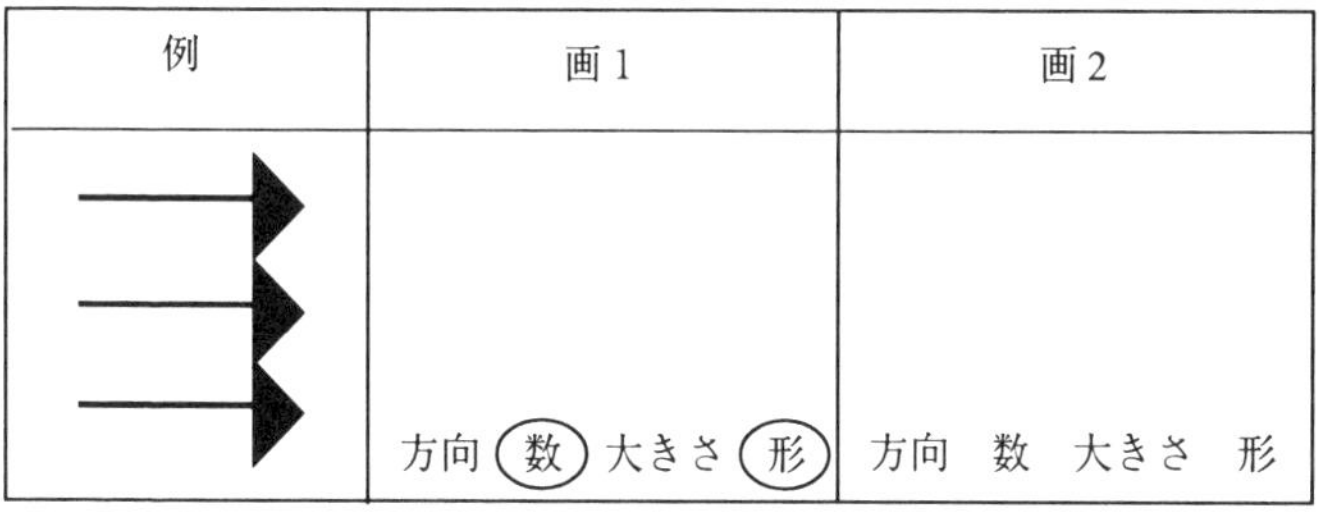

『比較』の課題は、比較行為の重要性と意義を誘発し、比較行為に必要な条件を確立して、類似点と相違点の区別の仕方を練習するための特殊な作業を与える。生徒は共通の次元を用いて、同一の連続体に沿って二つの物体やでき事を比較することを学ぶ。指示の例としては、「例を見なさい。二つの枠のそれぞれの中に、○印のついている言葉によって示された事柄だけが例と同じであるような絵を描きなさい」など。

図14・10 『比較』

三段論法

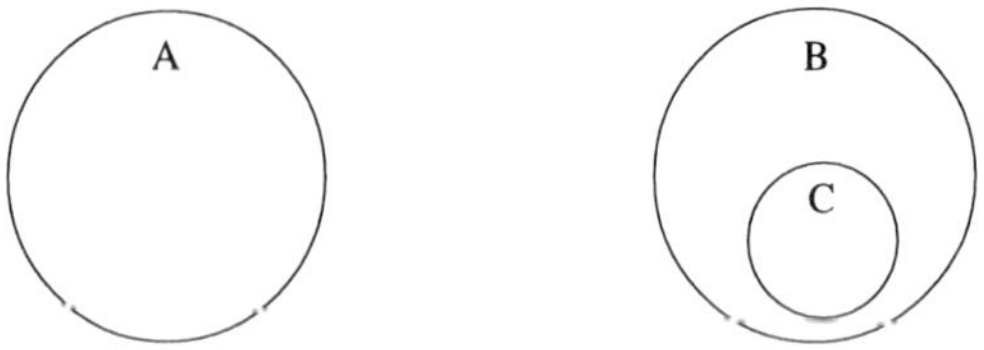

仮定：Aはいづれも Bではない
　　　Cはすべて B

結論：Aはいずれも Cではない
　　　Cはいずれも Aではない

上の図にそって、かっこの中に字を入れなさい

1. ひとりでに作動（　　）する機械（B）はない
　全てのコンピューターは機械（　　）である
　結論：ひとりでに作動（　　）するコンピューター（　　）はない
2. Qという文字で終わる英語の言葉はない
　英文法の教科書にある言葉はすべて英語である
　英語の集合＿＿＿＿＿と、Qで終わる＿＿＿＿＿＿の集合は、お互いに相容れない集合＿＿＿＿⊃＿＿＿＿である
　結論：＿＿＿＿＿＿＿＿＿のどの集合も＿＿＿＿＿＿ない

Q

『三段論法』の課題は、集合とその構成部分との関係、またそれらの明らかな関係から導かれる推論に焦点をあてる。作業は、比較的高度な抽象的思考を要するが、これまでに教材を通じて得た学習に基づいている。三段論法の目的は演繹法、帰納法的推論、推論的思考および論理的立証に対する、内因性の欲求を導き出すことにある。

図 14・11 『三段論法』

時間関係

6. 二匹の亀が野原を散歩していました。二匹はある石の置いてある場所から同時に出発して、井戸の方に歩いて行きました。亀Aは30分に11メートル歩きました。亀Bは一時間に11メートル歩きました。

どちらの亀が先に井戸に到達するでしょうか＿＿＿＿＿＿＿＿＿＿

それは何故ですか＿＿＿＿＿＿＿＿＿＿＿＿＿＿＿＿＿＿

『時間関係』の課題は、時間を物理的、空間的両面から理解できるように、その概念と関係系を教える。学習の対象は、時間を測定可能な安定した間隔として捉える初歩的な概念から、未来、過去、現在の相対性や、一定の時制から他の時制への一方向的、あるいは不可逆的な流れを含む関係にまで拡げられる。拡散的な反応と選択技の探求が奨励されるのである。

図 14・12 『時間関係』

推移的関係

仮定

B [>] C
あるいは
B [=] C
よって　A [<] C

仮定

A + B [<] C + C
A [x] C
B [x] C

仮定

A [>] C
あるいは
A [=] C
よって　B [<] C

『推移的関係』の課題は、『三段論法』と同様に高性能の情報処理と形式的論理を必要とする。課題は「>、=、<」の順番に表された関係式の構成部分の相違を探るというものである。推移的思考の法則も同様に重視される。

図 14・13 『推移的関係』

イラスト

『イラスト』の課題は、行動の認知的、情緒的、動機的、といった各要素の相関関係を取り上げる。課題では、馬鹿げた、あるいはユーモラスな場面だけではなく、客感的現実と主観的知覚が強く結合されている場面も描写されている。図を見て、均衡を知覚し、一つの場面から次の場面にかけて発生する変化の説明を、連続して追求する。

図 14・14 『イラスト』

るからである。

さらに、ＩＥの教師になるための訓練の間に、挑戦に満ちたＩＥ課題の作業を為し遂げる体験をした教師たちは、全ての領域において生徒と「上下」関係にある通常の状況と比較して、ＩＥの教室で生徒とより共感的な関係を作り、生徒に対してより感情移入ができる。このような教師と生徒との協力意識は、作業の魅力を増し、グレードや点数のような外的な報酬からなる強化を用いなくても、学習者に作業に取り組む意気込みを持たせる。事実、作業の内発的動機づけという言葉は、本書の前半部分で触れた、意味の媒介に関する内容を思い起こさせるであろう。ＩＥは、生徒に、目の前のものに対する初歩的な欲求という水準を越えて、自分の欲求システムを拡張する機会を与え、最終的には作業を行う喜びそのもののため、そしてその作業を成功させるという、そのことのために作業を行うように生徒を導くのである。

最後に、ＩＥプログラムは、生徒が単に再生したり、再現したり、または他人が彼に対して行った事柄を維持することに満足するのではなく、むしろ生徒の内に自分が情報の創作者であるという気持ちを育てるのである。このような感情は、人格に重要な変化をもたらし得る。発達遅滞者の多くが上手く機能し得ないのは、他人によって自分たちのために作られたものを再生する以外には、何かを創造することなどは期待されていないと考えているからである。生年月日を聞かれたナーダー（Nada）は肩をすくめて、「自分の出生証明書を一度も見たことがない。」と答えた。現在は西暦何年かということと、彼女の年齢を聞いてみると、彼女が正しいデータを持っていることが解った。「何年に生まれたの」と聞くと、彼女は「もちろん、八三年から十六歳を引くの。」と正確に一九六七年と答えたのである。実際には彼女は、全ての情報を持っていたし、必要な情報を引き出すために引き算が必要であることを知っていたのである。彼女はまた、それを答えるためには何をしなければならないかも知っていたのである。しかし、自分自身が情報の創作者であることを認識していないため、我々がしつこく質問するまで自らそれを実行しなかったのである。既に述べたように、ＩＥは情報の再生や再現を目的としているのではない。ＩＥの主な目的は、既に取得した法則と原理を新しい状況に適応することによって、新たな認知の諸構造を生み出すことにある。特に媒介者である教師の援助を得て、本人がその過程の結果を正しく理解すれば、以前とは異なる自己イメージを生み出すことになる。

では、ＩＥ教材十四課題の抜粋を紹介することにする（図14・10―図14・14参照）。

ＩＥが意図する母集団は何であるか。歴史的にいえば、文化の異なった、あるいは文化を剥奪された青少年の要求を満たすために創られたものである。元来このプログラムは、技術社会に適応するための知識や思考方法を持たない、発展途上国からイスラエルに移民した子供たちのために採用された。これらの子供たちは、特に学校のシステムへ編入される際に困難を体験していたのである。ＩＥを用いるプログラムは、これらの青少年が普通の教室環境で利益を得られるように準備をするための手段として、提案されたものである。長期にわたって、若者たちを対象にＩＥプログラムを応用し、その結果を追跡研究した後、我々は、様々な年齢の、様々な特異性を示す他のグループにその対象を拡げた。従って、様々な文化的背景を持つ青少年や文化そのものを剥奪された青少年に役立つと立証されたことが、同じように、例えば訓練可能な発達遅滞児（トレーナブル・メンタリー・リターデッド）、教育可能な発達遅滞児（エデュカブル・メンタリー・リターデッド）、学習障害児、軽度の脳障害者、またはダウン症者などと言ったように分類される子供たちにとっても、意義深いものであることが証明されたのである。

IEの指導内容

ＩＥ教材プログラムの第二の主な特徴は、三つの概念的枠組みに基づく指導上の介入である。その介入は媒介学習体験（ＭＬＥ）、認知的機能不全のリスト、そして「認知地図」に基づいている。ＭＬＥは、特定のＩＥ教材に含まれる作業によって引き出された教師と生徒間の相互作用の本質を形成する。機能不全に対する理解は、ＩＥ教材を用いた時に、子供が最も変容を必要とする認知の必要条件に教師が集中できるようにする。認知地図は、作業に取り組む子供の失敗の原因となった要素の性格を教師が分析するためのもので、子供にとって最も有益な課題を教師が選択できるようにする（認知的機能不全のリストと認知地図の説明については、付録ＢとＣ参照）。

以下の事例は、ダウン症の青少年に対して、いかにして効果的にＩＥの指導内容が適用されたかを示すものである。マーシャ（Marsha）（訳注：第六章に登場した人物とは異なる）は退学してから二年後の、十七歳の時に我々に紹介された。彼女は家にいて、文字通り無為に日を過ごしており、唯一の「活動」はテレビ番組を果てしなく見続けることだけだった。彼女は一人で道を横断することさえ怖がった。どんなに簡単な品物でさえも、決して自分では買えなかった。お金が使えないのは、コインの区別をしたり、数えることができないからだった。時計の数字も分からなかった。

最初に我々の所に連れてこられた時、彼女は進んで学習をする意気込み（レディネス）を示さず、自分は学べないし、その必要はないと言い張った。この非協力的な態度の根底には、自分で自分をどうすることもできないという無力感が深く根差していることが明らかとなった。マーシャの受動性は、突き破ることのできない壁だった。学習作業に取り組める状態を作るためには、彼女にとって成功の経験が必要であることが明らかであった。しかし、この「エリコの城壁」を崩すには何が必要なのだろうか。それらを突き崩すためにどのような「喇叭」が必要なのだろうか（訳注：旧約聖書の比喩。第6章参照）。

マーシャを担当した教師（インストラクター）たちは、直接的、集中的な媒介を取り入れつつ、IEプログラムの『点群の組織化』（図14・1参照）を始めた。マーシャが正方形の課題に直面した時、教師は文字通り、彼女の手を取って点と点の間に線を引くように動かしながら教えなければならなかった。繰り返し集中的に簡単な再生の作業を行った結果、教師はマーシャの機能を阻んでいた巨大な動機の障壁を克服することに成功した。しかし、動機づけだけがマーシャの唯一の問題ではなかったのである。『点群の組織化』の課題では、より複雑な作業を行う場合、類推能力を阻害していた認知的機能不全を治療する必要があり、直面するであろう困難を予測し、作業を習得するための用意をしなければならなかった。従ってマーシャが、正方形の位置が変わってもその形は不変であることを教えられた結果、彼女の知覚はより柔軟になり、点群の中に隠れている正方形を次第に見つけることができるようになった。プログラムを行っている間、マーシャに対して、終始彼女が出した成果の意味が説明された。一つ一つの成功を強化することは、新しいことに挑戦し、取り組もうとする意気込みの源となった。作業に成功する度に、マーシャは自分の好きな表現を繰り返した「私はメシュッゲ（ばか）じゃない。できる。」

しかし、彼女が困難を克服するまでにはまだ程遠かった。『空間的見当識』（図14・4と14・5参照）や、『分析的認識』（図14・2参照）などの課題をマスターするために、体系的に探求するという行動を彼女から引き出す必要があった。一度成功の喜びを体験すると、マーシャはＩＥの活動に「夢中」になった。同時に、彼女の人格はより適応性のある、より開かれた、より冒険心に富んだものになった。一人で動き回るようになり、一人で出かけておやつを買うようにまでなった。しかし、彼女はまだコインを数えられず、その価値を理解していなかったため、我々はマーシャに、金額をぴったりにした上で、買物のためのお金を手渡す必要があった。

長期にわたる集中的なＩＥ活動の結果、教師たちは、マーシャにとって最も難しい学習領域である、読書に取り組み始めた。彼女にとって、視覚的記号としての文字と、それらの発音とを関連付けることが最も難しかった。それは学習過程に障害があるためだけではなく、努力を必要とする学習場面を徹底的に避けようとする、彼女の防衛心が原因だった。しかし、二年間集中的に課題に取り組んだ結果、マーシャは熱心で才能ある読者になった。事実、食事をしながら、明らかに読書を楽しんでいるマーシャの姿を頻繁に見かけるようになったのだった。

マーシャには、記号を解読する能力が実質的に進歩してからも、理解と言語表現に関連する困難が残った。長期的な発話治療や言語治療の投入と、言語に関連するＩＥ課題の補助を得て、マーシャは比較的上手に話せるようになった。さらに彼女は、ＩＥの『比較』の課題（図14・10参照）で習った内容を、人物、物、歴史的事件の類別に応用することができた。同級生と良い人間関係を結ぶ能力が自分にあることが改めて分かると、マーシャの自信はますます増していった。事実、彼女は同級生の間で媒介者の役割を担うことが多かったのである。

媒介を行うとき、教師はただ単にＩＥの課題を割り当てるのではなく、超越性（transcendence）の原理を取り入れながら、各課題の基礎となる法則が将来の作業にも応用されるように留意して行うのである。教師は、一連のＩＥの授業をそれぞれ、より高度な認知能力と、動機づけを増大させ、促進する機会として利用するのである（図14・15参照）。

以下は、小学校六年生のクラスにおける『指示』の課題を用いた授業の一部の紹介である。ここに取り上げる授業は、個別化と心理的分化に関する媒介、意味の媒介、そして超越性の媒介を強調している。次の討議では、生徒がそれぞれの返答に到達した過程を中心に記録されている。教師は、単にそれぞれの返答を比較することで満足するのではなく、生徒と共に、それぞれの返答の類似点と相違点を綿密に考え、なぜ異なるのかを追求し、あいまいな答えを、より明瞭化する方法を教えるのである（図14・16参照）。

先生　6番の課題（図14・16参照）を見てみましょう。誰か、問題文を大きな声で読んでくれない？ゲイル、どう？

ゲイル　二つの正方形を、枠内の右上と左下に一つずつ描きなさい。左側の正方形の下にオレンジ色の円を描きなさい。

先生　ありがとう、ゲイル。では、誰か黒板の方に来て、この課題を実際にやってみて下さい。よくできました。他に別のやり方を考えた人はいますか。はい、ジャネット。それも正しいですね。他の方法はありますか。他の方法を考えた人はいますか。それも正しいです。今、黒板に三つの図が描かれています。三つと

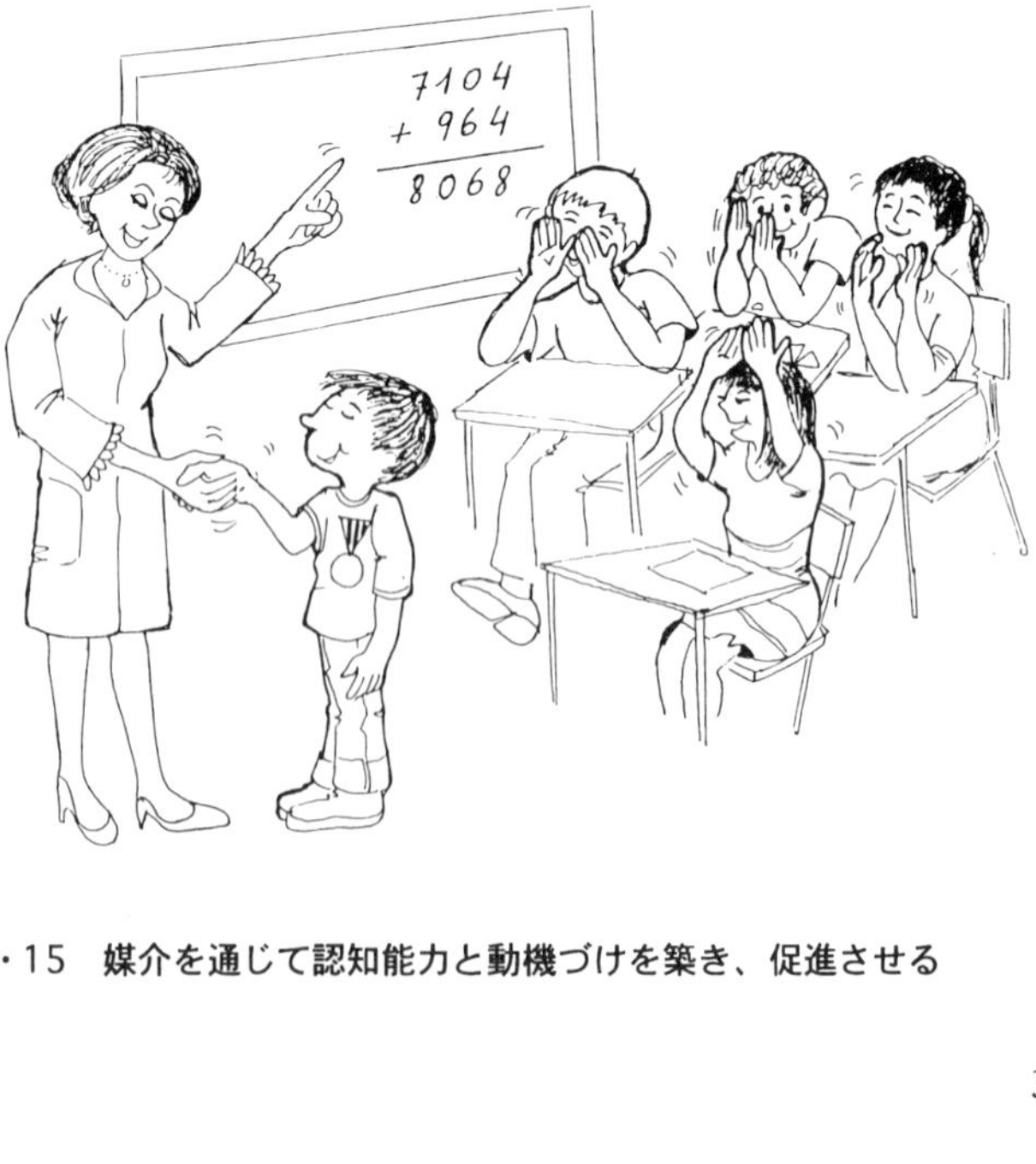

図14・15　媒介を通じて認知能力と動機づけを築き、促進させる

も指示に沿っていて正しいものです。では、この三つの図を見比べてみましょう。

ネル　うーむ。最初の二つの図は、二つの正方形の位置も大きさも似ています。円もそうです。

先生　もう少し詳しく説明できない？

ネル　正方形の大きさはどれもよく似ていて、円の大きさも、描かれている場所も似ているっていうことです。

先生　左側のですか？

ジム　三つとも、正方形と円が左側に描かれています。

ロナルド　違ってるところは、正方形の大きさ、それと円の大きさと位置です。

先生　よくできました。じゃあここで質問をします。正方形は同じ所に描いたのに、皆さんの描いた円は左上の正方形の位置に対して、大きさも位置も様々なのはなぜでしょう。

ジョー　正方形がどれも同じ位置に描いてあるのは、片方は右上に、もう片方は左上に描きなさいと指示されているか

6. 二つの正方形を、枠内の右上と左下に一つずつ描きなさい。

左側の正方形の下にオレンジ色の輪を描きなさい。

図 14・16　『認知能力強化（ＩＥ）教材』を用いるプログラムの『指示』の課題にある作業

らです。指示では、大きさについてはなにも言ってません。

先生　このことは、「右上」と「左上」という形で、正方形の位置を正確に定めることを意味します。では、円についてはどうですか。

ライラー　円の大きさと位置は、正確には定められていません。

先生　指示では、円を左側の正方形の下に描くように言っていません。

ライラー　でも、「左側の正方形の下に」という指示からは、色々な受けとめかたができますね。

ローザ　指示は正確ではありません。あいまいです。

先生　とても良い答えです！　黒板の三つの図がそれぞれ違っていても、どれも正しいと言えるのは、指示されたことを実行するのには色々なやり方があるからです。私たちでこの指示をもっとはっきりした、もっと正確なものに変えられるでしょうか。

アンヌ　「左側の正方形の下の、隅っこに円を描きなさい。」

先生　はい。アンヌが言ったのは、「では、左の正方形の下の、左側の隅に円を描きなさい」ということですね。

トム　あるいは、「左側の正方形の下の、枠の真ん中に」とも言えるよ。

サンディ　「左側の正方形の数センチ下に円を描きなさい。」とも言うことができるわ。

先生　「左側の正方形の真下に円を描きなさい。」とか「最大二センチ下に」とも言えますね。指示をもっと正確にするためにどのようなことをしましたか。

サンディ　細かい指示(ディーティル)を付け加えました。

先生　私たちが正確さを調べることのできるような、何らかの指示を作ってくれる人はいませんか。案はありませんか。では、職員室に置いてある先生のお財布が欲しいと仮定しましょう。それを持ってきて貰うための指示を考えられるかしら。ゲイル、どう?

ゲイル　「職員室から私のカバンを持ってきて下さい。」

サンドラ　だめよ、カバンの色と、カバンがどこにあるのかを言わなくちゃ。例えば、「椅子の上に置いてある茶色のカバンを持ってきて下さい。」とか。

マイケル　でも、どの椅子かを指定しなくちゃ。「部屋に入って左側の最初の椅子の上」とか。

先生　指示を訂正したり、改善するために何をしましたか。

ベッティ　細かい指示(ディーティル)を付け加えました。

先生　よくできました。黒板に描かれている例をそれぞれ見て、幾つかの異なった方法で一つの指示を実行することができ、しかもそれぞれの方法が全て正しいと言うことが分かりました。全て同じ方法で実行してほしいならば、細かい指示(ディーティル)を付け加えなければならないのです。いまのことから、どのような原則を引き出すことができるのでしょうか。

チャールズ　指示が細かくなればなる程、よりはっきりした、正確なものになるということです。

先生　はい、よくできました。日常のどんな場面で、正確で明白な指示をする必要があるでしょうか。

ジョージ　例えば、あるどこかの場所に行くための説明をする時。また、地理のように、ある場所がどこにあるかをいう時です。

デヴィッド　軍隊の行動だったら、砲兵に対する指示は正確でなくちゃ。

モニカ　薬を飲む時、指示がはっきりしていて、正確なことは大切です。一日にどのくらい薬を飲むべきか、一日に何回飲むべきかを知るべきです。

先生　そして?

モニカ　そして私はその指示を読んで、それに正確に従うことが大事です。

先生　大変いい答えですよ。

アンヌ　けれども、指示が少々あいまいでも何ともない時がありませんか。

先生　アンヌ、今の質問は大変適切で、興味のある質問です。皆さんはどう思いますか。

ルイ　遠足の前に、先生は楽に歩ける靴を履いて来なさいと言いますが、先生にとってはどんな靴でもよいでしょう。

リタ　遠足に持って行くお昼と夕飯のお弁当についての指示にしても、量と中身についてはあまり問題ありません。

先生　その通りですね。では、ちょっと練習しましょう。大ざっぱなためにあいまいな指示を、皆さんの方でよりはっきりした正確な指示に直して下さい。

ＩＥプログラムを効果的に適応するためには、教師は、認知構造変容（ＳＣＭ）理論を徹底的に理解するために訓練プログラムを受講し、SCM理論の信念体系と一体となり、その目標の重要性と真価を認める責任がある。そして何にもまして教師は、自分の生徒にそれを媒介するために、IE課題を自ら習得しなければならないであろう。このように教師自らがIE課題を習得するためには、特定の資格を持つトレーナーについて、IEに関する媒介を身近に体験する以外にないのである。

IEの作業の特徴は、従来、機能遅滞の人々にはあまり適用されてこなかった高度の複雑さにある。このプログラムは、典型的な機械的作業を行うかわりに、組織化や抽象的思考を必要とし、類推的思考を誘発しながら絶えず学習者側からの有意義な参加を強く求めている。多くの点から見て、IEプログラムが提供する作業は、結晶性思考ではなく、柔軟な思考形態に興味を訴える。だからと言って、このことは思考過程の結晶化（crystallization）や自動化（automatization）が、学習活動の重要な結果とならないということを意味するものではない。しかしながら作業自体は柔軟な処理を必要とするのである。

もし学校（訳注：普通学校も含む）の教員が、生徒が学習に必要な条件を習得しない限り、教師たちが教えている基本的な学校科目から得られる効果は最小限に留まるのだということを確信していれば、学校のカリキュラムはIEプログラムを適応するのに最も有効な枠組みとなるであろう。学習に必要な条件を満たしたIEの生徒は、カリキュラムの他の部分から恩恵を受けることにおいて遥かに有利な立場にいる。事実、プログラムの開始直後から多くの教師たちが、IEプログラムによって子供の認知に変化が現れ、次第に学問的な授業が強化され、促進されていく様子を目のあたりにしている。

しかし、気をつけなければならないことは、実際に行われたＩＥプログラムの研究が示すように、ＩＥの内容における熟達と並行してより能率的な読書がたびたび行えたとしても、ＩＥは直接一人ひとりの生徒を、より優れた読書家にすることを目指しているのではないということである（1、2）。事実、ＩＥが、そのこと自体によって（ipso facto）子供に読書を教えるなどと決して断言してはならないのである。読み方を覚えるために、子供は読書の実質的要素とその過程を学ばねばならないのだ！　子供が数学のやり方を知るためには、数学的要素と演算を学ばねばならない！　しかし、学業的成果の誘因となり、補足し、きっかけとなるＩＥを通じて学んだ認知の諸構造と、その過程を考慮すると、ＩＥを利用することで読書や数学の学習を円滑にすることはあるだろう。

サム（Sam）のケースは、このような結果の好例である。彼は非常に難しい問題行動を起こす知能障害者だと考えられていた。教育可能な発達障害者のための九年生（訳注：中学三年生）のクラスを終了していたが、一文字のアルファベットも、またどんな数字も識別できない状態だった。サムを受け持った教師たちの誰もが彼を見放していた。

ＩＥプログラムを開始した時の労力たるや大変なものであった。サムは、作業の習得を学習するための必要な媒介を全て拒否した。正方形を形成するべき四つの点が初めて提示された時、彼はモデルとなる正方形に僅かに目を留めただけで、すぐにでたらめに線を描き始めた。媒介者が、サムの身体を手本の図が見えるように向けようと努力をしても、癇癪を起こして反抗した。

最初の第一歩はサムに課題の要素を知覚させることだった。媒介のこのレベルでは、サムの視線を捕らえて、媒介者の手で補助しながら彼の手を動かし、正方形の線をなぞっていく自分の指を目で追うように注意を向けさせた。この行動を何度も反復して教えた後、彼にこの作業を自分で行うように促した。その段階になってから初めて鉛筆を手渡したのだが、結局、媒介者がサムの手を誘導し続けて点と点を繋ぎ合わせなければならなかった。

サムのまばらな知覚と無関心さは、彼の行為全体に厳しい制限を加えた。これらは、いくつかの媒介的な質問によって改善が見られた。例えば、「ここに点は幾つありますか。どの正方形がこの正方形と同じですか。すこしだけ形が違っていても、どの正方形がこれと似ていますか。正方形、長方形と三角形はどのように違いますか。」というものである。彼は非合理的な数え方をした。四つの点が示され、その数がいくつかを問われると、彼はそれぞれの点を数え始め、途中で数え間違えては、再び初めから数え直した(この行動は入力段階での認知的機能不全、例えば不鮮明な知覚、非体系的な探求、そして正確さの欠如などの典型的な例である)。

精緻化のレベルを見ても、サムに欠けている比較や要約に関連する行動が、媒介の中心となった。媒介者の介入は、周囲の刺激から関連のあるものを選ぶための方法を確立するのに役立った。ページの限られた部分に焦点を集中することで活動の標的としてのその部分に意味を添えることによって、媒介者はサムの成果がより目的を持ったものになるように援助した。

結局、サムはＩＥ関連の作業を習得しただけでなく、読書もできるようになった。この読書の技能は、手と目の運動の整合に成功したことや、刺激に焦点をあてたり、他にも様々な進歩が得られたために可能となった。自己有効感が媒介され、彼の中に批判を理解し受け入れる能力が育ち、サムの人格全体と、認知機能水準の実質的な変容を誘発する学習への道が開かれたのである。

長い年月を経て、ＩＥとその実用も含めた膨大な研究の応用は、ある面において、典型的なＩＥの利用技術とは異なる、幾つかの技術を生み出した。例えば、特別の教育を受けた教師が、ＩＥ教材を利用しないＭＬＥ（媒介学習体験）を教室で応用する例がある(3)。また、イスラエルにおいてＭＬＥは、両親と専門家、そして不利を受けるかも知れない子供を持つ両親に広い範囲で応用されている(4、5)。米国では、一部認知構造の変容の可能性（ＳＣＭ）理論とその応用に基づいた、幼児用プログラムのための認知カリキュラムが開発された(6)。その他に、身体障害者、特に外傷体験による脳障害を持つ人々のリハビリに、ＭＬＥの教材や、その原理と方法を利用する試みがある(7)。

ＩＥプログラムが教室、個人教授、治療の場面で利用可能であり、様々な年齢や機能水準の人々に多く応用される理由は、特定の内容を扱ったり、特定の技能のレパートリーをその応用の条件として必要としないことにある。生徒には、わずかな読み書き能力しか要求されないし（いくつかの課題、例えば『点群の組織化』、『空間的見当識』そして『分析的認識』のような課題は、特に読み方が分からなくても実施できる）、また単語も統制されているので、ＩＥプログラムは他の言語に容易に翻訳でき、多くの文化に応用することが可能になるのである。

従って、ＩＥプログラムは機能遅滞の子供たちだけでなく、優秀児（ギフテッド・チャイルド）にとっても魅力あるものである。また、ＩＥプログラムを利用するにあたって適切な準備を行った教師は、生徒と同じように関心と熱意を示す。彼らは課題に挑戦する意欲を感じ、課題に成功して自分たちの不完全な認知機能（彼らは、ＩＥ教師としての訓練期間中、およびさらに後の応用期間中に認識するようになる）に「変容」を体験することによって喜びを感じるのである。事実、このような結果はＩＥプログラムの重要な副産物なのだ。プログラムによって誘発される変容を直接体験する教師／媒介者は、子供の変容の可能性に対して自分の信念が深まっていることに気がつくだろう。その変化は次に、教師／媒介者が、生徒の最初のレパートリーに見られなかった行為を誘発できるように促すのである。専門家として「疲れ果てた」教師の多くが、ＩＥの使い方を習得した後には、教職に対する関心が再び取り戻されたということを伝えてくるのである。*

プログラムは現在、約二五ヶ国の様々な特殊教育の場や、十分能力を発揮していない状態にある優秀児、特殊教育と普通教育の教室、そして診療所やリハビリ・プログラムを対象に応用されている。それは十七ヶ国語に翻訳され、数々の研究と評価プログラムの対象となっている。例えば、イスラエルで行われたＩＥの研究プロジェクトは重要な結論を示した（8）。その研究では二つの集団の比較を行い、一方の集団（訳注：実験集団）は、一般教育課程の部分的な代用課程として、ＩＥプログラムを

＊　ＩＥとＬＰＡＤの教員講習は、イスラエルやアメリカ、そしてカナダを含む数ヵ国で実施されている。当研究所の指導員は、教習の詳細を喜んで提供する。（研究所の宛先は付録Ｇ参照）

二年にわたり、延べ三〇〇時間受けた。もう一方は同じ期間中、普通過程の付加部分として読書、作文、そして算数の講習を約三〇〇時間受けた。二つの集団は、十二歳から十五歳までの、文化を剥奪された、機能遅滞の子供の中から選ばれて構成された。彼らは、知能指数が六〇から九〇迄であり、学業の遅れが三年ないし五年になっていたため、普通教室に入る資格のなかった子供たちだった。彼らの相当数が、読み書きする機能を持っていなかった。この子供たちを、二年以内に普通教室に移転させるという目的で、準備教室に入れた。IEプログラムの利用は週五時間で、教材の全て（十四課題）を教えた。

最初の一年が終わる頃、IEが適用された集団は、もう一方の集団と比較して、認知的相違の面で有意差を示した。二年目の終わりに（介入の末期―付録D参照）は、IE集団が示す相違はさらに大きくなっていた。基本的な学業技能の授業を受けた時間が約三〇〇時間少なかった

図14・17　IEプログラムのモットー「ちょっと待って…考えさせて！」

実験（ＩＥ）集団が、基本的な学業技能に重点を置いた授業を三〇〇時間程余分に受けた集団と比較して、遅れを示さなかったというのは興味深いことである。事実、場合によっては、ＩＥ集団は評価に利用された学力試験で、もう一方のグループと比べて好成績を示していた。しかし最も著しい結果は、実験終了後、二年ないしそれ以上の期間が経過してから再調査を行った際のものである。ＩＥ集団の優越を示す格差は継続しているだけでなく、その差はさらに拡大し、ある場合には倍増していることもあった（付録Ｄ参照）。これらの調査結果に基づいて言えることは、ＩＥプログラムを組織的に体験することで個人に誘発された変容は、（訳注：処理できる）情報の量と質の増加で示されるだけでなく、個人が将来の学習機会において得る「能力」の増大においても示されるという我々の主張を裏付けているということである。実際、それがＩＥの真の目的なのである。そして我々の意見では、それは教育の真の目的になるべきなのである。つまり、我々がＩＥプログラムのモットーである「ちょっと待って…　考えさせて！」に耳を傾けるなら、個人の変容の可能性を増大させ、各人が共に暮らしていけるように、絶えず急激に変化する世の中に取り組む能力も増大するのである（図14・17参照）。

【注】

（1）Feuerstein, R., and others. 1980. *Instrumental Enrichment: An intervention program for cognitive modifiability*. Baltimore: University Park Press.

(2) Rand, Y., and others. 1981. Instrumental Enrichment program: Immediate and long term effects. In *Frontiers of knowledge in mental retardation* (Vol. 1), ed. P. Mittler. Baltimore: University Park Press.

(3) Harth, R. 1981. The Sedalia project: *Modifying cognitive performance*. Columbia: University of Missouri.

(4) Klein, P.S., and others. 1984. *Cognitive performance of three-year olds born at a very low birth weight*. Ramat-Gan, Israel : Bar Ilan University and Sheba Medical Center.

(5) Mintzker, Y., and others. 1987. (Numerous publications, parents' guides, and presentations available on request.) Jerusalem: Hasbro Paradigmatic Clinic for Persons with Down Syndrome.

(6) Haywood, H.C., P. Brooks, and S. Burns. 1986. Stimulating cognitive development at developmental level: A tested, non-remedial preschool curriculum for preschoolers and older retarded children. In *Facilitating cognitive development: International perspectives, programs, and practice*, eds. M. Schwebel and C.A. Maher, 127-47. New York and London: Haworth Press.

(7) Ruiz-Bolivar, C.J. 1985. *Modifiabilidad cognoscitiva e irreversibilidad: Un estudio*. Guayana, Venezuela: Universidad de Guayana.

(8) See note 1.

第15章　ピーッチェ —フォイヤーシュタイン・メソッドによって得られた統合の成功例*—

＊本章の著者は、ネッティ・エンゲルス（Nettie ENGELS）である

ピーッチェ（Peetjie）は十四歳のダウン症の少女です。年齢のわりには小柄で、身長はわずか一五二センチ。がっしりとした体格ですが太っているわけではありません。髪を伸ばしていて、ポニーテールにするのが好きです。スカートは自転車に乗るときに邪魔になるので、ジーンズやゆるめのセータを着ています。服はいつも自分の好みで選びます。彼女はチャーミングで、自分が何をしたいのかをよく分かっています。気さくでいつも朗らかです。十一歳の子供たちと近所の小学校に通っています。体育や水泳に参加し、クラリネットを吹きスキーもできます。

彼女は毎日大忙しです。宿題やクラブ活動、それに趣味も豊富です。彼女は見るからに人生を楽しんでいます。学校に行くのが大好きで、どんなことでもふいにするのを嫌がります。フォイヤーシュタイン教授は最近彼女について次のように書いています。「彼女は、楽観主義者を自認する私の期待をもはるかに越えてうまくいっている！」

彼女は一九七八年に生まれました。生まれてから最初の数年間は、楽観からはほど遠い状態でした。

彼女が生まれた時、夫のウイルと私はともに三六歳でした。はじめての子供。私たちは晩婚だったのです。

子供を迎える準備はすっかり整っていました。母となる私は仕事を続けていくつもりで、昼間ベビーシッターをしてくれる人も決めていました。子供部屋もできあがり、ウイルはベビー・ベッドを自分で作り、小さなシーツと枕カバーは私が作りました。乳母車も注文して、動物のぬいぐるみも用意できていました。私の妊娠は順調で、分娩の日の直前まで出勤し、めったに吐き気が起こることもなく一度も欠勤しませんでした。ただ私の年齢のことや、子宮が傾いていたこともあって産婦人科医に通い、（私と夫が勤めていた）病院で出産することになっていました（オランダでは多くの女性が自宅で出産する）。

何もかもが予定通りにはこんでいました。私たちは、妹の誕生日の晩に彼女を訪問し、帰宅後シャワーを浴びてから病院に出発しました。子宮の収縮が頻繁に起こっていました。無事に分娩室にたどり着き、娘が生まれたのです。羊膜に包まれたままだったので、すぐに手当をするために娘は別の部屋に連れていかれました。その時、私はまだ健康な赤ちゃんを生んだのだと思っていました。しかし、ウイルが戻って来て、娘はダウン症だと私に伝えたのです。ダウン症の症状はわかりやすいので、看護婦さんもすぐに気づいていました。赤ちゃんの舌は、気乗りしないかの様に口から垂れ下がっていて、小さい手、鼻、額などに全ての特徴が揃っていました。同席していた小児科の医師は、これらの特徴をただ確認する以外にはなすすべもありませんでした。

私たちの最初の反応は、「否定」でした。――まさか、こんなことが…　――どの程度悪いのでしょうか？　娘の様子はどうなのですか？　そして、その後は、ただ沈黙。娘を私の側に寝かせましたが、彼女は自分の子ではありませんでした。

小児科の先生が翌日私たちのところに来られたので、「見通しはどうでしょうか。」と尋ねました。「子供によって違います。親を見ても分からない子供もいれば、せいぜいいくつかの言葉が読める程度になる子供もあり、可能性は様々です。」

分娩後十二時間が経ち、完全に打ちのめされた気持ちで、我が子を連れずに家に帰りました。誰にも会いたくないし、誰とも話したくありませんでした。

当然のことながら、私たちは事前に赤ちゃんの名前を選んでいました。男の子ならテーイケ（Theike）で、女の子なら、ピートロネーラ（Petronella）とエリザベス（Elizabeth）という、二つの洗礼名を組み合わせて短くしたピーッチェ（Peetjie）にするつもりでした。ウイルが出生登録を行うために市役所に行っている間、私は起きて子供部屋に行き、一切の寝具を取り払い娘の部屋の中のもの全てを外へ放り出しました。そして、いつしか夢にうなされていました。夢の中では、襞のついたブルーのスカート姿の子供が廊下で踊っているのでした。新品の靴を履いて、パパに見せるために彼の帰りを待っているのでした。目が覚めて私は、ブルーのスカートを着た女の子が廊下で踊ることはもう決してあり得ないと悟るのです。そしてまた、もう一つの夢を見ました。家の居間が、木の棒の付いている大きな箱に変形していて、泣いている子供がいる以外その箱は全く空っぽなのです。

一週間が経ってから、小児科の先生に強く勧められて娘をもう一度見に行きました。彼女を抱きたいとは思いませんでした。私たちは、ただ見つめるだけで、赤ちゃんにミルクを飲ませている看護婦さんに、ピーッチェはどうしているのかということを丁寧に尋ねるだけでした。

娘は六ヶ月間病院にいました。あまりミルクを飲まず、とても受け身的でした。仕事を再開した後、たまに娘を見舞いましたが、その時私たちは、娘が痛い時にただ、「きゃっ」と言う以外は声も出さず泣きもしないことに気づいたのです。その頃から既に娘は便秘で悩んでいました。

私たちは、娘のための施設を探してくれるよう病院に依頼しました。生後六ヶ月の時に、ピーッチェを施設へ委託することができました。家に一緒に帰る必要がなくなったこともあって、私たちは徐々に彼女を受け入れられるようになりました。毎日見舞いに行き、週末には家へ連れて帰りました。娘について他人に話せるようになり、それ以後、彼女のことを隠さなくなったのです。日が経つにつれ、施設は保育所のような役割を担い始めました。勤めに出かける時に娘を保育所に預け、帰る時にまた引き取るようになりました。少しずつ彼女は私たちの子供になっていきました。私たちの活動は娘の方に向かうようになり、彼女に刺激を与えたり、ゆすったり、舌が口の中に保たれるようにしたり、ぼろ切れなどを口の中に詰めないようにさせたりし始めました。

長い間考えた末、私たちはもう一度子供を生む冒険をすることに決めました。リスクに挑戦する価値は十分にあり、長女のハンディが次子の発達に影響することはないと判断したのです。

妹のヴァーニー（Werny）はピーッチェより十四ヶ月程年下です。産後初めての見舞にやってきたピーッチェは、近くに座って赤ちゃんと同様にお土産を貰いました。彼女の機能水準は初めに考えられていた程には低くはなかったのです。一歳の時には周囲の人を認識し、支えられれば独りで座ることができました。しかし彼女は信じられないぐらい受動的で、口にぼろ布を詰めて遊ぶことだけで十分に満足していました。這い這いをさせるために（といっても、床の上に自分の体を滑らすようなのですが）、私たちは例のぼろ布を彼女から離れたところに置きました。十四ヶ月頃になると娘にとって食べることが大変重要になったので、食べ物を褒美として用いました。少し歩き始めたら、一歩につきバナナを一口食べさせることによって歩き方を教えました。その時彼女は二歳くらいでした。しかし、依然として娘は自分からは何もしませんでした。文字通り、一人では何もしなかったのです。

保育センター

ピーッチェが保育所に入ったのは、ちょうど二歳の時でした。十二年前ならば、ダウン症児の将来は生まれたときから決まっていました。つまり、保育所の次に発達障害児学校（ZMLK――重度発達障害の子供の学校）、それから精神障害者通園センターといった順に、通う所が決まっていたのです。私たちにはそれ以外のことを期待するすべもありませんでした。

社会的、動作的、言語的技能の養成を集中的に行いました。妹のヴァーニーにとっても、またピーッチェにとっても、心地よい家庭の雰囲気を保つために二人に対して、それぞれのレベルに応じて行儀よくすること、自分の持ち物でないものに触らないこと、順番を待つこと、指示に従うことを要求しました。ヴァーニーが三歳、ピーッチェが四歳の時には、ヴァーニーは全てにおいてピーッチェより優れていました。私たちは、次女（ヴァーニー）を長女として扱いました。その当時ヴァーニーは背も高かったのです。二人は比較的仲良く、お昼寝の時も夜も同じ部屋で寝ていたのです。

私たちは、子供たちに対する態度を意識的に明確にするよう努力しました。彼女たちにはほとんどのことを許したものの、今もそうですが、私たちは一貫した態度を取り続けました。してはならないことは決して許しませんでした。禁じることは、本当に許されないことに限りましたが、一度禁止したら、十回繰り返してでもあくまで押し通しました。時には、おもちゃを片づけないことも許し、家の中であればどこで遊んでもよいことにしましたが、動物をいじめたり、許可なく飴を食べることは許しませんでした。ピーッチェの場合、何でも明確にすることが絶対に必要だったのです。

それに加えて私たちは、行く先々で許すべきこととそうでないことを明確に表明しました。祖母はピーッチェにプリンを好きなだけ食べさせてあげようと思っていましたが、私はそれを許しませんでした。このような子供たちに対しては通常甘くなりがちですが、同時に通常よりもずっと厳しい批判を浴びることに気づいたからです。

保育センターでは、物事が適度にうまく行われました。同じグループにいた他のダウン症児たちは、娘よりもはるかにうまく機能していました。保育センターに入所した当初、ピーッチェは歩くことができず、トイレの習慣をつけるための訓練もできていなければ話しもできない子供でした。しかし気に入った人たちと一緒の場合には機嫌がよく、機敏にうまく相互作用していました。

保育センターには、五年間在籍しました。今振り返ると、幼児のための遊びのグループの後には、正規の小学校入学のための学校に通った方が彼女にとって良かったかも知れないと感じています。彼女が二歳半の時に初めて受けた知能テストの結果は、五二という満足できるものでした。つまり彼女の知能指数は一歳児のそれと同点だったのです。

ピーッチェは初めの頃、比較的多くの医学上の問題を抱えていました。まず、著しい聴力の低下が見つかりました。彼女の聴力は正常より六〇デシベル程低い、八〇デシベルの値でした。保育グループの中ではほとんど聞こえなかったのです。比較的よく聞こえるようになるまでには一年以上の時間が必要でした。彼女が六歳の時、私たちの要望により眼科に連れて行き、初めて眼鏡をかけることになりました。しかし眼科医たちは、眼鏡をかけても遠くのものはよく見えないということを私たちに伝える義務を怠ったのでした。

私たちは、話しかけたり、社会的行動や大小の身体的運動機能に働きかけたりして、家で彼女に刺激を与える努力を続けました。言語面と、細かい身体運動の面での発達は特に遅れていました。発話が上手にできないことは、もちろん驚くべきことではありません。なぜならば、彼女はダウン症に加えて聴力が著しく限られていたからです。それに視力も弱いため、小さな運動面での発達が遅かったことも不思議ではありませんでした。

ヴァーニーが幼児体育の教室に出ると、私たちはピーッチェにも参加を許しました。私は、他の両親と同様に常に娘に付き添っていました。驚いたことに、ピーッチェは競技に参加することが許され、しかも上手にできたのです。

ヴァーニーが体操教室に移ったとき、ピーッチェは登録しませんでした。「ピーッチェは、なぜ参加しないの?」と周囲の人々に尋ねられました。

「彼女には難し過ぎると思われているからよ。」と私。

「でも、とりあえずやらせてみるべきだわ! そうじゃない?」

結局、姉妹は一年間体操教室に一緒に行ってから、ヴァーニーはもっと上級のグループへと移ることになりました。ピーッチェはその時、体操に熱中していたので一人で続けました。

ピーッチェが五歳半になると、私たちは、特に認知的技能面に集中した取り組みを行いました。私たちは、保育センターでの成績が家でのそれと比べて落ちていることを知らされました。彼女は絵を描くことが下手で、服を着たり脱いだりするのに手伝ってもらわなければならなかったのです。ヴァーニーが数を数え始め、文字を書き始めると、私たちはピーッチェがそれに参加することを許しました。彼女は、三つまではすばやく数えることができました。一人で〈P〉の文字を書き、それを夏休みの絵はがきに書くことを覚えました。驚いたことに、彼女は新聞で見た〈P〉の字を指して、「私はピーッチェ(Peetje)。」と言ったのです。台紙をはめ込む作業や、縫取りや紐で縛ったりして小さな運動を訓練しました。絵の具やクレヨンで絵を描かせたりもしました。可能な限り妹と一緒に、文字と数字を書く訓練を始めましたが、妹の方がいつも少し先を行くのでした。私たちは、彼女が一から十まで数えるようになり、幾つかの言葉を書いたり読んだりできるようになることを望んでいました。十まで数えることができたなら電話をかけることも可能だし、電子レンジのつまみの操作もでき、コーヒメーカーの操作もできる。私は、作業用教材の大部分を自分で工夫して作り、見つけられる限りの本を全て読み尽くしました。

その時点で私たちは、しばらく以前に観たダウン症者の治療に集中的に携わるイスラエルの教授に関するテレビ番組を思い出したのです。その番組を観た後、私たちは「これはかなり進んだ生徒たちを対象にしているんだわ。ピーッチェには適用できない。」という感想を抱いたものです。しかしながらその時になって、あの教授はひょっとして正しいのではないだろうかと思い始めたのです。そこで私たちは、教授の指導方法に関する資料を手に入れようとしたのですが、これはなかなか大変でした。教授のことを調べる過程で、私たちは様々な反応に出会いました。例えば、フォイヤーシュタイン教授なるその人物は、子供をあるがままに受け入れることには満足しないのだとか、オランダにもよい治療法があるじゃないかとか、教授は非倫理的な方法を利用しているとか、また彼は外科手術を子供に対して行っているといったことなどです。

保育センターは私がピーッチェに対して特訓を行っていることを知って、そのことで私を非難しました。そんなやり方が間違っているのは当然だ、どんな意味があるのか、私が何を求めているのか、といった叱責とともに、受け入れなさい、あるいは時間をかけなさいといった、月並みなアドバイスを聞かされました。私は、数え方、読み方、計算の仕方を教えることのどこが悪いのかと尋ねました。

もし私がそのような目的を達成しようとしているのであれば、方法が全く間違っていると彼らは言うのです。なぜならピーッチェには、計算や読書に精通する見込みがないからだと。私たちは学習用に他の教材を与えられましたが、それでもそれと並行して以前のように数え方と読み方を教えることを続け、このような状況でもよい結果が得られるのだと信じていました。

私たちのピーッチェに対する努力が評価されていないことは明白で、ある日、保育センターの入り口で私は次のように言われました。「一体何がお望みなのですか。発達障害児学校（ＺＭＬＫ）でなくて学習遅滞児学校（ＭＬＫ）に娘さんを入学させようとでも思っておられるのですか。」私は、この議論の内容と、それがなされている場所とに対してすっかり頭にきてしまい、考える間もなく「分かりませんよ。そうするかも知れませんわ。」と思わず言い返しました。

保育センターに対する私たちの不満はますます大きくなっていきました。私たちは要求内容を明らかにしたり、行動の一貫性を要求することによってより体系的な指導をするように、何度も求めました。私たちはまた、保育センターで使用されていたテストの方法に納得できませんでした。そのテストでは矛盾した結果が出てきたのです。一つの結果によれば、ピーッチェには人物像が描けることになっていても、次のページでは人物像が描けないとされていました。「娘は人物像をちゃんと描くことができます。現に娘はずっと描いてきたのですから。」と強調しました。

「ところが、テストの時にはできなかったのですよ。」といった反応が返されました。

「テストをやり直していただけませんでしょうか。」

「いえ、それは許されません。質問はきちんとされなければなりませんし、答えも決まっているのです。」しかしその次に驚いたことは、テストをやり直さなければならないと聞かされたことでした。

「テストのやり直しは駄目だと思ってましたけど。」

「そうです、けれどもピーッチェはテストの間終始話そうとはせず、結果を確かめることは不可能だったのです！」

私は仕事を持っていたので、新しい学校の始業時間と休暇の時期を知っておく必要がありました。私たちは、娘が行くことになる発達障害児学校（ZMLK）に面接を申し込みました。学校そのものは美しく広々とした空間を持ち、陽当たりもよく場所的にも申し分のない、おだやかな雰囲気がありました。しかし教育はというと、年上の生徒たちのための授業以外はほとんど行われておらず、それもピーッチェがもう少しで到達するレベルでした。そこで見かけた実情に私たちはショックを受けました。認知的観点からも社会的観点からも、娘が居るべきところではないと思ったのです。

そこで、学習遅滞児学校（MLK）との面接のアポイントメントを取り、そこで私たちの子供について説明をしました。一年生のクラスを見学してみて、私たちはピーッチェがその子供たちに追いつくのに苦労はしないだろうと断言できました。

一月に、ピーッチェは保育センターでテストを受けました。事前にわかっていたテストの全てを集中的に練習しました。テストの間、私たちは片側の窓の向こうから見ていました。テストはオランダ語で行われたのですが、私たちは家ではいつも方言で会話をしていました。さらにまた、保育センターでの会話も方言が用いられていたのです。このテストのやり方について指摘したところ、「オランダ語が全く理解できない子供の場合に限って方言でテストを行うことになっています。」という答えが返ってきました。

彼女と一緒に練習した部分については、テストは上出来でした。私が知らなかったテスト、例えば半分白、半分黒の小さな積木を利用したテストは出来ませんでした。彼女は、試験官の言うことが全然分からなかったのです。それに娘の答えは変なふうに解釈されました。

「靴とは何ですか。」

「私は靴じゃなくて、長靴（ブーツ）よ。」と娘は長靴を指して答えました。

この返答は間違いなのでした！

翌日、家で同じ積木を出して、テストで求められている状況を娘に説明すると、彼女は正確に実行しました。ピーッチェは、教わっていないことはできないのだということを、私たちはたびたび当事者に話していましたが、この実態が考慮されることは決してありませんでした。

一月末に、私たちは会議に呼ばれました。ピーッチェの知能指数は六二と確定され、数年前の五二に比べるとかなり良くなっていました。ところが学校側の推薦では、発達障害児学校（ＺＭＬＫ）となりました。理由は、娘がダウン症児であるからとのことでした。しかし私たちは、知能指数が六〇であれば学習遅滞児学校（ＭＬＫ）への入学は可能だということを知っていました。

「どうして発達障害児学校（ＺＭＬＫ）なのですか。私たちは学習遅滞児学校（ＭＬＫ）を希望しているのをご存じでしょう?」

「それは可能だとは思えませんね。かつてダウン症児が一人でも学習遅滞児学校(MLK)に入ったというような事は聞いたことがありません。」

「しかし英国の男の子(Nigel HUNT)について書かれた本をご存じないのですか?」

「知っています。しかしそんなことは信じられません。色々な方面に問い合わせてみましたが、ダウン症児が学習遅滞児学校(MLK)に入ったという先例について心当たりのある人は皆無です。まあ、しかしお嬢さんの入る学校を決めるのは、あなたたちご自身に責任のあることですから。」

私たちは同意して、娘を学習遅滞児学校(MLK)に登録しました。結局のところ、娘の知能指数は六二だったのです。書類は全て揃っていました。受付では後日詳細を知らせると言われ、入学が許可されたのだという印象を受けました。

私たちは、身体検査を行うという連絡を受けました。担当の医師は、ピーッチェの身体には注意を払わずに、娘に何ができるかということに集中しました。小さな紙切れに細い線を描くようにということや、あらゆる種類の質問に答えるように求められたのです。帰り際に、「結果は郵便で送ります。」と言われました。私たちはあまりにもこれを奇妙に思い、翌日学校に連絡しました。その際、ソーシャルワーカーの家庭訪問と心理テスト、それに知能テストがまだこれから行われることを知らされました。

「しかし、娘は既にテストを終えています!」

「ええ、しかし、一応テストをやり直してから娘さんの入学について決定させていただきます。」

そしてある朝、理由も告げられずにピーッチェを連れて再び学校へ呼び出されました。学校に着いて初めて、テストが再び行われることを知らされたのです。私はあわてて、娘と一緒に自分も残ることを要望しました。これは明らかに異例な要望だったようです。許可はされたものの、口をはさむことは許されませんでした。ピーッチェをテストするために、二人の男性が体育室のとなりの部屋へ彼女を連れて行きました。そこは大変やかましく、聴覚に問題のあるピーッチェには迷惑でした。

「仰るとおり、鑑定室が体育室の近くにあるというのは不便なものです。」

テストが始まりました。ピーッチェがそれ以上答えられないというところまでテストの各部分が続けられていました。すると、ピーッチェは不安な気持ちになり、あまり反応を示さなくなったのです。途中で尋ねられたのは「〈関連〉というのは何ですか。〈ひし形〉とは何ですか。八本の木があります。その内の三本を隠すとあと何本見えますか。」という質問でした。ピーッチェは、だんだんと反応を示さなくなりました。ピーッチェは、もはや試験官を見なくなり、背を弓のように曲げて座っていました。その上、十分に正解を知っているはずの問いに対しても返答をしなくなったのです。その時、私はもう我慢ができなくなりました。介入してもよいかと尋ねると、驚いたことに許可されました。私は、ピーッチェの所へ行って手を握り、「しっかりしなさい、あなたは答えを知っているでしょう！鼻を拭いて、もう一度始めからやりましょう。何をやろうとしているのか分かる？」と言いました。

彼女は「はい」と応え、そして問われていることに大変うまく答えました。

短い休憩があって、私はコーヒーを取りに行き、ピーッチェはお手洗いで水を飲みました。結果は「不合格」。保育センターの推薦状が決定的でした。それは発達障害児学校（ZMLK）行きを意味していました。

その決定に関して私たちがまだ納得していないということを、誰も理解していませんでした。――そこが全てのダウン症児の行き先なのでしょうか？

「あそこでは、彼女は何も習うことができません！　もっとも、読み書きの学習はできるでしょうけど。」

そこで、私たちは、読み書き学習のための上級のグループに入れるのかと尋ねました。

「いいえ。七歳の子供を十二歳や十三歳の子供と同じ組には入れられません。」

私たちは、全てを深刻に考え過ぎているのだと言われました。「とりあえず入学させてみてごらんなさい。」でも、それは私たちの求めていることではありませんでした。一旦発達障害児学校（ZMLK）に入学してしまえば、ピーッチェが他の学校に転校することは不可能になるのです。保育センターにいる間、ピーッチェが他の子供の真似をしたことが大変な問題になったことがあります。彼女は叫んだり、他の子を叩いたり、足を踏み鳴らしたり、そわそわしたりしたのです。そのような癖がつく度に直さなければならなかったのですが、またすぐに別な癖がついたのです。結果的に考えれば、発達障害児学校（ZMLK）に入学した場合には学校では遊ぶばかりで、学習は家で行うことになるのです。数週間前、ダウン症児を持つ他の両親に会いました。その女の子は十一歳で、同じ保育センターにいたことがありました。彼女の両親も学習遅滞児学校（ＭＬＫ）への入学を申し込んだことがあったのですが、拒否されたためやむなく発達障害児学校（ＺＭＬＫ）への入学を受け入れたのでした。その娘さんは今、読み書きを教えて欲しいと繰り返し両親に懇願しているとのことでした。それを聞いた時、私たちは頑張らなくてはならないのだとあらためて確信しました。

私たちは保育センターに戻りました。センターの推薦によって進路が決まるので、以前の推薦を変えて貰えれば私たちの要望が今一度検討されることもあり得ました。私たちは、特に最後のテストについて不満を持っていました。娘の聴覚の問題を十分に考慮に入れて貰えなかったし、テストはオランダ語で行われ、返答はおかしな方法で解釈されたからです。保育センターのメンバーの一人が、私たちと一緒に学習遅滞児学校（ＭＬＫ）について行ってもかまわないと言ってくれました。ピーッチェをもう一年保育センターに残すという提案もなされました。しかし、そこでは彼女はもはや何も学ぶべきことはないのです！　長時間の討論の末、学習遅滞児学校（ＭＬＫ）に仮入学で一週間通ってみてはどうかという提案がなされました。私たちはそれを受け入れませんでした。ピーッチェが、たかだか一週間で慣れない学校で自分の能力を十分に発揮することはできないからです。長時間議論した末に、ようやく秋の休暇までの仮入学が提案されました。

もちろん、その決定がはたして適切なものかどうかについては多くの疑問が残りました。周囲の人々は皆反対の立場を取りました。私は夜通し考え抜きました。そうすべきか否かについて、また、学習遅滞児学校（ＭＬＫ）の長所や、発達障害児学校（ＺＭＬＫ）の短所についても。けれども、娘が習うことは全て本人の為になるのです。数えること、計算すること、読み書きは、いずれも彼女にとって無限の意味があり、後のちの人生において格別に有用なものとなるでしょう。そうして、あらゆる人々の助言を振り切って、ピーッチェを学習遅滞児学校（MLK）に入学させることに決めたのです。

学習遅滞児学校（MLK）

変化は、あまり見られませんでした。以前と同じく、ピーッチェは専用バスで通学しました。私は、娘と家で勉強することは許されなかったのですが、それをあまり深刻には受け取りませんでした。秋の休暇が始まっても連絡はなく、こちらからも別段何も尋ねませんでした。娘の最初の成績表を受け取ったのはクリスマスの時でした。先生のコメントは全般的に積極的でした。一緒に家で勉強することが許され、学校から資料を受け取りました。

最初の一年は上出来で、ピーッチェは及第することができました。先生から貰った『特別教育における「特例」（*Special in Special Education*）』という書類の中に、学習遅滞児学校への入学が許可されることは非常に希だと書いてありました。私たちの住む地域にある他の学習遅滞児学校ならば、おそらく彼女を受け入れなかったことでしょう。

その学年の間に、彼女はスポートフォンドセン（Sportfondsen）プールで妹と一緒に水泳を習い始めました。私たちは彼女らの傍に付いていました。ピーッチェは指示が完全には聞こえないので、指示どおりにうまく腕を動かすことができませんでした。そのため、彼女を週末毎に水泳に連れて行きました。彼女と一緒に水に入れば、必要な動作を彼女に感知させることが可能だったのです。三ヶ月が経つと、ヴァーニーはA級の資格証明書を獲得しました。「今度は私の番よ。」とピーッチェは言って、A級資格証明書をもらいました。後にはB級も獲得しました。ある週末のこと、この時には飛び込みを行って水面にもぐる必要があったため、非常に難しいものでした。彼女に飛び込みのコツを教えていると、何人かの人たちが側に来て「なぜ、その子にそんなことをさせるのですか。好きにさせてあげればいいのに。」と言いました。このような発言には、実にうんざりさせられるものです。ピーッチェにとって、習わなかった場合に、そのことがどれほど影響するのかを誰も気付かないのです。証明書を貰わなければ水泳は許されない、ところが彼女の妹には証明書があるのです！　ずっと後になって、同じ人たちが改めて近寄ってきて、「すみませんでした。あなたたちが正しかった。彼女がこんなに上手に泳げるのはすばらしいことだ。」と言ってくれました。

その後、姉妹は水泳クラブの会員になりました。週三回の集中的な訓練を受けるようになったのです。スポーツに参加している間、ピーッチェは決して病気になりませんでした。それ以前には抗生物質の投薬を必要とする病気に年に二、三回はかかっていました。便秘の問題が軽減され、体質の改善がもたらされたのです。同じ年の子供たちと競争しなければならなかったのはとても残念でした。二歳年下の子供との競争ならばよかったのですが、それは許されませんでした。もう一つの選択は障害児と一緒に泳ぐことでした！

水泳に参加し身体的な訓練を受けることは、運動をすることのメリットだけでなく、「健常な子供たち」と交わるためにも重要でした。最初のうち私たちは、万一の場合に備えて常に傍らに待機していました。ピーッチェは、いつも他の子供と違うとみなされていました。他の子供たちが皆、お互いにプールで押し合いをしたとしても、そのなかでピーッチェだけが叱られました。いかにもそれは不公平なことですが、余りに恩恵を受けているためにそのようなことには反発できなかったのです。

学校での続く数年間は困難なものでした。学校と密接な関係を保つことができず、与えられた資料も不十分でした。加えて、互いの意見に相違があったのです。例えば、私たちは「黒板の字があまりに細かく、ぎっしりと書いてあるので、ピーッチェには読みにくいのです。」と訴えましたが、先生は、「彼女は、読めることはできますが、与えられた内容を把握していません。」と言いました。眼科医に予約を取り、ピーッチェが教室での勉強に参加していて読み書きもできるが、黒板の字が見えないということを相談しました。そうして再び彼女のために眼鏡を合わせて貰いました。その間、私たちの知らないうちに先生はピーッチェを下級の語学クラスに移していたのです。「そちらのクラスに行った方が、彼女としても楽しめるでしょう。」それ以後娘は黒板から問題を与えられることがなかったので、それはたしかに事実ではありませんでした。後になって、新しい眼鏡をかけても黒板が読めないということが判明しました。

成績表に関する話し合いやテストが行われるたびに、毎回次のような指摘が繰り返され、それは私たちにとっては恐怖でした。「今までのところ娘さんはクラスについて行っていますが、それができなくなった時は退学してもらいます。おわかりですね。」そしてまた、次の文句が絶え間なく繰り返されました。「今のところ彼女はこれをできていますが、次のステップができるかどうかは疑問ですね。」数が数えられるようになると、算数の能力が問われるようになりました。一から十まで数えたら、十以上を数えることができるかどうかが疑問となり、もちろん掛け算もできないだろうと推定されました。案の定、彼女は掛け算が全くできませんでした。

「九九の表を彼女に教える手間は無駄です。たとえ習ったとしても、それを応用することは決してできないでしょう。」

読書の場合も同じでした。「彼女は読んだ内容が理解できますか?」

「はい、テストしてみましたが、読んだ内容を繰り返すことができました。」また、次のような質問

「自分が読んだ内容についての質問に答える事ができますか?」

「はい、テストしてみました。」

話し合ったところで、結局何の意味もありませんでした。娘は、自らの潜在能力の限界に達していたのか。どのクラスに入れるべきなのか。同級生のペースについていけずに、退学させられた場合にはどうなるのだろうか。それは難しい時期でした。いつも退学の恐怖があったのです。

その時期、ピーッチェの発話は衰えていました。センテンスを正しく使わず、加えて自分自身に起こった出来事を順序立てて話すことが困難でした。問いに答える時、質問を避けるためなのか、ある

いは相手の機嫌を取るためなのか私たちにはどちらとも不明でしたが、いつも「はい」と答える傾向がありました。

学校には問題を引き起こす生徒がたくさんいて、校庭で乱暴をしたり騒いだりしていました。その子たちはけんかをしたり混乱を起こしたり悪口を言ったりすることが多く、決して遊ぼうとはしませんでした。けんかが起こった時、ピーッチェはたびたび咎められることがありました。不作法なことをする子供からピーッチェは自分を守れず、また守ろうともしなかったのです。そして、もし私たちが「ピーッチェは反抗もしないし、他の子供を蹴ったりもしません。娘はそんなことをするタイプではありません。従って、家でもしませんし部室でもしないはずです。」と周囲の人々に言っても無駄でした。他の子供たちが、ピーッチェがやったと言うのでピーッチェが咎められたのでした。後に、ピーッチェは同様の行為を――学校の外でも――するようになりました。彼女は、ガール・スカウトの一員だったので、ある週末に参加が許されたのです。彼女は、何かのことで怒って、校庭であばれていた他の子供たちの様に行動しました。三年後にキャンプの申し込みをしに行った時でさえも、その事件はまだ話題になっていました。

近所の人々がピーッチェをほとんど知らなかったことは残念でした。朝の八時十五分前にバスに乗って通学し、午後四時半に家に帰ってきたので、近所の遊び場にも近所の学校にも行ったことがありませんでした。

ピーッチェをお祭りに連れて行く度に、人々は彼女を不思議な顔で眺めたり、驚きの目でじろじろと見つめたりしました。彼女は顔立ちは良いのですが、ダウン症特有の外見があったのです。つまり、口が少し開いていて舌は下唇に留まり、目は小さく、そして鼻には眼鏡がずり落ちて掛かっているという具合に。ピーッチェは、自分が見つめられていることに気がついたのでしょう。

彼女が入会している様々なクラブではうまくいっていました。私たちはコーチの補佐をしたり競技に同席したりして、始終彼女の側にいるように努めました。彼女を独りで行動させる程の勇気はなかったのです。何か失敗が起これば、決まって彼女のダウン症のせいにされるのです！　間違いなく、ピーッチェは周囲の人から何かを要求されている時とそうでない時との区別をする能力を持っていました。もし人をごまかせそうだと気がつくと、その機会を見逃しませんでした。平泳ぎで四往復するように指示したコーチには、抜け目なく「自分のやりたいスタイルでやるの。」と言いました。コーチは私たちにその場面について話した時にもまだ笑っていました。

私たちは、ピーッチェに対して十分な要求がなされていることを常に確かめる必要がありました。多くの場面において彼女に対して寛大すぎる傾向があったのです。私たちが介入する場合に限って娘には本当の意味での参加が許され、そうすることで彼女の実績は直ちに向上しました。例えば、体操では飛ぶことや、平均台と平行棒が高すぎるのを怖がっていました。コーチ自身は娘にそのような運動をすることを許さなかったのですが、私たちの方ではそれを希望していました。そういった運動をしなければ他の子供と一緒に次のグループに進むことができなくなり、その場合彼女にとって困ったことになります。後になって思えば、私たちにはなぜ娘が体操の機具をいやがったのかが分かります。

それは視力が不十分だったからなのです。

フォイヤーシュタイン教授

ピーッチェは九歳になり、学習遅滞児学校（ＭＬＫ）のグループ3（オランダの「グループ」はアメリカにおける年級と根本的に同等である。しかし、オランダで四歳児の大部分が最初に入学するのはグループ1である）に入っていました。彼女の学業成績に私たちは満足していました。それに比べて、社会的な面では学業ほどの達成は見られませんでした。「クラスについて行けなくなったら、退学しなければならない。」という恐れがいつも心を離れなかったのです。

そうしている間に、同じ小学校にダウン症を持った子供が在学していることが分かりました。しかしその子供たちは、クラスの他の生徒と同じ教材を使わせて貰っていなかったのです。そのようなことを、ピーッチェにさせるのはよくないことでした。グループについて行くことや、そのグループに溶け込んで彼らと同じ行動をすることは娘にとって大変重要でしたが、自分を向上させるべく動機づけを与えるような良い模範が彼女には必要だったのです。保育センターでの経験で私たちは既にそのことに気づいていました。もし、何かに関して彼女がグループで一番よくできた場合、彼女は前進する代わりに逆行するのです。家では、ヴァーニーが彼女にとっての一番の模範です。ヴァーニーが何かのスポーツをすれば、ピーッチェも同じことをしました。ピーッチェはヴァーニーと同じ学校に通いたいといつも願っていたのです。

私たちは、その時点でもまだフォイヤーシュタイン教授に関する情報を求めていました。ダウン症児には考えられている以上の能力があると断言する教授の考えははたして正しいのだろうかと、常に疑問に思っていました。ピーッチェが、自分で問題を解読することができないことは明らかでした。しかしながら新しい足し算の問題などを説明してみせれば、彼女がその説明について行けるのも事実でした。組み合わせることや、意味の有無を判断することや、物事を関連づけて考えるといったことについては彼女は決して自発的に行わないので、常に一緒にその作業をする必要があったのです。当時私は、よく次のように言っていました。「ピーッチェに読み書きや計算等をたくさん教えることはできますが、どうすれば彼女に自分で考えて物事を実行することを教えられるのでしょうか?」

ある時、偶然に「スティクティング・ダウン・シンドローム（SDS）」という、ダウン症に関する財団の連絡先を入手することができました。早速その財団と連絡を取り、フォイヤーシュタイン教授の指導法を含む様々なことについて尋ねてみた結果、ライデン（Leyden）市に在住するある女性の電話番号を教えて貰うことができました。彼女は大変熱心で、フォイヤーシュタイン教授が開発した指導法が採用されているベルギーのコールトリック（Kortrijk）市にある学校を、翌日一緒に訪問するよう、すぐに誘ってくれたのです。

そこでは私たちは、一六歳から一八歳までの女の子を対象にした授業を二つ参観できました。彼女たちはダウン症者ではありませんでしたが学習遅滞者でした。私は夢中になりました。その指導法は魅力的だったのです。そこでは不思議な方法を用いて学習遅滞の子供たちを教えていました。私たちは、コース・コーディネーターであるベルギー人の連絡先を教えて貰いました。しかし、ベルギーで行われていた、『認知能力強化教材（インストゥルメンタル・エンリッチメント）（ＩＥ）』を用いるコースには入学することはできませんでした。

「イスラエルに行かれてはいかがですか？　一週間半以内に向こうでコースが始ります。席がまだ空いているはずですよ。」

「イスラエルですって？　それは無理ですよ。」

ウイルは私に、ベルギーと連絡が取れたかどうか尋ねました。コースに入ることができず、しかもイスラエルに行ってみればどうかと言われていることをウイルに報告すると、ウイルは、こう答えました。「じゃあ、イスラエルに行ってみればどうだい？」

あらゆる賛否両論を比較し、さらに情報を集めた後イスラエルに渡ることを決めました。私たちにはピーッチェが学習遅滞児学校（ＭＬＫ）を出なければならないのかどうかが心配でした。私たちにとってこれは最後のチャンスだったのです。私たちは可能な限り全力を尽くすつもりでした。学習遅滞児学校（ＭＬＫ）に連絡したところ、彼らは私たちの考えを否定こそしませんでしたが、同時にそれはあまり常識的なことではないとでも言いたげな様子でした。しかも驚いたことに学校側は次のように言ったのです。「どうして今イスラエルに行きたいのですか？　彼女はこの学校でうまくいっています。ついて行っています。」私たちはイスラエルのコースに入る決心をしました。コールトリック市で参観した授業は私にとって目の覚めるような経験だったのです。生徒に思考することを教える方法をそこで見て、ピーッチェに対する私たちのやり方が終始見当違いだったのではないかと考えさせられました。

コースには空席がまだあったので、ホテルとイスラエルへの飛行機の予約をしました。十日後、家族全員が目的地に着きました。コースは二週間半のものでした。三週間の休暇があったので、家族皆でちょっとした家族休暇が取れたわけです。私たちはコースが行われたホテルに泊まりました。アメリカ、南アフリカ、カナダ、ニュージーランド、コート・ジボワールそしてスペインなど、各国からの参加者がいました。コースは英語で実施されたので、意味が通じず質問に答えることができない人が多くいました。二、三のレッスンに参加して、私はその内容がピーッチェにとってあまりにも難し過ぎると確信しました。

私たちはコースの他の参加者と一緒に食事をしました。フォイヤーシュタイン教授とはたいがい食堂で一緒になったので、娘は彼と顔見知りになることができました。言葉が通じなくても、ピーッチェはすぐに教授と友達になりました。別の参加者の一人は、息子さんを連れて来ていました。研究所で彼女の息子さんのテストが、フォイヤーシュタイン教授によって実施されることになっていると彼女から聞かされました。「私たちもそうすべきだろうか?」と自問してみましたが、結局そうしないことに決めました。私たちは、ピーッチェが彼女の持っている最高の水準にすでに達しているのではないかと思い、テストについて聞いたところであまり期待は持てなかったのです。ところが、私たちはフォイヤーシュタイン教授のテストの方法を見る機会に恵まれました。それは、オランダで見た方法といかに違っていたことか！　とても挑戦的で、子供に合わせた方法でした。教授の物事の進め方や子供の扱い方によって、子供は期待をはるかに越える水準で機能したのです。結局、私たちは教授の所へ相談に行き、ピーッチェのテストを実施して貰えるように頼みました。コースの終了後に彼の研究所に行き、そこで娘のテストが行われることになったのです。それは丁度私たち家族が海辺での休暇を予定していた日でした。

研究所は古い屋敷にあり、とても忙しそうで、いく分無秩序で、部屋は狭く混雑していて至るところに人々が往来していました。私たちは廊下で待たされました。ピーッチェは、フォイヤーシュタイン教授の側に静かに腰かけて、テストを受けていました。やがて、研究所の人たちがピーッチェを連れに来ました。間もなく私自身も呼ばれました。彼女は、丸や正方形や菱形を描くように言われました。見るからに娘は大変よくやっていました。質問に答えたり、一から二十まで数えてから今度は逆に数えたりしました。フォイヤーシュタイン教授は熱中しており、ピーッチェの実績に驚いていました。私たちは今までの彼女の育て方を大いに褒めてもらったのです。「このような結果は初めて見ました。あなた達は神様の思し召しの代行者です。」私たちば驚きのあまりぼおっとしてしまいました。私たちが正かったのですって？　オランダでは、私たちはいかに間違ったことを行っているかということばかりを聞かされていたのです。すなわち、娘をあまりにも忙しくさせているとか私たちの見方は完全に間違っているとかいったことを…、そして今、何年も経った末に突然正反対のことを聞かされたのです。それは初めてのことでした。

「では、娘はもう限界に達しているのでしょうか?」私たちは聞きたいことの意味を説明しました。教授は、そのような考えはばかげていると考えていました。ダウン症者でも学習の継続は可能である。オランダでのそのような見解はどこからきたのだろうかと尋ねられました。

教授は娘の顔を診察しました。下顎が出過ぎているのため形成外科医であるウエクスラー(Wexler)教授の面接を受けることになりました。噛み合わせに異常が見られたのです。また、目も診察する必要があったので、その診察のために一人の医者が呼ばれて来ました。彼は非常に優しいオランダ女性を補佐に連れて来ました。フォイヤーシュタイン教授のテストは続きました。ピーッチェは驚くほどよくやっていました。明らかに彼女はベストを尽くしており、教授は満足していました。「いつまで滞在される予定ですか?」

「今度の日曜日に発つことになっています。」

「それはいけない。滞在を延長してもらわなければなりません。もっと広範囲にわたってピーッチェのテストを行いたいのです。補う必要のある欠陥を把握するために彼女の能力の範囲を正確に掴まなければならないのです。出発を延期して下さい。」

「そんなことはできません。私たちは、仕事に戻らなければなりませんから。」

「仕事と娘さんとどちらが大切ですか。帰国を遅らせることを電話で伝えて下さい。娘さんはどんな学校に行っていますか?」

私たちは、学習遅滞児学校(MLK)のことを説明しました。すると教授は、それは障害のある子供のための学校なので普通学校に通わせなければならないと言いました。

「オランダではそれは不可能です。国ではダウン症児が学習遅滞児学校（MLK）に入学することすら珍しいことなのです。」

「彼女は、普通学校で自分の年齢より一年下のレベルの教室に通うべきです。」

その後、フォイヤーシュタイン教授の同僚であるヤエル（Yael）さんがテストの継続に当たりました。私が通訳をしました。初めのうち私はピーッチェに対して普通よりもはっきりしたものの言い方をしなかったのですが、彼女が私をごまかし始めたことに気付くや、はっきりとそんなことは止めなさいと言いました。それは効き目があったのです。後でヤエルさんは私に「娘さんをそのように扱うことを誰から習ったのですか？」と訪ねました。

「誰からも。」

「でも、あなたの娘さんの扱い方は全く申し分ありません。娘さんの態度はとても真面目ですばらしいですよ。」（確かに彼女はとても良く振る舞っていました）

オランダでのテストのことを考えると、今回のテストはとても安心でした。ここでは、子供が何を知っているのかをテストするのではなく、娘にとって何がこれから学習可能なのか、ということをテストしていたのです。新しいテストを始める前に、彼女にそれができるかどうかがまず確認されました。もしできなければ時間をかけてくわしく指示を説明するのです。その過程を経ることなくテストに着手することはありませんでした。もしテストがうまくいかなければ、子供にもう一度指示が与えられました。ピーッチェは急いだあまり、衝動的に作業を始めました。そこで担当者は彼女に作業を中止させ、答える前にまず全てを見わたす必要があることを私はピーッチェに言わなければなりませんでした。オランダでは、たとえ間違っていても最後までやらせていたのです。指示を修正した後、娘は再びうまくできました。そして、テストの間を通して試験官たちは、上手にできていると娘を褒めました。ピーッチェが疲れてくると、試験官から「できるよ。」と励まされて娘は作業を続けなければなりませんでした。テストはさらに十五分間継続されて、終わりました。振り返ってみて、私たちはそのテストの目的が娘の忍耐力と目的を貫く能力を試すことにあったのだと気づきました。フォイヤーシュタイン教授はテストの最中に部屋に入って来て、ウエクスラー教授と相談していました。「あの人はどなたですか？」と、私はヤエルさんに尋ねたところ、形成外科の先生だとの事でした！ 手術をして貰うつもりはなかったので、私たちは当惑しました。フォイヤーシュタイン教授に対する尊敬の念から、私たちはとにかく診察には同意しました。まず、航空会社に連絡をしてオランダに帰る便を変更できるか調べてみたのですが、不可能でした。このことの後で、私たちはエルサレム市の大学診療所にいるウエクスラー教授のところへ行きました。

ウエクスラー教授はピーッチェを徹底的に診察しました。「鼻はどうかな――いや、待てよ、娘さんはユダヤ人じゃなくてオランダの女の子ですね。じゃあ、多分口の端を上げることになるでしょう。」「では舌は？」私たちは尋ねました。それはあまりにも自明の事だったので、教授は全く協議する必要性を認めませんでした。彼は写真を用いて、どのようにして手術を行うのかということを示してくれました。――手術の後に彼女の発話は良くなるでしょうか？それについては分野が異なるので、彼にはコメントできませんでした。――しかし、食べ方は改善されるでしょう。娘は既に上手に食べていたので、私たちにとってそれはあまり重要とは思えませんでした。

手術は依頼しないと決心してホテルに戻りました。ピーッチェは、舌を口から出さないで、口を閉めるよう、自分に言い聞かせることができると自分の考えを言いました。ヴァーニーは、ピーッチェの口が開かないように、夜中に姉の頭をバンドで括ったらどうかという提案をしました。

その晩、私はまんじりともしないで、その日の出来事を思い返していました。フォイヤーシュタイン教授とのテストで成功を挙げたこと、娘がテストをとても上手に行ったこと。ウエクスラー教授の診察や彼のアドバイスと私たちの決定。娘の長い舌や、彼女にとって閉めたままに保つことが困難な口、つまらないお喋り、ますます前の方に出てくる下顎や揃わない前歯。ダウン症児であることを明確に示す娘の外見と、その中でも特に舌。そこまで考えたとき、私は突如として、如何に私たちが二人の娘をわけへだてているかということに気が付きました。もしヴァーニーにそのような長い舌があったら、私たちは何をするだろうか。疑いなく手術させるでしょう。もし話すことが困難であったら、或いは自分の口に収まらない程大きすぎる舌があったら、さほど長く悩むことはない筈だ。もっと早いうちに、彼女のために援助を求めていた筈だ…　私はウイルを起こしました。再び話し合った結果、私たちは次の年に再びイスラエルに渡り、手術をして貰うことに決めました。手術をしたとしてもダウン症の特徴はまだ残るので、手術の目的はそれを隠すことではありませんでした。しかし、何故彼女の外見がそれほどまでに皆の注意を引かないといけないのか、娘にとって舌がどれほど邪魔であったことかと、私たちは認識したのです。

翌日、私たちはこれから先のテストの実施について相談するために研究所に戻りました。フォイヤーシュタイン教授は「手術をする決心をしたか。」とは聞かず、「どの部分の手術に決めたか。」と私たちに尋ねました。教授にとって、ピーッチェにはそれが必要だということは当然のことなのでした。

ヤエルさんはテストを継続しました。言語療法士もピーッチェの治療に当たりました。治療は土曜日には行われませんでした。日曜日の午前になってテストは再開され、テストの結果が私たちとの間で話し合われました。

フォイヤーシュタイン教授は大変満足していました。

私たちは娘といっしょに、『認知能力強化教材（インストゥルメンタル・エンリッチメント）（ＩＥ）』を用いるプログラムと、記憶力養成のための訓練を行う必要がありました。娘の短期聴覚性無推理的記憶（short, auditive-illogic memory＝相互に無関係な言葉の記憶）は不完全でした。私たちは彼女と共に集中して作業しなければなりませんでした。そして、彼女を信頼しなければなりませんでした。「《望む（アイ・ホープ）》という言葉を決して言ってはいけません。信じ（ビリーヴ）なければならないのです。」出発するときに先生は「宿題を出しましょう。」と言いました。

「何でしょうか？」

「娘さんは普通の学校に通わなければなりません。来年皆さんがここへ来るまでに、彼女のために普通学校を見つけなければならないのです。これからの一年をその目的に向かってお使いなさい。」私たちは、そのことをそのままに保留しました。それは不可能だと思えたのです。

私は、幸福な気持ちを味わいながら帰りの便に搭乗しました。長年の苦労の末に、私たちは初めて自分たちがよくやっているということ、娘が限界を超える（マックス・アウト）ことを恐れる必要はないこと、私たちがピーッチェとともにより一所懸命に信頼して学んでいけば彼女は今以上の学習ができるのだということとを聞かされたのです。私たちは、必要としていた刺激を受けることができました。私たちを支持し、実用的なアドバイスを通して援助を行い、現実的な観点から実態を考慮してくれる一方で娘の肯定的な未来を見つめる人たちがいたのです。考えるということを彼女に教えることさえできれば！　そうなれば、彼女の可能性はより大きくなるのです。その目的に向かって使うべき道具を私たちはすでに手にしています。もっと前へと進む動機もあります。意見を異にする人に出会ったならば、私たちはその人をフォイヤーシュタイン教授に紹介することができるのです。

『認知能力強化教材（インストゥルメンタル・エンリッチメント）（ＩＥ）』を用いるプログラム

イスラエルから帰国した時、私たちはいまだ熱気のさめやらぬ状態でした。まだ夏期休暇の最中だったので、直ちにＩＥの課題（インストゥルメント）に着手しました。

ＩＥプログラムにおける、合計十四課題のそれぞれは、多数のワークシートで構成され、教師のための指導要領もついています。訓練の期間中、私たちはワークシートに重点をおいたレッスンを受け、速いスピードでコースに取り組みました。最終目的は、思考過程の改善に置かれています。それは、〈入力（インプット）〉、〈精緻化（エラボレーション）〉と〈出力（アウトプット）〉の三段階に分けて行われるのです。各段階の構成部分が互いによく機能している状態にのみ、認知過程はうまく機能します。例えば、入力段階で正確かつ体系的に作業をすることで、対象を時間と空間において位置づけます。数ある中でも精緻化の段階では、物などを分類したり比較したりするのです。出力の段階では、最も適したコミュニケーションの方式を選び、他人にも分かる伝達方法に重点を置きます。

それぞれの課題は、これらの過程を幾つか含んでいます。第一の課題である『点群の組織化』は、数ある中でも体系的かつ正確に作業すること、そして一致させることを含みます。『空間的見当識』では、関係性や方向感覚を学習します。『分類化』という課題では、物事を分類することに重点が置かれています。例えば、あるものはどのグループに属しているか、あるものをどのように分類するか、その性格はどのようであるのか、また、どのような基準に従って分類するのか等の問題が中心となります。このように、生徒が自発的にこの思考の過程に適応することを目的として思考の各分野が組織的に訓練されるのです。

レッスンの冒頭に目的が挙げられます。今日は何をするのか。今日の目的は何か。レッスンを行っている間、指導にあたる人は、常に実施している内容を分析し、それがなぜ行われているのか、何を達成しようとしているのか、そして他の方法があるのかどうかを分析します。このやり方で生徒に考えさせるのです。生徒にヒントを与えず、可能ならば何でも自分でさせなければなりません。指導者（媒介者）が、解答を探すのを手伝ってやることもあります。

私は、ピーッチェと一緒にどのように勉強したか、私たちはこれまでどの位進んできたか、そしてその間に何を行ったかを二人で確かめました。――今日は何をすることになっているの？――どうやってするのかしら？――どうしてこのやりかたですると思う？――どうしてそれが一番よいやりかたなの？――例えば、これとよく似た問題で、体系的（システマチック）にしなければならない事に出会ったことがある？――そう、何かをなくした時に捜す時がそうね。――そして学校に出かける前にランドセルにものを詰める時もそうね。

――それを体系的（システマチック）に行うのはどうして？――そうすれば時間があまりかからないから。何も忘れないから。必要な物が全部入っていることが分かるから。――学校でも体系的（システマチック）に勉強することは必要？――うん、足し算するときはね。

いわゆるブリッジング（「橋渡し」）の方法を用いて、学習した内容を日常生活に応用する行為は大変重要なものです。ピーッチェはまだ十歳にもならないうちに、このことを勉強し始めました。彼女が経験している世界に対して、学習したことを絶えず橋渡し（ブリッジング）することによって、彼女の理解度はより深まったのです。例えば、『比較』の課題を見てみましょう。――それもするの？――そう、コピーしたり、切手を並べ替えたり、そろいの靴下を捜したりするのよ。――比較する時、いつも同じやりかたでするの？――いいえ、切手のように一枚一枚見る時もあるけれど、靴下の場合は違うの。必要に応じて私は補助的な材料を使いました。例えば分類する作業を彼女にさせてみました。

娘は、作業に対して始終注意を払わなければなりませんでした。焦点化注意をなくすことなくレッスンに集中しなければならなかったのです。レッスンは大変厳しいものでした。集中力が衰える時や横道へそれる時には、私は彼女が再び集中できるように質問をしたり意見を言ったりしました。

レッスンの平均的な長さは、四五分から一時間です。ピーッチェの場合は半時間が限度でした。しばしば私は簡単な出発点を用意しなければなりませんでした。例えば、『点群の組織化』の課題の場合には、まず水平、垂直、正方形、長方形、並行といった概念の定義を教える必要があったのです。フォイヤーシュタイン教授のアドバイスでは、例えば「縦（upright）」とは言わず「垂直（vertical）」という正確な言葉をいつも利用することになっています。学習させるためには最初から正確な用語を教えるべきなのです。

子供が徐々に習って行けるようにするのです。子供自身に答えを考えさせるように工夫して、媒介者として手助けを行うのです。子供の助けになるような質問をしたり、子供が一人で問題の分析ができない場合にその分析を助けるのです。子供に助け船を出してはいけません。子供が答えを見つけ出せるように必要に応じて援助すること。答えが間違っていたり、子供が諦めたりした場合には介入します。

レッスンの時だけでなく、日常生活の中でも以上の方法を応用するのです。子供たちが私に「なぜ家には煙突が二本がついているの？」と尋ねました。以前ならば通り一遍の答え方をしていたでしょう。しかし今は、「煙突の目的は何？　煙りはどこから上がってくるの？　煙りはどうしたら出るの？　煙りはいつ出るの？」等と、こちらから質問するのです。この方法だと質問に答えるために随分長い時間がかかりますが、子供は自分で考えるよう努力し、自分自身で答えを見つけ出すのです。そういうふうにして得られた答えは、長いあいだ覚えているものです。

子供たちは、構成要素を分析し組み立てることによって、問題について考える事を学習するのです。最終の目標は、これらの方法を子供たちが自動的に応用するように導くことにあります。より意識して子供を扱うことが重要なのです。ピーッチェと私が一緒に売店に入って飴を買った時、彼女はすぐに包み紙を私の手に渡しました。私はこう言いました。「いいえ、ピーッチェ。それを使って何ができるのか自分で考えてごらんなさい。」また、例えば次のような質問をしたりしました。「ピーッチェ。体系的(システマティック)に靴を捜しなさい。」「スポーツ総合センターまで自動車で行く道を私に教えることができる？」「洗濯ものを分けるのを手伝ってくれる？」

楽な道もなければ、近道もないのです。慎重に子供を扱うことと、子供に挑戦させること、そして与えられたあらゆる状況を最大限に有利に利用することが大切なのです。このことは、もちろん一日中子供と一緒でなければならないことを意味するのではありません。しかし、子供と取り組む時には、意識して正しい方法で行わなければならないのです。

ピーッチェにとって、レッスンは大変退屈なものになっていきました。レッスンのために娘を呼んだある時、「フォイヤーシュタインさんのレッスン？」と彼女が聞きました。

――ええ、そうよ。

――いや。フォイヤーシュタインさんのレッスンは駄目！

――なぜ駄目なの？

――考えることばかりして、とても疲れるの。

そう言いながら、彼女は手を頭の方へ上げました。おそらく彼女は、今まで自分で考えたことなどほとんどなかったのでしょう。本当によく分かります。ピーッチェは這うこと、走ること、喋ること、絵を描くことを独力では覚えなかったし、自分で考えることも習いませんでした。後者についても彼女に刺激を与える必要があります。自然に身につくことではないのです。

フォイヤーシュタイン法を応用する以前には、彼女が物事を結びつけたり関係づけたりしたことが全くなかったことを、私たちはずっと後になって知りました。例えば、装飾の美しい部屋に入った場合、彼女はそれを目にしても決して結論を出さなかったのです。「ピーッチェ、この部屋で何が見る？」と尋ねて初めて、彼女は「色テープと風船。」と答えたのです。

――なぜそれらが飾ってあるのかしら？　どんなことが起きているのかしら？

彼女はまた、ある物事がどうしてそのようになっているのか、なぜ私たちがそのようなことをするのか、ということを決して尋ねませんでした。時計を読むことができても物事と時間とを関係づけることはできませんでした。そして、重要な用件と二次的な用件との区別もできなかったのです。

最初に変化が見られたのは、娘と勉強を始めて一ヵ月経った時の事でした。ウィルが兎小屋を作っている時にピーッチェが突然、「パパは大工さん。」と言ったのです。アインドホーヴェン（Eindhoven）市にあるショッピングセンターに行った時に、ピーッチェは「見て、あの変な高い柱。」と言いました。それまで彼女がはそのようなことに気が付いたことはなかったのです。見ると、特に機能していそうもない柱が何本か立っていてそれらが大変高いのを彼女が見たのは事実でした。ピーッチェが、何かに気付いた！　ピーッチェが、何かを尋ねた！　ピーッチェが、自発的に話したのです！

彼女はまた、この頃初めて自発的に絵を描くようになりました。それまでは、私たちが描き方を教えた物だけを描いていました。何か別なものを描くように頼んでも、それができなかったのです。娘たちは、二人の女の子の友達と一緒に道端でがらくた市を開きました。売り上げは世界野性動物基金（WWF）に寄付することになっていました。彼女たちは自分たちの作品を売りたかったので、動物の絵を描きました。ピーッチェは、家と太陽と雲、そして自動車を描きました。それらの描き方については彼女は習ったことがあるのです。「ピーッチェ。動物の絵を描かなくちゃだめよ。」「ええ、そうするわ。」彼女は自動車がトレーラーを牽引している様子を描きました。「それは何？」「中に馬が乗っているの。」その後彼女は、牛がいる牧草地を描いたのです。たった一ヶ月の間に見られた多くの変化！

偶然の出来事とは思えませんでした。

夏期休暇が終わり、私たちは学校ではピーッチェがうまくやっていることに気付きました。物事を繰り返す必要回数が減っていたのです。娘の理解力は深まっていました。私のレッスン方法が――それは私にとって難しいものでしたが――変化したことによる影響かも知れません。正規のレッスンと同時に、フォイヤーシュタイン法を教えるように努めました。新しいタイプの足し算を教えようとした時、その説明は行わず、必要に応じて途中で質問することを通して彼女自身によって解答を出させるように工夫しました。もしそれに成功しなければ、その問題とよく似たそれほど難しくない内容のものを行いました。その後元の問題の解答を出せるようになるまで、序々に問題を難しくしていきました。それは確かに一番早い方法とは言えませんが、長い目で見れば最も有効な方法だったのです。そうこうするうちに、ピーッチェはグループ4に入り、クラスで習う全ての算数の問題を理解するようになりました。彼女は、あまり助けをかりずに新しい問題をより早く答えられるようになったのです。考えるスピードが普通よりも遅い子供たちの場合、自分で考える機会を与えられる前に我々が彼らに対して助け船を出す傾向が度々あります。子供が自分で行っている計算を常に意識しているとは言えない場合に、私たちは今でも算数の勉強に対してこの方法を実践します。単語の綴り方にもこの方法を応用しました。「ピーッチェ。この言葉の綴りは合っていないわ。どこが間違っていて、どうして間違っているのかしら？　他に綴りを間違ったのはどれで、正しい単語はどれかしら？」

動詞の綴りを習い始めた時、この方法が学校において効果的であることに気づきました。ピーッチェは他の同級生と同じスピードで、動詞の綴り方を学ぶことができたのです。しかし、算数の場合には、同じ効果が常に出るということではありませんでした。子供に、新しい問題の解決方法について手本を与えてから、それを数多くの似かよった問題に応用させることは、子供が自分で解答を出すように助けるよりも、はるかに早くて、より困難が少ないのです。しかし時が経つにつれ、私はその利点を把握しました。新しい材料を自分で扱うことをピーッチェに許すことを通して、どこに問題があるのか、十分に理解できていないのはどの部分か、また、今後間違いを起こすとすれば、それはどういったものかということを、私は知ることができました。この方法ならば、時間を分けて使うことができるのです。もしピーッチェが度々間違えたり、何かについて理解することができなければ、それは指示を注意深く読まなかったか、それとも用語を十分に理解しなかったか、あるいは、話しの筋を見失ったことが原因だということを、私たちは発見しました。

記憶力の補充訓練にも重点を置きました。彼女は、意味のない言葉を繰り返し発音しなければなりませんでした。まず三つ、それから四つ、最後に八つ。彼女の、言葉に関する記憶力は大変弱く、補足的な訓練が必要でした。私たちはピーッチェは〈ペニー〉（訳註：銅貨）のような特定の言葉が覚えられないことを既に知っていました。ペニーと言わせようとすると、彼女は言いました。「あの難しい言葉、ペニーではなくて、ダイム（訳註：十セント銀貨）でも、クォーター（訳註：二五セント銀貨）でもなくて…。」今では彼女に対して、補助的な教材を利用したり、言葉を筆記したりして教えています。

休暇の間、私たちは毎日ＩＥの勉強をしました。学校が再開してからは回数を減らしましたが。当分の間このようなやり方に従い、娘が熟考するようにと挑戦させました。復習はレッスンの大切な要素です。復習に際して、私たちは、どんなことをしたのか、進み具合はどうだったのか、何を習ったのか、どうしてうまくいかなかったのか、脱線したのは何故だったか、といったことを振り返りました。始めのうち彼女にはこれができませんでした。与えられた読書の資料に関する話ができても、特定の出来事が起こった理由を説明することは不可能だったのです。当時、彼女は自分自身のこと、自分の感じていること、自分の反応した方法に対する理由を決して話しませんでした。私たちは娘に刺激を与えました。——なぜ最初は間違っても、後で正しくできるようになったの？　——どうして難しいと感じたの？　——今後もっとうまくいくようにするために、どうすればいいの？

まず、自分の感情について話すことを教えておかなければなりませんでした。——たのしい、悲しい、こわい、というのはどういう意味？　彼女は、感情を表現するための言葉を知りませんでした。彼女が自分について話し、何が好きで、何が嫌いか、なぜ怖いのか、何をかっこいい（クール）ことと考え、それは何故かといったことについて、彼女が話すようになった時、私たちは大変安心しました。それまでは、私たちの直観や、娘の表情に頼っていたのです。後になって娘がその手段を通して私たちにあまり伝えていなかったことが分かりました。

学習遅滞児学校（ＭＬＫ）の最終期

学校が再開すると、私たちはフォイヤーシュタイン法（メソッド）に非常に熱中しました。ピーッチェの場合、それは成功していました。『点群の組織化』と『空間的見当識』を取り上げ、彼女はどちらもできました。その一ケ月の間に彼女が大いに進歩したのを見て、私たちはその方法に信頼感を抱きました。ピーッチェは変容したのです。より多く話すようになり、物事に注意を払うようになりました。以前の彼女は、自分からはどんなイニシアティヴを取ることもなく、何事にも注意を払わず、決して質問することなく、まず質問されてからでなければ会話に参加しなかったのです。当然の事ながら彼女は、私たちの全ての注意を自分に集め、私たちは一緒になって集中的に勉強しました。短期間にあまりにも多くの進歩が得られたのは、この新しい教育法のおかげに違いありません。

私たちは学校関係者に対して、フォイヤーシュタイン教授の言動や、私たちがピーッチェとともに行ったこと、一緒にどのように勉強したか、その方法の内容などを伝えました。学校側はピーッチェに対して関心を示したものの、その方法については反応を示しませんでした。それでも、このような学校で勉強する他の子供たちにとって、この方法は認知面での大きな強化をもたらす可能性があると、私たちは確信していました。思考が混乱していて、質問をしないといった、学習困難を持つ全ての子供たちに、そのような認知的教育プログラムに参加する権利が与えられるべきなのです。これらの子供たちは、提供されている内容を完全に吸収することができないままに、大量のエネルギーが現在浪費されているのです。

フォイヤーシュタイン法がなかったならば、ピーッチェはこれ程の進歩をなし得なかったと私たちは確信していました。学校側が、ピーッチェは彼女の持っている能力の最高限度まで達したと考え、私たちもこれ以上の進歩は不可能だと思っていたのは、多分次の理由のためだったのです。当時、彼女は具体的思考と抽象的思考の境い目にある多数の科目と取り組む段階に近づいていました。算数の場合には、まず物語性のある問題から出発し、語学の場合には文の構造から学習し始めました。その時点までは、一〇〇以下の数字の足し算と引き算を学ぶことに専心していたのです。算数用の積み木（マス・ブロック）のような、手を使って動かす多くの教材が学習遅滞児学校（ＭＬＫ）において使われていたため、足し算は具体的内容に限定されていました。

一〇〇以上の割り算と掛け算の場合には、手を使って動かすような教材の利用は不可能になります。言語の面では、単語や技術的な読書は、動詞の活用やその理解よりもよくできるようになりました。当時は、彼女にはそんなことは決してできないだろうと、常に言われていました。ＩＥプログラムを取り入れる以前の段階では、彼女は決して具体的なイメージから離れることができなかったのです。算数の場合、私はいつも彼女が経験する現実の世界から例を取り入れると同時に、数多くの資料も使用しました。すると、算数は完全に学習した規則に従う内容になるのです。算数の問題を彼女と一緒に練習している時、娘は一人で問題を解きましたが、使用された例とあまりかけ離れてはいけなかったのでした。

技術的に言えば、単なる読書は、内容に関する質問に答えるよりはるかにやさしいものです。後者においては、比喩的言語に関する洞察や、テキストの背景を探ることが必要とされます。テキストに解答が見つけられる場合に限って、彼女は答えを出すことができました。ピーッチェが考えなければ、私たちはそれ以上、彼女を助けることはできませんでした。

ピーッチェはよりよく話すようになり、自分自身を守り、喧嘩が起こっても彼女が自動的に責任を負わされることはなくなりました。近所の学校に通っていなかったため、ヴァーニーの友達を除いて彼女を知っている子供はいなかったのです。ヴァーニーの友達は彼女の性質を分かっていて、仲よくしていました。ピーッチェの下校の時間は遅く、いつもゲームの途中で参加しなければならなかったので、彼らと同じゲームに参加するのは困難でした。

学習遅滞児学校（MLK）では、娘は皆と仲よくしていましたが、本当の友達とは言えませんでした。彼らの住まいが学校から遠いので、短い間でも決して一緒に遊ぶことができなかったのです。それはピーッチェにとって大変不愉快なことでした。

近所に溶け込むために、普通学校に一週間に一度登校している、目の見えない子供についての記事を読んだことがありました。それは一つの解決策でした。小学校に行かせるようにという、フォイヤーシュタイン教授の提案に私たちは同意していませんでした。一クラスの人数が多すぎて、あまりにも難しかったのです。ピーッチェはクラスについて行けず、授業に十分参加できないのではないかとの不安から、私たちはそれを望まなかったのです。私は学習遅滞児学校（MLK）に対して、次の提案をしました。それは、二週間のうち一日だけ、ピーッチェを小学校に行かせたいというものでした。学校側は、それを不可能と考えました。

その後私たちは、小学校の校長に対して、学習遅滞児学校（MLK）がこの提案に賛成すれば、彼も賛成するかどうかということについて意見を求めました。校長は、娘の発達状況や、各科目で習った内容、健康状態や私の要望について尋ねました。彼は、私たちの提案に反対ではなかったのです。私たちはヴァーニーのクラスであるグループ5に、ピーッチェを参加させたいと思っていました。しかし校長はグループ4を勧めました。クラスの勉強の内容に、彼女が全てうまくついていくことができるからということでした。

再度、学習遅滞児学校（MLK）に提案をしました。一ケ月に一度、水曜日の午前中に、彼女を普通学校に通わせるということで同意して貰うことができました。登校は十一月の半ばに始まりました。それは、とてもとても緊張した時期でした。ピーッチェはどんな行動を示すか。グループの子供たちはどういう反応を示すか。ヴァーニーは「少なくともピーッチェが誰なのかを知って貰うから。」と言って、姉の後ろ楯になっていました。私は震えながら、彼女を十二時に迎えに行きました。先生は、「やあ！　大変うまくいきましたよ。彼女はクラスでの、全ての内容についていくことができました。たくさんのことができますよ。算数では、クラスの他の生徒より進んでいます。」と言ってくれました。先生は、授業を上手に準備したのです。彼は、ピーッチェについて生徒たちに前もって説明し、子供たちは彼女宛ての手紙を書いてくれたのです。「ピーッチェは次回も必ず来るでしょうか。来ないと、間の空白があまりにも長くなりますからね。」次の水曜日もうまく行きました。彼女はクラスによく順応したのです。

ピーッチェは、自分が活字体で書いているのに、小学校の子供たちが筆記体で書くことに気が付きました。「ママ、私も筆記体で書く。教えてちょうだい。」そして娘は自分の書いた字を繋ぎ合わせました。

「そうじゃないのよ、ピーッチェ。他の字を使わなくちゃ。教えてあげましょうか。」クリスマスに近い時でした。最初のカードを書いた時、彼女は「ピーッチェ」とはっきりと筆記体で書くことができたのです。最後の数枚には「メリー・クリスマス」と「ハッピー・ニュー・イヤー」を書きました。

小学校では物事がとてもうまく運んでいたので、私たちは、フォイヤーシュタイン先生の言ったことが正しかったのかなと考え始めました。——正規の小学校は、彼女のために本当に良いのかしら？

ピーッチェは学習遅滞児学校（MLK）で目にする行動を、ますます真似るようになり、狂ったように興奮したりして、乱暴になっていました。私たちが聞いてもあまりうれしくないような言葉を使い始めたのです。所属しているクラブにおいても困難を抱えているようでした。彼女は、水泳や体操、そしてガール・スカウトにも参加していました。私たちは、できるだけ現場に一緒にいるようにするか、あるいは独りで行かせる前に明確な指示を与えるようにしました。ガール・スカウトで一晩野宿するような、時間の長い活動の場合に問題が起こりがちでした。

家では、問題はあまりありませんでした。私たちはいつも側にいて、すぐに行動することで、わがままで不適切な行動を防ぐことにしていました。興奮すると、ピーッチェは自分をコントロールできないのでした。彼女は狂ったように遊んだり、喧嘩をしたりして、他の子供たちが既に興奮から冷めている事に気がつかないのでした。

クリスマス休暇の残りの三日間、ピーッチェは小学校に登校しました。彼女はクラスについていくことができました。関係者の賛否両論に耳を傾けてから、私たちは娘を受け入れてくれるよう、小学校に申し入れることを決心しました。小学校には、家族あるいは家庭教師を通して補助的な援助を受けている、何人かの子供たちがいました。数週間後に私たちは、学校に対して慎重に状況を問い合わせました。まだ未決定でした。学校側は十分に考慮して、全教職員の間で話し合いたかったようでした。私たちは宙ぶらりの状態にありました。

そうこうしているうちに、私たちは、ピーッチェが出演するテレビ番組の収録に招待されたのです。私は、そこでフォイヤーシュタイン法について説明する機会を得ました。ピーッチェは割合にうまく行動できました。彼女は自発的で、適切に反応し、そして愛らしかったのです。放映の後、寄せられた反響はいずれも積極的なものばかりでした。「彼女は、随分とたくさんのことができるのですね。テレビでお宅の子供さんのことを見て嬉しかったです。自分の子供と取り組む上で勇気づけられました。」フォイヤーシュタイン法に関しても質問をする人々がいました。

このような話題は、往々にして軽い扱いを受けることが多いものです。例えば、「その方法についての資料は、どこで注文できるのですか?」等々です。このような放送の間だけでは、教師としてＩＥ課題を応用できるようになるために、どれほどの訓練が必要であるのかを明確にする、十分な時間がありません。幸いなことに、その当時オランダで初のＩＥプログラムを設立する機関として、「スチブコ（StiBCO）」（認知的啓発を推進する財団）が、開設準備の最中でした。

復活際の前の火曜日に、私たちは小学校から話し合いのために呼ばれました。私たちは、ピーッチェの転校を受け入れるに際して、学校側に対して、行ってもらいたい必要事項のリストを作成しました。例えば、大部分の科目について行くことができ、ある内容については援助を受けるための補助的なレッスンが可能なクラスに彼女を入れる必要があること。彼女にとって有利な場合にのみ進学させ、そうでなければ学年のやり直しが必要であること、などです。

学校側からも、入学に際して同様の条件提示がありました。しかしながら、彼らの意見では、事前に他の生徒の両親には（訳注：例外的属性を持った生徒が入学することを）知らせる必要がないということでした。学校はこのような通知を、――例えば社会的に弱い環境からの生徒を受け入れる時には――しなかったはずです。討論はかなりに積極的なものになりました。

「いつ頃始めたいですか？」

「できるだけ早く。七月に手術を受けることになっているので、その前に学校に慣れることができたらいいと思っています。そうでなければ、娘にとってあまりにも困難だと思います。つまり、長い夏期休暇に次いで、手術を受け、それから慣れない学校に入学するというのでは、娘には負担が大きすぎます。」

「よろしいでしょう。復活祭の休暇後の入学にいたします。」

目が回るような思いでした。学習遅滞児学校（ＭＬＫ）に通学するのは、あと三日しかないし、復活祭の休暇を挟んで、次に小学校に入学するのです！　話し合いが終わり、私たちはうれしくホッとした気持ちと、一方で多数の問題をかかえていることで、将来の不安を抱きながら家に帰りました。

彼女にできるだろうか？　クラスには三三人の生徒がいて、六人で構成された小グループではなく、クラス全体と一緒に勉強することになるのです。また、普通の校庭で運動するのです。選択肢をよく考え、是か非か交互に思い悩みました。私は学習遅滞児学校（ＭＬＫ）に連絡を取りました。「彼女を小学校に入学させることに関しまして、私どもとしてはお薦め致しかねます。今、学習遅滞児学校（ＭＬＫ）でうまく行っているのです。彼女はついて行けないでしょう。第一、クラスの生徒数が多すぎます。それに、授業の進行が早すぎるし、手で動かすような教材はほとんどないし、彼女は常に、具体的な世界に置きざりにされるでしょう。」

　小学校に戻ってみると、そこでの意見は異なっていました。「そうすべきではない理由がありますか？　学習遅滞児学校（ＭＬＫ）で教えられる内容に、小学校で教えることのできないものがありますか？　認知の観点から言えば、どうでしょうか。学習遅滞児学校（ＭＬＫ）で得ることが可能であった知識と同じだけのものを、彼女は小学校で獲得するだろうと私たちは確信しています。ここでは、彼女は自分よりよくできる子供たちに囲まれるでしょう。そのことは彼女を挑戦に向かわせるはずです。この学校にも、学習につまづいている子供たちが彼女以外にいることを忘れないでください。私たちは彼らにもついて行けるように援助をしています。社会的な観点からはどうでしょうか。彼女にとって、こちらのほうがくつろげるでしょう。なぜなら家の近所だし、妹さんを含めて、近所の子供たちが登校する学校だからです。」私たちは、社会的な観点に基づいて最終的結論を出しました。社会面から考えると、小学校のほうが望ましいのでした。認知的啓発の面においても、彼女の発達が、学習遅滞児学校（ＭＬＫ）にいる頃に比べて低下することがあったとしても、社会的機能は高まるでしょう。私たちは、学習遅滞児学校（ＭＬＫ）からピーッチェを退学させ、復活祭の休暇後に小学校に入学させました。

小学校

ピーッチェは、これまで水曜日の午前中に通っていたのと同じ、グループ4のクラスに入れられました。知識のレベルから考えて、彼女はそのグループに適していたのです。彼女はクラスの子供たちの平均年齢より二歳ほど年上でしたが、小柄であるために目立ちませんでした。社会的な面から言えば、娘にとってよいグループでした。クラスにとっても、先生にとっても、既に水曜日に彼女が登校することに慣れていたので、彼女は全く見知らぬ生徒として出発する必要がなかったのです。

登校し始めてから最初の数日はうまくいきました。ピーッチェは性格のいい子供でしたが、いくぶんか乱暴でした。二、三日経って、ピーッチェは一人の同級生の描いた絵を破りました。どのような理由であったのかは、わかりません。私たちに伝えられた内容はあまりにも混乱していたので、私はそれを放っておくことに決めました。

学習はうまくいきました。彼女が他の子供の家に遊びに行くことを、私たちはまだ当分の間は勧めませんでした。何か問題が起こったり、ピーッチェに対して、人々が誤った印象を持ち得ることを、恐れていたからでした。ヴァーニーは一学年上にいました。最初のうち、ピーッチェはヴァーニーのクラスと一緒に遊んでもよいことになっていました。「ピーッチェ、今度から自分のクラスの子と遊ばないといけないよ。私のクラスとは十分遊んできたからね。」とヴァーニーがピーッチェに言っているのを聞くまで、私たちはそのことを知りませんでした。それ以後も、姉妹はそれまで以上に仲よくしていたのです。ピーッチェも同じ小学校に在学しているので、同じゲームをやり、同じ歌を歌いました。体育を同じ日に行い、同じ子供たちと友達になり、放課後にはその日の出来事を互いに語り合いました。

ピーッチェはずっと小学校に行きたがっていました。ヴァーニーと一緒に登校するのが好きでした。以前にピーッチェは、「ヴァーニーの学校に行きたい。」といつも言っていました。

「それはできないのよ、ピーッチェ。」

「なぜ?」

「あなたは自分がダウン症だということを知ってるでしょう。だから小学校で習うことはあなたにとって、ずっと難しいの。学習遅滞児学校（ＭＬＫ）では小さなグループで教えているから習いやすいでしょう。小学校では、一クラスの生徒数がずっと多いから、物事を理解したり、算数や字を書くことを覚えるのはもっと難しいのよ。」

彼女は、自分がついに登校できるようになったことが信じられなかったのでした。小学校の先生が私たちに次のような話をしてくれたのは、彼女が登校し始めてからすでに二週間が経った頃のことでした。「ピーッチェが、今でも、明日も学校に来ていいかと尋ねるのをご存じですか？　彼女は学校に来るのが楽しいのでしょうか。」

「彼女は小学校に通うのがとても嬉しいのですが、許可されたことがまだ信じられないのです。小学校に通えないかと、彼女がいつも尋ねていた時期があって、私たちは彼女にそれは不可能なのだと、いつも説明していました。彼女がまだ信じられないということを不思議にお思いになりますか？　私にはそんなに不思議なことではないのです。」

「そうですね。私は今までそういうふうには見ていませんでした。」

ピーッチェは、校庭で非常に乱暴に振る舞ったことがしばしばありました。その後、私たちは校長に、ピーッチェには補助的な管理が必要だと言いました。遊びが乱暴になってきて、他の生徒が止めたいと思っても、ピーッチェは止めることができなかったのです。他の生徒たちは、ピーッチェのこのような性質を一度把握すると、ピーッチェを興奮させるようなゲームを行うようになりました。

「ピーッチェ、助けて！　あの男の子が私にかかって来るのよ！」ピーッチェはいつもからかわれて喧嘩に加わり、止められなくなったのです。

ある日突然、ピーッチェは算数の教科書を家に持ち帰り、算数の問題をやり直してもよいかと私に尋ねました。以前は、そのようなことは全く必要ではなかったので、私は不安になりました。前の学校で出題されたことのない問題には、特に注目をし、時間をかけて取り組みました。それに小学校では、学習遅滞児学校（ＭＬＫ）で用いた計算の方法とは異なる方法を用いていました。ピーッチェは、適応するまでに相当の時間を要したのです。

彼女の筆記体は上達し始めました。彼女にとって、筆記体で書けるということは非常に大切だったので、余分に勉強することに問題はありませんでした。

読書では、同じグループにおける他の生徒と同様に進歩をしていました。先生は、「他の生徒さんと同様に、彼女に公平に点数をつけました。彼女の成績はクラスで一番悪いというわけではありません。進級するのは確実です。」と言ってくれました。

その時期に、また一つ嫌な事件が起きました。食事中に、ピーッチェが肉の切れ端を喉に詰まらせたのです。当直の医師は、病院の救急室に彼女を送りました。ただダウン症児だということだけで、耳鼻咽喉科医は全身麻酔をしなければ診察できないと言いました。救急室の職員と私たちの努力も役に立ちませんでした。医師は頑固に、「こういう子供は全身麻酔している場合にのみ治療する。」と言いました。そして、それが実行されるまで診察しようとしませんでした。幸いなことに、ピーッチェは大丈夫でした。ダウン症のために娘が差別されたのは、このことも含めて数え切れませんでした。

イスラエルへの二度目の渡航

夏期休暇を利用して、ＩＥコースの後半の受講とピーッチェの手術を受けるために、再びイスラエルへと渡りました。私たちは、形成外科医のウエクスラー先生に手紙を送っていました。コースが始まる一週間前に、彼は娘を診てくれました。先生は手術に関連する過程を、私たちとともに詳しく説明し、話し合いました。入院には二日かかると考えるべきだと言われました。

私たちはピーッチェの手術について、学校の担任の先生にだけ話をしていました。オランダでは、ダウン症児に手術を施すことはタブーとされていたのです。ある時テレビ番組でフォイヤーシュタイン教授が話した後、視聴者から次のような抗議の嵐がありました。「我が子に手術を受けさせるということは、自分の子供を受け入れないということだ。子供の障害を隠したいというのでは子供は改善されない。話し方が前よりよくなるという保証はない。手術は失敗に終わるかも知れない。舌が問題になるのはその長さのためではなくて、軟らすぎるのが原因だ。舌が絶対的に長すぎるというのではなく、どちらかというと長いというだけだ。手術は痛みを伴い過ぎる。義歯床のような、それ以外の治療法があるはずだ。」

イスラエルで手術を実施して貰うことを決心したのは、慎重に考えた結果でした。その国ではかなり経験が積まれているし、手術の後、オランダにいない方が彼女にとってよいと思われたからです。同情など必要ではなかったのです。コース終了後、イスラエル滞在を一週間ほど余分に延ばすことに決め、帰りの便を一週間後に予約しました。私たちは、ピーッチェにとってそれが楽であることを望んでいたのです。

私たちは旅行するにあたって、お湯を沸かすためのヒーターや粉ミルクやシリアル、そして小型ミキサーなどを持って来ていました。必要があれば、最初の数日間、ホテルの部屋で彼女の食事の支度ができるだろうと思ってそうしたのです。時間をつぶせるようにと、ウオークマンと新しく買ったテープや小型パズルも持って来ていました。

私たちは彼女に、手術と麻酔についてできるだけ詳しく説明し、痛みを感じるだろうとも言いました。彼女は、自分の大きな舌をなんとかしたかったのです。「私の舌は良くないわ。いつも口の中にしまっておきたいの。イスラエルに行って、そこで私の舌の大部分を切り取って貰うの。そうすれば、ヴァーニーの舌のようになれるわ」と彼女は自分の担当の先生に言っていました。

土曜日に出発した私たちは、月曜日にフォイヤーシュタイン教授の研究所に行きました。教授はピーッチェの進歩と、特に小学校に通っていることを大変喜んでくれました。再びピーッチェのテストが実施され、特に自尊心について質問されました。「授業中、先生はあなたに対して、他の子供たちにするのと同じくらい質問していると思いますか？　あなたには友達はいますか？」そして、「自分の容貌についてどう感じますか。」

「とてもかっこいい（クール）わ。」

「じゃあ、顔についてはどう？」

「顔も、髪の毛も、今のままでかっこいい（クール）と思うわ。でも、舌はね、舌は長すぎるわ。でも、私の舌はもうすぐ短くなって、ヴァーニーの舌のようにすてきになるの。」彼女は確かに自分の顔に対して関心を持っており、比較的よい自己イメージを抱いていました。彼女はまた、次のようにも言いました。

――学習遅滞児学校（ＭＬＫ）はそれほどクールじゃない、一人の友達を除いて、あそこの子供たちはそんなにクールじゃない、でも、小学校はクールだわ、――あそこで遊ぶのは好き。あそこでは写真やビデオを撮ったりしたの。

火曜日にウエクスラー教授を訪ねました。楔型の部分を切除して舌を短縮し、下あごの脂肪組織も切除することになっていたのです。

ピーッチェは水曜日の朝に、空腹のまま病院に行くことになりました。ピーッチェは怖がってはいましたが、パニック状態になるようなことはありませんでした。まず、普通の病棟で待たされ、それから手術室に隣接した準備室で待ちました。彼女に注射が打たれました。私は彼女に話し続けていました。ピーッチェは水曜日のことを何でも話し続けました。手術室に呼ばれた時、ピーッチェの誕生日や、プレゼントや、思いついたことを何でも話し続けました。手術室に呼ばれた時、ピーッチェはパニック状態になりました。注射をもう一本打った後、彼女はうとうとしだしました。一時間が経過し、執刀医らが私たちのところに来て、何もかもうまく行ったと伝えてくれました。二時間経つと、回復室にいる娘を見に入ることが許されました。ピーッチェはまだ麻酔が効いている様子で、下を向いてベッドに寝ていました。静脈注射が打たれている状態でした。

「もうそろそろ、目を覚ますはずです。」とドクターが言いに来ました。私たちは彼女の体を押したり突いたりしました。彼女は目を覚まし、再び眠りに落ちることはしませんでした。うつむけに寝たがりましたが、それは許されませんでした。彼女に痛みがある様子だと報告すると、注射が打たれたので落ち着き、その時点から痛みがなくなったようでした。ウエクスラー教授が診察に来て、万事うまくいったことを私たちに伝えてくれました。ピーッチェは大部屋に運ばれました。最初のうち彼女は受け身的でしたが、そのうちによい反応を示すようになり、また痛みも訴えませんでした。私は彼女に連れ添って泊まりたいと思いました。彼女は、お手洗いに行かなければならないなどといった、私との意思疎通をはかるため、ジェスチャーを利用しました。

その晩、彼女は水を飲むことになっていましたが、飲みたがりませんでした。彼女は水を吐き出しそうになったのです。朝になって、私は再び水を飲まそうとしました。「ピーッチェ、ちょっと水を口の中に吸い込んで、また口から出してちょうだい。飲み込まなくてもいいのよ。」彼女はそうしました。自然に水を飲み込んだのです。病院では、水を飲むことを強く勧めていました。「よく飲めるようになったら、退院が可能です。」そのために、一口でも、たとえちびりちびりとでも飲まなければならなかったのです。彼女はいやがりましたが、飲むことに成功しました。二、三回繰り返してから、一度に二口飲みました。ウエクスラー教授が再び診察に来た時、床に座っておもちゃで遊んでいた娘は「おはよう」と言いました。それは手術後始めての発言だったのです！ 先生はあまりにも快調な経過を見て驚いていました。

「この調子なら、今夜中に家に帰れるね。」

「いいえ。ホテルよ。」とピーッチェが言いました。

昼の一二時頃に先生が再び訪れ、彼女は退院することができました。それは、手術を実施してから丸二四時間後のことでした。彼女は、ハンバーガーに冷たいマッシュポテトを添えた昼食も食べ終えていました。あまり食べなかったのは、あまりおいしくなかったからでした。

出発する前に、私たちは入院費を精算しなければなりませんでした。ウイルとヴァーニーは別の階に行っていました。ピーッチェがお手洗いに行きたいと言ったので、二人で捜しました。「ピーッチェ。一人で行きなさい。パパが私たちがどこにいるのか分からなくなるから、私は廊下で待っているわ。」その後、突然ピーッチェは私の側へ飛び出して来て、私のスカートを引っ張りました。「ママ、私の舌、短いわ。」彼女は極度の興奮を示していました。「そうね、ピーッチェ、すごいわね。でもあなたはそれをわかっているでしょう。」その瞬間、私は、ピーッチェがそれまで自分の顔を見ていなかったことに気が付きました。病室には鏡がなかったのです。彼女は、お手洗いにあった鏡で自分の姿を見たに違いありません。彼女はとても喜んでいました。「私の舌は短いの。私はもう「蒙古」(訳注：ダウン症候群に対して偏見と共に用いられる呼称、第12章参照)じゃないわ。私はダウン症よ。私の舌は今ヴァーニーと同じようにすてきなの。」

　私たちはホテルに戻りました。ちょっと休憩をした後、彼女は鏡の前に腰掛けて自分の顔を見ていました。ただ鏡の前に腰掛けて、何も言わず、何も聞かず、ただそうしていました。口を開けて、中を見ていました。

　夜になり、私たちは彼女をレストランに連れて行きました。ピーッチェはスープとマッシュポテトを食べました。金曜日の夕食の後で、給仕長が、「幸運をお祈り(グッド・ラック)します。」と描かれたケーキを持って来ました。ホテルからの贈り物でした。数日が経ち、彼女は私とプールに行きましたが、木陰にいて水には浸かりませんでした。二日後には、彼女はもう皮が堅くて厚いパンも噛めるようになりました。

それが大好物なのです。

日曜日に、ウエクスラー教授の診察と検査を受けました。全てが最高の状態で、再び診察を受ける必要はありませんでした。物を食べる時には、まだ十分な注意を払わなければなりませんでした。パンの皮はもう駄目！　私たちは冷たいチキンのお弁当を持ってエルサレム市に行き、公園でピクニックをしました。ピーッチェにチキン一個を渡すと、美味しさの余り、彼女は突然鶏の足をそのまま掴み、それを齧り始めました。そうして二本とも食べてしまったのです。

月曜日に、コースの開始に関連して、お祝いの会がありました。ピーッチェとヴァーニーは、何事も起こらなかったかのような態度で体操を披露しました。ピーッチェには全然問題がなく、コース終了後のイスラエル国内の見物旅行は胸おどるような体験となりました。

発話の矯正、記憶力の訓練、ＩＥ訓練の継続、そして自尊心の養成に関して、フォイヤーシュタイン教授から、今後についての多くのアドバイスをしてもらいました。何事も自分でさせるようにして下さい。幅広い認知的教育を受けさせながら、社会的に刺激のある活動もさせて下さい。オランダに帰国すると、再びいつもの彼女に戻りました。「イスラエルに、私の舌のほんの一部が残っているの」とピーッチェが言ったことがあります。彼女は手術を受けたことを喜んでいました。手術について、自発的に話すことはありませんでしたが、誰かが尋ねた時に限って話をしました。ダウン症児を持つ両親が私たちの家を訪問した際、私たちはピーッチェに舌の手術をしたことについて話してもいいかどうか尋ねたことがあります。

「だめ。」

「いいわ。それなら話さないことにするわ。」

訪問客が来て、しばらく経ってから、彼女が「ママ、話さなくちゃ。」と言いました。

「何を話すの、ピーッチェ？」

「舌の手術のこと。」

「自分でできるでしょう。」

「おばさん、赤ちゃんには舌の手術が必要です。そんなに大きな舌はよくありません。喋ることができないでしょう。それに勉強もしなけりゃだめです。勉強はフォイヤーシュタイン先生に習って下さい。」娘は手術することを百パーセント支持しました。彼女は痛むことを好みませんでしたが、次のように言いました。「ええ、痛かったです。でも子供たちには舌の手術が必要なんです。大きな舌があれば、上手に食べることができませんから。口の中が食べ物で一杯になります。口の中がそうなるのはよくないことです。今、舌が短くなって随分いい気持ちです。私の話し方はよくなっています。大きな舌だと、上手に話せません。前は舌足らずで話していました。私の舌はもう口から出ていません。大きな舌があるのはよくないのです。」

皆の反応は肯定的なものでした。猛烈に反対していた人々でさえも、手術の経緯と、ピーッチェの反応の様子を聞いて、その態度を変えました。さらに彼らは、たちまちその利点を認めるようになったのです。彼女は、以前のように舌を出さなくなり、口を開ける回数も減り、一ヵ月が経つと発話が改善し始めました。私は、その目的に向かって集中的に彼女を訓練しました。今までは舌の先を押さえることに慣れていた彼女が、今度は舌の先を上の方に動かす練習が必要となったのです。口を動かす練習や発音、そしてアルファベットの練習。最初は手術のため舌が腫れていました。腫れが引いてくると、練習がうまくいくようになりました。言語治療はイスラエルにいる間に始めていました。帰国してからは、それを集中的に継続しました。一日に数回、休暇の間も続けました。これらの練習にはあまり面白みがありませんでした！　しかし間もなく、手術の前には決して発音できなかった〈ST〉、〈TS〉、〈TST〉、〈RTS〉などの文字の組み合わせを発音できるようになったのです。スペルも上達しました。以前は、例えば〈KERK〉ではなく〈KREK〉のように、文字の順序を逆さにして書いていました。一旦言葉の発音が上手にできるようになると、その言葉をきちんと書けるようになったのです。

舌が口から出ないようになったので、彼女の表情はよくなっていました。さらに自尊心も多いに増してきました。彼女はもう、自分を「蒙古」だとは思わなくなりました。自分の舌がもう外には出ないと知っていて、自分があこがれていた人のようになったと感じていたのです。私たちは、もっと早く手術をして貰わなかったことを後悔しました。そうこうするうちに、ピーッチェの下顎は歯列矯正器なしで完全に揃ったのです。上下とも顎がうまくかみ合って、歯もきれいに揃いました。彼女を定期的に診てくれていた歯列矯正医は、自分が介入する間もなく良い結果が出たので驚いていたようでした。

ピーッチェの声は一オクターブほど上がりました。聖歌隊に入って歌いましたが、他の子供の声とちっとも違いませんでした。大きかった舌を手術した結果、口腔に余裕ができたため、口の中がより楽になり、より機敏になったのです。

小学校 ――グループ5と6

ピーッチェはグループ5に参加し始めました。私は新しい先生に、ピーッチェのことを話して、定期的に学校での彼女の状況を尋ねに行くべきかどうかを相談してみました。確かに、状況は比較的に良いものでした。時々、算数に関して問題がありました。家では、それらに重点を置いて一緒に練習しました。この学年になってから、読んでいる本を理解するために、脚注の言葉を利用するようになりました。ピーッチェがテストを受けた後、私は先生に呼ばれて、彼女がよくやったことを告げられました。彼女の点数は、クラスの最低点より遙かに良かったのです。よくできていました。しかし、誰もがピーッチェの点数は他の生徒より低くなるだろうと予測していたようでした。彼らの、ピーッチェに対する期待は低かったのです。

ピーッチェに関する全てのことにおいて、私はとても「神経質」でした。何かうまくいかないことがあると聞くと、パニックに陥る傾向がありました。眠れなくなり、絶えずそのことで頭が一杯になりました。このような傾向は、学習遅滞児学校（MLK）の頃の体験に起因しており、それは長く続きました。小学校側は、いつも私に「うまく行かない時があったとしても、それであなたが彼女から何かを奪うわけではないのです。私たちの方が、彼女のスピードに適応していくのです。それに、同じクラスのやり直しは可能なのですよ。」と言って、私を安心させました。

家の構造や、岩や山など、遠くにある物事について話題が出た時、娘がいつもおかしな反応をしていたことに私たちは気が付いていました。私たちはそれが、彼女の目の状態と関係しているのではないかと思い、眼科医と相談しました。私たちは医師に尋ねました。「彼女は眼鏡をかけていますが、実際には何が見えるのですか?」

「どういう意味でしょうか?」

「娘には、私たちに見えているものと、同じものが見えるかという意味です。」

「いや、それほどよく見えることはないでしょう。」

「例えば、教会の高塔は?」

「いえ、それは見えませんね。」

「一八メートル離れたところにいるリスは見えますか?」

「多分何かは見えるでしょう…、恐らく茶色の点のようなものが。」

「では、よく見えるものといえば、どんなものですか? あるいは、あまりよく見えないのはどんなものですか?」

「グラーヴェ市の医者は何と言っておりましたかな?」

――私たちは、嘗てあちらの先生に紹介して貰ったことがあっただろうか？　とにかく、そこに行かなければならない。

グラーヴェ市でピーッチェの目を診察して貰ったところ、彼女の視力は私たちが思っていた以上に悪かったようでした。眼鏡をかけて、二〇～三〇パーセントの視力だと言われたのです。満足に黒板が見えず、テキストの活字が十分に大きくなければ不必要な間違いを起こすのでした。距離を知覚できず、両目に白内障がありました。私たちが診て貰っていた眼科医は、以前から彼女の症状を承知していたのにもかかわらず、私たちにそれを伝えていなかったのです。どうしてなのでしょうか。「私はみじめな気持ちで、罪の意識に苛まれています。」と、私は医者に言いました。

「どうしてですか。あなたが罪悪感を持つ必要はありませんよ。」

「何ですって？　では、娘が逸したチャンスはどうなるのですか？」私たちは医師に、娘が見ることのできなかった、動物や岩や建物などの事物について話しました。私たちは、彼女がぼーっとして座っていたのだと思っていました。学校での問題は無用だったのです。

その時点から、彼女の視力困難についての問題は、学校側の指揮下に入りました。

彼女がどんなに不自由をして事物を見ているのかが分かると、それと取り組む方法が考え出されました。イラストをより多く利用して、見るべき内容と見ない内容を常に制御しました。交通の場では、どのように行動するか、どれだけ自動車が離れているか、その距離の判断の仕方や、道の横断をどの時点で行えば安全にできるか、またはできないかを娘に教えました。視界が奥行きを持たなければ、距離を判断するのは困難なのです。

眼鏡が絶えず鼻から滑り落ちるという問題についても、まだ未解決でした。各方面を尋ねてみて、電話で連絡をした後、眼鏡の下側に接着する鼻当てを、整形専門店で作って貰いました。それ以後、眼鏡は目の真ん中の中心位置に留まるようになったのです。目尻が上がっていたので、この仕組みは大変有意義でした。眼鏡がぴたっと合うようになった途端、高速道路沿いに出ている看板が読めるようになりました。

シンポジウムのためにビデオの収録をした時、娘がクラスの真の一員として機能していることが分かりました。算数、作文、スペルの各分野で、ピーッチェはクラスについていけていました。学校の休み時間でも、クラスの一員でした。彼女が行ったことや、受けた扱いを見て、私たちは思いがけなく、嬉しく思いました。シッタード（Sittard）市で行われた「ダウン症児の統合教育」と題するシンポジウムで、私たちはピーッチェのビデオを披露して、彼女への接し方と、その動機について話しました。反応は全て肯定的なものでした。

同じ場で、ピーッチェの担任の先生が、彼女を小学校に入学させ、クラスについていけるようにさせることの動機についても話をしました。ピーッチェも出席しました。講演の間、彼女は会場に行く予定にはなっていなかったのです。しかし、彼女は小学校の先生たちと一緒に行ったのです！　私が彼女について話している間、ピーッチェは勝利を得たような顔で聞いていました。自分が正しく行動できることを見せるつもりで、とても行儀良くしていました。もちろんヴァーニーも出席しました。

姉妹であることを皆に分かって貰うために、お揃いの服を着ていけば良いと彼女は提案しました。幸いなことに、ヴァーニーはピーッチェを恥ずかしいとは思わず、こんなに実績をあげている姉を自慢に思っているのです。

色々なことがあるにもかかわらず、学年末が近付いて来ると、私たちは嬉しくて、ピーッチェの成績について期待と好奇心を抱きました。彼女は再び進級したのです。「留年させることは必要ないでしょう。彼女の成績について自慢できますよ。」グループ5のやり直しが必要なのかと思っていた私たちに、先生はそのように言ってくれました。

私は、ただちに次の学年の受け持ちの先生に連絡しました。今度は、生徒三六人のクラスになり、ピーッチェだけが特に気をつける必要のある生徒ではないとのことでした。

「家で私が娘と勉強していることをご存じだと思います。実は、休暇の間特別に予習ができるように、いくつかの科目に関する資料を、何とか事前にいただきたいと思っているのです。それに、学校が始まって、もし問題が起きた時には、私は当然責任を負います。娘と一対一で勉強し、問題が起こりやすいところをかなり早めに把握したいのです。隣に腰かけて、娘が考えていることを感じ取り、間違いがあるところを指摘するのです。彼女は他の生徒とは違うような間違いをするでしょう。私たちの関心の焦点は娘の学習です。誰から習っているのかということは、私たちには関係ありません。」

数日後、先生は私に連絡してくれました。「仰ることはごもっともです。彼女が最大限の進歩を遂げられるように、あなたと一緒に勉強することをお薦めします。誰が教えるのかということにはこだわらない方がよいと言われる、あなたのご意見には同感です。競争が必要なのではありませんので、全ての資料をお渡しいたします。」

それでも、その先生の受け持ちのクラスで問題が起きました。ピーッチェができることとできないこと、そして彼女の性質について、私は再度先生に伝えました。彼女は二つのレベルで機能しています。一つは、思考し、計算し、論証するレベルで、もう一つのレベルでは受け身的になり、思考せず、結合しないのです。私は後者のレベルでの様子を、娘の目や姿勢の中に見出したり、彼女が長びく単調な音声で「えー、えー」と言う時に認識できるのです。うまく思考している時には、「えー、それは…」と言って反応します。彼女が自分のしていることをよくわかっている時、私はそれを彼女の声で察知します。

最初の一週間は、フィードバックすることが希でした。休暇の間に予習したため、うまくいったのです。私は勤めで忙しくて、学校に通う回数はそれまでより少なくなりました。新しいクラスが始まった当初から、私たちはピーッチェが時折おどけることがあると注意していました。故意にそうするのではなく、他人が期待する通りに行動したのです。もし期待が不十分であったり、要求する範囲が狭すぎれば、彼女からは何も引き出すことはできないのです。先生は家庭訪問をして下さいました。家ではうまくいっており、算数もうまくできていました。ところが、学校では全然うまくいかなかったのでした。算数ができず、これ以上通常の算数のプログラムについて行けなくて、別途に彼女専用のプログラムを工夫することも考えざるを得ないほどに、水準が低かったのです。私には実態が分かりませんでした。「そんなにうまくいっていないのですか？　家ではそうでもないのですが。ここではうまくいっています。学校ではどうしてそんなにうまくいかないのでしょうか。」先生は、娘が全然理解できなかった足し算の例を上げました。私は算数のノートを取り出してみました。「娘は、家でこれらの問題を一人で解いたのですよ。」

「筆跡を見れば、これらの問題を彼女が解いたことが分かりますが、学校ではそれらを全部間違えているのです。」

「では、先生の娘に対する期待が低すぎるように思います。他人が期待をかけるとピーッチェはうまく機能するのです。」

明くる日、先生は足し算の問題をピーッチェにやらせました。全て間違っていました。彼はピーッチェを呼び寄せて言いました。「ピーッチェ、よくお聞き。これらの問題の解き方を知っているだろう。もう一度やってごらん。分からなければ、前のクラスに戻らなければならないのだよ。」ピーッチェは問題をやり直して、先生のところへ戻り、彼の腕を撫でてこう言いました。「安心して。今度は全部正解よ。」そして、本当にそうだったのです。

クリスマスにもらった成績表は失望させるようなものでした。クラスの試験の結果はどうもかんばしくなく、ついていけるかどうかがとても疑問でした。私は仕事のプレッシャーのため、帰りが度々遅くなっていました。ピーッチェは恐らくすごく寂しかったのでしょう。私はまた、彼女と一緒に勉強する時間もあまり持てなくなっていました。十一月と十二月は、ピーッチェにとっていつも難しい時期でした。秋季休暇のキャンプから疲れきって戻ったり、ヴァーニーの誕生日、私の誕生日、サンタ・クロース、そして長い学期の連続、といった風に。私は、成績表について先生に相談に行きました。結果は、あまり元気づけられるものではありませんでした。「試験の結果を見せていただけますでしょうか。そうすれば私はクリスマス休暇の間に何をすべきかを決めることができます。」私は、必要なものを全てもらって帰りました。私たちは家で、ピーッチェと話し合いました。

「よくお聞きなさい。成績表はあまりよくないの。このまま続けば、一年遅れることになるのよ。それも悪くはないわ。子供たちはときどき遅らされることがあるの。」そう言って私は、昨年ピーッチェと同じクラスにいて留年させられた子供たちの例をあげました。

「いやよ。そんなふうにはなりたくない。友達と一緒に残りたいの。」

「でも、こんな成績表では無理なのよ。」

「一年遅らされないで、友達と一緒にいたいの。」

「そうならないように、お母さんは努力するわ。でも、休暇の間に二人でうんと勉強しなければならないのよ。成功するかどうかは分からないけど、二人で一所懸命やりたいわね。」ピーッチェは考え込んだ後、ため息をついて、そして言いました。「今から数学をしましょう。それから文法、それからスペル。」休暇の終わりに、私は彼女にテストのやり直しをさせました。まるで別の子供のようでした！

休暇が終わり、学校に戻ると、こんな調子でした「ほら。成績を見て。数学とスペルでは完全に追いついたわ。」

一月の終わりに、学校にピーッチェが出演している劇を見に行った時、先生は、「うまくいっていますよ。彼女ができることには、まったく驚かされますね。」と言いました。一ヵ月に満たない内にです！

学校では、彼女の機能水準について、高時と低時とのレベルの差を記録しました。それで私は相当安心することができました。その差が認められると、成績がたまによくない時があっても、別にパニック状態に陥る必要がないと分かったからです。それは彼女に能力がないということでもなく、内容が彼女のレベルより上のものであるということでも、あるいはあまりに抽象的だからでもなく、単にその時には彼女は正確に機能していないだけだからです。ほとんどの場合に、私はその状態から彼女を救い出すことに成功するのですが、学校にいる時はそうもいかないのです。ピーッチェのための補修願いと関連して、学校は彼女の機能の状況に関する評価報告を監督官のために作成しました。全ての科目についていけていました。そして、彼女は再び進級したのです。

数学とスペルと読書は標準に達していました。年間の成績表を見れば、一回ごとに〇・五点、一点と、上昇しているのが分かりました。クラスに慣れ、先生に慣れ、また先生が彼女に慣れることは特に重要でした。

家では、彼女が苦手な学校の科目、特に数学の援助をしました。補助的な教え方を利用して、できるだけ自分で全てを発見させる方法を採りました。

また、ＩＥのレッスンもやり終えました。時間を置いて、それらのレッスンを行ってきたのです。

朝、学校に出かける前にも勉強しました。ピーッチェの出足は遅い方です。家で予め勉強を行っていると、学校では、よりうまく行きました。彼女は自転車で通学しました。一時間目の授業時間の半分は、一般討論で、その間彼女は次の時間に必要な集中ができるように休んでいました。放課後には、遊んだりゲームに参加したりする時間が十分あったのです。その後、彼女はまた私と一緒に勉強しました。学課に追いつくための勉強、ＩＥ、または言語矯正訓練などを行いました。宿題はなく、授業は午後二時半で終了しました。小学校の一つの利点は、学習遅滞児学校（ＭＬＫ）に通っていた時期と比べて、家で過ごす時間が一時間半ほど長くなったことです。

大部分の子供たちの場合と比べて、私たちは家でピーッチェとの勉強に費やす努力が必要でした。最初は、家にも、学校にも、どこにも援助はありませんでした。そのため、私たちは一切を自分たちで考え出す必要があったのです。私たちには間違いも多く、そしてそれは、物事がうまくいかないという結果によって気づかされました。そのため、多くの時間が浪費されました。もしもダウン症専門の補習の先生、あるいはせめて認知的遅滞児専門の先生がいて、補助してくれていれば、大きく違っていたでしょう。後からやり方を訂正しなければならないこともありました。先の困難を予測できるのに越したことはないのです。

算数の場合にも私たちはその方法で取り組みました。学校で算数の問題が出される前に、家でそれを行いました。それでうまくいったのです。ピーッチェは問題と親しんでいたため、学校でもう一度それらをやる時にクラスの他の生徒と歩調を合わせて機能することができたのです。内容を把握していて、他の生徒と同じようにできたことは、彼女にとって大変刺激になりました。彼女がついていけるので先生も喜び、クラス全員にとってよい雰囲気ができたのです。

ピーッチェは、いくつかの障害を持っています。聴力が弱く、甲状腺に異常があり、そして視力が大変弱いのです。全ての症状を発見するのが遅すぎたため、時間を無駄にしてしまいました。視力が弱いため、今でも余分な時間が必要となるのです。彼女が十二歳の時、私たちは初めてその視力の状態に気づき、資料を拡大したり、電灯を点けたり、机を傾斜させたり、太い線の引いてあるノートを使用したり、またテレビ眼鏡を使ったりと、補助的な手段を利用するようになりました。そのような手段をもっと早い時期に取り入れるべきだったのです。

もちろん、ピーッチェに対する援助の水準がもっと高ければ、成績がよくなっていたかどうかは分かりません。しかし分かっていることは、そうしていたならば、彼女にとっても我々にとっても、あれほどの困難はなかったでしょうし、家で必要なレッスンの数もより少なくて済んだだろうということです。幸いなことに、レッスンはピーッチェと私との関係に悪影響を及ぼしませんでした。私の娘に対する態度は、特にレッスンの最中は割合に厳しいものです。ピーッチェは私に腹を立てて、しばしばそれを自発的に表現します。私は、このような自発性を抑制しないことにしています。その感情を、どう自分で制御するかを教えているのです。

小学校の終了

娘がグループ7に正規に進級した時、私たちは、これが進級するべき最後の学年となるのではないかという思いを再び持ちました。これまでに彼女が達成したことは、まさに驚くべきことです。グループ5から進み、グループ6を経て、今グループ7まで来たのです。

ウイルは言いました。「今度は、彼女がよくできる子だと考えてやったらどうだい。僕たちは毎年、彼女が及第できないのじゃないかと思ってきた。フォイヤーシュタイン先生も言っていたじゃないか。――信じなければならない――とね。」

休暇後の最初の一週間が経った頃、私は新しい先生とピーッチェについて相談する機会を持ちました。

「特別扱いは必要ですか。学校で彼女を他の生徒と同じ待遇にしたいのですが。」私は先生にそれは不可能だと言いました。視覚と聴覚のことだけでなく、ダウン症を持っているということのためにも、彼女には特別な扱いが必要なのです。しかし、それでも彼女に対して他の生徒と同等の期待をかけることはできるのです。私たちは、付け加えてこうも言いました。

「娘は三年連続して進級しています。今年も成功するはずです。」学校で余分な時間を費やす必要がないようにと、再び家で算数と読書理解の勉強を一緒に行いました。

彼女には、常に自分のやりたいことがはっきり分かっていて、必ず率先して行いました。彼女は教会の従者に志願し、学校付属の聖歌隊に自発的に入りました。そして次には、トランポリンジャンプのサークルに入ったという知らせをもって家に帰って来たのです。これらのことはヴァーニーもやっているので、私たちにはピーッチェに対してそれを禁じるのは難しいことでした。

彼女は、七歳の時からリコーダーを吹いていました。最初は私が教えていたのですが、個人レッスンを受けた後でグループ・レッスンに参加していました。その間、ヴァーニーは音楽教室に入り、ドイツフルートを吹くようになりました。そこでまたもやピーッチェは、妹がやっていることを自分でもしたがったのです。彼女はクラリネットを選び、音楽教室に入学させることに私たちは成功しました。三ヵ月後、ピーッチェは演奏会に参加することができました。一年半経つと、初めて単位を取り、アンサンブルの一員として演奏するようになりました。吹奏楽器を吹くことは、口や舌や唇の筋肉の運動になり、また、肺と呼吸の訓練になるため、大切なことなのです。

秋季休暇が終わって数週間後、彼女は再び逆戻りしてしまいました。体操のキャンプに続いて水泳のキャンプがあり、両親がシンポジウムに参加していて留守をしていたことによるストレスが純然たる原因となったのです。私たちは、彼女がその年にも再び進級することと、多くの業績をあげることを信じていたために、失望してしまいました。もう一度私たちは、ピーッチェが望んでいることについて、彼女と話し合いました。彼女の希望は、「進級して、一緒のクラスに残ること。」でした。その話し合いは有意義でした。クリスマスの後には全てが良い方向に向かい、数週間が経つと彼女は再び機嫌がよくなったのです。私は、大部分の科目において彼女が遅れていないことを聞かされました。彼女はグループ8に進級し、そして小学校を卒業できたのです。

このことは、今後全く別な方法で、彼女に対して継続的な教育を与える可能性を意味しました。私たちは、近所の教育機関を全て調査しました。規模があまり大きくない学校で、自転車で通学ができ、そして多くの人たちの援助が得られるような施設を求めたのです。どのような可能性があるのでしょう。学習遅滞の児童のための特別高等教育機関（ＶＳＯ／ＭＬＫ）や、学習障害および行動障害を持つ児童のための特別高等教育機関（ＶＳＯ／ＬＯＭ）は選択肢から外されました。個人教授の可能な施設も、一つの選択肢としてありましたが、恐らくそのような施設には、学習遅滞児学校（ＭＬＫ）で行動障害を示したのと同じような子供たちが学んでしているだろうとの理由で、結局それは考慮の対象から外れました。標準的な職業訓練準備校（ＶＢＯ）はどうかとも考えてみました。小学校を終了した娘にとってそれは有効な選択だったはずです。しかし彼女にできるでしょうか。選択肢はとても狭まりました。そして、私たちは自転車で通えて、規模のそんなに大きくない、職業訓練準備中学校（ＶＢＯ／ＭＡＶＯ）を見つけました。しかも、その学校では相談相手になる教師（メンター）が各生徒に割り当てられていたのです。学校当局と連絡を取った上で、私たちは相談に行きました。時期的に一年ほど早かったのですが、クラス分けや、補習授業を受けられることなどに関して、予測された様々な問題を考えてみればこの方針は賢明だと思えたのです。校長は、いささかも否定的な態度を示さず、ピーッチェにチャンスを与えるべきだと考えてくれました。十一月になって、再びミーティングを持ちました。学校側が補習用の個人教師の時間について予算申請をした結果、それが受理されたのです。それらの時間の割り当てについては、教師（メンター）の援助があったからとのことでした。それまで、ダウン症の生徒のための補習授業が、小学校後の補足指導の場で認められた先例はなかったのです。

小学校では万事うまくいっていました。学年が上がるごとに、ますます困難になると思われたにもかかわらず、実際には年々良くなっていったのでした。小学校最後の年は、新学年の始めに問題が起こらなかった、初めての年でした。しかしながら、娘が、二年連続して同じ先生の担当になったのも、この時が初めてでした。この学年では、グループ7とグループ8の組合せとなりました。私たちはその組合せを心配しました。統制がかなり困難な環境で、彼女がうまくやっていけないのではないかということを恐れたのです。休暇中、私たちはがやがやした雰囲気の中での会話の練習をしました。

結果は良好でした。学校側は、他の生徒と同等の成績を娘に要求していました。全ての問題を最後までやり通すことを要求したのです。できなければ、放課後に残ってでも仕上げなければなりませんでした。また、宿題を終えることができなかった場合も、放課後に残らなければならなかったのです。そういうことが二度ありました。動詞のスペルは好調でした。オランダ語で動詞を〈dt〉でつづるか、あるいは〈dd〉でつづるかを推理することができました。算数もうまくいきました。分数は問題がなく、足し算や引き算や掛け算も、どれもみなちゃんとこなしていました。推理能力が向上していたため、文章の問題でも前よりよくできたのです。

現在、娘は十四歳ですが、この一年の間に甲状腺機能亢進症にかかっていることが判明しました。投薬反応は良好です。一週間半ほどで、彼女は前とは見違えるほど活発で、機転がきき、よく話をする、自主性のある子供になりました。算数の成果については驚かされたほどです。残念ながらこの状態はわずか一週間ほど続いただけで、そのあと再び退行してしまいました。幸い、投薬の調整でいくぶんか回復しました。ピーッチェは、生まれた時から甲状腺関係のホルモンの分泌が少なすぎるのでしょう。そう考えれば、彼女が便秘に悩まされてきたことや、折々の退行や反応の鈍い時期についても説明がつきます。もっと早くそれが発見できていれば！　他にも諸々の困難があります。彼女はまた、訓練が激しくなると低血糖症にかかることがあります。私たちは今年、フォイヤーシュタイン教授のところに再び赴き、ピーッチェの再テストをしてもらいました。研究所の先生たちは彼女のテスト結果、特に算数についての彼女の出来映えに賛嘆していました。継続した教育を受ける権利を、彼女は勝ち取っていたのです。

将来どうなっていくかは、私たちには分かりません。次に行く学校で、どのようになり、そしてそれ以後はどうなるのかということも。就職に成功するだろうか？　受け入れられ、自然に振舞うことができ、皆となじめるような職場を見出せるだろうか？　幸福で、自分の望みを自分で決定できるような、満足できる人生を築き上げることができるだろうか？　私たちはピーッチェに対して、妹に対するのと同様、その将来のためにできるかぎりの準備をしようと試みて来ました。私たちはまた、彼女のことであまり心配し過ぎないようにも努めて来ました。現在はうまくいっています。明日もうまくいくよう、希望を持っていくことにしましょう。

私たちは、ピーッチェが前とは違った子供になっていることに、少しずつ気がついて来ました。どうして彼女は、私たちの期待を越えて機能したのでしょうか。それは、彼女が子供だった頃に、私たちが彼女に対して行った方法のおかげなのでしょうか。議論をしながら一緒に勉強したり、彼女に対して要求を出したり、よく聞くことを教えたりといったことが功を奏したのでしょうか。練習問題をさせて、しかも彼女の回答能力を上回らない程度に質問を制限し、一歩ずつ前へ、そして、必要な時には、一歩退いて、といったやり方が良かったのでしょうか。ピーッチェはいつも安心していました。さらに、彼女には憧れる対象としての妹がいます。彼女はいつもヴァーニーを模範とみなしていたのです。ヴァーニーは、ピーッチェよりも遙かに進んでいるというわけでもなく、常に姉の側にくっついています。ピーッチェのすることを見ていると、ヴァーニーのすることとそっくりなのです。

私たちは、常に最高の誠意をもってピーッチェと接して来ました。彼女と共にいる間、できるだけ時間を有意義に使いました。ハンディを持った子供は、通常よりも時間と注意が必要なため、時間を最も有効に使うべきなのです。ただ単に子供の世話をするだけでなく、子供が自分で自分のことができるように教えるべきなのです。スケジュールでがんじがらめにするのではなく、自分でスケジュールを作れるように教えるべきでなのです。ピーッチェの場合、そういったことは、こちらから本を読んであげるだけでなく、自分で読書できるように教えることを意味しました。余分に費やした時間は、倍以上になって報われました。彼女は今では、自分で自分のことをすること、一人で家にいること、一人で時間を過ごすこと、買い物に行くこと、友達の家へ遊びに行くこと、自分の部屋を片付けること、そしてホットケーキを焼いたりすることができるようになりました。彼女は、自分がしたいと思うことを学習する自信を持っています。今年の夏にはウィンドサーフィンをやりたいということで、それを習い、学習能力を立証したのです。フォイヤーシュタイン教授のお世話になったことも正しい判断でした。私たちのやり方が正しかったということを、初めて教えてくれたのは教授でした。それは、勇気づけられる出来事でした。私たちは、思考の方法を『認知能力強化教材（ＩＥ）』を用いるプログラムの課題を通じて学びました。それ以前にもピーッチェは、かなりうまく機能していましたが、フォイヤーシュタイン教授のプログラムがなければ、具体性から抽象性への移行は成功しなかったことでしょう。しかも、それ以後はピーッチェに対する私たちの扱い方が大きく変化したため、それが大きな違いをもたらしたのでしょう。

このような子供たちを、医学的な観点からもっと調査研究して行くことが大事なのです。ピーッチェの場合には、私たちが常に先導する必要がありました。ダウン症を持った子供たちがうまく機能しないということは、それほど不思議なことでしょうか。様々な問題があり得るでしょう。ピーッチェの場合、問題は聴力、視力、感染症、そして甲状腺にありました。もしもピーッチェをそのままにしていたならば、一体彼女はどうなっていたでしょうか。発達障害児学校（ＺＭＬＫ）で育ち、病気がちで、聴力が弱く、ずり落ちる眼鏡をかけて、舌を口から垂らし、喋り方もぎこちなく、肩を落としてぶざまに走る子供になっていたことでしょう。また、算数ができず、少ししか本が読めない子供になっていたことでしょう。独立心がなく、子供が加入する一般のクラブの会員にもなれず、社会の中で、片時も安らぎを得ることのできない、そんな子供になっていたでしょう。

追記

真実にできるだけ忠実に、ピーッチェの半生を記録してみました。紙面が限られていたため、詳細について多くのことを省略せざるを得ませんでした。本章の描写を読んで、それが自分のことだと気づかれた教師や、その他の方々には、不快感を与えるつもりは全然なかったことをご理解いただきたいと思います。ダウン症を持った子供たちの扱い方に関して、私たちとは違う意見があり得ることは認識しているつもりです。

過去において、ダウン症に関する誤解に満ちた意見が数多く存在しましたし、今でも教科書に時代遅れの考え方が残っています。現状が改善されるには、まだまだ時間が必要でしょう。将来、ダウン症の子供たちに対して、より多くの機会と可能性が開かれることを、私たちは望みます。

この事例を通じて、私たちは障害を持った人たちを支援する人々、そして全ての両親を力づけることができればと考えます。私たちが選んだ方法は、必ずしも安易なものであったとは言えません。時には、この道は険しく、重荷となりました。しかし無駄ではなかったのです。これほどまでに良好な自己イメージを持つことができた、私たちの娘の成功を完全に描写するのは容易ではありません。その自己イメージは、毎日、彼女の内から沸いてくるのです。彼女は今、人生と、学校と、クラブ活動と、そして友達との交際を楽しんでいます。彼女には、毎週が、毎日が、体験し、喜びを持って取り組める、数多くの出来事の連続なのです。

第16章　変容促進のための環境づくり＊

＊本章の主な執筆者はジョン・ラインダーズ（John RYNDERS）教授であり、ルーヴェン・フォイヤーシュタインとヤーコヴ・ランドの協力を得ている

ここで述べるのは、認知構造変容理論（ＳＣＭ）に基づいた、第三の応用システムである。これは、「潜在的学習向性評価法（ＬＰＡＤ）」を用いた媒介を通じて発見され、さらに『認知能力強化教材（インストゥルメンタル・エンリッチメント）（ＩＥ）』プログラムの媒介によって増大された変容の可能性を、最大限に具体化させることを目的とする。もし、変容を促進させるための環境が与えられないとすれば、ＬＰＡＤとＩＥを通じて形成された認知構造の変容の可能性は消散され、おそらく完全に崩れてしまうだろう。

ここ数年来、ミネアポリス大学のジェリー・ビーカー（Jerry BEKER）教授は、変容を促進させるための有効な環境づくりに役立つ属性と構造の研究に携わっている。ビーカーとルーヴェン・フォイヤーシュタインの両教授は、変容を促進させる環境の概念化を最終的な目的にしていくつかの研究を展開してきた（1～3）。いうまでもなく、多くの環境は個人の変容の促進を妨げるだけでなく、変容しようという者を落胆させ、その人が自分の機能水準を高めるために行うあらゆる試みに対してある一

定の阻害要因となり、究極的にはその人の教育的、職業的、社会的流動性を妨害することがあり得る。

そのことを踏まえた上で、では変容を促進させるための環境の属性としてどのようなものが考えられるだろうか。まず第一に、環境が開かれたものであること、つまり、機能水準の低い人々が、あらゆる社会的場面に対して平等に接する機会がかなり高い割合で開かれているという事が条件となる。この場合の平等とは、物質の配分ではなく、プライバシーや尊厳といった、人類の普遍的な欲求に基づいたものである。同時に、変容を促進させるための環境は、各人に対して比較的〈平等〉に責任を課し、各々がそれらの責任を遂行するために必要なものを提供しなければならない。それは、可能な限り一般市民と異ならない状況を機能水準の低い人たちにも提供することを重視する正常化（ノーマリゼーション）の原理と類似している(4)。

次に、変容促進のための環境の条件として、個人が適応しなければならない〈積極的なストレス〉を作り出すものであるということがあげられる。正当なストレスが発生するような状況を個人に負わせ、それをうまく乗り越えて適応することが、本人の存在にとって報酬としての重要な意味を持てば持つ程変容の可能性が実現されるのである(5)。保護的な環境というものは、通常、機能水準の低い人たちだけの特別学級や、保護施設内の作業所、障害者専用の夏期キャンプのようなところで提供されているが、それは彼らの適応力の停滞を招きやすい。変容を促進させるための環境では、保護的なサービスの利用頻度を最低限度に押さえ、どうしても必要でない限りそのようなサービスは用いるべきではないのである。

第三に、変容を促進させるための環境は、「新しい作業に対する、計画的で統制された出会い」をもたらす。つまり、知っていることと知らないこと、学習したこととこれから学習すべきこととの間に積極的な緊張関係を作り出すのである。機能水準の低い人たちに対して媒介を行うことの目的は、その人が新しい状況に適応できる能力を向上させることにある。機能水準の低い人を、必要以上に予測可能な環境に置いてみても逆効果であろう。人生の様々な状況に対して適応するということは、予期しない状況にうまく適応できるよう、自らを実質的かつ迅速に変化させなければならないことを意味する。現状維持的、受動的態度が現時点において「安楽」をもたらすとしても、将来には、それが大変な不利益の原因になることもあるだろう。機能水準の低い人がストレスを受けないようにとの配慮から彼らを競争社会としての職場から保護することは、確かに人道的なようではあるが、より高度の機能水準に達するために自分自身を変容させるのに役立つ建設的な方法ではない。機能水準の低い労働者が、雇い主や同僚によって自分たちの能力を評価されず、生きる張り合いを養おうとしないでいる実態を観察するにつけ、結果的に彼らの生産性が低くやる気が持てないこと、そして何故彼らが組織に貢献するような成果を求めることをせずに、せいぜいその場をしのいでいるだけなのかを理解することができる。時として、彼らが職場で必要とされているのだという気持ちや、よく働き、出勤時間を厳守することが大事なのだという気持ちを起こすために必要なプレッシャーさえも、雇い主や同僚が取り除いてしまうことがある。職場の環境を変えて行こうとする全ての人々が理解しなければならないことは、仕事の条件を変えて行くのと並行して、それらの条件に適応するため、変容すべき個人のレディネスをも同時に変化させて行く必要があるということである。環境作りというものは、個人の変容の可能性を必然的なものにするためにこそ行われなければならないのである。

変容を促進させるための環境の、第四番目に挙げる要素は、指示と媒介が「個別化」され、「特殊化」され「本人中心に規格化（カスタマイズド）」されるべきだということである。ワールドシリーズで優勝する可能性のあるような野球チームは、彼らに変容をもたらすような応援をファンから浴びるだろうが、同時に各選手はそれぞれ自分の得意な技能（打撃、走塁、守備）を磨き続けている。庭師は自分が受け持った面積全体を変容（耕作や水撒き）させるのと同時に、トマトに撒く肥料とレタスの肥料を別々に決めることで肥料を個別化する。レストランの新しいオーナーは、内装という環境を変えることに注意を払うのと同時にメニューに書かれた一品一品をも個別化する。

野球や園芸やレストラン経営と同様、成功する教育体験は、変容を高める環境と個別化された技能発達の機会のどちらをも包括しなければならない。どちらかが一方を補足し、かつ双方がお互いにとって必要なのである。

以上のような、変容を促進させるための働きかけは、いうまでもなく、注意深く、思いやりと愛情をもって実行されなければならない。それは決して簡単にできることではないということも明らかであるはずである。しかし、積極的に変容を誘発する活動がなければ、機能水準の低い人が最大限に適応できるようになるための手立てはないのである。

変容を促進させるための環境の形成について説明するに当たり、人生の三つの主な時期と出来事に注目して見よう。（一）幼児期（変容促進のための、家族及び家庭環境の形成）、（二）学齢期（変容促進のための、生徒間の統合された相互作用の形成）、（三）成年期（変容促進のための、職業、余暇、そして地域社会における家庭管理という三極を結ぶリンクの形成）。

幼児期　―変容を促進する家族及び家庭環境の形成

デーヴィッド（David）は、難産による長時間の複雑な出産の過程で酸素不足になったために、脳に障害を負って生まれて来た。生後一ヶ月間は彼の発達は正常に見えたが、だんだんと環境に対して無関心になり、眠っている時間が長くなり、あるいはただベビーベッドに寝たままで天井を眺めて過ごすだけになった。生後二ヶ月になって、両親は様々な診療所を訪れ、息子の無関心な状態を治す方法を探した。彼らが受けた親切なアドバイスは、問題の深刻さを軽視したものだったり（「心配ありません。大きくなれば問題はなくなるでしょう。半年程様子を見てみましょう。」）、息子の発達を助けるような物を周りにおいて影響を受けさせるように（「おもちゃを沢山ベビー・ベッドに入れて、息子さんの興味を刺激して見て下さい。」）というものだった。

しかし、デーヴィッドが生後五ヶ月になった頃になると、両親はもはや、大きくなれば問題はなくなるとか、ベッドの中におもちゃを入れれば関心を引くのに役立つなどといったことは、信じなくなっていた。事実、両親はもうこれ以上どうすることもできないと感じ、このままの状態で息子を受け入れ、デーヴィッドをベッドの中に寝かしておく期間を次第に延ばすことにしている。

デーヴィッドの状態を改善する鍵となる方法の一つは、両親が彼に対して、媒介学習体験（MLE）をできるだけ効率的に用いて、積極的変容誘導アプローチによる相互作用を行えるよう援助することである。そのようなアプローチによってデーヴィッドの脳障害がなくなる訳ではないが、そのことが影響して彼の思考能力と学習能力とが増進されるであろう。また、それと等しく重要なのは、両親に対して、彼らが意味のあることを自らの問題として行っているのだという充実感を持たせるために彼らの無力感を排し、その行動が、児童心理学、文化人類学、そして教育学の正当な原理に根ざしたものであることを納得させることである。

デーヴィッドの認知発達の経過に影響を及ぼす多くの重要な要素は、彼自身にも彼をとりまく環境の中にもある。さらに、各々の要素（例えば遺伝的、生理学的、生物的、文化的、経済的）は相互に作用しているのである。総合的な効果が上がるか、それとも減少するかは、彼が接した人間同士の相互作用の質と量による。この点に関してある研究者は、健常児の母親は障害児の母親とくらべて子供と過ごす時間が長く、知的な刺激を与えたり、相互作用を行ってその活動を助けているという観察結果を発表した(6)。それとは別の、ある研究者は、新生児に対する母親の初期の知覚が長期にわたって影響を及ぼすことを発表したのである(7)（この研究の対象となった幼児は健常だったが、全員未熟児だった）。母親の赤ちゃんに対する知覚、——例えば、子供の反応や、その外見に対する母親の満足度——は、生後一年、更には一〇年後にどれだけすぐれた発達を見せるかということと著しい相関関係にあることが報告されている。

著者の同僚の一人、プニーナ・クライン（Pnina KLEIN）教授は、発達上の複雑さと個人個人の相違を説明するのに、媒介学習体験（ＭＬＥ）のプロセスが必要であることを主張している(8)。クライン教授は、ＭＬＥが言語発達以前のレベルでの相互作用から開始されることを説明しつつ、言語的媒介を通じて、後にどのようにして新生児が実際に体験していないことから利益を得るかを述べている。例えば、過去についての意識を媒介することは子供の時間や空間に対する理解を深め、そのことによって、次第に子供が自分のおじいさんの死（やがて自分の命もいずれ終わるということ）を認識するところまで理解を拡げることを可能にするのである。一般的に、幼児は媒介を受ければ受ける程、将来の経験から学べるようになり、それによって変容が生じる可能性が高くなる。事実、媒介学習体験（ＭＬＥ）を受ける子供には、それ以上の媒介を求めようとする欲求、出来事に意味があることを期待する欲求、相互関係を求める欲求、そしてある一定の時期に感覚を通じて得た情報を超越しようという欲求が生じるのである。しかし、ＭＬＥには最も望ましい水準がある。過剰な媒介は、子供が新しい学習状況に対して新しく身に付けた認知の諸能力（諸構造）を応用する時間をほとんど与えないため、その発達に悪影響を及ぼしかねない。このように、媒介学習体験の究極的な目的は、子供が媒介をうまく受け入れるようにすることに止まらず、直接環境から学ぶことができるようにし、そして最終的に自分の学習体験を管理させることにある。

母子あるいは父子間の早期のＭＬＥ的相互作用に関する研究で、クライン女史はＭＬＥの最初の五つの基準、①（媒介に対する）志向性と相互性、②超越性、③意味の媒介、④自己有効感の媒介、そして⑤行動の制御と統制の媒介が、両親と幼児の相互作用で表現されるそれぞれの意味を探った（基準の説明は付録E、付録Aと第3章～第6章参照）。

これら全てのMLEは、言語的表現に依存すると思われがちだった意味の媒介を含めて、子供の幼い頃に伝達することが可能である。例えば、特定の場面や音調の意味は、母親が家事を止め、目を閉じ、安らかな表情で膝に乗せた子供を揺すって音楽を聞かせるといったことを通じて非言語的に媒介することができる。

これまで我々は、軽度あるいは中程度の機能障害児、あるいは何らかの理由で最善とはいいがたい環境に置かれた子供に関連するMLEを取り上げてきた。しかし、複数の障害もしくは重度障害の幼児を抱える両親たちに対して、MLEは何を提供するべきなのだろうか。

重度または複数の障害を持った子供の場合、媒介学習を円滑化し補完するために、特別な、一人ひとりに合わせせた、個別化された積極的変容誘導アプローチの実行が必要となる。例えば、筋肉の統制に問題（脳性麻痺に付随して起こる）のある子供の場合、その両親は媒介を伴う相互作用にあたって困難に直面するだろう。しかし、子供の体をまっすぐに支え、上半身の制御と腕の動作を容易にするマジックテープ製の足止めのついた特別注文の車椅子を作れば、媒介の試みにおける両親の負担は、相当軽減されるだろう。それと類似したことでいえば、子供の聴力に重度の問題があると仮定しよう。媒介を実行しようとする子供の両親は、非言語的方法（手話）で相互作用するか、子供が自分の願望を指差すことで表現できるように、子供の周辺にある主要な物が描かれたコミュニケーション・ボードを利用することも可能である。

以上二つの例では、子供に重度の感覚的、行動的、認知的、言語的、あるいは他の健康上の障害がある場合に、両親がＭＬＥと並行して積極的変容誘導の特殊な媒介を利用するということについて述べた。

左記はその他の特殊な積極的変容誘導技能のリストで、その多くは外科、言語療法、職業療法、物理療法、歯科、眼科、特別教育や心理学など、それぞれの専門家の特定の技術によって行われるものである。

重度の視聴覚障害を持つ場合

1　網膜剥離の矯正手術。それによって両親による視覚的媒介を円満にする。

2　重度視覚障害の子供が自宅で安全に動き回れるようにするための方向感覚と動作性の訓練。それによって媒介的相互作用を円満にする。

3　重度の聴覚障害を持つ子供に対して言語面での媒介ができるよう、両耳に補聴器を付ける。

重度の身体障害および健康上の問題を持つ場合

1　重度の身体障害を持つ子供が正常な姿勢を保てるように、添え木などで支えたり、枕で支えたりすることによって体の位置を定め、媒介を円滑にする。

2 てんかんの発作がある場合、それを抑えるため薬剤を処方したり、両親がその投薬をモニターできるように指導することによって、子供が媒介的相互作用に参加できるようにする。

3 口唇裂や口蓋裂に対する形成外科手術によって、両親が子供とより効果的にコミュニケーションができるよう援助する。

4 補助器具（例えば、立ち上がったまま使えるテーブル、特殊な車椅子、うつむきボード）の利用法を両親に教えることで、媒介の試みを助け、機動性と動作範囲を拡張する。

重度の認知障害、社会的及び情緒的ハンディキャップを持つ場合

1 行動変容の特殊な技術（例えば形成、作業分析、物理的指導、モデリング）を用いて、多くの作業を通じてＭＬＥを円滑にするような、特定の作業の学習を促進する。

2 薬剤療法を慎重に利用することによって、過活動、目立った攻撃性、そして自己破壊的行動を減少させ、媒介をより効果的にする。

他にも多くの専門家が、両親の媒介的相互作用を効率よく実らせるための積極的変容誘導の特別な形態に着目している。抱き上げられて可愛がられることに抵抗を示す乳児の両親には、子供を放って置く傾向が見られ、また、よく騒ぐ赤ちゃんの両親は、欲求不満を起こし、気持ちを取り乱しがちである(9・10)。あるときには、次の事例記録が示すように、出産直後の期間には基本的な母親の相互作用も危うい状態にあると言えよう。

分娩は複雑で、子供のアプガー指数は一分間で五、五分間でわずかに八しかなかった。出産数時間後、小児科医による診察が行われ、健常であると判断された。看護婦は布に包まれた赤ちゃんを母親に手渡して、病室を離れた。母親はすぐに赤ちゃんを包んでいる布を解いた。子供を満足そうに見て、母親は乳を飲まそうと、赤ちゃんを自分の腕に寝かせた。すると、仰向けに寝かされた赤ちゃんが、上半身をほんの少し伸ばした(恐らく、脳の痛みの症状)のである。乳房を捜すための赤ちゃんの反射を正しく利用して、母親は赤ちゃんの頬に触れた。しかし乳房の方へ赤ちゃんの頭が向いた時、首に極めて異常な不均整の強真性反射を起こした。赤ちゃんは自分の顎の側にある腕を伸ばして、あたかも母親を押し退けるようにした。その時、母親は腹を立て、お腹の空いた赤ちゃんは泣き続けて、基本的な反射が激しくなっていた(11)。

この例は、乳児期における媒介の最も重要な目標は、しっくり行かない母子関係を再調整することでなければならないことを示している。その目標に近づくためには、両親は子供の障害に関してまず具体的な洞察を行い、その後子供の発達を十分に刺激する必要がある。このことは、全盲の子供とその母親に関する二つの研究において深刻な問題提起をなし、親たちは、目の見える子供には対処できても、全盲の子供については伝達方式を学ぶことができないということを示したのである(12〜14)。目の見えない赤ちゃんには人が笑い顔を向けているのが分からないため、赤ちゃんと対話する時には晴れやかな（楽しそうな）声で話かけるように、両親に対してアドバイスがなされた。このアドバイスに従ったところ、目の見えない赤ちゃんが、正常な視力をもつ赤ちゃんが親に反応を示し始める年齢と同じ頃に親の話しかける声に対して笑って反応を示し始めたのである。

過去において、幼児教育の専門家たちは、介入の努力を向ける対象として、しばしば障害を持った子供の方に焦点をあてていた。しかし、現在では、幼児教育家たちは異なった立場をとっており、本質的に「子供の両親と、その他の家族のメンバーがどんどん成長しなければ、障害児も成長しないだろう。」と言っている。お互いの成長の秘訣は、両親の側が媒介によって活気と意義を与える個別的で積極的変容誘導的な役割を持つことにある。

学齢期――統合された環境での変容誘導的相互作用の形成

近年、米国では学齢期に達した機能水準の低い子供を一般の学校に統合させようという動きが目立っており、その背景にあるのは、統合されたプログラムが賢明に組み立てられれば双方に利益が得られるという確信である。

一九七〇年代の中頃まで、障害児は通常、特殊学校や州営の居住施設に隔離された状態で教育を受けていた。その後、ＡＲＣ（学習遅滞の市民のための協会（Association for Retarded Citizens）のような団体の努力の末、一九七五年に国会法第九四―一四二「全児童対象の教育法（Education for All Children Act）」が議会を通過した。その法律では、全ての子供は、子供に対する拘束が最低限に抑えられた環境（the least restrictive environment）において、適切な公立教育を無料で受ける権利があることが定められた。「全て」という言葉と「拘束が最低限に抑えられた環境において」という文句は、機能水準の低い子供を普通教育の場に統合することを目ざす人々にとって、かつてない機会を作ったのである。これらの機会を完全に生かす上で、特別教育の専門家として有名なルアナ・マイヤー（Luanna MEYER）によって概念化されたいくつかの明確な利点を取り上げなければならない(15)。

第一に、歴史的立場から見て、各地方の公立学校は機能水準の低い子供、特に身体や情緒、知覚において重度の障害を負う子供の就学を渋っていた。何か別な施設を設立するほうがより簡単であったし、また一部の人々はその方が良いと信じていた。しかし、たとえ分離された学校が独自のプログラムで生徒のニーズを満たす特別サービスを提供したとしても、普通の公立学校で特殊なサービスをほぼ日常的に行うことができるものであれば、健常な子供と関わるという障害を持つ子供の権利を犠牲にするこのような妥協は、不当であり、不必要なことである。普通の公立学校に健常児のための席が当然のこととして用意されているのであれば、そこに障害を持った子供の席を設ける「余地」があってしかるべきである。

第二に、同年代の子供との強力で積極的な相互作用は質の良い相互作用プログラムの「要」であり、その価値は軽視されるべきではない。友達同士の相互作用は、教師や両親から学んだ技能を実際に用いる場となる。さらに、我々が生徒に教えることがらのほとんど全てが、生徒自身の内に機能的能力を確立することを最終目標としていながら、その能力の活用が期待される場で応用すべき技術を教えない理由はないのではないか。これを実現するためには、より幅の広い教育を、近所の4―Hクラブ（訳注：米国農務省が後援して、青年に近代的農業技術や大工仕事、家政学のような実用的技術を教育することを主目的として設立されたグループの全国組織。4H＝Head, Heart, Hands, Healthの頭文字からなる名称）や、ボーイ・スカウト、地域の公園、近くのファースト・フード店など多くの場所で行うべきである(16)。

第三に、これまでしばしば、機能水準の低い人が独力で行動できるようになるための準備にかなりの重点が置かれてきた。しかし、このような重点の置き方は現実的だろうか。健常な人でも完全に独立する人はわずかである。大部分は家庭や学校、職場、その他の様々な複雑な環境にあって、相互の利益を計り、たがいに依存し合うネットワークに所属する一員なのである。例えば、家族のメンバーの一人ひとりは、家庭で個々が担う補足的な役割の分担を「交渉」して決めている。例えば多くの家庭で、夫婦のどちらもができない、あるいはしたくない「作業」は場合に応じて交渉の対象となる。事実、水道や自動車、冷蔵庫、暖房機具の修理などを、夫婦のどちらかが行うということはあまりない。それでは、なぜ一部の教育者は、障害者または障害者の団体に対して、彼らが現状でさえ隔離された環境にあるにもかかわらず、自立することを期待して、自給自足のプログラムを続けるのだろうか。もし我々の目標が普通の相互依存のパターンを反映することであるなら、教育家たちは、健常者に対して「彼らの」環境に障害者を受け入れる準備を行わせるという重大な責務をもはや避けることはできないのである。もしあらゆる能力水準にある子供たちが一緒に成長し、そうして彼らが、想像できる限りの幅広い状況の中にお互いを体験しあうことができれば、障害を持った人たちが送り出される世界は、彼らを受け入れるのに必要な技能と態度を学んだ健常な大人たちで構成されるものとなり、それはお互いにとって利益をもたらすのである。

第四に、障害を持った人たちが広く体験する社会的相互作用のパターンは、応々にして「上下」の関係であり、つまり権威のある者（教師、親）が、いくらやさしいとは言え、子供が反応しなければならない状態を作りあげ、それらを強要するのである。これらの上下間の相互作用の一部は養育という性質を持つことがあるが、多くは機能水準の低い子供が他人の要求に従う形になっている。しかし障害のない同年齢の子供との相互作用においては、障害を持った子供は友人関係に接することができる。もちろん、同年齢の障害児同士の間でも友達関係を結ぶ機会があるということもできるが、障害が重くなればなる程、子供自らが進んで相互作用の機会を作り、それを維持することが難しいのが実態である。従って、媒介者である大人の調整のもとに、健常な子供たちは、障害を持った子供たちの社交的、認知的技能を劇的に拡大することができるし、そしてその上に自分自身や人間一人ひとりの価値について大切なことを学ぶことができるのである。

では、どのようにすれば成功につながるような統合プログラムを開始し、維持できるのだろうか。学校の内外における活動で、統合を成功に導くよう開始するために重要であるとされている要素としては、まず、父兄や行政関係者のサポートを得ること、年齢的に近い子供たちが大勢いる環境に障害を持つ子供たちを統合して親睦を深められるようにすること、そして、障害を持つ子供たちを、適正人数を越えてプログラムに参加させるようなことはしないということがあげられる。その他の要素としては、長期的な統合計画を開発するための作業グループを構成すること、統合プログラムを一日単位で組織し調整するための責任者を置くこと、そして障害者と健常者間、普通学級と特殊学級のそれぞれの教師の間の協調的な相互作用を誘発することが含まれる(17～21)。

成功する統合プログラムを作成する上で最も重要な要素は、同年代の子供たちの間で協調性のある相互作用を持たせるための活動を準備することである。大人たちは、その目的を達成するために、協調的な行動を取れるような小グループを拵えてやるべきである。たとえば、障害のある子供一名に対して健常児二～三名のグループ、または障害を持った子供と健常児をペアにするといった具合にである。

同年齢の子供同士で、一方が片方に指導をするようなプログラム(peer-tutoring programs)では、障害のない子供は、実質的に教師に似た役割、つまり同年齢の子供間での上下関係、すなわち「縦」の関係での相互作用の仕方について訓練を受ける。それとは逆に、同年齢の子供同士の友好を目的とするプログラム(peer- friendship programs)では、生徒たちは社会的な活動というコンテクストにおいて、相互関係を発展させることが奨励される。同年齢の友達同士の「横」の繋がりで相互作用を行い、協力して参加することに重点が置かれるのである(22)。これら二つの技法を包括的に並存させてみた場合、どちらのやり方にもそれなりの意義があり、双方の独自な利点がある。

この二つの技法の違いは、教育とレクリエーションのそれぞれの分野に携わる専門家たちにとって興味ある問題を投げかけている。第一にそれは、「安易な判断」であるように思えるということである。プログラムは、学業的技能の取得または社会的相互作用の、どちらか希望する目標に応じて組み立てられている。従って、プログラムの主な目的が学業的技能の取得であるならば、子供に子供を指導させるという技法が採用される。また、社会的相互作用が主な目標であれば、子供同士の友好プログラムが適用される。しかしながら、これら二つのうち、いずれかを選択する必要はないのかもしれない。我々は、初めのうちは友人関係の促進に重点を置く。そして、その後に、ある子供が他の子供に対して、新しいゲームのやり方や、単語カードを使ってどうやって沢山覚えるかというようなことを指導しても差し支えないのである。しかし両者の関係の根本として重要なことは、友情に基づく相互作用である。

障害のない子供と障害を持つ子供との積極的な相互作用を築くための次の段階は、大人のインストラクターによる、機能水準の低い学習者の選定である。その際インストラクターは次のような問いをする。子供同士の年齢差は友達になる上で問題にならないか？重度の身体、知覚、知能、行動障害に対して、どのような便宜を計る必要があるか？作業そのものが要求する事柄はどの程度まで重要か？

我々の研究結果では、子供同士の協調的相互作用が目的であれば、同年齢の子供同士で行うことを奨励し、また教師的な相互作用の場合は、比較的年上の子供がその役割を演じることを支持するものである(23)。しかしながら、子供の活動については何らかの調整が必要であり、また健常な子供が同級生に対して援助する際、いつ、どのようにしてそれを行うかということについて訓練を受けなければならない。こういった判断については、子供が障害を持ったパートナーとよく知り合い、そして、その友達に色々なことをしてあげることが、他の子供たちに何かをしてあげるのと比べて特別な「義務」などではないということを一旦納得できれば、容易にできるようになるであろう。事実、健常な同級生は、障害を持った友達が、現実世界の様々な糸口や、懲らしめや、行動の結果について学ぶ必要があることを確信しなければならない。例えば、現実の世界でゲームをする時には、普通友達同士交代で行う。また、現実の世界では仲間に自分の髪を引っ張ったりさせないし、もし引っ張られたならば、すぐに「だめ!」と叫ぶか、あるいは逃げ去るだろう。健常な子供たちは、障害のない友達に接するのと同様、障害を持った友達とつき合う場合でも、自分の権利を主張することができることを知る必要があるのである。

次に、責任者である大人は、障害を持たない子供が統合プログラムに自発的に参加する機会を作ってやる必要がある。障害を持つ友達との社会的相互作用を促進するための活動は、学問的要求のレベルはそれほど高くないが、高度な社会化の機会を具現化するものである。これらの活動の例として、以下のタイプのものが挙げられる。

1 授業の合間の休憩時間、昼休み、自習時間、ホームルームの時間、あるいはその他の勉強のない時間に同級生同士で相互作用する機会を与える。
2 障害を持った生徒が参加しやすいカリキュラムには、障害児と健常児を一緒に参加させる。例えば音楽、美術、社会、体育などの授業が可能性として考えられる。
3 学内において、障害を持つ生徒が健常児と一緒に職業訓練に参加する機会を作る。図書室や事務室で一緒に仕事をしたり、自動販売機のジュースを補給したりする作業は典型的な例である。
4 学校でのクラブ活動や、その他の社交的な組織に障害を持った生徒が入会できるよう、援助する。
5 キャンプファイヤーガールズ、ボーイスカウト、4―H、地域のYMCAで一般に開放されている水泳教室など、課外活動や地域活動、あるいは地区のレクリエーションセンターの活動に参加できるように支援する。

大人がその次になすべきことは、協調的相互作用にふさわしい環境を整備することである。教室内では車椅子が使い易いだろうか？重度障害を持つ学習者にとって、環境面で要求される問題がないだろうか？参加を保証するために、部分的にでも乗り越えなければならない、あるいは調整しなければならない物理的、社会的、認知的、学業的な障壁はあるか？――こういった問いかけをし、もしも該当するような問題があったとすれば、責任者は適当に対応し、調整する必要がある。

障害を持った人たちが、できるだけ自力で行動することが可能となるよう、環境は注意深く整えられるべきである。先に述べたように、独立性と相互依存のどちらにも偏らないようにしなければならないのである。写真を撮ることは、独立して（一人で）も、相互に依存して（協調的グループで）もできる活動の好例である。例えば、大人のボランティアは、（統合された4－Hクラブに参加している）若者に対して、独りで写真が撮れる（カメラにフィルムを入れ、カメラを操作し、フィルムを現像に出す）ように、訓練することができる。写真撮影というものは、本質的に独りで行うことを基本とした活動であるため、このような目的に適しているのである。しかしそれに加えて、クラブのメンバー一人ひとりに少なくとも自分の好きな写真を一枚提出してもらって、クラブの写真アルバムを協力して作成するという計画を立てることも考えられる。またその際に、統合された小グループでは、各ページにクラブで関心を持っているテーマを割り付けても良いのである。その後、クラブの会員たちは、さらに小さなチームに分かれて、ピザパーティーを計画し、そのために様々な料理を準備し、それを写真に撮ったりする。そういった一連の活動と前後して、責任者が協調的な相互作用を促進するために取り得る行動は次のようなものである。

1 健常者と障害者とが一緒になってピザを作るための、小グループやペアを作る。三人以上のグループの場合、障害を持った子供よりも多くの健常児を入れるべきである。

2 ペアやグループがピザを作るために使う材料を、部屋の様々なところに置かずに一ヶ所にまとめて置く。そうすることによって、メンバー同士の間の距離を緊密に保つことができる。

3　独力（一人で）ではなく、相互依存的（協力的）な方法で作業をすすめるよう、指示することに重点を置く。例えば、グループのメンバー一人ひとりが、ピザ作りに貢献するという目的を重視すべきである。さらに、チームメンバーが共同で参加するように指示することもできる（例えば、「ジョン、ダグがソーセージをスライスしている間、君はソーセージを押さえてあげたらどうだい？」とか、「セーラがピザを裏返したら、ベスはその上にチーズを振りかけていいよ。」等）。

4　作業のスピードや、正確に遂行することよりも、活動そのものを楽しむことが大事だということを強調するべきである。

ピザ作りを社会化のための活動として成功させるには、健常な子供が協力的な友達として効果的に参加できるよう、責任者が準備してやる必要がある。第一に重視すべきことの一つは、健常者は、可能な限り健常者に接する時と同じように、障害を持った特別な友人と相互作用すべきである。例えば、彼らは障害を持った友達がただ見ている間に、全ての作業を独りでやってしまうことを求められているのではない。しかし、健常者には、ピザ作りに障害を持った友達が積極的に参加できるためには、ある程度の援助が必要であることを教えておくべきである。健常な子供が手伝う時に役立ついくつかのアドバイス例を、列挙してみる。

1 友達と一緒にピザを作っている間は、彼のそばにいてあげなさい。

2 友達には笑顔で楽しく話しかけ、話している間は彼の目を見るように努力しなさい。

3 活動に参加するように友達を励ましてあげなさい。君と一緒にピザにペパローニソーセージを乗せたり、君がパン生地をこねている間に、トマトソースの蓋を開けるように彼を導いてあげよう。作業を楽しくし、君自身が楽しんでいることを友達に知らせてあげよう。

4 交代で作業をしよう。障害を持った君の友達は、順番を待つことに慣れていないかも知れないので、あまり早く始めたり、手伝いすぎないようにしなさい。でも、彼が困っていたり、面白くなさそうだったり、不満な様子を示したら、それは明らかに助けを必要としているというサインです。

5 必要な時に手伝ってあげなさい。君の友達は何をどうしたら良いのかを、常に分かっているわけではないので、次のステップは、彼が参加する上で役立つでしょう。

(イ) 友達が君と一緒に作業をやりたいと思うようになるように、声をかけてあげなさい。

(ロ) 作業のやり方を説明してあげなさい。

(ハ) 作業の進め方を説明しながら、友達に作業のやり方を見せてあげなさい。

(ニ) 作業の間、作業の進め方を説明しながら、やさしく友達の腕を取ったり、作業に合わせて友達の手を実際に動かしたりして、相手を導いてあげなさい。

6 作業が終わったら、何か気分が明るくなるようなことを言ってみよう。また君と一緒にペアを組みたいという気持ちを友達は持つようになるでしょう。

我々の研究グループは、障害のない子供が障害を持った子供と友達になるための準備として、「スペシャル・フレンド・カリキュラム」が特に役に立つという結論を出している(24、25)。(「スペシャル・フレンド・カリキュラム」については付録Fを参照)

次に、指導に当たる人は、社会的相互作用を円滑にするために、どのような役割を果たすかを決めるべきである。この点に関して、マイヤー(MEYER)と彼女の同僚が、自閉症の子供たちと普通の同級生との交遊に及ぼす様々なレベルの教師の監督の影響について調査している(26)。その結果を見ると、教師の役割が介入的か非介入的かという変数間の結びつきを調べて見ても、子供たちの相互作用にはほとんど違いはないことが分かった。また、子供同士が一旦仲良くなったら、教師が介入に関わる度合を減らしたり、打ち切ることも可能であることを示唆している。これと類似した研究では、重度障害を持つ子供との社会的相互作用と、障害のない子供との相互作用のそれぞれの場合における教師の発言の影響を比較している(27)。実験では、一つのグループにおいて、教師はプログラムの途中で協力的行動に関する刺激や褒め言葉を与え、もう一方のグループでは、教師は天候や週末の計画や他の話題についての気まぐれなコメントしか与えなかった。実験を始めた当初は、教師たちが社交性を誘発するように手本を見せたり、そのような遊びに対して刺激や褒美を与えたグループの方が社会的相互作用の度合いは高かった。しかし研究の中頃までに、二つのグループの間の差異はなくなり、研究が終わる頃には、活動の間、教師たちがごく一般的で気さくなコメントしか与えなかったグループの方が優っていた。この実験に参加した研究者たちは、子供たちの欲求や、子供が参加する活動の性質に応じて、教師たちが自分たちの介入を変形させていくように勧めている。この提案を実行するための一つの方法は、障害を持った子供と、障害のない子供から成るペアやグループが相互作用し始める時に、教師が子供たちを観察することである。どのような種類の協力的行動が行われており、どのようなものが行われていないのかに注意して、教師は各ペアや各グループのニーズに適した介入ができるように調整することが可能である。

さらに、教師は機能水準の低い生徒の参加を促進させるために、例えば、特定の設備の使い方や活動への参加の方法を示したり、口頭での指示や、模範の提示や、あるいは身振りでヒントを与えるといったことを通して、一つの活動を達成するためにあらゆる方法で指示を出し、個別的に指導を行うなどができる(28)。変容を促進させるための、統合された環境を作るため、相互作用の時間の合間に機能水準の低い生徒に対して、しばしば別途に補足的な指導を行うことがある(表16・1参照)。媒介者である教師には、表にあるような技法を伸ばすために、作業の分析を行うことが非常に効果的であるということが理解されるであろう。特に、次に連続して起こるであろう事柄が予測されていて、一つひとつの段階を重ねていくような場合はなおさらである。

時として教師は、機能水準の低い生徒に対して、彼らが自分のパートナーやグループに注意を集中するよう、新たな指示を出したり、あるいは他のメンバーが楽しそうにしていたり興奮している様子をコメントしたりして、適切に活動に参加する方法を再指導する必要に迫られる。

個別指導を必要とする状況	統合プログラムが望ましい状況
1：テーブルマナーの訓練（例：食器の使い方、ナプキンの利用、姿勢）	1：健常者と一緒の合同パーティーに参加する
2：4-Hクラブに往復するため一人でバスを利用する訓練（乗りたいバスの番号を速やかに選別し、バス停に正しく並ぶ訓練）	2：健常者と一緒の4-Hクラブの集まりに出かける
3：口腔衛生を清潔に保つための訓練（歯ブラシやフロスの正しい使い方、洗口液を使う必要性の判断）	3：友達の家で卓上ゲームをする
4：コミュニケーション能力向上のための言語・音声訓練	4：普通学級への編入の機会を促進する
5：言葉のかわりにカードを使って、食べ物の好き嫌いの意思表示をするための指導	5：友達と一緒にマクドナルドのようなところへ行き、注文する能力を促進させる
6：シャワーの使い方の指導（例：服を脱いでロッカーの前のベンチの上に置く。転ばずにシャワールームに入る。水を出して温度を調節する）	6：正規の体育の授業に参加する能力をつける

表16・1　統合プログラムの機会を最大限に活用するため、機能水準の低い人々に対して個別に行う指導

同年齢の友達同士の相互作用に参加したことへの報酬の大部分は、教師の褒め言葉などではなく、参加者同士の社会的な交流から生まれるはずである。従って、教師が同級生同士の交流活動を重視するならば、普通学級の生徒に対して「よくやった」という風に褒めしたり、この次に特別な友達と「協働」する時には、どのようにすべきかなどと、彼らに注意を促すようなことは避けるべきである。

障害を持った学習者とそうでない学習者が、協力的相互作用や友情に重点を置くプログラムに関わるようになれば、両者の間での積極的な社会的相互作用の頻度が増すことが期待できる。頻度の増加は、合同の野外キャンプ(29)、合同の芸術活動(30、31)、合同のボーリング大会(32、33)、合同の学校活動(34、35)、合同の運動場プログラム(36)、合同の体育活動(37)や、合同のスポーツキャンプ(38)等に関する種々の研究において見られた。そして、合同で行われる活動の合間に、障害を持つ学習者に対する、健常な同級生の側の受容も著しく増えたことを示す研究結果もある(39〜44)。

教職員の態度について見てみると、最近の研究の中には、初めて合同のキャンピングプログラム(過去二〇年間、キャンピングプログラムは障害を持った者と健常者とで別々に行われていた)に参加する以前と以後の職員の態度に関するデータを収集したものがある(45)。キャンプの後での彼らの態度について示す数字は、合同で行う機会をもっと増やすことを望むなど、肯定的な方向に著しく変化していることを示している。

そして、健常者と一緒の環境での、重度の障害者の機能の発達や行動の適切性については、多くの研究が著しい進歩が生じたことを報告している(46、47)。

教育の分野が新しい状況に対して寛容になるにつれて、「特別な友達」は、いつしか単なる「友達」になるにちがいない。しかし、同時に言えることは、個々に対する特殊教育サービスを放棄してはならないということである。むしろ、特殊教育に携わる人々は、本当に必要な時にだけ障害を持たない子供たちと機能水準の低い子供を別々に分け、正規の教育の場所で後者に行う個別指導の方策を開発し、改善していく必要があるだろう。

成年期 ――変容を促進させる地域社会の形成

成年として地域の生活にうまく溶け込んで行くためには、少なくとも三つの環境分野で大きく成長する能力を必要とする。それは職場、日常生活、そして余暇である。三脚でカメラを支えるのと同様に、これらのそれぞれの要素が互いを支えているのである。

健常な若者が、十分に独立した形でこれらの生活空間を営むのと比べて、機能水準の低い人は、今までに述べてきた、学校で行われるような媒介的な支援と個別的な技術訓練が必要となる。なぜならば、一般の地域社会がその内部に、あるいはそれ自体に本質的に変容を促進させるものを持つとしても、機能水準の低い人自身が適切な技能を持たなかったり周囲の支えがなかったならば、彼らにとって一般社会は困惑の種であり、時には敵意に満ちたものにもなりかねない。このことは、健常な人々の中にも、麻薬中毒、家出、未成年者の無計画な妊娠、孤独で無気力な多くの老人たちなど、割合に高い比率で「脱落者（フォール・アウト）」がいるという事実にもあてはまる。
以下は、機能水準の低い人たちの、自己管理の現状と、彼らの職場、社会、レクリエーション活動における在り方との相互関係を示す事例である。

ラルフ（Ralph）は近所のクリーニング店で服を仕分けたり、たたんだりする仕事に就いて、よく働いている。しかし、自分の住むアパートで、目覚し時計を間違いなくセットすることができない。そのため、遅刻することが多く、解雇される瀬戸際にいる。

クリス（Chris）はぞんざいな仕事をする癖がある。彼女の仕事は、工場でプラスチック製の品物をどの箱に詰めるかを示す写真を見ながら、写真の通りに品物を箱に詰めることである。同じ抜き打ちの点検をすると、彼女が詰めた箱は品物が多過ぎたり少な過ぎることがあった。同じ作業場で一緒に働く同僚たちは、彼女のために自分たちの流れ作業系列での負担が重くなっているため、次第に不愉快になっている。同僚たちは彼女の解雇を要求する嘆願書にたった今サインをしてきたばかりである。

ヘンリー（Henry）は勤め先でよくやっているし、独りで下宿生活を営んでいる。しかし、友達がなく、うまく娯楽活動をしたり、友達との交際を求める技能が少ない。彼の孤独は問題になり、欠勤日数が増えたり、家事をする習慣が著しく衰えるなどの影響が現れた。家主は彼に立ち退くよう脅かしている。

以上のそれぞれのケースにおいて、問題を解決するには複数の要素を組合せることが求められる。したがって、成人に対して変容を促進させるための環境を形成することを真剣に考えるならば、それら全ての要素に注目すべきである。

生徒の地域社会での機能の仕方を評価することが、その生徒の成功度を判断する最終的な尺度になる。そのため、高等教育は、常に地域社会と密接な関係を持っていなければならない。すなわち、本人の年齢相応性、機能性、統合性、そしてノーマリゼーションが重視されるべきであり、その教育は可能な限りにおいて地域社会そのものの内で行われるべきである。

今までに多くの研究者が、ダイナミックかつ創造的であり、それでいて機能水準の低い若者に適した、地域密着型の技術を開発してきた(48)。例えば、「環境目録(Environmental Inventory)」の作成は有用な技術であり、人類学者の作業方法と似ている。これは、関心のある地域についての、綿密で詳しい資料や、徹底した観察の全記録を作成するものである。機能水準の低い若者に、食堂での見習いの仕事を与えようと思っている職業カウンセラーは、事前にその食堂に行き、そこで件の機能水準の低い若者に対して伝授すべき技術を持った、経験豊かな従業員に「影のように」ついて回るのである。一つひとつの作業について詳しくノートを取るだけでなく、タイムカードの記録の仕方、休憩時間の過ごし方、そして「指揮命令系統」についても観察しなければならない。機能水準の低いクライアントの能力を上回り、調整が必要とされるような操作があれば、その内容は綿密に記録すべきである。

例えば、カウンセラーが担当するクライアントの左手が不自由であるにもかかわらず、食器洗い機の操作に通常左手を使う場合には、右手が使えるように機械に取っ手を付ける必要があること等を記入する（カウンセラーはノートに「問題なし。大きな鉄製の取っ手で十分。」といった具合に記す）。職員がどこでどのようにして昼食をとるのかも確かめておかなければならない（職員食堂の「社会慣習」に応じて、カウンセラーはクライアントに、話すべき時とそうでない時とについて教えることもある）。職場まで効率よくバスを使って出勤する方法を調べることも、クライアントが職業面で成功するためには、実際の職業的技能と同じくらい重要なことである。同様に、クライアントの日常の生活環境と余暇の環境に関する目録をも作成するべきである。

「作業分析（Task Analyzing）」も役に立つ訓練技術である。百貨店の通信販売のカタログを見て、子供に自転車を買ってあげるような時、組み立て式自転車の拡大設計図や、どの部品をどこに組みこむかを書いた説明書を使用するが、ここでいう作業分析とは、丁度このようなものである。

食堂の見習いとなった機能水準の低い若者のカウンセラーにとって、作業の分析は、仕事の流れを完璧にこなすために従業員が従うべき手順を書いた一枚の紙である（事実、先に述べた「環境目録」の一部になっている）。例えば、タイム・レコーダーの操作法や、食器洗い機の操作手順を訓練するために、作業分析を行うこともある。作業分析表が完成したら、必要に応じて個別指導用に余白を設けておき、カウンセラーは、見習いとなったクライアントに独りで全工程を行わせ、彼が独力でうまくできることとできないことを、記録する必要があるのである。

環境目録の作成と作業分析の作成および実行は、地域社会での実際の作業現場で行われるべきである。模擬的な方法を用いたり、似てはいるが実際の場ではないところでそれをすべきでない理由は、機能水準の低い人々は、学習した作業、あるいは学習した作業場と少しでも違った場合、学習した内容をほとんど応用することができないからである。従って、家で学習した食器洗い機の操作を、食堂の業務用の洗浄機の操作に完全に切り替えるように期待するのは非現実的である。さらに、技能の再応用が必要になった場合、移転させるべき学習内容の応用を促進させるような、認知構造変容理論（SCM）と関連した要素も、媒介的相互作用の中に含まれることになる。

職業訓練の期間中に行う媒介において、カウンセラーは作業分析の各段階を訓練するのではなく、それらを紹介するにとどめる。その後で、独りではできない部分を口頭で指導したり、模範を示したり、必要な場合には、実際に手を取って教えなければならない。誤りが生じた時には、すぐにそれを訂正すべきである。同様に、成功した時には、すぐにその場で褒め言葉をかけてやらなければならない。技能が次第に上達し、クライアントが作業分析の全段階を熟知し、食堂の環境全体に慣れたことが分かるようになったら、カウンセラーは徐々に媒介をやめていくのである。

機能水準の低い人が地域社会に入って仕事をするようになっても、『認知能力強化教材（インストゥルメンタル・エンリッチメント）（IE）』を用いるプログラムと職業関係の学習指導はできる限り継続するべきである。著者は、職業を持つ機能水準の低い成人にとって、IEは、常に刺激の源であり、職業に関連する機能的な学業的指導となり、また仕事を補助するものであることをしばしば確認してきた。認知能力に生じる諸々の構造的変容は、雇用の可能性にだけでなく、地域社会の中で上手に生活したり、余暇をより豊かに過ごすことにもすぐれた効果をもたらすに違いない。

本章を終わるにあたり、以上のような方針を定める時に役立つであろう資料目録を含む、付録Gを参照することを読者に勧めたい。付録Gは変容を促進させるための環境の形成と、それに関連する他の分野の資料目録を含んでいる。

以上を概括すると、変容を促進させる環境づくりは、幼い時に家庭で開始されて、学校教育を受ける期間中は、健常者と合同の個別化した変容促進的な活動を通じて継続され、成年期には地域社会、職場、日常生活、レクリエーションの場で、その最も重要な形として固められるべきなのである。これら全ての環境において、「潜在的学習向性評価法（LPAD）」のような評価と指導のためのダイナミックな技法、『認知能力強化教材（インストゥルメンタル・エンリッチメント）（IE）』を用いるプログラム、そして「作業分析」、「スペシャル・フレンド・プログラム」を認知の構造的変容の可能性を誘発するための媒体として利用しつつ、媒介者は重大な役割を継続して果たしていくのである。

【注】

（1） Beker, J., and R. Feuerstein. 1990. Conceptual foundations of the modifying environment in group care and treatment settings for children and youth. *Journal of Child and Youth Care Work* 4: 23-31.

（2） Beker, J., and R. Feuerstein. 1991. Toward a common denominator in effective group care programming: The concept

of the modifying environment. *Journal of Child and Youth Care Work* 7:20-34.
(3) Beker, J., and R. Feuerstein. 1991. The modifying environment and other environmental perspectives in group care: A conceptual contrast and integration. *Residential Treatment for Children and Youth* 8 (3) : 21-37.
(4) Nirje, B. 1969. The normalization principle and its human management implications. *Journal of Mental Subnormality* 16:62-70
(5) Selye, H. *Stress without distress.*
(6) Carew, J. 1980. *Monographs in child development.*
(7) Broussard, E. 1979. Assessment of the adaptive potential of the mother-infant system: The Neonatal Perception Inventories. *Seminars in Perinatology* 3:91-100.
(8) Klein, P., and R. Feuerstein. 1985. Environmental variables and cognitive development. In The at-risk infant: *Psycho/social/medical aspects*, eds. S. Harel and N. Anastasiow, 369-77. Baltimore: Brookes.
(9) Schaeffer, E., and P. Emerson. 1964. The development of social attachments in infancy. *Monograph of the Society for Research in Child Development* 29:1-77.
(10) Denenberg, V., and E. Thoman. 1976. From animal to infant research. In *Intervention strategies for high-risk infants and young children*, ed. T. Tjossem. Baltimore: University Park Press.
(11) Taft, T. 1981. Intervention programs for infants with cerebral palsy. In *Infants at risk: Assessment and intervention. An update for health care professionals and parents*, ed. C. Brown, 78. Palm Beach: Johnson & Johnson Baby Products
(12) Adelson, E., and S. Fraiberg. 1974. Gross motor development in infants blind from birth. *Child Development* 45:114-26.
(13) Fraiberg, S. 1971. Intervention in infancy: A program for blind infants. *Journal of the American Academy of Child Psychiatry* 10 (3):381-405.
(14) Fraiberg, S., M. Smith, and E. Adelson. 1969. An education program for blind infants. *Journalof Special Education* 3

(2):121-39

(15) Meyer, L.H. 1987. *Why integration?* Syracuse, N.Y.: Syracuse University School of Education.

(16) Brown, L., J. Nietupski, and S. Hamre-Nietupski. 1976. The criterion of ultimate functioning. In *Hey, don't forget about me!*, ed. M.A. Thomas. Reston, Va.: CEC Information Center.

(17) Hamre-Nietupski, S., and J. Nietupski. 1981. Integral involvement of severely handicapped students within regular public schools. *Journal of the Association for the Severely Handicapped* 6 (2): 30-39.

(18) Meyer, L.H., and G.S. Kishi. 1985. School integration strategies. In *Strategies for achieving community integration of developmentally disabled citizens*, eds. K.C. Lakin and R.H. Bruininks, 231-52. Baltimore: Brookes.

(19) Biklen, D. 1985. *Achieving the complete school.* New York: Teachers College, Columbia University.

(20) Stetson, F. 1984. Critical factors that facilitate integration: A theory of administrative responsibility. In *Public school integration of severely handicapped students*, eds. N. Certo, N. Haring, and R. York, 65-81. Baltimore: Brookes.

(21) Taylor, S.J. 1982. From segregation to integration: Strategies for integrating severely handicapped students in normal school and community settings. *Journal of the Association of the Severely Handicapped* 7 (3):42-49.

(22) Sailor, W.. and D. Guess. 1983. *Severely handicapped students: An instructional design.* Boston: Houghton Mifflin.

(23) Rynders, J., and S. Schleien. 1991. Together successfully: *Creating recreational and educational programs that integrate people with and without disabilities.* Arlington, TX: Assn. for Retarded Citizens of the United States.

(24) Voeltz, L.J., and others. 1983. *The Special Friends Program: A trainer's manual for integrated school settings* (rev. ed.). Honolulu: University of Hawaii Department of Special Education

(25) Cole, D., T. Vandercook, and J. Rynders. (in press). Programming social integration between children with and without severe disabilities. *American Educational Research Journal.*

(26) Meyer, L H., and others. 1987. The effects of teacher intrusion on social play interactions between children with autism and their nonhandicapped peers. *Journal of Autism and Developmental Disorders* 17:315-32.

(27) Cole, D.A., and others. 1986. Interactions between peers with and without severe handicaps: Dynamics of teacher

intervention. *American Journal of Mental Deficiency* 91:160-69.

(28) Rynders, J., K. Behlen, and M. Horrobin. 1979. Performance characteristics of preschool Down's syndrome children receiving augmented or repetitive verbal instruction. *American Journal of Mental Deficiency* 84:67-73.

(29) Schleien, S., J. Rynders, and T. Mustonen. 1986. *Using applied behavior analysis approaches to integrate children with severe handicaps into an outdoor education environment.* Minneapolis: Univ. of Minnesota Consortium Institute for Education of Learners with Severe Handicaps.

(30) Schleien, S., T. Mustonen, and J. Rynders. 1987. *Integrating children with severe handicaps into various art activities.* Minneapolis: Univ. of Minnesota Consortium Institute for the Education of Learners with Severe Handicaps.

(31) Schleien S., and others. 1995. Participation of children with autism and nondisabled peers in a cooperatively structured community art program. *Journal of Autism and Developmental Disorders* 25 (4) 397-413

(32) Rynders, J., and others. 1980. Effects of cooperative goal structuring in producing positive interaction between Down's syndrome and nonhandicapped teenagers: Implications for mainstreaming. *American Journal of Mental Deficiency* 85:268-73.

(33) Vandercook, T. 1987. *Performance in the criterion situation for learners with severe disabilities.* Ph.D. thesis, University of Minnesota, Department of Educational Psychology, Special Education Programs.

(34) Cole, D.A., T. Vandercook, and J. Rynders. 1987. Dyadic interactions between children with and without mental handicaps: The effects of age discrepancy. *American Journal of Mental Deficiency* 92:194-202.

(35) Meyer, L.J., and J. Putnam. (in press). Social integration. In *Handbook of developmental and physical disabilities*, eds. V.B. Van Hasselt, P.S. Strain, and M. Hersen. New York: Pergamon.

(36) Schleien, S., and others. 1985. Integrating children with severe handicaps into recreation and physical education programs. *Journal of Park and Recreation Administration* 3 (1): 50-66.

(37) Schleien, S., and others. 1986. *Effects of integrated recreation on learners with severe disabilities across four social*

levels of play. Minneapolis: Univ. of Minnesota Consortium Institute for the Education of Learners with Severe Handicaps.

(38) Schleien, S., M. Krotee, T. Mustonen, B. Keltenborn and A. Schermer. 1987. The effect of integrating children with autism into a physical activity and recreation setting. *Therapeutic Recreation Journal* 21(4): 52-62.

(39) Meyer, L.H., and G.S. Kishi. 1985. School integration strategies. In *Strategies for achieving community integration of developmentally disabled citizens*, eds. K.C. Lalkin and R.H. Bruininks, 231-52. Baltimore: Brookes.

(40) Voeltz, L.M. 1980. Children's attitudes toward handicapped peers. *American Journal of Mental Deficiency* 85:268-83.

(41) Voeltz, L.M. 1982. Effects of structured interactions with severely handicapped peers on children's attitudes. *American Journal of Mental Deficiency* 86:180-90.

(42) Schleien, S., and M.T. Ray. 1988. *Community recreation and persons with disabilities: Strategies for integration.* Baltimore: Brookes.

(43) Johnson, R., and others. 1979. Producing positive interaction between handicapped and nonhandicapped teenagers through cooperative goal structuring: Implications for mainstreaming. *American Educational Research Journal* 16: 161-68.

(44) Vandercook, T. 1987. *Teacher intervention to facilitate peer interactions: Definitions and examples.* Unpublished manuscript, University of Minnesota.

(45) Schleien, S., J. Rynders, T. Mustonen, L. Heyne, and S. Kaase. 1991. Teaching horticulture skills to adults with autism: A replicated case study. *Journal of Therapeutic Horticulture* 6: 21-37.

(46) Schleien, S., T. Mustonen, and J. Rynders. 1988. Art and Integration: What we can create. *Therapeutic Recreation Journal* 4: 18-29

(47) Voeltz, L.M., and J. Brennan. 1984. Analysis of interactions between nonhandicapped and severely handicapped peers using multiple measures. In *Perspectives and progress in mental retardation, Vol. 1: Social, psychological, and*

educational aspects, ed. J.M. Berg. Baltimore: University Park Press.

(48) Breen, C., and others. 1985. The training and generalization of social interaction during breaktime at two job sites in the natural environment. *Journal of the Association for Persons with Severe Handicaps* 10 (1):41-50.

第17章　新しい事例

サハール・ピック（Sahar PICK）が研究所に紹介されたのは、八歳の時だった。彼は、その異常に大きすぎる舌と筋肉の弛緩のために、ほとんど話しをすることができず、いたって消極的で、動作の緩慢な、反応の鈍い子供であった。しかし一方、彼の言語に対する受容性は発達していた。「潜在学習向性評価法（ＬＰＡＤ）」を用いて評価を行った結果、見た目は明らかに機能水準が低いにもかかわらず、彼には高度の変容可能性があることが分かった。非常に協力的なサハールの両親に対して、媒介学習体験（ＭＬＥ）の入門についての特訓が、我々の研究所の、ヤエル・ミンツガー（Mrs. Yael MINTZKER）女史によって行われた。同女史は、両親の訓練のみならず、児童の欲求に関する問題全般、特にダウン症児の欲求の問題を担当する、研究所直属のＭＬＥの専門家である。両親の協力により、我々のサハールに対する取り組みは、集中的であると同時に大変効果的なものとなった。我々の提案に従って、サハールは、彼よりも何歳か年下ではあるが健常な子供たちと一緒の学習環境に置かれた。そうすることで、彼が正規の学校へ入学するための準備に必要な行動を、周囲にいる正常に機能し話をすることができる他の子供たちから学習することを期待したのである。その後、彼が正規の学校環境において教育を続けることができるようになるために、社会的な行動と学習に対する強い意欲が身につくような、必要なサポートと訓練が与えられた。

一一歳の時に、彼は形成外科手術を受け、舌の短縮（glossectomy）と目と耳の矯正が行われた。それは彼の発話を改善すると同時に、人目に付きやすい外観の特徴を軽減するためであった。サハールの家族は、彼が大勢の親類縁者や地域社会の人々と接触し、できるだけ多くの人々と交際することで社会的適応能力を身につけるように配慮した。学校卒業後の二年間、彼は研究所の治療コミュニティーの一つに身を置き、そこで里親家庭での生活体験と『認知能力強化教材（ＩＥ）』を組み合わせたプログラムに参加した。次に、サハールは、潜在的学習能力向上国際センター（ＩＣＥＬＰ）所属機関の一つである、ハスブロー範例クリニック（HASBRO Paradigmatic Clinic）が運営する、高齢者と障害者の介護者養成コースに二年間組み入れられ、そうして立派にコースを修了した。コース終了と同時に、彼は志願兵として陸軍に入隊した。陸軍は、勤労し貢献しようとする彼の意欲を認め、前例のない正規兵としての兵役が許可された。最近彼はその任務を無事終了したところである。一九九三年には、サハールに対して「優等兵士賞」という名誉が与えられた。

それと同時に彼は、絵（水彩画）を描くことを学んだが、彼の絵の教師は、サハールのことを、創造的でオリジナリティーがあり、高度な動機付けを持った人物として高く評価したのである。後にその教師は、サハールの作品を世に広く紹介することになった。サハールの能力が最高に発揮されたのは、イスラエル郵政局（切手発行サービス）の主催で、全国画家選抜コンクールにおいて、およそ二〇〇名の匿名による参加作品の中から、サハールの作品が選ばれたことである。審査委員会は彼の絵に感銘を受け、建族五七五七年記念（5757 High Holidays, 1997）祝祭日切手シリーズのための一連の原画を彼に依頼したのである（写真17・1および17・2参照）。サハールが委員会主催の表彰式に列席した時、審査委員たちは、彼がダウン症者であることを知って驚いた。切手シリーズのデザインの他にも、サハールは国際フェスティバルで用いられた衣装デザインも担当した。我々は、この業績を、あくまで彼にとって現時点での能力の頂点であると考える。なぜならば、今後さらに彼の発達と啓発とが期待されるからである。それに何よりも、サハールのおかげで我々は、こうした例外的属性を持った人たちの美術作品を、単に知的障害者の心象が、特定の身体表現を通じて表現された形式であるといった情報源として見る代わりに、今ではそれらを真の美的体験として観賞することができるのである。サハールのような人たちの作品を、我々は、我々自身の美に対する欲求と価値観とを、より豊富にするために貢献するものとして観るのである。このように変化した物の見方は、人類の創造性と、その果てしない探求心に関する我々の理解を深めていくであろう。

サハールが成し遂げたことは、染色体やその他の異常をもつ人々の状態がどのようなものであれ、我々が彼らの自己変容能力を確信し、その変容を実現するための具体的手段が整えられたならば、どれだけの機能水準を、我々が彼らに対して望み得るかを如実に物語っている。サハールは、通常ダウン症者に期待されることのない、従って事実今まで決して啓発されることのなかった、想像力、創造性、芸術性、美的情緒と呼ばれる諸々の能力の障壁を突き破ることに成功したユニークな例なのである。

彼に敬意を表したい。

図17・1　イスラエル郵政局がサハールにデザインを依頼した三枚の建族五七五七年記念切手。それぞれはユダヤ教の三大祝日（ロッシュ・ハシャーナ（Rosh Ha-Shana）、スッコッテ（Succoth）、シンムハット・トラー（Simhat Torah）を主題にしている

図17・2　切手発行を記念して、ＩＣＥＬＰが作成した、サハール・ピック（右）とフォイヤーシュタイン教授の写真および記念切手がデザインされた封筒の一部

あとがき　将来への展望―社会全体に変容をもたらす必要性―

過去数年間、ＬＰＡＤによって得られた結果に基づき、我々は、機能水準の低い何千もの人たちが教育プログラムに受け入れられるよう、進歩的な、また時には保守的な教育行政担当者、教師、雇用主たちを説得し、かつまたＩＥプログラムや他の介入手段でその人たちをサポートしてきた。しかし、逆に、得られた多くの成功例は我々にとってフラストレーションと不満の原因にもなっている。もしもより多くの社会分野において、受容的現状維持アプローチから積極的変容誘導アプローチへの切り替えが行われたならば、機能水準の低い多くの人たちに対してどれほど大きな貢献がなされることか。

ジーヴィー（Zivi）はダウン症者であったが、その学習意欲と論理的思考能力は、彼を知る全ての人々を驚かせるほどであった。しかしジーヴィーは、就職活動がどれもこれも皆失敗に終わったため、非常に落ち込んでしまったのである。彼はこう呟いた。「どの方向を向いても、ゼロ以外になにも見えません。大きなゼロ、沢山のゼロ、ゼロ以外に何もないんです。」…　個人や、その人の属する仲間たちのグループを変化させ得たとしても、彼らが依存する社会制度が変化しなければ、変容という彼らの目標実現への道は閉ざされてしまう。のみならず、社会が自分たちに対してできることがあるにもかかわらず、社会がそれを実行しないということを知ってしまった機能水準の低い人たちの状況をさらに悪化させてしまうことも考えられるのである。

ここで一つの寓話を紹介しよう。人権のために日々全力を尽くしている男が、忙しい一日を終えて帰宅した。男が眠りにつくと、夢の中に天使が現れて、彼が地獄の第八区域に送られるであろうということを告げた。男は天使に、第八区域はどういうところかとたずねると、天使は、その区域に実際に行って見てくることを男に許可した。さて、第八区域に行ってみると、誰かが次のような愚痴をこぼすのが聞こえた。——ここは寒くて寒くて、とても生きてはいられない。そこで男は、寒さの原因である雪山に目を遣って、そしてその雪山を自分の体温で溶かそうと決意した。彼はシャツを脱いで、山に近付いた。時間が経つにつれて、体の熱で溶けた雪の水は流れ始めた。雪が完全に溶けた時、彼はやり遂げたという喜びを実感しながら再びシャツを着た。ところが、溶け出た水が今度は氷の湖に変わっていることを見てぞっとした！寒さが前よりもいっそう厳しくなっていたのだった。この話の教訓は、たとえ社会の一部に変化がもたらされたとしても、それは無意味であり、場合によっては社会全体が変化するのでなければ有害でしかないということである。

上記のような問題の一例は、一九六〇年代に、黒人の子供たちを白人の学校に入学させて、差別のない教育を行おうと試みたときに起こった出来事に見られる。実際にある黒人の子供は白人の学校に入学させられたわけだが、しかし一旦入学した後、その子供たちは教育可能な発達遅滞児のための学級に回されたのである。白人と同じ「統合された」学校への入学という権利を勝ち取った子供たちは、今度はその学校の中で隔離され、少数民族というレッテルよりもおそらく遙かに、彼らにとって教育を受ける機会が損われるような、障害者というレッテルが貼られたのである。

同様に、教育の主流（メインストリーム）に機能水準の低い子供たちを統合することで彼らの運命を改善しようとした人々は、一方でその子供たちの受け入れが保証されるために必要とされる、同年代の多くの子供たちに対する徹底した指導を往々にして怠ってきたのである。こういった準備には、個人が統合教育から利益を得るのに必要な、認知的、社会的、そして動機付けに関する様々な要素の刺激が含まれていなければならない。

機能水準の低い多くの人たちにとってこの世界は、ジーヴィーが劇的に表現したように、いまだに大きなゼロ、沢山のゼロだらけであり、そしてときには「ゼロ以外になにもない」のである。失敗の原因は、変容を誘導する努力が、質的に中途半端で断片的だということである。「雪を溶かした男」は雪山を溶かしたものの、大気を暖める方法を考え出さなかった。彼の純真な行為は、彼が改善しようとした状況を、より悪化させたのである。

受容的現状維持アプローチに対する信念体系は、一部には政治的態度に、他の一部は、状態評価というものが学問として「科学的コミュニティー」に受け入れられるようであらねばならないとする要求に由来する。知能が「現実のモノ」である（つまり「知能」が物象化され得る）という信念は、しばしば人の知能というものを正確かつ高精度に測定することができると主張し（今では、そのような要求を一部の研究に対して放棄せざるを得なくなった物理科学にとっては羨ましい限りであるが）、またそれを同様に予測するということが正当化されるような方向へと導く。

機能水準の低い人々のために雪山を溶かすには、変容を円滑にするような環境を形成する努力を行うことで、その人に対して本質的な変化の数々をもたらすことを可能にするだけではなく、彼らが社会で成功する上で必要な状況を設定し、それらの変化を「促進」していかなければならないのである。これを実現するためには、積極的変容誘導のような信念体系の促進を必要とする。それによって「全ての」人々は、自らの認知機能を変容させることを通して自分の人生の質を改善し、それと同時に社会にも改善をもたらすのである！（1、2）。

【注】

（1） Kamin, L.J. 1977. *The science and politics of IQ.* Hillsdale, N.J.: Erlbaum.
（2） Coles, G. 1987. *The learning mystique.* New York: Pantheon Books.

本書の翻訳作業を完遂し、またこの一書を日本の読者諸賢のために提供する機会を実現するにあたって、ロイド・B・グレアムならびにエベリン・グレアム両博士が払われた並々ならぬ努力に対し、著者はここに最大の謝意を表したい。

ご両親や教師、さらに究極的には潜在能力を最高限度まで発揮するために援助を必要とする当の子供たちに対して、本日本語版が及ぼしうるであろう影響によって、グレハム夫妻の努力が報いられることを切に願うものである。

ルーヴェン・フォイヤーシュタイン
ヤーコヴ・ランド

訳者あとがき

本書の訳者が日本語の勉強を始めたのは一九四三年、カナダ政府の援助を受けてのことであった。合計十八年間におよぶ日本滞在期間中、訳者は専ら社会福祉を学び、その分野における実践と研究を続けた。

一九五八年にトロント大学よりＰｈ・Ｄの学位を授与されたが、そのときに提出した論文は、日本人の養子を迎えたアメリカの四八家族を対象にした調査に基づいたものである。その後、日本の研究者たちの協力を得て、社会福祉法人・日本国際社会福祉事業団（International Social Service, Japan）および、社団法人・家庭養護促進協会（Association for Advancement of Family Care）を設立することができた。そして一九六六年まで、関西学院大学社会学部教授として勤務した。

一九六六年から一九八四年まで、訳者はトロント大学社会福祉学部において大学院指導教授としての役職に就いたが、その間にフォイヤーシュタインおよびランドの両教授と知遇を得る機会をもった。

一九七一年から一九八二年にかけて、訳者は妻エベリンとともに、両教授が主催し、トロント、ナッシュヴィル、ニューヨークおよびエルサレムの各市で開催されたワークショップに参加し、その運営に協力した。エベリンは一九八一年に『トロント市中心部の多民族共生中学校において、生徒の認知的、言語的変容促進のために用いられた、フォイヤーシュタイン氏の認知能力強化教材について(*Feuerstein's Instrumental Enrichment used to change cognitive and verbal behavior in a citycore, multiethnic Toronto secondary school*)』と題された論文によって、トロント大学より教育学博士号を得た(1)。その頃から訳者は、研究と実践の潮流や進展についてフォイヤーシュタイン教授と頻繁に書簡をやりとりするようになった。本書の英語改訂第二版の日本語への翻訳について、訳者は著者たちの了解を得ることができた。翻訳の完成にいたるまでには、多くの人びとの協力を仰ぎ、日本語の構文や言い回しについてのチェックを章ごとに行っていただいた。ここにその方々のお名前をあげさせていただきたい。

芦塚英子、阿部美奈、井口禎三、色部理恵、故・佐伯武雄医学博士、そして丸尾伸之の各氏である。翻訳の全行程を通じて、曽(旧姓北川)千春氏にはいくつもの原稿について構文上の問題や、文章を日本語としてより読みやすくするためのチェックを行っていただいた。また、丸尾恵子女史には完成原稿を数回にわたって校正していただいた。本書の翻訳は多くの人びとの献身的な協力において成立したことを、深い感謝の意をもって述べたい。

この出版企画を関西学院大学出版会の編集委員会に対して推薦して下さった、武田建博士のご厚意に対して、衷心より謝意を表したい。それと同時に、フォイヤーシュタイン教授およびその同僚たちの研究を日本の読者に紹介することの意義についての先見性を示された、関西学院大学出版会と宮原浩二郎同出版会編集委員長に厚くお礼申し上げる次第である。

この出版企画を並はずれた手腕でもって遂行して下さった同出版会編集部の岡見精夫氏およびそのスタッフに、訳者は心からの謝意を捧げるものである。

さて、本書の中核をなす理論の実践的な方法・ツールとして紹介されている教育法について、その現状を若干ここに述べておきたい。

本書第14章（三八四―三八六頁）で指摘されているように、認知構造変容と媒介学習体験理論に基づく「MLE」および「IE」プログラムは、治療と教育の場面でダウン症者を含む多種多様な人びとを対象として広く応用されている。

潜在的学習能力向上国際センター（ICELP）発行の文献リストには、一九五三年以来、二十か国以上において行われた研究の結果が紹介されているが、これらの研究結果が相当数の国々において公表されていることがわかる（2）。

日本においても、公立、私立を問わず教育の現場にある教諭の方々や、また教職課程在学中の大学生の諸氏も、今後受け持つであろう生徒のなかに、文部省の表現を借りるならば「学習が遅れがちな生徒、障害のある生徒…の実態に応じ、指導内容や指導方法を工夫する（3）」必要性のある高校生に出会うであろう。また、国語教材については「教材は、次のような観点に配慮して取り上げること…思考力を伸ばし、心情を豊かにし言語感覚を磨くのに役立つこと(4)」と表現されているが、総合的に生徒の思考力の啓発を考慮して教材を求めたならば、本書で紹介した『認知能力強化教材（ＩＥ）』が将来重要な役割を担う可能性が高いように思われる。

『認知能力強化教材（ＩＥ）』を教育の現場や治療方面で用いるための資格を取得する目的で、講習会が毎年数か国で運営されている。潜在的学習能力向上国際センター（ＩＣＥＬＰ＝本書第10章、11章二六三頁および二七八頁参照）の主催で一九九九年に、オーストラリアとイスラエルで開催されたワークショップには、日本からも人材が初めて出席したことをお知らせしたい。あと一回のワークショップで、彼女は「ＩＥプログラム」を指導することのできる教師の資格を得ることになる。また、資格を取得したあと現場で「ＩＥプログラム」の経験を積み上げた場合、教師はＩＥスーパーバイザーの資格を得るためにさらにアドバンス教習を受けることができる。その次の段階では、本国で「ＩＥワークショップ」のトレーナー教習を行うことも見込まれる。この制度に対する大学の反応としては、たとえば英国のエクサター大学（Exeter University）ではＩＣＥＬＰとの提携にしたがって、「ＩＥワークショップ」への参加を修士号のための単位取得の方法として現に認めている。将来的には日本の大学と同様の提携も可能になるような、関係者の努力が結実する時期が到来することも考えられるであろう。先に述べたような段階を経てＩＥ関連の資格を身につけることは、知的職業人としてのキャリアを磨く新たな道を提供するという意義をもつのである。そしてもちろん、本書第15章に登場したエンゲルス女史のように、発達遅滞の我が子の養育において、その思考能力を伸ばす手段として「IE」を家庭で利用したいという両親に対しても、道は開かれているのである。

「IEプログラム」はまた、さまざまな意味で過渡期にいる人たち、たとえば他国／他地域からの移住者、不慣れな技術に適応しようとする人びと、そして新たな学習様式に適応しようとしている人びとをもその対象に含めて利用することができる。

本書に込められた希望のメッセージは、認知機能不全（付録B参照）を背負ったすべての人たちに、そして、今はまだ本来その人がもっている潜在的な思考能力よりも低い水準で認知的に機能している数多くの人たちに対して与えられたものである。一人ひとりがその能力を発揮し得るようにエンパワー（empower）される可能性があるというメッセージを、より多くの日本の読者のみなさまにお伝えすることができれば、訳者として最大の喜びである。

二〇〇〇年四月

ロイド・B・グレアム（Lloyd. B. Graham）

（1）Dissertation Abstracts International. 43. 2A, 428-429, University of Toronto. 関西学院大学図書館（兵庫県西宮市上ヶ原1番町）に蔵書されている。

（2）『認知構造変容と媒介学習体験理論およびそれらを応用したシステムに関する研究文献目録』潜在的学習能力向上国際センター（ＩＣＥＬＰ）発行。一九九八年。（1998. *Bibliography on the theory of structural cognitive modifiability and mediated learning experience and its applied systems.* Jerusalem.: International Center for the Enhancement of Learning Potential.）は同大学図書館で閲覧できる。

（3）文部省（平成十一年発行）『高等学校学習指導要領案』「教育課程の編成、実施にあたって配慮すべき事項」5の（6）、十二頁。

（4）文部省（平成十一年発行）『高等学校学習指導要領案』第2集第1節「国語」第2款第3「国語総合」3の（6）のイの（ウ）、十九頁。

付録A

媒介学習体験（ＭＬＥ）
相互作用における基準と分類

これは、媒介の意味内容に従って、ＭＬＥ相互作用の分類に用いる符号化の該略をまとめたものである。この付録は、本文で提示した分類を説明するために縮小したものであり、従って、本付録は決して完全でもなく決定的でもない。

Ⅰ．媒介学習的相互作用の規準

1 （媒介に対する）志向性と相互性（Intentionality and reciprocity）
2 超越性（Transcendence）
3 意味の媒介（Mediation of meaning）
4 自己有効感の媒介（Mediation of feelings of competence）
5 行動の制御と統制の媒介（Mediation of regulation and control of behavior）
6「分かち合う行動」の媒介（Mediation of sharing behavior）
7 個性化と心理学的分化の媒介（Mediation of individuation and psychological differentiation）
8 目標の追求、目標の設定、目標の計画、目標達成行動の媒介（Mediation of goal-seeking, goal-setting, goal-planning, and goal-achiev-

* 本付録は R. Feuerstein, Y.Rand, M. Hoffman と R. Miller. 1980. *Instrumental Enrichment*（『認知能力強化教材』第二章）Baltimore: University Park Press に基づく

ing behavior）

9 挑戦（新奇さ、複雑さの探求）の媒介（Mediation of challenge: the search for novelty and complexity）

10 人間（＝変化する存在）としての意識の媒介（Mediation of an awareness of the human being as a changing entity）

11 楽観的な選択肢の媒介（Mediation of an optimistic alternative）

Ⅱ．媒介相互作用の分類

1 媒介された集中 （Mediated focusing）

2 媒介された刺激の選択（Mediated selection of stimuli）

3 媒介されたスケジュール作成（Mediated scheduling）

4 媒介の誘発（要求）（Provoking (requesting) mediation）

5 肯定的な期待の媒介（Mediation of positive anticipation）

6 媒介行動の代用 （Mediated act substitute）

7 媒介された模倣 （Mediated imitation）

8 媒介された反復（Mediated repetition）

9 媒介された強化と報酬（Mediated reinforcement and reward）

10 媒介された言語的刺激（Mediated verbal stimulation）

11 媒介された制止や制御（Mediated inhibition and control）

12 刺激の提供の媒介（Mediated provision of stimuli）

13 短期記憶の媒介（Mediated recall - short-term）

14 長期記憶の媒介（Mediated recall - long-term）

15 過去伝承の媒介（Mediated transmission of past）

16 未来表象の媒介（Mediated representation of future）

17 言語的な異同認知の媒介（Mediated identification and description - verbal）

18 非言語的な異同認知の媒介（Mediated identification and description - nonverbal）

19 媒介に対する肯定的な言語的反応（Positive verbal response to mediation）
20 媒介に対する肯定的な非言語的反応（Positive nonverbal response to mediation）
21 責任負担の媒介（Mediation of assuming responsibility）
22 媒介された責任の共有（Mediation of shared responsibility）
23 因果関係の媒介（Mediation of cause-and-effect relationship）
24 媒介された言語反応（Mediated response - verbal）
25 媒介された動作反応（Mediated response - motor）
26 媒介された識別と順序の設定（Mediated discrimination and sequencing）
27 空間的見当識の媒介（Mediation of spatial orientation）
28 時間的見当識の媒介（Mediation of temporal orientation）
29 比較行動の媒介（Mediation of comparative behavior）
30 媒介された作業完成感の育成（Mediated fostering of a sense of completion）
31 集中の方向づけの媒介（Mediation of directing attention）
32 媒介された観念連想とその応用（Mediated association and application）
33 媒介された批判的解釈（Mediated critical interpretation）
34 媒介された演繹推論（Mediated deductive reasoning）
35 媒介された帰納的推論（Mediated inductive reasoning）
36 推論的思考の発達の媒介（Mediation of developing inferential thinking）
37 問題解決方略の媒介（Mediation of problem-solving strategies）
38 価値観の伝達の媒介（Mediated transmission of values）
39 入力の諸段階での正確さの欲求の媒介（Mediation of need of precision at input levels）
40 出力の諸段階での正確さの欲求の媒介（Mediation of need of preci-

sion at output levels）

41 入力の諸段階での論理的証拠に対する欲求の媒介（Mediation of need for logical evidence at input levels）

42 出力の諸段階での論理的証拠に対する欲求の媒介（Mediation of need for logical evidence at output levels）

43 体系的な探索の媒介（Mediation of systematic exploration）

44 媒介された現実との直面（Mediated confrontation of reality）

45 媒介された刺激の体系化（Mediated organization of stimuli）

46 認知的操作の媒介｜言語的（Mediation of cognitive operation - verbal）

47 認知的操作の媒介｜動作的（Mediation of cognitive operation - motor）

48 感情の察知の媒介｜言語的（Mediation of perception of feelings - verbal）

49 感情の察知の媒介｜非言語的（Mediation of perception of feelings - nonverbal）

50 相互性の媒介（Mediation of reciprocity）

付録B

認知機能不全

媒介学習体験を不十分に行うことは、認知機能の未発達や、発達不全、もしくはそれが停止したり、阻害されたりすることの原因になる他、認知機能がめったに用いられなかったり、あるいは効果的に用いられないという結果につながる。これらの機能不全は、周辺的なもの（情報の収集や伝達）として、または、中心的なもの（情報の精緻化）としてあり得る。そしてそれは、構造的なものというよりは、しばしば態度や動機における不全、学習姿勢の欠如、内発的諸欲求の欠如といったものを反映している。その現象が可逆的なものであるということは、臨床および実験を通じて、特にダイナミックな評価を通じて得られた証拠によって証明されている。「潜在的学習向性評価法（ＬＰＡＤ）」を臨床に用いることで、心的行為を入力段階、精緻化段階、出力段階に分類して、認知的機能不全を部分的に一覧化することも可能になった。ある段階における欠陥の重さは、必ずというわけではないが他の段階の機能の能力に影響しかねない。例えば、入力段階の欠陥は精緻化と出力段階のどちらか、または両方に対しても影響を及ぼし得る。たとえ精緻化が独創力に富み、創造的で正確なものであっても、それが入力段階での不適切な情報に基づいていたり、あるいは出力段階で適切に表現されないということであれば、結果として誤った反応を生み出すことがある。

入力段階に見られる認知的諸機能の欠陥には、個人が、ある問題や

対象、もしくは体験に直面した際に収集する情報の、量的質的な不完全さといったものがある。それらの欠陥には以下のものが含まれる。

1．不鮮明でまばらな知覚。
2．無計画、衝動的、非体系的な追求行動。
3．理解のための言語的手段の欠落、もしくは欠陥。これは分類行為に影響を及ぼす(対象や出来事または関係に対して不適切な名称を付けることになる)。
4．空間的見当識の欠落や欠陥と、安定した関係系の欠落。これらの見当識は、空間の位相体系とユークリッド的な組織化に必要なものである。
5．時間概念の欠落もしくは欠陥。
6．一つまたは複数の次元的変化にまたがった場合の、一貫性（例えば、大きさ、形、数量、色、見当識の恒常的保存）の欠落や欠陥。
7．情報収集の際の、緻密さや正確性に対する欲求の欠落、もしくは欠陥。
8．二つあるいはそれ以上の情報源を、同時に考察する能力の欠落。これは、情報を事実の組織的なまとまりとしてではなく、断片的に処理する仕方に反映される。

精緻化段階に見られる不完全な認知的機能には、入手可能な情報や、既存の手がかりを能率的に利用することを阻む以下の要素が含まれる。

1．問題の存在と、その定義についての不十分な知覚。
2．問題の定義にあたって、関連のないものの代わりに関連のある手がかりを選ぶ能力の不足。
3．自発的な比較行動の欠落、または限られた欲求体系への応用が制限されていること。

4・知的視野の狭さ。

5・現実の偶発的な把握。

6・相関関係の抽出や設定に対する欲求の欠落。

7・要約的行動についての欲求ないし実践の欠落。

8・論理的証拠を探求する欲求の欠落、または欠陥。

9・仮定的（「もしも・・ならば」といった）推測的思考の欠落、または欠陥。

10・仮説証明的方略の欠落、または欠陥。

11・計画的行動の欠落、または欠陥。

12・内面化の欠落、または欠陥。

13・当該言語についての概念が、受容レベルにおける言語レパートリー中に存在しないか、もしくは表現レベルで運用されていないことによる、特定の認知カテゴリーの無精緻化。


出力段階に見られる不完全な機能には、洞察や解答、解決法の不十分な伝達を産み出す次のような諸要素がある。留意すべき点は、もしこの段階で問題が起きれば、いくら情報が十分に知覚され、適切に精緻化が行われていても、その知覚と精緻化は誤った解決法もしくはでたらめな解決法として表現される可能性がある。この欠陥としては以下のようなものがある。

1．自己中心的な伝達の諸様式。
2．虚像関係（virtual relationships）の投影における困難。
3．阻止現象（blocking）。
4．試行錯誤的反応。
5．十分に精緻化された反応の伝達に要する、言語およびその他の手段の欠落、または欠陥。
6．反応の伝達に要する緻密さや正確性に対する欲求の欠落、または

欠陥。
7・視覚移動の欠陥。
8・衝動的、無作為的、無計画的行動。

認知的機能不全は、力学的評価と教育的介入の過程を方向付ける際に重要な役割を果たす。被評価者の困難を指摘する上で、ＬＰＡＤの評価者および教育者は、以上の不全のあらゆる顕現に対して、徹底的に理解しておかなければならないのである。

付録C

認知地図

作業の諸特性と、被験者によるその実行との関係を概念化するために重要となる今ひとつの方法が認知地図である。その概念的モデルは、地形学的な意味の地図ではなく、特定の問題分野の所在を示す手段であり、それらの問題の次元に対応するような変化をもたらすための手段である。認知地図は、被験者の行動を七つのパラメーターに基づいて分析、解釈できるように、その心的行為を表現するものである。これらのパラメーターの調整は、被験者にとって困難が予測される部分に関して、仮説を立てそれを確認する上で、また評価者と被験者との関係性において、非常に重要なものになる。七つのパラメータは次の通りである。

1 **「心的行為を中心においた内容領域」**
被験者が特定の内容を処理する能力は、被験者の体験的、文化的、教育的背景と直接関連する。中には被験者にとってかなり縁遠いような内容もあるだろう。そのような場合、それを習得するのにあまりにも集中的な投入が必要とされるのである。そのため、内容そのものが被験者の認知機能と作用に関する情報を提供するという、評価の本当の目的に役に立たなくなってしまう。評価と介入の両面において、内容の調整は変化を洞察する際の源になるだろう。

2 **「心的行為の表現に用いられる様相または言語」**

言語、絵、数字、図形、象徴、グラフィック、あるいはこれらを組み合わせたものや、その他の記号との組合せからなる様相は、被験者達の実績に影響を与える。何か一つの様相で被験者が示す精緻化能力は、別な様相で作業を提示した場合には彼らの達成し得る能力を反映するとは限らないということから、様相というパラメータは重大な位置を占めるのである。例えば、数学の問題が、数字と符号を使って出題された場合には解くことができるが、同じ問題が言語という様相で出題されると解けないことがあり得るというのは、その一例である。

3 **「心的行為の段階」**

心的行為は大きく三つの段階に分ることができる。すなわち入力、精緻化、そして出力である。この三つの段階は相互に関係するが、特定の心的行為が要求するところにしたがって、それぞれの段階に対する比重の置き方が異なってくる。不十分な反応の原因を突きとめるためにも、評価者が提供すべき媒介の質と規模を決定するためにも、各段階（その段階における認知機能の強さもしくは欠陥）をそれぞれ切り離すことが役に立つ。

4 **「心的行為に必要な認知作用」**

心的行為は、新しい情報を一般化するために情報を組織化し、改変し、操作し、理解し、活用するための法則や作用にしたがって分析される。各作用は比較的単純なもの（例えば、識別や比較）もあれば、複雑なもの（例えば、類推思考、推移的思考や論理的乗法）もある。

5 **「複雑さの水準」**

心的行為はその中心にある情報単位の数や、その情報が被験者にとって、どれだけ目新しく身近であるか、その度合いに従って分析される。

6 **「抽象性の水準」**

特定の心的行為と、その対象となる物や出来事との間の、概念的あるいは認知的隔たりが抽象性の水準を決める。例えば、知覚と物的動作を通じて対象間の関係を分類するような心的行為（具象－抽象）は、関係性と別の関係性との結びつきを分析するような心的行為（すなわち、抽象－抽象）と比べて抽象性の水準は低い。

7 「心的行為の効率性の水準」

心的行為の効率性の水準は、その行為の速度および正確さによって客観的に測ることもできるし、また、作業の遂行のために投入された努力の量といった主観的尺度に基いて測定することもできる。効率性の水準は、当該の心的行為の結晶度（crystallization）と、その習得がどのくらい新しく行われたかについての関数である。最近習得されたばかりで、いまだ習慣化されていない過程は、外的な様々な要素の前で不安定であるし、より抵抗力が弱い。効率性が一向に高まらないのは、他の六つのパラメーターの内の一つあるいは複数のパラメーターに困難があるためだけでなく、物理的、環境的、情緒的、動機的な多くの要素が一時的であったり、はかないものであったり、より広範囲なものであるといった要因にもよる。このパラメーターは、被験者の能力を疑う根拠と混同されるべきでないが、通例の心理測定においてこの二つの要素は混同されることが多い。

認知地図は力学的評価と体系的な認知的介入に広範囲に利用されるものである。これは素材の作成やその評価中における選択ならびに操作、媒介学習的な介入、そして被験者たちの行動の解釈において重大な役割を果たしている。

認知構造変容（ＳＣＭ）理論と「潜在的学習向性評価法（ＬＰＡＤ）」との関係は循環的なものである。ＳＣＭ理論とその実演的要素は、ある程度までＬＰＡＤの実績に由来し、そしてそれは同時にＬＰＡＤがＳＣＭ理論を応用した結果でもある。

付録Ｄ

『認知能力強化教材（ＩＥ）』を用いるプログラム
（インストゥルメンタル・エンリッチメント）
その実験的応用の結果

次に示した図１および図２は、ランド、タンネンバウム、そしてフォイヤーシュタインの三教授が行った、機能水準の低い人たち、もしくは文化的剥奪を受けた人たちとして類別された青少年に対する、ＩＥプログラムの長期的影響に関する追跡研究の結果を要約し、グラフの形で示したものである。

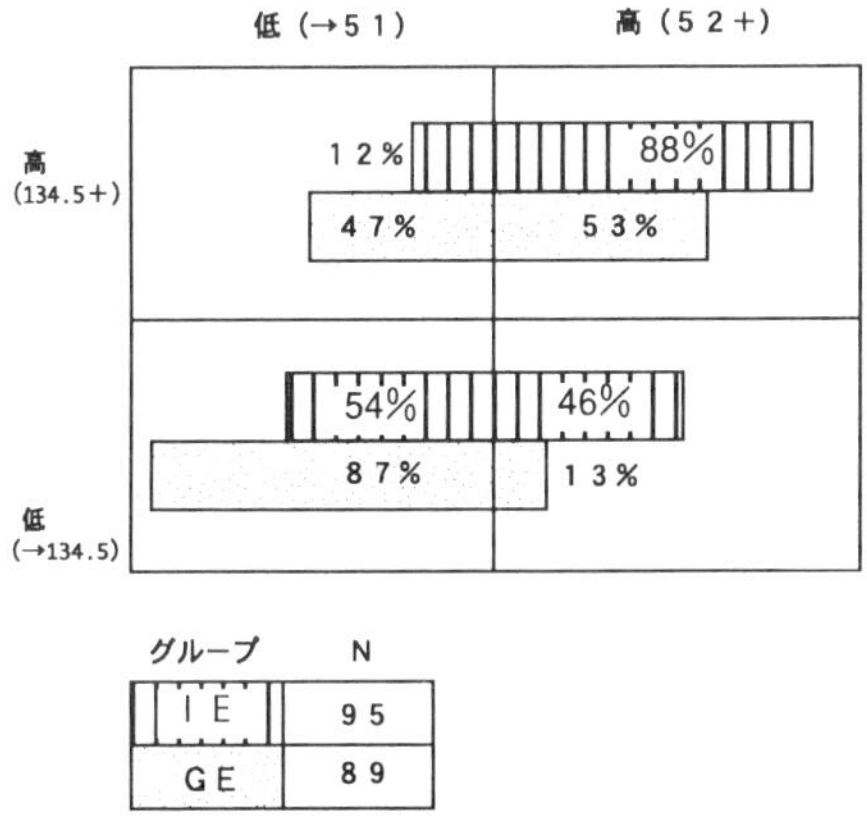

図１．『認知能力強化（ＩＥ）教材』を用いたプログラムの追跡研究。実験前のＰＭＡ剣数と、実験終了時のＤＡＰＡＲ剣数のカテゴリーに見られた割合をパーセントで示す（対象総数Ｎ＝184）。
ＰＭＡ＝サーストン（L.L.THURSTONE）が作成した、初等知能テスト(Primary Mental Abilities Test)。ＩＥ＝『認知能力強化教材』を用いるプログラムを体験したグループ。
ＧＥ＝一般的な学業的強化を体験した比較グループ。高／低＝以上両方のテストを受けた研究対象者全員の実績の平均点。留意点：ＩＥ集団とＧＥ集団の差異は全て(p<.01)である。（訳注　統計学的観点からいえば、重要な結果）

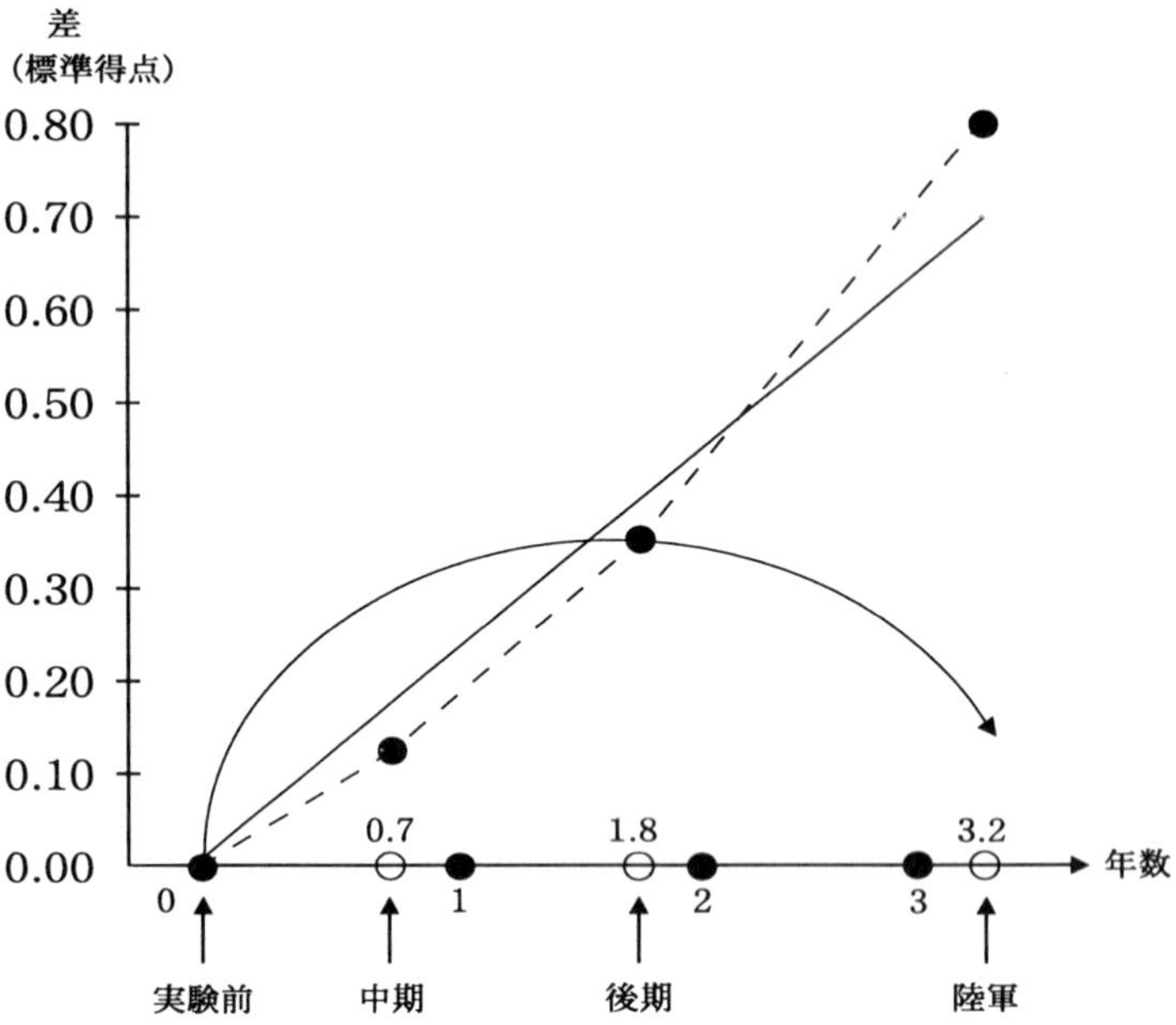

傾　向	P
直　線	0.000
二次方程式	有異差なし

図２．『認知能力強化教材（ＩＥ）』を用いたプログラムの追跡研究。ＩＥ集団とＧＥ集団を対象に、実験開始前、実験の中期、実験終了後、追跡調査時のそれぞれの時点における、各集団間の平均的な標準点の差を、ＰＭＡとＤＡＰＡＲで表す。一次関数モデル及び二次関数モデルを比較する意味で示してある（対象総数N＝163）。上の図は標準差異（Ｚ）点を利用して表した研究結果である。一次関数直線はその差が継続的に増大した場合の理論的差異を反映する。二次関数曲線は、介入研究終了後に通常起こる結果を反映する。点線は実験の実際の結果を示している。ＩＥ集団とＧＥ集団との差は年月が経つに連れてその差が大きくなり、「理想的」な直線に接近することを表している。

付録E

幼児期および小児期における媒介学習体験の観察基準＊
プニーナ・S・クライン（イスラエル、ラマット・ガンのバー・イラーン大学）の研究における提言

（媒介に対する）志向性と相互性（Intentionality and Reciprocity）

志向性は下記の形態の内の一つ、または複数、または全ての形で表される。

- 子供の状態を言葉で表現し、（例えば、「眠そうだね。」「すっかり目が覚めたようだね。」）その後、指摘した状態に合わせて自分の行動を変える。
- 子供の欲求にあわせて、刺激や玩具や物の提示の仕方を調整する努力（例えば子供との距離を変る、気が散る原因となるものを周囲にあまり置かないようにする、見せる順番を変えたり、単純化、拡大したりする、といったこと）を行う。
- 子供によって示される特定の反応を強化する、あるいは「誘発」する。
- 子供の視覚的注意を引き寄せて、それを維持する。
- 子供が言葉や視線を用いて何かを探そうとする態度に応答する。
- 一定の動作を連続して繰り返すことによって、子供が集中し、あるいは真似するように仕向ける。

＊本付録の基準はルーヴェン・フォイヤーシュタインによる理論的モデルに基づく

● 期待感（反応を待ちながら、繰り返される動作の間に時間と空間をおく）を持たせる。

相互交換は、子供が大人から特定の反応を誘発し、それに対して大人が反応する時に現れる。子供の側からの反応の誘引には、言語または非言語（例えば緊張した身体的動作によるストレスの身振り）であるとか、あるいは肯定的な誘引（例えば保護者にとって望ましい笑顔や笑い声）などである。

● 子供と大人とが、お互いに視線を交わす。
● 子供と大人とが、同時に同じ刺激に対して焦点を合わせる。
● 媒介に沿った形で、子供の側にその現実の行動が観察される。

超越性（Transcendence）

超越性は、さしあたって眼前の欲求を満足させることが求められるような状況を含んだ、大人—子供間の相互作用において、大人の側がその状況を利用したり、あるいは状況を創り出したりして、当面の欲求を超越する方向付けを行う場合に見られる。例えば、食事をさせている間に超越性を媒介するといった場合、食べ物についての様々な情報、すなわち味覚、食物の種類、温度、またはその食物の産地、食物が子供にとっていかに有用かということや、また食物に対して感謝しなければいけないことなどを教えることによって媒介することが可能である。

● 入浴やおむつの取替えに付随する超越性は、触れられたり動かされたりすることの楽しさを媒介すると同時に、水、石鹸、体の部分、温度、空間などの媒介を含むことが可能である。

- 現在の状況や欲求から、その状況に関係のある過去や未来への超越。
- 空間的、時間的見当識の媒介。子供は、時間的、空間的見当識を要する作業を行えても、時間と空間についての媒介がなされなければ、それらの暗示や方法に気がつかないままでいることもある。(たとえば、窓、扉または建物のような空間的見当識に必要な手引きとなる安定した目標の設定)
- 批評的解釈の媒介。収集した情報について見直しを行い、過去の体験との比較を基準にして問いかけ（例えば「それは可能か？」「それは正確か？」といった）をし、また仮説を証明したり、情報を（大人、その他の参考資料を通じて）収集したりすることを媒介する。
- 帰納的推理と演繹的推理の媒介。
- 比較行動の媒介。様々な対象や経験を、具体的に、あるいは表象的に比較することを教えたり奨励したりする。
- 短期、長期記憶の媒介。記憶力を増進させるための方策（例えば集合、素早い反復、分類、比較と対照、全感覚を用いた入力）について指摘する。
- 記憶の検索と想起の方略（例えばキーワードや、知覚と連想に関連する部分の利用）の媒介。

意味の媒介（Mediation of Meaning）

- 人やモノや行動に関連した情緒・感情を、興奮したときの顔の表情、声の抑揚のヴァリエーション、反復、感謝の気持ちや、不思議な思いを表現する声のトーンなどを通じて媒介する。
- 文化的価値観の媒介。上記のような言語的あるいは非言語的方法。
- 何かを認識していることを意味する、非言語的サイン（例えば、誰かを指さしたり、子供の視線を集中させるべく自分の視線をそこに

集中させる)。

- 過去の体験との関連付け(例えば、「それと同じものが家にある。」「パパがそれを買ってきたことがある。」「スーザンが持っているのとそっくりだ。」など)。
- 未来との関連付け。未来の活動目標の設定や定義の媒介。
- 因果関係の媒介。原因と結果との関係性を切り離したり誇張したりしながら、因果関係の連鎖を繰り返すことによって媒介する。
- 学習の意味の媒介。「新しいことを学ぶのは楽しいことだ。」

自己有効感の媒介(Mediated Feeling of Competence)

言語による称賛や激励(「よくやった!」「凄いね!」「一緒にやって見よう」など)、または非言語的奨励(例えば、注意深く見てあげること、子供に向かって手を叩いたり、微笑んだり、子供に向かって笑って見せたり、子供と一緒に笑ったりするなど)。これらの行為を下記の諸行為と結びつけて行う。

- 言語、あるいは非言語的手段によって、特定の作業を成功に導いた諸行動間の連鎖の構成要素(単数、複数)を指摘する。
- 子供の成し遂げたことを、大人のモデルを引き合いに出すなり、あるいは子供の過去の体験と比較した上で評価する(例えば、「君がやったことは凄いことだ。進歩しているよ。」と言って、どの点が上達したかを指摘する。または「デービッドが描いた絵とそっくりというわけではないけれども、よくできている。沢山の色を使って、ほとんど紙いっぱいに描いているね。」など)。
- 学習と関係づけて、有力感の媒介を行う(例えば、「君は覚えが早いんだね。」等)。

媒介された行動の統制（Mediated Regulation of Behavior）—情報を認識する場合

- 見当識に関する行動の媒介。言語および非言語（例えば、大人が視線で子供の集中を導き、指さすことで焦点を合わせるようにする）。集中力を固定させるよう、媒介する（例えば、繰り返し見当識に方向づけを与えたり、作業のヴァリエーションを変える）。

- あやふやな認識や、部分的にしか正確でない認識で満足することの代わりに、知覚における精密さや正確さに対する欲求を媒介する（例えば、「何を見たの。牛？ちょっと違うね。もう一度見てみよう。」）。
- 認識を体系化する欲求の媒介（例えば、言語その他の認識方法で、他の経験と関連させて順序付けたり、複数のものを同時に比較したりする）。
- 刺激の場を体系的に探索する欲求、および物事を計画することについての欲求の媒介（例えば、目に見える場を体系的に観察する）。

媒介された行動の統制（Mediated Regulation of Behavior）—情報処理の場合

- 問題解決の試みに着手する前に、まずその問題を定義づけることを媒介する。
- 問題解決の試みに着手する前に、その解決に向けての様々な可能性を探る欲求を持つことを媒介する。
- 問題解決にいくつかの段階が必要だと思われる場合、それに向けての行動計画を立案することを媒介する。

媒介された行動の統制（Mediated Regulation of Behavior）—表現行動の場合

- 抑制や制御の媒介。行動に移る前に考える欲求を媒介し（例えば、作業の性格に応じて必要とされる行動速度の調整）、かつその作業がどれほどの力を要求するかということを、子供の能力と比較しながら推量した上で、積極的、体系的な解決策を模索する必要性を表現する。
- 作業遂行上の要請に対する漠然とした反応ではなく、出力段階における正確さの欲求を媒介する。
- 非自己中心的反応の欲求の媒介（例えば、社会的に許容し得る行動に対して報奨する）。
- 反応に対して妨害するものを回避する方法の媒介（目的達成には他の道があることを指摘する）。
- 媒介を要望するように導く（例えば、子供が大人に援助を求めたり、質問をすることを奨励する状況をつくる）。
- 他人が受け入れやすく、理解できやすいような自己表現をする欲求の媒介（例えば、「オミジュが欲しい。」「何が欲しいの。おばさんに分かりやすいように言いなさい。お水が欲しいって言いなさい。」等）。

付録F

「スペシャル・フレンド・カリキュラム」に基づく内容の実例*

どのようにして一緒に遊ぶのか

遊ぶ順番を守ったり、楽しく話しをしたり、作業が難しい時にはお互いに助け合ったり、お互いの距離を緊密に保ったり、お互いに微笑みあったりといったようなことをどのように実行するかを話し合う。言い換えれば、統合された活動において応用するよう、これまで学んできた協力的相互作用の技術について、ディスカッションの場で話し合い、計画を練り上げる。

どのようにして意思の疎通を行うのか

コミュニケーションとは何か、またそれを効果的に行うためのガイドライン（視線を合わせる、ゆっくりと話す、反応する余裕を与える、友達が分からなければ別な言い方を試みる、そしてあきらめない）について話し合う。しばしば用いられる簡単な手振りのサイン（例えば「こんにちは」「いいよ」「君」「私」）のような非言語的コミュニケーションをも取り入れることが可能である。

---

*Voeltz, L. J., and others. 1983. *The Special Friends Program : A trainer's manual for integrated school settings (rev.ed.).* Honolulu : University of Hawaii Department of Special Education.

補綴とは何か

障害のない人たちが道具がなければできない作業、あるいは道具がある方が行いやすい作業、例えば、家にペンキを塗ることに必要な道具（梯子やブラシなど）の利用について話し合う。義足のような補綴（てつ）の例をあげさせ、それらと一般の人々が使う道具との類似点を説明させる。

障害を持った人たちは、どのようにして生活するのか

障害を持った人を議論の場に招いて、その人がどういった所に住んでいるのか、住まいから就職先までどのようにして通っているのか、週末はどのようにして過ごしているのかについて尋ねる。質問には十分な時間的余裕を持たせる。

友達とは何か

友情に関する一般的な討論を行う。討論の参加者に対して、彼らの特別な友人たちとの関係と、彼らが一番好きな友達との関係とについて、類似点と相違点をあげて考えさせる。

なぜ統合（インテグレーション）なのか

参加者にとって、統合の様々な利点はどのようなものか。給食室や教室に自分たちの特別な友人を側に置くことについての、肯定的な場面と問題のある場面について討論してもらう。

付録G

参考文献

付録Gでは、両親、教師、教育家その他関心のある人々に対し、機能水準の低い人たちの教育や媒介に利用することが可能な出版物、団体に関する資料を紹介する。

尚、読者はこれらの資料に目を通す際、以下のことに留意されたい。

1. 文献は完全な目録ではなく、単に入手可能な資料のサンプルにすぎない。
2. 資料目録は、いずれも急速に時代遅れとなっていくものである。
3. 本目録に掲載した書籍や研究論文の大多数は英文によるものである。この他に、フランス語、ドイツ語、ヘブライ語などの文献が多数存在する。

認知構造変容（ＳＣＭ）理論、媒介学習体験（ＭＬＥ）、「潜在的学習向性評価法（ＬＰＡＤ）」、『認知能力強化教材（ＩＥ）』を用いるプログラムに関する文献、関係書物における該当する章および研究論文

Feuerstein, R. 1970. A dramatic approach to the causation, prevention, and alleviation of retarded performance. In *Sociocultural aspects of mental retardation*, ed. H.C. Haywood, 341- 77. New York: Appleton-Century-Crofts.

ＬＰＡＤを用いたダイナミックな評価と機能水準の低さを関連付けた論文。

Feuerstein, R., and others. 1979. Cognitive modifiability in retarded adolescents: Effects of instrumental enrichment. *American Journal of Mental Deficiency* 83 (6):539-50.

機能水準の低い青少年に、『認知能力強化教材（ＩＥ）』を用いるプログラムを適用した場合の効果に関する実験結果を報告した論文。

Feuerstein, R., and others. 1980. Instrumental enrichment: *An intervention program for cognitive modifiability.* Baltimore: University Park Press.

『認知能力強化教材（ＩＥ）』を用いるプログラムに重点を置いた教科書。教材の十四課題 に関する詳しい説明および、ＩＥプログラムを効果的に行うための学習の媒介に必要な技法についての説明。

Feuerstein, R., and Y. Rand. 1974. Mediated learning experience: An outline of the proximal etiology for differential development of cognitive functions. In *International understanding: Cultural differences in the development of cognitive processes,* ed. L. Goldfein, 7-37.

媒介学習体験（ＭＬＥ）概念の基本原理を定義し、文化的剥奪を受けた人たち、ないしは機能水準の低い人たちに対してこれを応用することについての論説。

Feuerstein, R., Y. Rand, and M. Hoffman. 1979. *The dynamic assessment of retarded performers: The learning potential assessment device, theory, instruments and techniques.* Baltimore: University Park Press.

この教科書では、認知構造変容（ＳＣＭ）理論と、そこから自然に引き出される結論を提供し、細部にわたり技術的観点から徹底して解

説する。受動的現状維持と積極的変容誘導の対置、「潜在的学習向性評価法（ＬＰＡＤ）」の実施過程、評価法の例、その他の論題を含む。

Haywood, C., and T. Wachs. 1981. Intelligence, cognition, and individual differences. In *Psychosocial influences in retarded performance*, eds. M. Begab, C. Haywood, and H. Garber, 95-126. Baltimore: University Park Press.

本章では、認知構造変容（ＳＣＭ）理論のアプローチを、ピアジェ（Piaget）などのアプローチと比較し、知性の発達に遺伝や環境がもたらす要素を考察している。

Klein, P., and R. Feuerstein. 1985. Environmental variables and cognitive development. In *The at-risk infant: Psycho/social/medical aspects*, eds. S. Harel and N. Anastasiow, 369-77. Baltimore: Brookes.

リスクの多い環境に住んでいる、軽度障害児に対するＭＬＥの効果を明らかにする論文。幼児にＭＬＥを適用する場合の五つの根本的基準に関する詳しい資料をも含む。

Rand, Y., A.J. Tannenbaum, and R. Feuerstein. 1979. Effects of instrumental enrichment on the psycho-educational development of low-functioning adolescents. *Journal of Educational Psychology* 83:539-550.

機能水準の低い青少年を対象に、ＩＥプログラムが効果的に利用された例について報告する論文。

Savell, J., P. Twolig, and D. Rachford. 1986. Empirical status of Feuerstein's "instrumental enrichment" (FIE) technique as a method of teaching thinking skills. *Review of Educational Research* 56:381-409.

世界的規模で実験的に応用されたＩＥプログラムの研究成果を、網

羅的に（高度に技術的な観点から）概説した論文。

関連団体

ＩＥおよびＬＰＡＤ関連資料を利用するためのトレーニングや、諸教材の注文に関する問い合わせ先

Professor Reuven Feuerstein, Founder and Director,The International Center for the Enhancement of Learning Potential, P.O. Box 7755, 47 Narkis Street, Jerusalem, Israel, 91077.
電話 972-2-5693337 ＦＡＸ 972-2-5619815
e-mail: reuvenf@actcom.co.il

ダウン症

参考文献、関連書籍の各章および論文

Kingsley, J., and M. Levitz. 1994. Count us in: *Growing up with Down syndrome.* New York: Harcourt Brace.

ダウン症の青年二人が書き下ろした、洞察力に富んだ驚嘆すべき書。

Lane, D., and B. Stratford. 1985. *Current approaches to Down syndrome.* New York: Holt, Rinehart and Winston.

新生児から成人までの、ダウン症者に関する知識や研究の優れた総括的概説。部分的には専門性が高いが、全体的に読みやすい文献である。

Pueschel, S., and M. Sustrova. 1997. *Adolescents with Down syndrome: Toward a more fulfilling life.* Baltimore: Brookes.

ダウン症者における青少年期の重要性を強調し、身体的、社会的、精神的および情緒的な領域に対する介入について実用的見地から解説したガイドブック。両親向けの書。

Pueschel, S., and others, eds. 1987. *New perspectives on Down syndrome.* Baltimore: Brookes.

特殊教育とリハビリ・サービス局（Office of Special Education and Rehabilitative Service）の主催により、ワシントンD.C.で開かれた、ダウン症に関する全国会議に基づいた報告。合衆国在住のダウン症者に関する研究成果と「最高の技術（best practices）」について総括的に概説した文献。

Rynders, J. 1987. History of Down syndrome: Need for a new perspective. In *New perspectives on Down syndrome*, eds. S. Pueschel and others, 1-17. Baltimore: Brookes.

著者自身の価値観に基づく、ダウン症の歴史についてのアプローチ。

Rynders, J., and J. Horrobin. 1996. *Down syndrome: Birth to adulthood.* Giving Families an EDGE. Denver, Colorado, USA: Love Publishing.

ダウン症児の両親にとって有用な手引き書であり、下記において手に入れることができる。 Love Publishing Company, Denver, Colorado, USA, 80222.

Rynders, J. 1995. Supporting the educational development and progress of persons with Down syndrome. In the *Ross Roundtable on Critical Issues in Family Medicine.* Columbus, Ohio, USA:Ross Products Division of

Abbott Laboratories.

ダウン症の子供を持つ両親に対して医学的援助と補助を提供する、医師を対象とした情報を扱う。

Stray-Gunderson, K. 1986. *Babies with Down syndrome: A new parents' guide*. Kensington. Maryland, USA: Woodbine House.

総括的かつ微細に書かれた本書は、生まれたばかりのダウン症の赤ちゃんを持つ両親にとって特に役立つ文献であると思われる。

関連団体

Association for Children with Down Syndrome
2616 Martin Avenue
Bellmore, NY, USA 11710
電話（516）221-4700　ＦＡＸ（516）221-4311

Canadian Down Syndrome Society
12837-76th Avenue, Suite 206
Surrey, British Columbia, Canada V3W 2V3
電話（604）599-6009　ＦＡＸ（604）599-6165

National Down Syndrome Congress
1605 Chantilly Drive, Suite 250
Atlanta, Georgia 30324
USA
電話（800）232-6372　ＦＡＸ（404）633-2817
e-mail: ndsc@charitiesusa.com

両親および専門家で構成されるこの団体は、両親向けの会報（*Down Syndrome News*）を発行したり、全国会議を毎年開催し、ダウン症者

たちの人権を主張するとともに、国会関連法案の通過に効果的な活動を行ってきた経過を持つ。

乳幼児期

参考文献、関連書籍の各章および論文

Bricker, D. 1982. *Intervention with at-risk and handicapped infants.* Baltimore: University Park Press.
テクニカルな形式で書かれた、研究結果の優れた概説書。数少ない完全な乳児専門の文献の一つである。

Clarke, A.M., and A.D.B. Clarke. 1975. *Mental deficiency: The changing outlook.* New York: Free Press.
「発達遅滞」の定義に関して、現在進行中の研究を徹底的に概括する文献。

Connor, F., G. Williamson, and J. Siepp. 1978. *Program guide for infants and toddlers with neuromotor and other developmental disabilities.* New York: Teachers College of Columbia University.
脳性麻痺、その他の動作障害の生徒を抱える教師にとって貴重な文献。評価とレッスンの計画作りに関する部分は特に有用である。

Deiner, P. 1983. *Resources for teaching young children with special needs.* New York: Harcourt Brace Jovanovich.
障害の形態や、その重度の異なる幼児に対して刺激を与えるのに役立つ、具体的なアイデアを分かりやすく説いた文献。

Klein, P. 1980. *Human modifiability and the development of intelligence : An outlook for the future.* Ramat-Gan, Israel: Bar-Ilan University.
認知との関連から、広く人間の変容可能性に関する研究を概括した研究。

Rand, Y. 1980. Parent education and cognitive development in children: An issue in educational policy. In *Human modifiability and the development of intelligence: An outlook for the future*, ed. P. Klein, 123-36. Ramat-Gan, Israel: Bar-Ilan University.
子供の認知発達を刺激する上での両親の役割と、それに関連する教育的ポリシーを考察する数少ない文献の一つ。

Rynders, J., and D. Stealey. 1985. Early education: A strategy for producing a less (least) restrictive environment for young children with severe handicaps. In *Living and learning in the least restrictive alternative*, eds. R. Bruininks and C. Lakin. Baltimore: University Park Press.
様々な重度障害児に対する早期教育の有効性に関する研究を概観した章。

Schiefelbusch, R.L., and L.L. Lloyd, eds. 1974. *Language perspectives - Acquisition, retardation, and intervention.* Baltimore: University Park Press.
機能水準の低い人たちの言語の習得と、その発達に関連する様々な問題点について考察した論文集。

Wollins, M., and M. Gottesman, eds. 1971. *Group care: An Israeli approach.* New York: Gordon and Breach.
多様な生活条件における個人の変容と、人間形成にあたっての環境

の役割の重要性を説く。いくつかの参考になる章が収録されている。

学齢期における統合と個別化

参考文献、関連書籍の各章および論文

Campbell, P. 1985. *Integrated therapy and educational programming for students with severe handicaps.* Akron, Ohio: Children's Hospital Medical Center of Akron.

生徒の独立心の向上をはかりつつ、治療的および教育的プログラムを統合することによって、いかにプログラミングが効果的なものになるかを記述した論文。

Fraser, B., and R. Hensinger. 1983. *Managing physical handicaps : A practical guide for parents, care providers and educators.* Baltimore: Brookes.

身体障害に関して参考になる情報を提供し、動作が困難な人々とのコミュニケーション、およびその扱いと身体の移動に関して、具体的な技術と助言を与える書物。

Reichle, J. and W. Keogh, 1985. Communication intervention: A selective review of what, when, and how to teach. In *Teaching functional language: Generalization and maintenance of language skills,* eds. S. Warren and A. Rogers-Warren, 25-29. Baltimore: University Park Press.

コミュニケーションに関連する各種の介入の方法の選択や、利用の際に考慮すべき要素を 包括的に概説した章。

Reynolds, M.C., and J.W. Birch. 1988. *Adaptive mainstreaming: A primer*

for teachers and principals. White Plains, NY: Longmans.
障害のある生徒が就労の準備を行う際、特殊教育と職業訓練に携わる教師がどのように協力することができるかについて提案する指導書。

Schulz, J., and A. Turnbull. 1983. *Mainstreaming handicapped students: A guide for classroom teachers*, 2d ed. Boston: Allyn and Bacon.
障害の状況、個別化計画、学業その他のカリキュラムの領域における適正な教育の創造、および個別化されたプログラムの実行に関する基本的情報を提供する文献。教育の主流統合（mainstreaming）を実践しようとする普通教育担当者に特に適したガイド。

Snell, M. 1987. *Systematic instruction of persons with severe handicaps*, 3d ed. Columbus, Ohio: Merrill.
重度障害者の教育における重要な領域を扱った優れた文献。行動療法の原理に基づいており、評価、介入の方法、医学的応急処置、重度の移動困難の人々の運送、レクリエーション、コミュニケーション、機能的学業と就職などについて説かれた書物。

学校終了後期、就職、自立生活、余暇

参考文献、関連書籍の各章および論文

Edwards, J. 1987. Living options for persons with Down syndrome. In *New perspectives on Down syndrome*, eds. S. Pueschel and others, 337-54. Baltimore: Brookes.
地域社会における自立（community independence）を促進するために必要な、補充的生活その他のプログラム技法を取り上げる章。

Hardman, M., C. Drew, and M. Egan. 1984. Adult and aging factors in excep-

tionality. In *Human exceptionality: Society, school and family*, 459-89). Boston: Allyn and Bacon.
「学習性無力感(learned helplessness)」に関する優れた議論を展開し、その問題を克服、もしくは回避するための方法を略述した論文。

Kokaska, C., and D. Brolin. 1985. *Career education for handicapped individuals*, 2d ed. Columbus, Ohio: Merrill.
障害者の職業訓練をひとつの生涯過程として取り上げた文献。日常生活技能、対人関係および社交的技能、職業的技能、キャリアと職業についてのアセスメント、そしてキャリア教育プログラムの運営などのテーマを含む文献。

Rusch, F., J. Chadsey-Rusch, and T. Lagomarcino. 1987. Preparing students for employment. In *Systematic instruction of persons with severe handicaps*, 3d ed., ed. M. Snell, 471-90. Columbus, Ohio: Merrill.
カリキュラムの開発や、支援された就業といった職業的モデルを取り上げ、学校から職場への移行という重要なテーマを展開している文献。

Schleien, S., and M. Ray. 1988. *Community recreation and persons with disabilities: Strategies for integration.* Baltimore: Brookes.
統合された地域社会におけるプログラミングの理念だけでなく、地域環境にある障壁となるものの一覧作成、レクリエーション活動における作業分析の仕方、サービスネットワークの作成の仕方を含む、プログラムの実行を成功させるための包括的な計画を略述する文献。

Weisgerber, R.A. 1978. *Vocational education: Teaching the handicapped in regular classes.* Reston, Virginia: Council for Exceptional Children.
集団訓練と個別訓練の成功を前提とした場として正規のクラスに対する職業訓練教育に携わる教師の評価を高めることを意図した文献。

付録H

各章の執筆者

第1章	ヤーコヴ・ランド（Yaacov RAND）／ルーヴェン・フォイヤーシュタイン（Reuven FEUERSTEIN）
第2章	ヤーコヴ・ランド／ルーヴェン・フォイヤーシュタイン
第3章	ルーヴェン・フォイヤーシュタイン／ヤーコヴ・ランド
第4章	ルーヴェン・フォイヤーシュタイン／ヤーコヴ・ランド
第5章	ルーヴェン・フォイヤーシュタイン／ヤーコヴ・ランド
第6章	ルーヴェン・フォイヤーシュタイン／ヤーコヴ・ランド
第7章	ヤーコヴ・ランド／ルーヴェン・フォイヤーシュタイン
第8章	ヤーコヴ・ランド
第9章	ジョン・E・ラインダーズ（John E. RYNDERS）、ヤーコヴ・ランド、ルーヴェン・フォイヤーシュタイン／プニーナ・クライーン（Pnina KLEIN）
第10章	ラフイー・フォイヤーシュタイン（Rafi FEUERSTEIN）
第11章	ジョン・E・ラインダーズ、ヤーコヴ・ランド／ルーヴェン・フォイヤーシュタイン
第12章	ヤーコヴ・ランド／ルーヴェン・フォイヤーシュタイン／ヤエル・ミンツガー（Yael MINTZKER）
第13章	ルーヴェン・フォイヤーシュタイン／ヤーコヴ・ランド
第14章	ルーヴェン・フォイヤーシュタイン／ヤーコヴ・ランド
第15章	ネッティー・エンゲルス（Netty ENGELS）
第16章	ジョン・E・ラインダーズ、ルーヴェン・フォイヤーシュタイン／ヤーコヴ・ランド

第17章　　ルーヴェン・フォイヤーシュタイン
あとがき　ルーヴェン・フォイヤーシュタイン／ヤーコヴ・ランド
付録　　　ルーヴェン・フォイヤーシュタイン、ヤーコヴ・ランド
　　　　　／プニーナ・クライーン

事項索引

【た行】

【な行】

人名索引

アダムズ（Adams, Margaret）234
アーサー（Arthur, Grace）239, 374
ビーカー（Beker, Jerry）485
バート（Bert, C.）181
ボバート（Bobath, Berta）55
ブルーナー（Bruner, Jerome）103
ダウン（Down, John. L.）266
エルキンド（Elkind, David）150
エマーソン（Emerson, Larry W.）119
エンゲルス（Engels, Nettie）403
フォイヤーシュタイン，ラフィ（Feuerstein, Rafi）251
フォイヤーシュタイン，ルーヴェン（Feuerstein, Reuven）5, 252,332, 425, 485, 付録 A-1
フィシュラー（Fishler, K）229
フラヴェル（Flavell, John）150
ゴダード（Goddard, H.）39-40
ゴールド（Gold, Marc）285
グレアム，エベリン．E.（Graham, Evelyn. E.）534
グレアム，ロイド．B．(Graham, Lloyd B.）533
ハレル（Harel, Sigal）293

ハリ（Hari, Maria） 55
ホフマン（Hoffman, Mildred） 付録A-1
ハウー（Howe, Samuel）39
ハント（Hunt, Nigel）415
イタード（Itard, Jean-Marc） 38
カリカク（Kallikak） 39
ケラー（Keller, Helen） 107
キングズリー , エミリー（Kingsley, Emily Perl） v
キングズリー , ジェイソン（Kingsley, Jason） v, 9, 199, 206, 293, 付録G25
クライン（Klein, Pnina） 247, 491, 付録E14
コッフ（Koch, R.） 229
レンペル（Lemperle, G.） 301
レーヴィッツ（Levitz, Mitchell） vi, 293, 付録G25
マイヤー（Meyer, Luanna H.）497, 507
ミラー（Miller, R.） 付録A1
ミンツガー（Mintzker, Yael） 299, 316, 332, 431, 523
ペト（Petö, Andras） 55
ピアジェ（Piaget, Jean） 137
ピック（Pick, Sahar） 523
ピネル（Pinel, Philippe） 37
ランド（Rand, Yaacov） 5, 265, 332, 485, 付録G26, 29
レイヴェン（Raven, J. C.） 352
レイ（Rey, André） 76, 88
ルソー（Rousseau, Jean-Jacques） 37
ラインダーズ（Rynders, John） 221, 237, 265, 267, 323, 332, 485, 付録G26, 29
シーレンバーガー（Scheerenberger, R.） 36

セガン（Seguin, Edouard）38
シェアー（Share, J..）229
スキールズ（Skeels, Harold）40
サットン（Sutton, Andrew）57
タネンバウム（Tannenbaum, Abraham）xv
サーストン（Thurstone, L.L.）付録D12
トルマン（Tolman, E. C.）358
ウエクスラー（Wexler, M. R.）301, 432, 459

著者略歴

ルーヴェン・フォイヤーシュタイン（Reuven Feuerstein）

1921年	ルーマニアのボトゥシャン（Botushan）に生まれる
1950-54年	ジュネーヴ大学にて認知心理学を専攻
1970年	パリ大学（ソルボンヌ）にてPh.Dを取得 バー・イラン（Bar Ilan）大学教育学部教授、イエール（Yale）大学客員教授、ヴァンダービルト（Vanderbilt）大学準教授を歴任。また、ヨーロッパとイスラエルのユース・アリヤー（Youth Aliyah＝イスラエルへの移民受け入れを目的とした青年団）において心理学的サービス担当の総責任者を勤める ハダッサー・ウイッゾ・カナダ研究所（HWCRI）および潜在的学習能力向上国際センター（ICELP）の創立者であり、現在は両研究所の所長。著書多数

ヤーコヴ・ランド（Ya'acov Rand）

1926年	ルーマニアのアルボア（Arbore）に生まれる
1971年	パリ大学（ソルボンヌ）にてPh.Dを取得 国立発達遅滞児童委員会（National Counsil for Retarded Children）議長、エルサレム、トウロ学院院長を歴任
現職	バー・イラン（Bar Ilan）大学教育学部長、タルピオット師範大学（Talpiot Teacher's College テル・アヴィヴ市）学長 国立高等教育委員会（National Council for Higher Education）委員、ハダッサー・ウイッゾ・カナダ研究所（HWCRI）副所長兼Senior Research Fellow。著書多数

翻訳者略歴

ロイド・B・グレアム（Lloyd. B. Graham）

1942年	カナダ、アルバータ大学卒業
1943-44年	カナダ政府主催日本語学校コース修了
1951年	トロント大学ソーシャル・ワーク修士
1951-55年	東京でInternational Social Service. Japan Branchの創設に務める
1958年	トロント大学博士課程修了（Ph.D）
1959-1966年	関西学院大学文学部及び同社会学部教授
1966-1984年	トロント大学大学院指導教授
	現在トロント市に在住

「このままでいい」なんていわないで！
―ダウン症をはじめとする発達遅滞者の認知能力強化に向けて―

2000年7月10日初版第一刷発行

編著者　ルーヴェン・フォイヤーシュタイン
　　　　ヤーコヴ・ランド
翻訳者　ロイド・B・グレハム
発行代表者　山本　栄一
発行所　関西学院大学出版会
所在地　〒662-0891　兵庫県西宮市上ヶ原1-1-155
電　話　0798-53-5233
印刷所　田中印刷出版株式会社
製本所　有限会社神戸須川バインダリー

Printed in Japan by Kwansei Gakuin University Press
ISBN:4-907654-17-0

乱丁・落丁本はお取り替えいたします。

http://www.kwansei.ac.jp/press